# 지역사회복지론

김태동·박주현·안우상·장갑수·정미현·최덕경·최연옥

창지사

**국립중앙도서관 출판예정도서목록(CIP)**

지역사회복지론 / 지은이: 김태동, 박주현, 안우상, 장갑수,
정미현, 최덕경, 최연옥. -- 서울 : 창지사, 2014
p. ; cm

ISBN 978-89-426-2282-5 93330 : ₩19000

지역 사회 복지[地域社會福祉]

338.9-KDC5
361.8-DDC21 CIP2014023861

# 머리말

커뮤니티(community)를 어떻게 이해하고 있는가? 국가, 지역, 혈연, 인종, 직업, 종교 등의 어떤 공통점을 가진 공동체를 커뮤니티라고 말한다. 다시 말하면, 일정한 지역이나 공간에서 공동체 의식을 가지고 생활하는 사회 조직체를 말한다. 즉, 생활운명을 같이하는 사회집단을 말한다.

현대에서는 주로 인터넷에서, 사람들이 드나드는 웹사이트에서 게시글, 쪽지, 댓글 등의 커뮤니케이션(communication) 기능이 가능할 때 커뮤니티로 싸잡아 부른다. 인터넷의 커뮤니티는 주로 공통된 관심사가 이들의 구심점이다. 대한민국에서는 대개 커뮤니티라 하면 네이버나 다음 카페처럼 사기업에서 운영하는 서비스 산하에 속한 형태가 아니라, 계정비를 내서 만든 개인 홈페이지가 성장한 형태를 지칭하는 경우가 대부분이다.

커뮤니티에는 종족조직을 근간으로 하는 혈연공동체, 지역을 중심으로 형성된 지연공동체, 종교나 이념 및 기타 정신적인 요소를 기반으로 하는 결사공동체 등이 있다. 농민공동체는 농민 자신이 가진 생태형(生態型)에서 나오는 압력, 사회체계에서 비롯된 압력, 그리고 국가와 같은 더욱 큰 사회와의 관계 속에서 발생하는 압력 등을 극복하기 위해 등장했다. 따라서 구성원들의 사회적·문화적 생활이 끊임없이 상호작용한 결과 형성되었기 때문에 폐쇄성이 짙다.

우리나라는 혈연공동체와 지연공동체가 두드러지게 나타났다. 혈연공동체는 가족이 확대되어 특정 성씨를 중심으로 대집단을 이루어 형성된 종족조직을 기반으로, 제사(祭祀)·위토(位土)·족보(族譜)·사당(祠堂) 등을 운영함으로써 유지되었다. 지연공동체는 불안한 자연환경으로 말미암아 이웃을 서로 결합하는 가장 단순한 형태가 더욱 확대되면서 일정 지역을 중심으로 연대를 형성하여 이루어졌다.

그런데 이런 공동체는 일제강점기 동안의 토지조사사업과 강제적인 행정조직 개편으로 말미암아 크게 약화하였다. 즉, 이전에는 하나의 공동체를 이루면서 살았던 촌락이 둘 또는 셋으로 분리되거나, 여러 개의 공동체가 하나로 통합되는 등 폐쇄성이 크게 약화하였다. 또한, 8·15해방 후의 급속한 산업화로 말미암아 농촌인구의 도시유입 등 농촌의 붕괴는 공동체의 붕괴를 가속했다. 그러나 공동체적 요소는 부분적으로나마 아직 남아 있다.

그렇다면 지역사회복지란 무엇인가? 지역사회복지란 지역주민 또는 지역사회에 대하여 개선 또는 향상을 목적으로 주민 주체의 원칙에 따라 국가·지방자치단체 및 주민조직·민간단체의 전문 혹은 비(非)전문 인력이 지역사회 수준에 개입하여 지역사회에 존재하는 각종 제도에 영향을 주고, 지역사회의 문제를 예방하고 해결하고자 하는 일체의 사회적 노력을 의미한다.

여기에는 소득보장정책, 주거환경정책, 보건의료정책, 교육·문화정책, 노동정책, 교통·통신정책 등 일반 공공정책과 함께 상호보완적으로 보충하여 개별적·종합적·조직적으로 원조해 주는 지역정책과 지역활동을 포함한다. 따라서 지역사회복지란 전문적인 분야 또는 비전문적인 분야, 공식적인 분야 또는 비공식적인 분야 등이 지역사회 차원에서 지역사회의 문제를 해결하기 위해 지역사회 내의 사회자원을 동원하여 주민의 자율적인 노력으로 문제를 해결하는 과정이다.

이 책은 이러한 개념을 바탕으로 한국사회복지교육협의회에서 발간한 「2012년도 사회복지학 교과목지침서」를 최대한 존중하여 집필하였다. 즉, '지역사회와 지역사회복지실천의 기초적 이해'로 시작하여 '지역사회복지실천의 동향과 과제'로 마무리하는 총 14장으로 구성하였다.

원고를 의뢰한 도서출판 창지사 대표와 영업부 관계자분들께 마음속 깊은 곳에서 고마움을 전한다. 아울러 편집을 위해 수고하신 편집디자인실 가족에게도 같은 마음을 전한다. 무엇보다 이 책을 쓸 수 있도록 모든 것을 허락하신 하나님의 무한한 은혜에 감사를 드린다. 모든 영광을 하나님께 바친다.

2014년 8월

집필진을 대표하여

학교법인 백석대학교 박주현

# 목 차

## CHAPTER 04 지역사회복지실천의 원칙과 가치



## CHAPTER 05 지역사회복지의 실천모델에 대한 이해

## CHAPTER 13 새로운 지역사회복지실천



## CHAPTER 14 지역사회복지실천의 동향과 과제

• CHAPTER 01 •

# 지역사회와 지역사회복지실천의 기초적 이해

학/습/목/표

- 지역사회의 개념을 이해하고, 지역사회의 유형을 설명할 수 있다.
- 지역사회복지의 개념을 이해하고, 지역사회복지의 접근방법을 설명할 수 있다.
- 지역사회복지실천의 개념을 이해하고, 그 목적을 설명할 수 있다.
- 지역사회복지와 관련된 다양한 개념을 이해한다.

## 1. 지역사회의 개념과 유형

### 1) 지역사회의 개념

무엇을 공동체(community)라고 하는가? 본질에서 사회학자들은 '공동체(community)'라는 용어를 세 가지 방식으로 사용하고 있다. 첫째, 커뮤니티는 흔히 다음과 같은 것과 동의어로 사용된다. 즉, 감옥, 종교조직, 소수집단, 전문인협회, 심지어 군대조직과 같은 것을 공동체라고 불러 왔다. 둘째, 공동체는 흔히 도덕적·정신적 현상을 나타내기 위해서 사용된다. 오늘날 전 세계의 인류는 '공동체를 추구하는 데' 즉, 다른 사람들과 일치감·연대성을 추구하는 데 주력하고 있는 것 같다. 셋째, 공동체라는 용어는 세계에 산재해 있는 작은 마을, 촌락, 읍, 시, 거대 도시지역과 같은 사회적·지역적 조직을 나타내는 데 사용된다(Poplin, 1979).

이러한 태도를 견지할 때 지역사회는 다음의 네 가지 의미로 쓰인다. 첫째, 지역·지리를 중심으로 하는 지역사회, 둘째, 각종 구성원의 모임 즉, 의식과 뜻을 함께하는 공동체, 셋째, 각종 기관·시설·단체 등을 하나의 지역사회로 구분하는 방법, 넷째, 21세기에 새로운 커뮤니티로 부상하는 가상공동체 등이다(김범수·신원우, 2013).

여기서는 이러한 의미 중에서 사회적·지역적 조직 단위에 초점을 맞추어 지역사회에 대한 개념을 고찰하고자 한다. 이러한 의미에서 'community'는 공동체라는 용어보다는 지역사회로 한정시켜 사용한다. 이렇게 볼 때 지역사회는 인간이 가정을 유지하고, 생계비를 벌고, 자녀를 양육하고, 활동 대부분을 수행하는 장소이다.

워렌(Warren, 1978)은 지역사회를 "지역적 접합성을 가지는 주요한 사회적 기능을 수행하는 사회적 단위와 체계의 결합"이라고 정의하고 있다. 매키버(Maciver)는 지역사회를 공동생활권이라고 하고, 지역사회의 기초는 지역성과 지역사회 의식이 수반되어야 한다고 하였다. 또 스트로프(Stroup)는 지역사회란 자신들이 상호 관련되어 있다는 의식을 갖는 비교적 많은 사람에 의해 구성되어 있다고 말하면서, 소수의 부락집단에서 국가에 이르는 모든 형태의 사회조직이 포함되는 것으로 정의하고 있다(이영철, 2014 재인용).

한편, 힐러리(Hillery)는 지역사회에 관한 여러 학자의 정의를 분석한 결과, 중요한 공통 요소를 발견하게 되었다. 그가 발견한 공통 요소는 바로 ① 지리적 영역, ② 사회적 상호작용, 그리고 ③ 공동의 유대 등이다(Poplin, 1979). 그는 이러한 사실에 근거하여 "지역사회는 어떤 지리적 영역 안에서 사회적 상호작용을 하며, 한 가지 이상의 공동 유대를 가지는 사람들로 이루어져 있다"고 주장하였다. 이러한 정의는 지역적 변수(지리적 영역), 사회학적 변수(사회적 상호작용), 심리 문화적 변수(공동 유대)를 포함하게 된다. 조금 전 힐러리가 말한 지역사회의 공통 구성요소에 '사람'을 추가하면 지역사회는 네 가지 중요한 요소로 구성되는데, 지역사회의 개념과 정의를 어떻게 규정하느냐에 따라 구성요소의 중요성이 달라진다(양정하 외, 2010).

이러한 구성요소를 고려한다면, 지역사회란 공통적 이해관계 위에 형성된 공동

생활권 즉, 공동체 사회이다. 예컨대 "지역사회란 일정한 지리적 공간인 생활권 안에서 사회적 상호작용을 통하여 공통된 이해관계, 문화, 규범 등을 형성하여 공통의 경험과 공동생활을 누리는 인간집단"이다(이영철, 2014). 이처럼 지역사회는 여러 가지 요인으로 구성되어 있고 각국의 사회, 문화, 역사적 발전에 따라 다양하다. 그리고 지역사회는 일반 대중사회의 변동에 의해서도 개념이 달라질 수 있다. 그렇지만 오늘처럼 교통과 통신이 고도로 발달하여 주민 간 교류와 이동이 증가하고 생활권의 범위가 확대됨에 따라, 지역사회의 개념이 지리적이고 공간적인 지역사회 요인보다는 사회 관계적인 인간 공동체 요인이 강조되고 있다. 여기서 말하는 생활권은 지역성과 지역사회의 공동성을 기반으로 하여 ① 사회적 유사성, ② 공통된 사회적 관심, ③ 공통된 전통, ④ 공통된 관습, 그리고 ⑤ 공동 소속감 등을 지칭한다.

또한, 지역사회의 시장권 혹은 교역권은 지역사회의 범위로 분산된 토지에 거주하는 농가가 교역 중심(읍 소재지)의 주민과 상호작용하면서 맺는 교역관계를 가지게 된다. 이처럼 지역사회의 개념을 어떻게 규정하느냐에 따라 지역사회복지 대상 결정에서 중요한 의미를 가진다. 예를 들어 우리나라의 1958년 지역사회개발 시범 부락과 1970년대 이후 새마을운동의 대상 부락은 생활권 개념에 기초한 것이고, 1960년대 이후 농촌진흥청의 지역사회개발 시범 지역은 교역권에 근거한 것이다(김영모 편, 1985).

사회복지에서 지역사회의 개념은 주로 1955년 이후에 찾아볼 수 있다. 사회복지이론에서 지역사회의 개념은 일반적으로 두 가지 주요한 특징을 지닌다. 그 하나는 단일성 혹은 분리성을 지적하는 물리적·지리적·지방적 경계선이고, 다른 하나는 사회적·문화적 동질성, 합의 자조 혹은 다른 공동 행위와 상호작용 관계성의 형태이다. 다시 말하면, 전자는 지역사회를 지리적 조건으로 형성된 이익집단으로 간주하려는 것이고, 후자는 지배적인 생활 이익(관점)으로 형성된 이익집단으로 간주하려는 것이다. 예컨대 지리적 조건에 의하여 형성된 지역사회는 리, 동,

읍, 면, 시, 군, 도와 같은 행정지역 집단과 마을, 부락, 교회권, 학교권, 시장권과 같이 자연스럽게 형성된 사회적 지역집단이다. 그리고 공통 이해와 관심으로 형성된 집단은 교회, 회사, 조합, 정당 등과 같은 이익집단이 있다.

사회복지이론에서 사용된 지역사회의 개념은 주로 이익집단과 사회적 지역집단이다. 그런데 지역사회의 개념은 점차 지역성에 기초하기보다는 오히려 이익성에 기초하여 정의되고 있다. 이는 개인주의와 이익성에 기초한 사회조직을 재조직함으로써 사회통합이 가능하다는 것을 의미한다(김영모 편, 1985).

### 2) 지역사회의 유형

지역사회의 유형을 구분할 때 지역사회에 대한 정밀도를 제시하는 것은 가능하지 않다. 지역사회는 지리적 경계와 어떻게 규정되는가가 중요하다. 지역사회를 유형화하는 방법은 다양하나, 가장 흔히 사용되는 기준으로는 ① 인구의 크기, ② 경제적 기반, ③ 정부의 행정구역, 그리고 ④ 인구구성의 사회적 특수성 등을 들 수 있다(Dunham, 1970). 김익균과 고순철(1997)은 지역사회의 특징과 기능, 지역사회와 지역사회복지와의 관계에 초점을 맞추어, 지역사회의 유형을 인구구조, 산업구조, 기능 등으로 구분하였다. 이들이 제시한 내용을 살펴보면 다음과 같다.

#### (1) 인구구조

인구구조에 따른 지역사회의 유형은 가장 기본적인 유형이다. 일반적으로 지역사회는 그 크기와 관계없이 인구구조의 특색을 나타내고 있다. 또한, 인구구조는 연령 분포, 인종 분포, 성별 분포 등의 내용에 따라 다양한 특징이 나타나고, 이러한 특징에 의하여 지역사회가 구분된다. 그리고 인구구조의 특성은 인적 자원의 양적인 측면과 질적인 측면에 국한되지 않고, 지역사회의 전체로서의 사회화 과정과 구성원 상호 간의 연대의식 형성에 영향을 미친다.

(2) 산업구조

산업구조는 크게 일차 산업, 이차 산업, 삼차 산업으로 분류하는데, 일차 산업은 농어촌지역을, 이차 산업은 광공업지역을, 삼차 산업은 상업과 서비스업이 주종인 도시지역을 말한다. 이와 같은 산업구조에 따른 사회 내의 직업구조는 지역사회의 구성원 각각의 경제활동을 나타내고 있다. 산업구조의 유형에 따른 여러 가지 지역사회 중 대표적으로 도시지역사회, 농촌지역사회, 도시와 농촌의 혼합 상태의 지역사회 등으로 구분할 수 있다. 지역사회복지를 위한 조직적인 노력을 전개할 목적으로 가장 흔히 구분되는 지역사회의 유형으로는 농촌지역사회와 도시지역사회가 있다.

(3) 기능

우리 사회에 존재하는 많은 이익집단은 조직구성원의 같은 목표달성을 위해서 규칙을 지키고 자금을 모으며, 사회적·경제적인 이익증대를 위해 같은 업종의 공동사업을 전개하고 있다. 바로 이런 활동적인 각종 사회단체를 기능적 지역사회 집단으로 볼 수 있다. 이처럼 기능에 의한 지역사회의 유형은 직장 단위의 지역사회 등과 같이 그 지역사회 내에서 그들의 결속력과 소속감을 증대시키며, 밀접한 인간관계가 유지되는 특성을 지닌다.

## 2. 지역사회복지의 개념과 접근방법

### 1) 지역사회복지의 개념

지역사회복지란 지역사회를 단위로 지역주민의 문제를 해결하고 복지 향상을 목적으로 하는 지역사회의 의도적 개입 행위를 말한다. 다시 말하면, 지역사회의 제도가 맡은 사회적 기능을 충실히 수행할 수 있도록 노력하는 제반 활동을 의미한다. 이는 전문 혹은 비(非)전문 인력이 지역사회 수준에 개입하여 지역사회에 존재하는 각종 제도에 영향을 주고, 지역사회 문제를 예방하고 해결하고자 하는 일체의 사회적 노력을 의미한다. 또한, 지역사회복지는 '지역사회사업' 혹은 '지역사회 지향적인 사회사업' 등의 광의적 개념으로 설명되기도 하는데, 이는 개별적인 보호서비스와 지역사회개발의 양자를 통합하는 실천 영역을 내포하는 것이다(김광희, 2011).

브래거(Brager)와 스펙트(Specht, 1973)는 지역사회를 구성하는 개인과 집단, 이웃 등의 사회적 복지를 향상하기 위해 지역사회 수준에서 이루어지는 일련의 활동을 지역사회복지라고 정의를 내렸다. 다시 말해, 지역사회복지는 '지역사회'와 '사회보호'의 결합적 의미로, 상호 간 연결된 관계망을 통해 지역의 친밀성, 공통의 이해관계, 지리적인 근접성, 우애와 협동, 서비스 제공 등 다양한 활동이 이루어진다. 이러한 의미에서 지역사회복지는 개별 혹은 가정복지보다 광범위한 개념이며, 아동복지·장애인복지·노인복지 등의 특정 대상층 중심의 복지활동보다는 지역성이 강조된다는 점이 그 특성이라 할 수 있다.

이처럼 지역사회복지도 다른 개념과 마찬가지로, 딱 하나의 통일된 개념 정의를 내릴 수는 없다. 그러나 지금까지 살펴본 바로는, 지역사회가 안고 있는 해결해야 할 공통적 사회문제와 구성원의 욕구를 충족하는 데 있어, 지역사회의 사회적 자원을 동원하여 개인, 민간부문, 공공부문 간 상호 협력하고, 구성원의 자발적 참여를 통하여 문제를 해결하고, 욕구를 충족시킴으로써 좀 더 나은 환경을 조성하는 것을 지역사회복지라 하겠다. 지역사회복지를 이렇게 정의할 때, 그 개념의 속성에는 다음과 같은 내용이 포함되어 있다(오정수·류진석, 2012).

- 지역사회복지는 지역성과 기능성을 포함하는 일정한 지역사회 내에서 이루어진다.
- 지역사회복지는 지역주민의 삶의 질 향상이라는 목표를 가진다.

- 지역사회복지는 지역사회 문제를 해결하고, 주민의 복지 욕구를 충족하는 기능을 가진다.
- 지역사회복지는 정부와 민간기관이 공동 주체가 되어 공공과 민간의 협력이 강화되는 추세로 발전하고 있다.
- 지역사회복지는 조직적인 활동을 강조하는 전문적인 서비스와 방법을 사용한다.

한편, 지역 특성을 고려한 사회복지서비스를 제공한다는 지역사회복지도 나라별로, 지역사회복지의 발전과정에 따라 사용되는 용어가 제각각이다. 예를 들어 우리나라에서는 지역사회복지로, 영국에서는 지역사회보호 혹은 커뮤니티 소셜워크(community social work)로, 미국에서는 지역사회조직 혹은 지역사회개입 등으로 사용한다.

그리고 지역사회 문제를 예방하고 해결하는 데 일차적 목표를 두는 지역사회복지는 지역사회복지위원회와 같은 중간집단을 조직하기도 한다. 전문적 혹은 준전문적 성격을 지닌 중간집단은 지역사회의 내적 긴장을 완화하고 협력적인 분위기를 조성함으로써, 지역주민 간의 갈등을 없애는 임무를 수행한다. 따라서 지역사회복지는 일정한 지역사회 내에서 조직적 혹은 비조직적인 방법으로 사회복지를 실천하는 포괄적인 개념으로 볼 수 있다.

지역사회복지는 지역사회구성원에게 기본적인 교육과정을 전수하여 지역사회의 성숙과 변화를 주도하며, 지역사회 문제 해결에 적극 참여하도록 한다. 그리하여 지역사회복지는 공식적·비공식적인 지역사회의 관계망에 의해 어려움에 처한 사회적 약자에게 도움을 주는 총체적 임무를 수행하기도 한다.

린데만(Lindeman, 1921)은 다양성과 총체성을 담고 있는 지역사회복지가 궁극적으로 추구하는 것은 '이상적인 지역사회(ideal community)' 건설에 있으며, 이를 실현하기 위해 지역주민에게 다음과 같은 조건을 제공해야 한다고 주장하였다

(김광희, 2011 재인용).

- 지역사회는 효율적인 정부라는 매개체를 통해 질서 즉, 생명과 재산의 안전을 도모해야 한다.
- 지역사회는 효율적인 생산체제를 통해 경제적 안녕 즉, 소득을 보장하여야 한다.
- 지역사회는 공공보건기관을 통해 육체적 안녕 즉, 보건과 위생을 보장하여야 한다.
- 지역사회는 조직적이고도 잘 마련된 놀이를 통해서 여가시간을 건설적으로 활용하게 해야 한다.
- 조직화된 지역사회에 의해 지지를 받을 수 있는 윤리적 기준 즉, 도덕체계를 제공하여야 한다.
- 지역사회는 모든 사람이 쉽게 접근할 수 있는 공공기관을 통해서 지식의 보급 즉, 교육을 제공하여야 한다.
- 지역사회는 의사를 자유로이 표현할 수 있는 수단을 제공하여야 한다.
- 지역사회는 모든 주민이 자신들의 의사가 표현되고, 반영된다고 느낄 수 있는 민주적 형태의 조직을 제공하여야 한다.
- 지역사회는 신앙적 동기를 제공하여야 한다.

우리는 지금까지 지역사회복지의 개념을 여러 측면에서 살펴보았다. 이제부터 지금까지 살펴본 개념을 광의의 지역사회복지와 협의의 지역사회복지 개념으로 구분해 보자. 그러고 나서 지역사회복지의 개념을 정의해 보자.

먼저, 광의의 지역사회복지란 각종 사회적 위험이 사라진 안전하고 행복한 지역사회의 상태를 지칭하는 동시에 이러한 상태를 실현하기 위한 지역 수준에서 일체의 노력이다(김종일, 2012). 따라서 광의의 지역사회복지 개념은 대인서비스보다는 지역사회복지 향상을 위한 제도나 정책 차원의 개념이며, 지역사회구성원의 다양한 사회적 욕구를 충족시키는 전달체계는 제도나 정책을 통하여 이루어진다.

다음으로, 협의의 지역사회복지란 일정한 지역사회 내에서 주민생활 문제를 사회복지사와 주민이 함께 공식적·비공식적 자원을 활용·개발하여 해결하거나 예방하는 다양한 노력이다. 또한, 재가복지를 포함하여 비(非)수용시설에서 클라이언트에게 각종 사회복지서비스를 제공하는 것이다(고수현, 2013).

그런데 앞에서도 언급한 바 있듯이 원래 지역사회복지란 말은 매우 포괄적인 개념으로, 전문 혹은 비전문인력이 지역사회 수준에 개입하여 지역사회에 존재하는 각종 제도에 영향을 주고, 주민 스스로 지역사회 문제를 예방하고 해결하고자 하는 일체의 사회적 노력이다. 따라서 어느 특수 전문분야에 국한되는 것이 아니라 사회사업, 공중보건, 성인교육, 공공행정, 도시계획, 정신건강 등의 전문가들과 민간단체나 정치단체의 자원봉사자에 의해서 광범위하게 수행된다. 그러므로 지역사회복지 활동은 반드시 전문적인 활동이라고 말할 수는 없으며, 고대사회의 자연 발생적 민간활동 즉, 두레나 품앗이 등에서부터 오늘날의 민간자선활동, 새마을운동이나 4H 클럽[1] 등의 지역사회 개발운동, 그리고 전문적 지역사회사업을 내포하는 포괄적 성격을 띤다.

지금까지의 모든 논의를 종합하면, 지역사회복지란 '전문적 혹은 비전문적인 분야, 공식 혹은 비공식적 분야 등이 지역사회 차원에서 지역사회 문제를 해결하기 위해서 지역사회 내의 사회자원을 동원하여 주민의 자율적인 노력으로 문제를 해결하는 과정'이라고 할 수 있다. 또한, 지역사회 주민의 복지 향상을 도모한다는

1) 4H 클럽은 '실천을 통하여 배운다'는 취지하에 설립된 청소년 단체의 하나로, 10~21세기의 청소년들이 참여하며, 약 80개국에 퍼져 있지만 주로 미국과 캐나다에서 활동하고 있다. 4H 클럽의 상징은 잎마다 H자를 새긴 네 잎 클로버이고, 상징색은 녹색과 흰색이다. 4H라는 이름의 의미는 다음의 맹세에 나타나 있다. "나는 나의 클럽과 나의 공동체와 나의 나라를 위하여/ 나의 머리(Head)를 더 명철하게 생각하는 데/ 나의 가슴(Heart)을 더 위대한 자부심을 가지는 데/ 나의 손(Hand)을 더 큰 봉사를 하는 데/ 나의 건강(Health)을 더 나은 삶을 위해 바치기로 맹세한다" 이 단체는 20세기 초 미국의 농촌 젊은이들 사이에서 생겨나기 시작하여 1924년경 일반화되었다. 한국에서는 일제강점기부터 4H 클럽이 결성되었지만, 본격적인 활동이 있었던 것은 1960년대 이후였다.

목적적인 개념과 생활상의 과제를 해결하려는 실천서비스를 제공하려는 실천적 개념이 내포되어 있다고 할 수 있다. 그리고 문제 해결 과정에서도 전문적이고 직접적인 원조뿐만 아니라, 지역사회 주민의 주도적인 역할이 되고 있다. 지역사회복지는 지역사회 수준에서의 사회복지실천으로, 지역사회 내에서의 사회복지실천과 지역사회를 대상으로 한 사회복지실천이라 할 수 있다(김광희, 2011).

### 2) 지역사회복지의 접근방법

지역사회복지를 실천하기 위한 다양한 접근방법은 다음과 같다.

- 주민의 개별적인 욕구를 충족하기 위해 개별적 상담을 활용한다.
- 비슷한 생활 과제를 가진 주민의 자조집단 형성을 활용하여 자조집단의 내적 역동성 활용과 외적 대변·옹호활동을 한다.
- 주민에게 정보제공을 통하여 주민참여를 조장한다.
- 소지역 네트워크 구축을 통하여 주민의 협동 활동을 활성화한다.
- 복지교육을 통하여 주민의 의식과 리더십을 개발한다.
- 서비스 조정을 통하여 지역사회 내에 있는 기존의 서비스를 효과적으로 활용한다.
- 자원·서비스 개발을 통하여 부족한 지역사회 자원을 확보하고 필요한 서비스를 공급할 수 있는 체제를 갖춘다.
- 지역사회복지 계획을 통하여 지역사회의 전체적인 서비스 체계를 구축하고, 이를 실천한다.
- 사회행동으로 정책이나 제도의 변화나 개혁을 추구하게 한다.
- 행정을 통하여 필요한 서비스를 제공하는 기관이나 조직을 합리적으로 운영하고 관리한다.

## 3. 지역사회복지실천의 개념과 목적

### 1) 지역사회복지실천의 영역과 범위

지역사회복지실천은 사회복지 3대 실천방법론의 분화·발전에 따라 지역조직 혹은 지역사업이 지역사회복지실천으로 발전하게 된 사회복지실천 분야 중에서 거시사회복지 분야를 구성하는 중요한 부분이다.

지역사회복지실천은 로스만(Rothman)과 트롭먼(Tropman, 1987)이 언급한 것과 같이 지역사회개발, 사회계획, 사회행동 등 지역사회실천모델과 연관이 있다. 또한, 지역사회복지실천은 거시사회복지학에 포함되지만, 미시사회복지학에 포함되는 임상사회복지 혹은 사회복지실천 영역에서 일하는 사회복지사들도 지역주민이나 클라이언트를 소개하고, 그들을 위한 사회적 지지망을 발전시키고, 지역주민이나 프로그램을 지지하고, 지역지원을 확인하기 위해 지역사회복지실천에 개입할 수 있다(지은구, 2003). 따라서 지역사회복지실천은 기본적으로 거시사회복지에 포함되지만, 모든 사회복지사가 개입된 공통의 영역일 수 있다(Hardcastle et al., 1997). 한편, 웨일(Weil)과 갬블(Gamble, 1995)은 지역사회복지실천의 범위가 풀뿌리조직부터 인간봉사 기획과 조정, 발전에 이르기까지 그 실천에서 넓은 영역을 포함한다고 하였다.

### 2) 지역사회복지실천의 정의

웨일과 갬블(1995)은 지역사회복지실천을 어려움에 처해 있는 사람들과 지역사회를 위한 삶의 질을 개선시키는 것이라고 정의하였다. 또한, 지역사회복지실천은 지역복지사업과 같은 의미로 이해할 수 있는데, 트웰브트리즈(Twelvetrees, 2002)는 지역복지사업은 지역을 개선시키기 위해 집합적 행동을 취함으로써 그 지역 사람들을 원조하는 과정이라 하였다.

트웰브트리즈(2002)는 지역복지사업의 본질로, 지리적 지역의 주민 혹은 집단의 욕구 해결을 통해 지역주민이나 집단구성원이 더 좋은 대접을 받는 것을 보장하며, 그들 자신이 더 좋은 대접을 가져오게끔 스스로 노력하기 위해 자신의 기술이나 자신감을 고취시키고 발전시키는 것이라고 한다. 이를 성취하기 위한 지역주민이나 그 지역 집단의 다양한 방식으로의 활동적인 참여는 지역사회복지실천 수행을 위한 필수적인 요소로 자리 잡게 된다.

하드캐슬 등(Hardcastle et al., 1997)이 말한 바로는, 지역사회복지실천은 지역집단, 조직, 제도 혹은 이러한 곳에서 이루어지는 사람들의 관계나 상호 행동을 바꾸기 위해 실천기술을 적용하는 것이다. 네팅 등(Netting et al., 1998)은 지역사회복지 실천을 거시사회복지 분야로 인식했으며, 거시사회복지실천 분야를 조직이나 지역에서 계획된 변화를 가져오기 위해 설계된 전문적 개입방법이라고 정의하였다.

결국, 지역사회복지는 지역주민이나 집단의 문제와 욕구를 해결함으로써 지역주민의 삶의 질을 증진시키려는 모든 노력을 포함하는 사회복지의 한 분야로 볼 수 있으며, 거시사회복지 분야로서 지역사회복지실천은 지역사회조직과 지역사회개발, 사회계획, 사회행동, 지역사회연계 등과 연관이 있는 기술을 포함한다고 볼 수 있다(지은구, 2003).

이에 대해 네팅 등(1998)은 지역사회개발에 관련된 전략은 이웃 혹은 공통의 관심을 가진 사람들의 집단과 같은 지역이나 지역의 한 부분이 더욱 효과적이고 효율적이며, 사람들과 그들의 사회관계를 양육하기 위한 협력적인 사회환경이 되도록 돕는 실천 영역이라고 하였다. 사회계획은 지역사회조직의 부분집합으로서, 지역사회의 기능과 책임을 다하기 위해서나 성취하기 위한 지역사회기관과 서비스의 조정·발전을 나타낸다. 사회행동도 지역조직의 부분집합으로서, 사회적 힘을 포함하는 지역사회의 상태와 자원의 통제와 재분배, 행동 유형, 지역관계의 변화를 의미한다. 하지만 지역사회복지학자 대부분은 이들이 강조했던 이러한 기술을 지역사회복지실천을 위한 실천모델로 인식하고 있다. 바로 이런 점이 지적되어야 한다.

결론적으로 지역사회복지실천은 "지역주민의 삶의 질을 개선하고 지역사회의 문제를 해결하기 위한 사회복지의 전문적 개입방법"이라고 정의할 수 있으며(지은구, 2003), 지역사회복지실천은 실천활동을 위한 지침 혹은 기술로서의 실천모델을 포함하는데, 지역사회개발, 사회계획, 사회행동, 지역연계 등이 여기에 포함된다.

웨일과 갬블(1995)이 말한 바로는, 지역사회복지실천은 ① 민주적 과정으로의 참여를 촉진하기 위해, ② 사회정의를 위해 조직화하고, 집단이나 지역의 욕구를 촉진하기 위해, ③ 인간 서비스체계의 책임 혹은 대응과 효과를 증진하기 위한 목적을 실현하기 위해 지역과 지역주민의 역량을 강화하는 것을 기본으로 하는 실천개입방법을 사용한다.

### 3) 지역사회복지실천의 목적

지역사회복지실천은 다음의 목적을 실현하는 데 초점을 맞춘다.

- 지역사회 문제를 경감·예방하고 문제 해결을 위한 과업을 성취하며, 자원을 활용하도록 개인, 집단, 가족, 조직과 지역사회를 도움으로써 그들의 사회적 기능을 고취·증진·유지·보존시킨다.
- 사회복지 재화와 서비스의 개발·확대를 통해서 지역주민의 삶의 질을 증진하고, 지역의 힘과 자원의 평등화·공평화, 적절하고 효율적인 분배의 조화를 통해서 사회정의를 실현한다.

### 4) 지역사회복지실천의 목표

지역사회복지실천이 지역사회의 개선과 지역주민의 삶의 질을 개선·향상하기 위해 구체적으로 수행하여야 하는 목표가 다음과 같이 설정될 수 있다(지은구, 2003).

- 지역주민이나 집단이 효과적으로 조직화할 수 있는 능력과 기술을 발전시킨다.
- 지역사회 안에서 자원이나 서비스에 더욱 쉽게 접근할 수 있도록 하며, 지역사회 안에 있는 자원과 서비스를 개발할 수 있도록 하는 사회계획을 수행한다.
- 풀뿌리 집단에 사회적·경제적 투자를 연계시킨다.
- 지역 문제를 해결하기 위해 광범위한 제휴나 연합을 지지한다.
- 사회정의에 대한 관심을 가지고 지역사회개발, 사회계획, 사회행동, 지역연계 등의 실천과정을 고취한다.

## 4. 지역사회복지의 관련 개념

### 1) 지역사회조직

지역사회조직(community organization)은 전문사회사업의 한 실천방법으로, 지역사회를 구성하는 개인, 집단, 이웃이 사회복지를 향상하기 위해 지역사회 수준에서 전개하는 일련의 활동이다. 이 개념은 사회사업의 전통적인 분류방법인 개별지도, 집단지도, 지역사회조직이라는 3대 방법에서 나온 것으로 볼 수 있다.

지역사회조직은 공공과 민간 사회복지시설의 전문사회복지사에 의해 수행된다. 전문사회복지사는 더욱 조직적이고, 추구하는 변화에 대해 의도적이고 계획적이며, 과학적인 지식과 기술을 사용한다. 로스만(Rothman, 2001)은 전문사회사업의 실천방법으로서 지역사회조직 모델로 지역사회개발(community development), 사회계획(social planning), 사회행동(social action) 등을 제시하였다.[2)]

2) 로스만이 제시한 3가지 모델의 구체적인 내용은 이 책 제5장을 참고하기 바란다.

## 2) 지역사회보호

지역사회보호(community care)는 영국을 중심으로 1950년대 말 이후에 발전한 개념이며, 지역사회 중심의 돌봄 형태가 확장되면서 전 세계로 개념이 확산하였다. 이 개념은 사회적 돌봄이 필요한 사람들의 가정 혹은 그와 비슷한 지역사회 내 환경에서 서비스를 제공하는 사회적 돌봄의 형태이다. 지역사회보호의 특징은 다음과 같다.

- 가정 혹은 가정과 유사한 환경 즉, 지역사회 내 가정에서 통원이 가능한 서비스 제공 시설 혹은 소수의 돌봄이 필요한 사람들이 함께 거주하는 그룹홈(group home)[3]과 같은 돌봄의 장이 전제된다.
- 서비스 제공을 위해 함께 상주하는 직원이 없으며, 외부 직원이나 자원봉사자의 방문을 받아 서비스가 제공된다.
- 일상생활의 결정은 개인에 의하여 자율적으로 이루어진다.
- 가정에서 돌봄을 받거나, 가정 외부에서 서비스를 받는다.

## 3) 시설보호(주거보호), 재가보호

시설보호(institutional care)는 노인이나 장애인 등 사회적 돌봄이 필요한 사람들이 하나의 일정한 시설에서 돌봄서비스와 함께 의식주를 제공받으면서 장기 혹은 단기적으로 거주하는 형태의 사회적 돌봄이다. 시설보호는 주거의 보호를 제공하는 점을 강조하여 주거보호(institutional care)라고 일컬어지기도 한다. 특히 시설보호의 특성은 주거의 개념이 포함된다는 점, 훈련된 직원이 함께 거주한다는

3) 그룹홈이란 어려운 환경에 처한 노숙자, 장애인, 가출 청소년 등이 자립할 때까지 가족 같은 분위기에서 공동생활을 할 수 있게 만든 소규모 시설 혹은 그와 관련된 봉사 활동이나 제도를 말한다. 국립국어원에서 그룹홈을 '자활꿈터'로 순화하였다.

점, 폐쇄성을 특징으로 엄격한 규율과 절차가 있어 개인의 자유와 선택이 제한된다는 점 등이다.

재가보호(domiciliary care)는 돌봄이 필요한 사람들이 자신의 가정에서 돌봄을 받는다는 개념으로, 여기에는 공공과 민간의 공식 조직에 의한 돌봄과 가족, 친척, 이웃 등 비공식 조직에 의한 돌봄이 모두 포함된다. 이러한 개념은 가정이라는 환경을 강조한다는 점에서 지역사회보호와 비슷하나, 가족환경과 비슷한 지역사회 환경에서의 돌봄을 포함하지 않는다는 점에서 지역사회보호와 차이가 있다. 우리나라에서 사용하는 재가복지의 개념은 가정이라는 실천현장을 중심으로 한 서비스 제공을 강조하는 점에서 재가보호에 더 가깝다.

### 4) 커뮤니티 빌딩

여기에서 말하는 '커뮤니티(community)'라는 단어는 반드시 지역사회를 의미하는 것이 아니다. 경우에 따라서는 지역사회로 해석할 수도 있지만, 그것보다는 어떤 바람직한 사회적 관계의 특성을 의미하는 경우가 더 많다. 예를 들면, 특정 집단[4]의 구성원 사이에 형성된 소속감·일체감·연대성·상호 신뢰 등의 총합을 커뮤니티라고 표현하는 것이다.[5]

지역사회 차원에서 커뮤니티 빌딩(building)이란 지역사회 구성원 사이의 소속감과 연대 의식을 증대시키려는 실천 활동이다(Rubin & Rubin, 2001, 2007). 따라서 지역사회 실천으로서 커뮤니티 빌딩은 지역사회 구성원을 서로 '의미 있게' 연결하도록 돕는 작업이라고 할 수 있다. 커뮤니티 빌딩에 관한 이론적 선구자들인 매트시치(Mattessich)와 몬세이(Monsey, 2008)는 커뮤니티 빌딩을 지역사회의 역량을 증대시키기 위한 일련의 활동이라고 말한다. 실제로 커뮤니티 빌딩을 지역사

4) 그것이 지역사회이든 아니면 이해관계를 바탕으로 하는 집단이든 상관없다.
5) 그래서 'community'를 '지역사회'나 '공동체' 등과 같은 특정한 단어로 번역할 수 없다.

회복지의 실천 모델이나 목적으로 사용하려는 사람들은 지역사회의 강점과 자원을 강조하는 경향을 보인다.

커뮤니티 빌딩의 이러한 개념은 다음과 같은 전제를 기초로 하며, 각각의 전제는 지역의 네트워크를 강화하고 상호의무감을 고취한다(Rubin & Rubin, 2001, 2007).

- 지역사회개발과 서비스 전략을 통합한다.
- 협력을 통한 파트너십을 고취한다.
- 지역사회 역량을 구축한다.
- 지역사회의 조건에서부터 시작한다.
- 광범위한 지역사회의 참여를 존중한다.
- 평등의식을 고양한다.
- 문화적인 역량의 가치를 인식한다.
- 가족과 아동의 지원을 강화한다.

안데르손(Anderson)과 밀리건(Milligan, 2006)은 커뮤니티 빌딩이 완성된 상태의 지역사회의 특징을 다음과 같이 제시하고 있다. 첫째, 다양한 동네 조직이 만들어지고 주민이 시민으로서의 참여 활동에 적극적이다. 둘째, 안정적이고 지속적인 자원 조직이 활성화된다. 셋째, 이웃과의 비공식적 상호작용이 폭넓게 이루어진다.

CHAPTER 02

# 주요 외국과 대한민국의 지역사회복지 역사

학/습/목/표

- 미국과 영국의 지역사회복지 발달과정을 이해한다.
- 자선조직협회와 인보관운동을 이해하고, 그 차이점을 설명할 수 있다.
- 일본의 지역사회복지 발달과정을 이해한다.
- 대한민국의 지역사회복지 발달과정을 이해한다.

## 1. 미국의 지역사회복지 역사

미국의 지역사회복지 역사를 시기별로 ① 길드 시대와 자선조직협회, ② 진보주의시대와 인보관운동, ③ 정상으로의 복귀, ④ 대공황과 뉴딜 및 제2차 세계대전, ⑤ 냉전과 1950년대, ⑥ 1960년부터 1970년대 중반, 그리고 ⑦ 1975년 이후(민간 부문의 지역사회실천)의 순으로 나누어 살펴본다.

### 1) 길드 시대와 자선조직협회

남북전쟁 이후 생겨난 신흥 산업도시 질서는 전례 없는 사회적 상황과 도전을 제시하였다. 19세기 말 미국 사회는 전통적 농업 사회에서 산업적·도시적·이질적·현대적인 사회로의 전환이 가속화되었다. 길드 시대(Gilded Age)란 당시 미국이 개인의 부에만 전념하는 시대였음을 묘사하기 위해 마크 트웨인(Mark Twain)

이 명명한 것으로, 당시 미국은 도시산업사회로 전환하는 과정에서 대기업가, 노동자, 농부들 간에 격렬한 경쟁이 나타났다(Fisher, 2005).

이 시기에 미국 인구가 실질적으로 늘어났고, 상류층과 부유층이 대거 등장하였다. 당시의 자유방임주의적이고 사회다원주의적인 정치·경제는 개인행동을 개선하고 상업을 이롭게 하는 것에 중점을 둔 사회적 개입만을 장려하였다. 이 당시 친노동·친농업 조직가들이 농부와 노동자를 위해 정부가 중재하도록 압력을 행사하기에는 역부족이었다(Fisher, 2005; 지은구·조성숙, 2010).

또한, 이 시기에 산업화, 도시화, 이민 등에 따른 인구 급성장의 결과로 사회문제가 폭발적으로 증가하였다. 이런 문제는 대규모로 나타났을 뿐만 아니라, 통제불능 수준까지 이르렀다. 경찰 추산에 따르면, 뉴욕시의 인구가 100만 명 이하였을 때에도 1만 명 이상의 아동이 거리에서 생활하였다(Popple, 1995). 이 당시에 산업화에 따른 노동 작업 조건의 문제, 아동 노동이나 안전에 대한 문제가 드러났고, 급속한 산업화로 농촌 인구가 도시로 대거 유입되었다. 또 유럽 각지에서 이주해 온 이민자들이 정착에 어려움을 겪고 질병과 빈곤에 시달리며, 남북전쟁 이후에 나타난 흑인의 각종 인권, 교육 문제 등이 확산하였다(최일섭·이현주, 2006). 이런 사회문제에 대응하여 나타난 대표적인 운동이 1877년 시작된 자선조직화운동(Charity Organization Movement)과 1886년 시작된 인보관운동(Settlement Movement)이다(Popple, 1995).

자선조직화운동은 이민, 산업화와 도시화 등의 영향으로 부유층과 빈민층으로 양분되었던 현실에 대응하여 이들을 화해시키고자 모색한 19세기 후반의 박애주의 개혁이다. 자선조직협회(COS)[6]는 1800년대 말에서 1900년대 초반, 빈민에 대한 정보 교환을 위해 만들어진 민간자선단체로, 1877년 미국 최초의 자선조직협회가 뉴욕주의 버펄로(Buffalo)에 설립되었다.

6) Charity Organization Society.

자선조직협회는 많은 의욕적인 목표 즉, 빈민을 원조하는 것뿐만 아니라 빈곤과 가족해체문제를 이해하고 해결하고자 하였다. 미국 자선조직화운동은 영국의 구빈법 개혁, 청교도적 이념, 사회다위니즘(Social Darwinism), 기독교 박애주의 등 많은 이념의 영향을 받았다. 자선조직화운동 지도자들에 따르면, 자선의 본래 목표는 빈민의 고난을 완화하는 것이 아니라, 그들의 정신을 앙양하여 그들을 사회에서 생산적이고 독립적인 사회구성원으로 변모시키는 것이다.

자선조직화운동은 사회다위니즘에 근거한 개념인 '과학적 자선'이라는 용어를 채택하였다. 자선조직협회 지도자들이 당시 무질서한 자선활동에 과학적 수단을 동원하여 질서를 가져오려는 새로운 형태의 사회복지를 추구함에 따라 자선조직협회는 미국 전역에 빠르게 확산하였다. 자선조직협회는 과학적 자선방법 즉, 조직, 조정과 조사를 자선행정에 적용하려 했으며, 기존의 자선행위를 조정하려는 기관 간 노력을 모색하였다. 자선조직협회는 수많은 기관이나 조직 간 관계에 질서를 가져오고자 하였다. 이런 이유로 자선조직협회는 현대적 사회복지 발전의 선구자라 할 수 있다. 그러나 자선조직협회의 실천은 기관 간 조정 이상의 것을 강조하였다. 무엇보다도 자선조직협회의 서비스 구조는 길드 시대의 자조정신에 확고한 기반을 두었다. 즉, 자선조직화운동은 빈곤과 다른 사회문제가 개인적 특성의 결함에 기인하므로, 개인적 향상을 통하여 해결되어야 한다고 가정하였다.

한편, 19세기 사회복지조직 대부분처럼 자선조직협회에서도 초창기에 주로 자원봉사자들이 직원으로 활동하였다. 자선조직협회에는 대행자(agent)라고 부르는 소수의 유급직원이 구호지원서를 접수받고 각 사례에 대한 정보를 확인하는 업무를 담당하였다. 이 정보는 자원봉사자로 구성된 위원회에 넘겨졌는데, 이 위원회는 지원자의 원조 적격성과 어떤 종류의 원조가 얼마만큼 필요한지 결정하였고, 그 사례를 자원봉사 우애방문원(friendly visitor)에게 할당하였다(Popple, 1995).

우애방문원은 지역사회조직이라기보다는 사례관리자라고 할 수 있다. 우애방문원은 궁핍한 사람들을 돕고, 그들이 진정 도움을 받을 자격이 있는 빈민인지 확은 아닌지를 구별하기 위하여 가정방문을 하였다. 이들은 구호 제공에는 별 관심이 없었고, 주로 치료나 개인적 서비스 제공에 관심이 있었다. 자선조직화운동은 빈곤의 원인이 악덕, 게으름, 무절제 등의 부도덕성과 관계가 있다고 믿었다. 또한, 그들은 물질적 원조가 빈곤과 고통 감소에는 불충분하므로 개인 서비스라는 매체를 통해 의존의 원인을 재조정해야 한다고 믿었다. 그래서 그들은 주요 치료기법으로, 청결하고 성공한 삶과 관련된 긍정적인 도덕 사례를 적용하였다.

그런데 자선조직화운동은 사회서비스 제공을 위해 주로 자원봉사자들에게 의존함으로써 다양한 문제를 일으켰다. 자원봉사자의 전문성과 수적인 부족으로 말미암아 자선조직협회에 등록된 모든 클라이언트의 욕구를 충족시키기에는 한계가 있었다. 따라서 자선조직협회는 19세기 후반까지 자원봉사 우애방문원을 유급직원으로 대체하였고, 기관과 직원들은 빈곤과 의존이라는 문제에 더욱 효과적으로 대응하고자 하였다(Popple, 1995).

### 2) 진보주의 시대와 인보관운동

1880년대와 1890년대는 사회다원주의와 자유방임자본주의에 열중한 시기였으며, 계층과 인종, 신앙 등 다양한 요인이 뒤엉킨 혼란과 분열의 시기였다. 개혁가들은 반이데올로기와 사회운동을 개발하기 시작하였고, 단순히 개인이 아닌 사회가 사회적 상황에 책임이 있고, 단순히 개인적 특성이 아닌 환경이 생활경험을 형성한다고 주장하였다. 진보주의 핵심은 인보관운동에 의해 가장 잘 요약되는데, 이 시기에는 동유럽 등의 지역에서 건너온 이민자들의 욕구에 대응하기 위해 제인 애덤스(Jane Addams), 릴리안 왈드(Lillian Wald), 스텐톤 코이트(Stanton Coit) 등과 같은 인보관운동 실천가들이 사회개발과 사회행동의 혼합 형태를 적용하였다.

미국 최초의 인보관은 1186년 스텐톤 코이트가 뉴욕에 설립한 네이버후드 길드(Neighborhood Guild)[7]라고 할 수 있다. 코이트는 새뮤엘 바네트(Samuel Barnet) 목사가 설립한 영국의 토인비 홀을 방문한 후 1886년에 네이버후드 길드를 설립하였다. 1889년 제인 애덤스가 시카고 빈민가에 헐 하우스(Toynbee Hall)를 설립하였고, 1892년에는 릴리안 왈드가 뉴욕에 너시스 세틀먼트(Nurses Settlement)[8]를 설립하였다. 이러한 운동은 10여 년 동안 급격히 확산하여 1910년쯤에는 미국 전역에 400여 개의 인보관이 설립되었다. 이러한 인보관은 주로 백인 부유층의 주도로 유럽 이민자들을 위해 운영하였다. 그러나 흑인을 위한 지역사회사업과 인보관도 급격히 확산하여 진보주의 시대 지역사회실천에 이바지하였다. 뉴욕과 시카고는 산업화와 도시화, 이민, 금융 자본주의라는 당시 거대한 도전의 중심지였기 때문에 이 시대의 사회개혁을 주도하는 인보관운동의 핵심지역이었다.

인보관사업은 개인적 문제와 사회적 개선과의 상호 연결성을 토대로 하고 있으며, 실천방법으로는 다음의 세 가지 핵심사항을 내포한다(Popple, 1995).

- 인보관운동은 매우 필요한 서비스를 전달하고, 지역사회뿐만 아니라 개인 수준에서 개입하고, 인보관 활동가들과 지역주민 간의 결속력을 다지려는 통합된 협력실천이다.
- 인보관운동은 지역사회와 지역사회 구축의 본질적 중요성에 대하여 인식하고 있다.
- 인보관운동은 사회·정치·경제적 정의를 옹호하고, 조직화하려는 자발성에 근거한다.

인보관운동의 목적은 새로운 종류의 지역사회 생활을 가능하게 하는 것이다. 인보관 활동가들은 입법을 위한 로비 활동에 참여하거나 공공위원회에서 활동하기도 하였다. 또 정치 후보자들을 장려하였고, 스스로 공직에 입후보하기도 하였

7) Neighborhood Guild는 후에 University Settlement로 불렸다.
8) Nurses Settlement는 후에 Henry Street Settlement로 불렸다.

다. 또한, 사회조사를 수행하였으며, 때로는 광범위한 주택 개혁, 노동조합 옹호, 노동자와 여성 및 아동의 권리를 위한 캠페인에 동참하였다. 인보관 활동가들은 지역의 정치·경제를 개혁하고 사회서비스를 제공함으로써 지역사회를 활성화하기 위해 투쟁하였다. 특히 뉴욕과 시카고 지역의 비교적 규모가 큰 인보관은 사회행동에 관심을 가지고 적극적으로 참여하였다. 이 시기에는 개인 원조, 지역사회 구축, 사회변화 등 모두가 지역사회조직실천의 중요한 일부분으로 간주되었다(지은구·조성숙, 2010).

지금까지 살펴본 바 자선조직협회와 인보관운동은 그 성격이 같은가? 다른가? 물론 다르다. 자선조직협회와 인보관운동은 사회문제의 원인과 해결방법, 참여주도층, 활동의 초점과 내용 등 여러 가지 면에서 그 성격이 서로 다름을 알 수 있다. 〈표 2-1〉에서 자선조직협회와 인보관운동의 성격을 비교하였다.

〈표 2-1〉 자선조직협회와 인보관운동의 성격 비교

| 자선조직협회 | 구분 | 인보관운동 |
|---|---|---|
| 개인적 속성 | 사회문제 근원 | 환경적 요소 |
| 사회진화론적 사상에 동조 | 이데올로기 측면 | 자유주의와 급진주의 사상에 동조 |
| 상류층과 그들과 가까운 사람 | 참여주도층 | 교육을 받은 중류층과 대학생 |
| 빈민 개조와 역기능의 수정 | 사회문제 접근방법 | 빈민과의 거주, 사회질서의 비판 |
| 기관 간의 서비스 조정 | 사회문제 해결방법 | 실용주의적 성격, 서비스 제공 |
| 우애방문원의 가정방문 | 활동 내용 | 사회개혁을 통한 하나님 왕국 건설 |
| 지역사회조직 실천방법의 출발 | 의의 | 민간사회복지관 활동의 출발 |

자료: 최일섭·류진석(1996). 지역사회복지론(개정판). pp. 86-89를 참고로 재구성.

### 3) 정상으로의 복귀(1919~1929)

1920년대의 정치와 경제는 지역사회복지실천에 극적인 변화를 가져왔다. 인보관과 지역사회센터의 의미는 다소 퇴색되었지만, 인보관이 수적으로 감소하지는 않았다. 다만, 그 활동 면에서는 약간 저조하였다. 1920년대에는 신흥 사회복지 영역에서 전국적으로 지역사회공동모금회 같은 공동모금조성 구조가 형성됨에 따라 지역사회조직실천도 변화를 겪게 되었다. 이러한 모금 노력은 서비스 영역의 권력을 향상시켰고, 대규모 서비스 기회에의 참여를 가능하게 하였으며, 서비스 조정과 조사에 대한 책임을 증가시켰다. 그러나 이러한 현상은 이 시기가 진보주의시대 이전으로의 복귀이자 개혁 욕구를 부인하는 전형적인 보수적 정치·경제임을 시사한다.

제1차 세계대전(1914~1918)은 진보주의 시대 지역사회조직실천을 위한 분수령이 되었다. 이 전쟁은 자유주의적이고 집합주의적인 감성에 충격을 가했으며, 진보개혁자와 이민자들에 대한 전쟁 후 적색 공포(Red Scare)[9] 즉, 반공산주의에 의해 지역사회실천의 핵심요소가 후퇴하게 되었다. 협력적인 실천, 지역사회 구축, 사회행동이라는 인보관운동의 핵심요소를 대신하여 1920년대에는 훨씬 더 제한된 사회복지실천이 제도화되었다. 1920년대의 지역사회복지실천은 지역사회 차원의 모금과 지역사회에 대한 자료수집을 바탕으로 한 사회계획을 강조하는 경향을 반영하였다(Mondros & Staples, 2008).

1920년대에는 사회행동이 퇴색되는 경향이 있었다. 지역사회 구축이 더는 제1순위가 아니었지만, 지역사회실천이 사라지지는 않았다. 일찍이 자선조직협회가 해 온 대로, 신생 지역사회모금운동은 조직 간의 조정과 행정을 통해 사회서비스기관 간 연합을 구축하고 관리하는 것에 초점을 맞추었다. 사회사업 분야는 전문화되기 시작하였고, 지역사회조직의 하위 분야도 비슷한 변화를 맞이하였다. 이 당시의 많은 저서는 지역사회조직의 연구와 실천이 더 정확하고 엄격해야 한다고

9) 적색 공포(赤色恐怖) 또는 레드 스케어(Red Scare)는 미국 역사에서 강한 반공 시기였던 1917년부터 1920년까지, 1947년부터 1957년까지 두 차례에 걸쳐 나타났다. 이는 '진실한 미국인(real American)'을 보호하려는 목적에서 공산주의, 무정부주의, 급진주의, 노동조합주의, 기타 '비미국적(un-American)' 사상과 행위에 대한 전(全) 국민적 공포 히스테리 열풍으로 정의할 수 있다. 제1차 적색 공포는 노동혁명과 정치적 급진주의에 관한 것이었으며, 제2차 시기에는 국내외 공산당원들의 연방정부 침입을 중점적으로 다루었다.

강조하였다. 저자 대부분은 존 듀이(John Dewey)와 도시사회학이라는 신생 분야의 영향을 받았는데, 지역사회조직실천을 가르치기 위하여 더 전문적이고 체계적인 방법을 모색하였다(지은구·조성숙, 2010).

### 4) 대공황과 뉴딜 및 제2차 세계대전(1929~1945)

대공황에 대한 연방정부와 일반대중 차원의 활기찬 대응은 지역사회조직을 극적으로 변모시켰다. 1930년대 사회개혁 욕구가 표면화되었을 때, 이는 진보주의 시대 사회개혁 욕구와는 달랐다. 경제재앙과 사회적 욕구에 대한 1930년대의 대응은 지역사회에 기반을 둔 것이 아니라, 훨씬 더 중앙집권적이고 국가적인 차원에서 이루어졌다. 1930년대 지역사회조직은 계층과 연합에 강력한 기반을 둔 사회행동모델과 함께 표면화되었다. 그러나 이 시기의 사회개혁과 사회행동은 명백히 국가 수준에 초점을 두었다. 해리 홉킨스(Harry Hopkins), 프란시스 퍼킨스(Frances Perkins), 헨리 모겐소(Henry Morgenthau) 등과 같은 인보관 활동가들은 지역사회조직 프로젝트보다는 대규모 사회정책과 복지 프로그램을 수행하는 데 관여하였다(Fisher, 2005).

빈곤과 실업 같은 대규모 사회문제로 말미암아 사회와 사회복지사들은 개인적 문제의 원인이 구조적 차원에 있음을 재인식하게 되었다. 즉, 이는 사회문제의 주요한 원인은 개인적 특성의 결함보다는 환경적 요인이라는 사실로 받아들였음을 뜻한다. 사회사업 분야 내부에서는 이러한 논쟁이 최고조에 달하였다. 일부 사회복지사는 1920년대의 개별사회사업은 사회적 맥락과 개인 문제 간의 관계를 부정하기 때문에 부적절하다고 주장하였다. 이러한 사회세력은 지역사회조직이 더 확고한 전문적 발판에 기반을 두고, 그 당시의 긴급한 욕구를 충족시키기를 희망하면서, 사회사업 분야 내에서 지역사회조직 분야의 사명이 재평가되도록 촉구하였다.

1939년에 개최된 전국사회복지회의에서 발표된 보고서는 지역사회조직을 개별사회사업 및 집단사회사업과 같은 선상에서 사회사업의 한 분야로 정의하고자 하였다. 6개 도시의 토론집단을 기반으로 작성된 레인 보고서(Lane Report)는 1930년대 지역사회조직의 특징과 포부를 반영하였으며, 지역사회조직을 구성하는 실천 유형을 구체화하였다.

지역사회조직실천에는 사회행동과 사회계획을 위한 사실 발견, 사회복지서비스와 프로그램 시도와 목표에 대한 대중의 이해와 지지 개발 등이 속한다. 그러나 이 보고서는 지역사회조직의 핵심기능을 사회개발이라고 보수적인 차원에서 정의하면서, 사회복지 자원과 욕구를 조정하는 것이라고 결론지었다. 즉, 지역사회조직의 초점을 사회서비스 계획과 조정, 프로그램 개발과 행정에 두었다.

이 시기는 대공황에 맞선 사회계획 아래 사업이 추진된 시기로, 지역사회 구축과 참여적인 과정은 중요하다거나 절박하다고 여기지 않았다. 대공황이 진정되고 제2차 세계대전(1939~1945)이 발발하였을 때, 지역사회조직은 사회복지 자원과 욕구 간의 조정과 유지를 계속해서 강조하였다. 또한, 지역사회조직은 개별사회사업이나 집단사회사업과 같은 사회사업 과정이며, 지역사회는 독특한 의미의 클라이언트로 해석되었다. 대공황기의 지역사회실천은 일반적으로 사회복지라는 커다란 쟁점에 초점을 두었고, 정치 행동을 통해 더 큰 목적에 도달하고자 하는 경향이 있었다(Fisher, 2005).

### 5) 냉전과 1950년대

1945년께부터 1973년까지의 시기는 정치와 문화의 변화뿐만 아니라, 거대한 경제성장과 기회의 시기였다. 그러나 전후 시기는 지역사회조직에 관심 있는 사회사업 분야 내·외부의 사람들에게는 고난의 시기였다. 지역사회실천가는 당시의 보수적인 맥락에서는 자신의 사회행동 업무를 유지하는 것이 불가능하다고 인식하였다. 제1차 세계대전 후의 적색 공포처럼 사회변화와 민주주의적 의견 차이는 국가에 대한 위협으로 인식되었다. 이 시기는 국내외에서 공산주의에 대한 공포가 지배하는 매우 보수적인 냉전정치의 시기였다.

1940년대와 1950년대의 지역사회조직이 대중에게 미친 영향력은 미미하였다. 지역사회실천에 관여한 사회사업가들은 현장과 학문의 장에서 더 큰 생존력을 발휘하였다. 왜냐하면, 그들은 더 다양한 방법으로 냉전에 대응하였고, 더욱 폭넓은 자금원을 모색하였기 때문이다. 또한, 이 시기의 학자와 실천가들은 지역사회사업 분야에서 사회사업실천을 위한 개념적 틀을 개발하기 위하여 노력하였다. 예를 들어 케네스 프레이(Kenneth Pray)는 지역사회사업은 개인과 집단에 대한 직접적인 원조관계를 개발하는 것에 초점을 맞추어야 한다고 주장하였다. 한편, 뉴스테터(Newstetter)는 집단 간 사회사업 과정에 더 많은 관심을 가졌고, 지역사회는 본질적으로 집단의 상호작용을 조정하는 관계여야 한다고 보았다. 존 힐(John Hill)은 실천가들에게 시민의 책임과 직업인의 책임을 구별하여야 한다고 경고하였다.

머레이 로스(Murray Ross)는 지역사회조직에 대한 더욱 확대된 개념을 제공하였는데, 지역사회조직은 과정, 개혁과 계획을 지향한다고 하였다. 그는 당시 지역사회조직에 관한 다른 저술가보다 체계적이고 사회과학적인 접근을 시도하였다. 그러나 그 또한 당대 인물 대부분처럼 궁극적으로 지역사회조직은 과정으로서의 지역사회조직에 초점을 두었으며, 사회행동이나 옹호 혹은 상의하달식의 사회계획모델보다는 지원자로서 지역사회사업가의 역할을 강조하였다.

이 당시 지역사회조직의 경향은 다음과 같다(Fisher, 2005).

- 지역사회조직은 집단사회사업이나 개별사회사업처럼 주로 대인관계 형성 즉, 자조집단들이 얼마나 포괄적으로 조직화되는지 혹은 어떻게 민주적 결정이 만들어지는지 등에 초점을 맞추었다.
- 지역사회조직은 빈곤이나 인종차별, 일반적 형태의 차별에 영향을 미치는 구

체적인 성과에는 별다른 관심이 없었다.

### 6) 1960년부터 1970년대 중반

1960년부터 1975년까지의 시기는 세계적으로 사회행동의 전성기였다. 미국에서는 유색인종들의 평등권 찬성, 학생들의 베트남전쟁 반대, 여성들의 성차별 반대와 양성평등지지 등의 사례처럼 대규모 사회운동이 계층, 인종, 정치, 가치, 성 등에 근거한 억압을 반대하였다. 이 시기는 대규모 폭동, 급진적 정치, 청년들의 실험 시기로 기억된다. 즉, 참여적 취지와 함께 민주주의라는 관념이 되살아나는 시기다.

무엇보다 이 시기는 다양한 형태의 정치 참여와 사회변화에 유용한 자금과 그 양이 상당한 수준에 이르렀다. 미국의 빈곤율이 19%에 육박하자 존슨(Lyndon B. Johnson)[10] 정부는 '빈곤과의 전쟁'이라는 기치 아래 공공사업을 수행하였다. 이러한 사업은 빈곤의 사회적 원인에 초점을 맞추고 지역사회 수준에서 빈곤을 다루기 위하여 지방분권화 전략을 취하였다. 또 빈민을 위해 활동하는 조직에 대해 대규모의 연방 지원을 제공하였다.

▲ 존슨(1973~1908)

'빈곤과의 전쟁'을 수행하기 위하여 공표된 경제기획법(Economic Opportunity Act)에 의해 1964년 설립된 경제기획청은 지역사회에 기반을 둔 비영리 프로그램을 극적으로 확대하였다. 경제기획청 아래에서 이루어진 프로그램은 헤드스타트

10) 미국의 제36대 대통령(1963~1969)으로, 온건한 민주당원이며 강력한 상원 지도자였다. 1960년 부통령으로 선출되었으며, 1963년 11월 22일 존 F. 케네디 대통령의 암살로 공석이 된 대통령직을 승계했다. 임기 중에 중요한 사회복지법과 민권법을 입법화했지만, 그의 베트남 전쟁 확전 조치는 심각할 정도로 국민을 분열시켰고 국민의 신뢰를 잃는 계기가 되었다.

(Head Start), 직업부대(Job Corps), 지역청년부대, 지역사회행동 프로그램 등이다. 빈곤문제는 다시 한 번 연방정부 차원의 문제로 간주하였지만, 많은 핵심 프로그램은 연방정부의 역할을 참여, 계획, 권력 등과 같은 지역사회를 기반으로 한 노력을 주도하고 자금을 제공하는 역할로 규정하였다. 사회복지서비스에 대한 연방정부 지출은 1965년에서 1970년까지 5년 만에 약 3배로 증가하였다.

이 당시 지역사회조직 전략과 전술에서는 더욱 활동 중심의 운동 전략과 더 전문적이고 점진적인 전략 간의 긴장이 존재하였다. 당시의 많은 지역사회사업가는 과거보다 권력에 더 많이 접근할 수 있었고, 정책개발에 영향력을 발휘할 수 있었다. 그리하여 진보주의 시대와 뉴딜정책 당시에 성공을 거두었던 전문적이고 점진적인 전략을 선호하였다. 그러나 지역사회를 기반으로 한 노력은 많은 관심을 모았고, 많은 사람에게 직업과 사회변화 경험을 제공하였다. 물론 사회변화를 성취하기에 쉬운 시기는 아니었지만, 지역사회조직에 대해서는 유별나게 지지적이고 약동적인 시기였다.

지역사회실천은 계속해서 이전처럼 같은 무대에서 비슷한 방법으로 진행되었다. 하지만 지역사회 구축, 사회계획, 사회행동은 점점 권력 문제에 많은 관심을 두게 되었고, 전략과 전술 면에서는 사회행동과 정치적 옹호, 투쟁적이고 대립적인 방법을 포함하도록 확대하고자 하였다(Fisher, 2005).

### 7) 1975년 이후(민간 부문의 지역사회실천)

이 시기는 다음의 세 가지 중요한 도전으로 요약될 수 있다.

- 1975년 이후에는 민간 부문이 강화되었다. 민간 부문을 경제와 기술적 진보의 동력이자 사회문제를 다루고 해결하는 주요 도구로 간주하고 있다.
- 공익과 공적인 참여보다는 사적인 개인주의 문화가 점점 더 강조되고 있다. 사람들은 이전보다 개인적 욕구와 성장에 초점을 맞추며, 사회생활에 대한 참

여뿐만 아니라 관심도 배제한다.

- 점점 사적인 공간이 공적인 공간을 대신하고 있다. 사람들은 거리, 공원, 도서관, 도심가 쇼핑 등의 공적인 공간에서 이동시켜 개인주택과 뒤뜰, 컨트리클럽, 개인 서점, 개인 차, 대문으로 강화된 교외지역사회와 쇼핑몰과 같은 사적 영역에서 살도록 조장한다. 그런 세계에서는 공적 생활은 차치하고서라도 다른 사람과의 사회결속력과` 공동체 형성이 극적으로 감소한다.

1975년 이후의 보수주의 정치·경제에서 사회행동 노력은 사회사업 내·외부에서 부적절한 것으로 간주하여 왔다. 또한, 많은 주에서는 재정위기에 의해 전투적인 사회행동적 지역사회사업이 극적으로 쇠퇴하였다. 게다가 중앙집권화되고, 민주주의가 억제되고, 개인주의화되는 상황에서 지역사회실천은 민주적 과정과 목소리가 더 강조되는 경향이 있다. 그러나 부시(Georg W. Bush) 정부의 집권과 2001년 9·11사태[11]로 공적 생활과 공공 부문보다는 다시 한 번 지역사회실천 형태를 취하게 하면서 국가의 정치·경제를 더욱 우파로 이동시켰다(Fisher, 2005).

## 2. 영국의 지역사회복지 역사

영국의 지역사회복지 역사를 시기별로 ① 자선조직화운동, ② 인보관운동, 그리고 ③ 지역사회보호의 등장과 발전 등의 순으로 나누어 살펴본다.

---

11) 이슬람 극단주의 집단인 알 카에다와 관련된 대원 19명이 미국을 향해 감행한 일련의 비행기 납치 및 자살 공격 사건을 말한다. 이 공격은 엄청난 인명 사상과 파괴를 초래했고, 미국이 테러리즘과의 싸움에 막대한 노력을 기울이게 되는 계기가 되었다. 비행기 납치범들은 대부분 사우디아라비아 출신으로, 공격에 앞서 미국 내에서 단체를 조직했다. 그들은 소(小) 단위로 활동했으며, 그들 중 몇 명은 상업비행훈련을 받기도 했다. 2001년 9월 11일 공격대원 그룹은 동부에 있는 3개 공항에서 국내선 항공기 4대에 나누어 탑승하여(20번째 용의자인 대원은 미국 정부가 억류해 놓은 상태였다) 이륙 직후 승무원들을 억류하고 비행기를 조종했다. 서부로 향하던 비행기들은 모두 대형으로 연료가 가득 차 있었다.

### 1) 자선조직화운동

1860년대 이후 영국에 무슨 일이 일어났는가! 1860년대 이후 영국은 면화 기근[12], 전염병의 만연 등으로 대량실업이 발생하였다. 그러나 당시의 구빈법은 이에 적극적으로 대처하지 못하였고, 구빈행정이 부실한 상황에서 무차별적인 시혜와 자선단체가 난립하였다. 1861년 런던에만 640개의 자선단체가 파악되었는데, 이 단체들은 구빈행정당국 혹은 다른 단체들과의 협력이나 조정 없이 활동하는 것으로 나타났다. 다시 말하면, 이 당시에는 각 자선단체의 종파적 특성에 따른 협력과 조정 부족, 자선활동에 대한 개인들의 정보 부족, 이에 따른 구호의 중복과 누락, 재원의 낭비와 탕진 등과 같은 구호의 폐해가 증가하였고, 훈련받지 않은 일반인이 감상적인 선의로 구호사업에 참여하는 사례도 나타났다(이강희 외, 2006).

자선조직화운동은 19세기 후반에 성행하였던 부유층의 무분별한 자선활동의 폐해에 대응하여, 자선활동을 지역사회 단위로 조직화함으로써 더욱 체계적이고 효율적으로 수행하고자 모색한 자선사업 개혁운동이었다. 영국 최초의 자선조직협회(COS)는 영국의 자유주의 유력인사들[13]에 의해 1869년 런던에 설립되었다.

자선조직협회의 설립목적은 구걸행각을 억제하고 중복구호를 방지하기 위하여 여러 가지 자선활동을 조직화하고 조정하며, 빈민의 환경조사를 시행하여 적절한 원조를 제공하는 데 있었다. 자선조직협회는 빈곤이 개인적 과실 때문에 발생하고, 빈민은 스스로 빈곤에서 탈피해야 한다는 생각으로, 구제 여부를 판단하기 위하여 사례조사를 시행하였다. 이 조사는 아주 세밀하고 엄격하며, 다분히 가치판단적이었다. 자선조직협회는 특히 빈곤의 원인이 나태와 같은 개인의 도덕적 결함에 있다고 보았기 때문에 정상적인 중산층의 인격적인 감화를 통해 빈민의 빈곤 탈피 동기를 강화해야 한다고 생각했다. 따라서 그들이 스스로 빈곤에서

12) 면화 기근(綿花飢饉)은 미국의 남북 전쟁으로 인하여 면화가 제때 공급되지 않아 영국의 랭커셔주의 면공업에 일어난 큰 공황을 말한다.

13) Charles Stewart Loch, Charles Bosanquet, Edqard Denison, Octavia Hill 등을 말한다.

탈피할 수 있도록 우애방문원(friendly visitor)을 파견하였다. 또한, 철저히 자조의 미덕을 강조하였기 때문에 "빈민에게 물고기를 주지 말고, 물고기 잡는 방법을 가르쳐 주자"는 슬로건을 내걸었다. 그래서 공공의 구빈정책에는 반대를, 사적 자선과 기부 및 자원봉사활동 등 순수 민간구호 노력에는 강력한 지지 의사를 표방하였다.

**참고자료** 군산대 '지역사회서비스 청년사업단 지원사업' 선정

보건복지가족부가 후원하는 '2009 지역사회서비스 청년사업단 지원사업'으로 전북 군산대학교 희망나눔 청년사업단의 '청소년 캔두(CAN DO)프로그램'이 시행된다. 희망나눔 청년사업단 관계자는 "프로그램 진행자로 사회복지, 아동복지 관련학과 졸업생 가운데 미취업자 25명을 우선 선발해 집중훈련을 했다"면서 "제공되는 프로그램으로 청소년들의 내적 역량 및 대인관계 개선으로 취업 역량을 높이는 효과를 낼 것"이라고 기대했다. 강영숙 단장(군산대 사회복지학과 교수)는 "우애방문원(friendly visitor)이라는 전통적인 사회복지적 접근 방법으로, 청소년들에게 긍정적 삶의 경험과 역량강화에 기회를 제공하는 희망을 주는 사업이 될 것"이라고 말했다.

자료: 뉴시스통신사(2009. 7. 4), 고석중 기자.

이강희 등(2006)은 자선조직협회의 활동 원칙을 다음과 같이 제시하였다.

- 자선조직협회는 빈곤의 원인이 빈민의 개인적 성격이나 생활방식에 있다고 보았다.
- 계획 없이 행하는 자선활동이 아닌 구빈법의 원칙에 따라 자선을 시행한다. 다시 말하면, 빈민을 구제 가치가 있는 빈민과 구제 가치가 없는 빈민으로 구분하여, 자선활동을 구제 가치가 있는 빈민에게만 한정하였다.
- 중복 구빈의 예방을 위해 자선단체 간의 자선활동을 조정한다.
- 원조를 하기 전에 개인에 관한 신상조사와 참고조사를 시행한다.

- 주어진 원조는 금액과 그 시기가 적절해야 한다. 즉, 구제대상자를 엄격하게 선발하는데, 자조 의사가 없다고 인정된 자의 구제신청은 거부하거나 구빈법하의 구빈행정으로 송부한다.

자선조직협회는 지역사회복지 발전에 다양한 의의를 가지고 있다. 자선조직협회는 빈민의 구제 여부를 판단하기 위하여 사례조사를 시행하였고, 자선기관 간의 연계와 협력, 지역사회 단위의 조직화 등 현대의 전문적인 사회복지 초석을 마련하였다(이강희 외, 2006). 또한, 빈민의 인격적 감화를 위해 파견한 우애방문원의 방문활동은 자원봉사활동의 계기가 되었고, 중복 구호를 방지하기 위해 설치된 연락기관은 현재의 지역사회사업으로 발전하였으며, 빈민에 대한 철저한 환경조사는 개별사회사업 혹은 가족사회사업으로 발전하였다.

그러나 자선조직협회는 빈곤이라는 문제를 개개인의 도덕적 결함의 결과로만 간주하여 빈곤의 사회경제적 구조 관점을 전혀 고려하지 못하였다. 그뿐만 아니라 전문사회사업의 근원이 된 빈민에 관한 환경조사는 당시로서는 매우 선구적인 방법이긴 하나, 사생활 간섭이라는 한계를 벗어나지 못하였다. 이러한 사례조사에 따라 어떤 빈민은 충분한 원조를 받을 수 있었고, 어떤 빈민은 원조를 전혀 받을 수 없는 상황이 발생하기도 하였다. 또한, 이러한 조사로 말미암아 빈민은 낙인(stigma)[14)]이 따를 수밖에 없었다.

### 2) 인보관운동

인보관운동(Settlement Movement)은 1854년 에드워드 데니슨(Edward Denison) 목사가 주축이 되어 케임브리지와 옥스퍼드 대학교 학생들과 빈민가 노동자들을

14) 낙인이란 씻기 어려운 부끄럽고 욕된 평판을 비유적으로 이르는 말이다. 낙인이론은 일탈 행동에 관한 이론이며, 1960년대에 시카고 학파에 속한 하워드 S. 베커(Howard S. Becker)에 의해 제창된 것이다. 지금까지의 일탈 행동을 단순한 사회 병리 현상으로 다뤄 온 방식과는 분명하게 구별하여, 일탈이라는 것은 행위자의 내적 특성이 아니라, 주위로부터의 낙인에 의해 만들어지는 것으로 본다.

연계하여 빈곤문제를 해결하려는 일종의 이상주의운동으로 시작되었다. 그 후 새뮤엘 바넷트(Samuel Barnett) 목사는 이를 계승하여 1884년에 세계 최초의 인보관인 토인비 홀(Toynbee Hall)[15]을 설립하였다. 토인비 홀은 빈민의 교육과 문화 수준을 높이고, 빈민의 생활환경과 사회적 욕구를 파악하며, 빈민의 사회문제와 건강문제에 관심을 가지고 빈민을 위한 사회입법에 시민의 관심을 촉구하기 위해 설립되었다.

▲ 아놀드 토인비(1852~1883)

토인비 홀은 설립 후 개혁 인사들의 활동 거점이 되었다. 예를 들어 페이비언협회[16] 회원들이 이곳에서 활동하기도 하였으며, 런던 시 빈곤실태조사를 시행한 찰스 부스(Charles Booth)와 비어트리스 포터(Beatrice Potter)는 이곳을 조사활동의 거점으로 삼았다. 많은 젊은이가 이곳을 방문하였는데, 특히 미국의 제인 애덤스(Jane Addams)[17]는 토인비 홀을 방문한 후 미국

▲ 제인 애덤스(1860~1935)

15) 토인비 홀이란 이름은 에드워드 데니슨과 함께 인보관운동에 헌신적으로 활동하다 젊은 나이에 요절한 개혁적 경제학자 아놀드 토인비(Arnold Toynbee)를 기념하기 위해 그의 이름을 따서 명명하게 되었다.

16) 페이비언협회(Fabian Society)는 1883~1884년 사회주의를 표방하며 영국에서 창립된 단체로, 조직의 목적은 영국에 민주적인 사회주의 국가를 건설하는 것이었다. 페이비언협회 회원들은 혁명보다는 점진적인 사회주의를 신봉했다. 이 협회의 이름은 로마의 장군 파비우스 막시무스 쿵크타토르에게서 나온 것인데, 이 장군은 적과의 전면전을 피하면서 끈질기고 참을성 많은 작전을 펼쳐 자신보다 세력이 큰 군대를 이긴 전략으로 유명했다. 이 협회의 창립자는 스코틀랜드 출신의 철학자인 토머스 데이비드슨이며 회원으로는 조지 버나드 쇼, 시드니 웨브, 애니 베전트, 에드워드 피스, 그레이엄 월라스 등이 활약했다. 쇼와 웨브 부부(부인은 후에 가입)가 이 협회를 여러 해 동안 이끌었다. 1889년 이 협회에서는 쇼가 편집한 「사회주의에 대한 페이비언적 연구(Fabian Essays in Socialism)」라는 유명한 소책자를 펴냈다. 1952년에는 리처드 H. S. 크로스먼이 편집한 「새로운 페이비언적 연구(New Fabian Essays)」가 나왔다.

17) 니콜라스 머리 버틀러와 함께 1931년 노벨 평화상을 공동으로 수상했고, 1881년 일리노이주 록퍼드대학을 졸업한 뒤 필라델피아에 있는 여자의과대학에 들어갔으나 건강이 나빠져 2년 동안 병치레를 했다. 1883~1885, 1887~1888년에 유럽을 폭넓게 여행했으며, 이때 런던의 화이트채플 산업지구에 있는 토인비 홀(사회복지기관, 1884년 설립)을 방문했다. 미국으로 돌아온 그녀와 여행 동료 엘런 게이츠 스타는

으로 돌아가 1889년 시카고의 대표적인 빈민 지역인 사우스홀스테드가(街) 800번지의 낡은 집을 빌려 헐 하우스(Hull House)를 설립하였다.

이 당시 인보관운동은 자선조직화운동과는 다른 방식으로 지역사회문제에 접근하였는데, 지역사회복지실천에 다음과 같은 주요한 뜻을 가진다(이강희 외, 2006).

- 인보관운동은 지역사회 혹은 지역사회 주민의 복지증진과 개선을 주요 목적으로 삼았으며, 지역사회 전체를 문제의 대상으로 보고 지역사회를 기반으로 한 사회복지사업을 수행하였다.
- 인보관운동은 활동 거점으로서의 공간인 인보관을 확보하여 그 공간을 중심으로 지역사회의 문제 해결능력을 높이고자 하였다. 인보관의 운영방식은 공공조직 및 지역주민과의 관계 속에서 결정되었고, 시대변화에 부응하여 사회를 개선하고자 하였다.
- 인보관운동은 주는 자의 처지가 아닌 수혜자 즉, 지역주민의 입장과 이익을 중시한 활동이었다. 지역사회와 지역사회문제에 대한 이러한 관점의 변화는 현대적인 지역사회복지실천의 밑거름이 되었다.

### 3) 지역사회보호의 등장과 발전

#### (1) 지역사회보호의 태동기: 1950~1960년대 후반

1957년 지역사회보호(community care)라는 용어를 공식적으로 사용하기 시작해 왕립정신병법위원회(Royal Commission on the Law Relating to Mental Illness and Mental Deficiency)는 정신건강문제를 가진 사람들을 병원에서 장기간 보호하는 것보다는 지역사회에서 보호하는 것이 더 바람직하다고 권고하였다. 이 위원회

토인비 홀과 비슷한 기관을 창설하기로 했다. 시카고 노동자 지구에서 그들은 찰스 헐이 1856년에 지은 넓은 빈집을 얻어 헐 하우스라 이름 붙이고, 1889년 9월 18일 그곳으로 이사했다.

가 제출한 보고서의 영향으로 1959년 정신보건법(Mental Health Act)이 제정되어 지역사회보호라는 용어가 법적으로 명확하게 규정되었고, 형식적으로나마 지역사회보호정책이 전개되기 시작하였다(오정수·류진석, 2012). 지역사회보호는 정신건강문제나 장애를 가진 사람이 비인간적인 시설이 아닌 지역사회나 가정에서 보호를 받을 수 있도록 비용효과적으로 원조하는 데 목적이 있다.

그러나 지역사회보호정책에 대한 정부의 지지에도 불구하고 대형 병원의 입원 환자와 보호시설의 수는 지속해서 증가하였고, 이에 따라 1962년부터 '지역거점 병원'을 건립할 것을 제안한 '병원계획'이 수립되었다. 지역거점병원은 같은 장소에서 많은 수의 다양한 서비스를 제공할 목적으로 추진되었다. 이에 따라 대규모 정신병원이 폐쇄될 것으로 전망되었다.

정신병 치료제가 개발되고 대중매체와 학자들이 시설입소 환자들의 학대사례를 집중 조명함에 따라 여론은 점차 시설의 장기입소를 반대하는 방향으로 흘러갔다. 이 시기에는 시설수용 환자들에 대한 비인간적인 치료, 학대와 부실한 보호 등이 사회에 알려짐에 따라 시설보호에서 지역사회보호로의 전환을 위한 방안이 지속해서 강구되었다. 그렇지만 지역사회보호에 필요한 재정을 책임져야 할 지방정부가 재정적 부담을 이유로 소극적인 태도를 보임에 따라 지역사회보호의 실질적인 진전을 이루지는 못하였다(원석조, 2008).

### (2) 지역사회보호의 형성기: 1960년대 후반~1980년대 후반

이 시기에는 정부가 발표한 다양한 보고서가 지역사회보호의 발전에 크나큰 영향을 미쳤으므로, ① 시봄 보고서, ② 하버트 보고서, ③ 바클레이 보고서 등의 내용을 살펴본다.

#### ① 시봄 보고서

시봄 보고서(Seebohm Report)는 1968년 영국 사회복지제도의 개혁을 지향한 '지방자치단체 및 관련 대인사회서비스' 위원회의 보고서이며, 이 위원회의 위원장 이름인 '시봄(Seebohm)'을 따서 명명하였다. 시봄 위원회는 잉글랜드와 웨일스 지역 지방행정당국 대인사회서비스 조직과 책임을 검토하고, 효과적인 가족서비스 보장을 위해 어떤 변화가 바람직한지를 고찰하는 과제를 부여받았다.

이 당시에는 사회사업 업무가 여러 지방행정부서와 중앙행정부서에 산재해 있었는데, 시봄 위원회는 지역사회에 기반을 두고 가족지향적인 서비스를 제공해 줄 수 있는 지방행정당국의 새로운 부서 창설을 제안하였다. 이 권고에 따라 지방행정당국에 아동, 가족과 성인을 위한 서비스를 통합한 사회서비스부(Social Service Department)가 창설되었다.

시봄 보고서는 당시 영국의 현재와 미래 사회사업실천과 관련하여 다음과 같은 사항을 권고하였다(Glasby, 2005).

- 아동과 성인 업무를 통합적으로 담당하는 부서 설치를 제안하였다.
- 주택, 보건의료, 교육 등과 같은 다른 서비스와의 긴밀한 협력을 강조하였다.
- 사회적 빈곤의 위험을 감소시키고, 변화의 시기를 통해 가족을 지원하고, 위험에 처한 특정 지역에 집중하는 등 예방적 접근에 대한 필요를 강조하였다.

이 보고서는 이러한 노력이야말로 더욱 포괄적이고 통합된 서비스 제공을 가능하게 하고, 더 많은 자원을 유치할 수 있게 하며, 한 지역의 사회적 욕구를 더욱 효과적으로 파악하여 미리 계획할 수 있게 한다고 주장하였다(Glasby, 2005). 이런 맥락에서 시봄 보고서는 지역사회의 위험상황을 더 상세하게 파악하기 위한 연구와 지역사회개발의 중요성을 강조하였다. 그 결과 지방행정당국의 사회서비스부는 특별한 욕구가 있는 지역에 자원을 집중하고, 서비스 기획·조직·제공과정에서 시민참여를 장려하고, 자발적 행동을 촉진하고, 비공식적 선린관계를 독려하며, 지방팀 중심으로 서비스를 조직하는 등 지역사회개발사업에 관여하였다(Glasby,

2005). 특히 지역사회를 서비스 수혜자이자 서비스 제공자로 인식한 이 보고서는 지역사회보호의 주체는 공공과 다양한 조직이 포함되어야 함을 강조하였다(오정수·류진석, 2012).

### ② 하버트 보고서

하버트 보고서(Harbert Report)는 1971년 창설된 에이번(Avon) 지방정부 사회서비스부 행정책임자였던 하버트(Harbert Report)가 이 지방정부에서의 사회서비스 행정경험에 기초하여 작성한 보고서로, '지역사회에 근거한 사회적 보호(Community-Based Social Care)'라는 제목으로 발표하였다.

이 보고서를 보면 공공서비스는 지역주민의 복잡하고 다양한 욕구를 모두 충족시킬 수 없으며, 자조집단의 서비스에도 한계가 있어 재정적인 원조와 지원이 있어야 한다. 이 보고서는 공공과 민간서비스 외에도 가족체계와 지역사회의 근린에 초점을 둔 비공식서비스의 중요성을 강조하였다. 즉, 공공과 민간서비스는 가족, 친구, 친척에 의하여 제공되는 비공식 보호를 지원함으로써 클라이언트의 시급한 욕구를 충족시켜 주는 역할을 하여야 한다.

이 보고서에서는 지역사회보호를 "지역사회에서 사회적 의존 인구를 지원하기 위하여 다양한 형태로 제공되는 공공서비스, 민간서비스, 비공식서비스"라고 정의하였다. 이 보고서에 따르면, 다양한 방법으로 제공되는 서비스는 상호 보완적이어야 하며, 각각의 서비스는 적절한 재정적 지원을 받아야 한다. 특히 자원봉사서비스는 공공의 법정서비스에 대한 대체 서비스가 아님은 물론이고, 지방행정당국의 사회서비스 예산을 절감하기 위한 수단도 아님을 강조하였다(오정수·류진석, 2012).

### ③ 바클레이 보고서

바클레이 보고서(Barclay Report)는 1982년 시봄 보고서 이후 지속해서 논의된 사회사업가의 직무와 역할에 대하여 광범위한 제안을 하였다. 이 보고서를 보면 사회사업가는 지역사회의 무한한 욕구와 그 욕구를 충족시키기에는 불충분한 자원 사이에서 불안하게 일하고 있다. 이런 중압감 때문에 그들이 어떤 방향으로 나아가야 할지, 그들이 무엇을 해야 할지, 그들이 어떻게 조직화하고 배치되어야 하는지에 대한 방향성에 혼란을 겪고 있다(Glasby, 2005; 오정수·류진석, 2012).

이 보고서는 사회사업가들이 다음과 같은 기능을 수행해야 한다고 하였다(Glasby, 2005).

- 사람들과 사람들의 욕구를 전체로 보고, 서비스가 필요하다면 어떤 서비스가 제공되어야 할지에 대한 사람들의 견해를 고려해야 한다.
- 개인의 가치를 인정하고, 자기 결정에 대한 그들의 권리를 인식하여야 한다.
- 지역사회 연결망을 촉진하고, 사회보호계획에 참여하여야 한다. 다시 말하면, 지역주민의 욕구에 부응하여 계획하고 다른 기관과 협력하며, 자원봉사단체를 강화함으로써 현재와 미래의 사회문제를 낮추기 위해 노력한다.
- 개별사회사업과 광범위한 지역사회사업의 균형을 맞추면서, 지역사회 자원에 대한 지식을 가지고 중재자와 협상자로서 행동하여야 한다.
- 클라이언트를 대신하여 협상하고 옹호하면서 다른 서비스와 협력하여야 한다.
- 부족한 자원을 배분하고 모니터링하는 역할을 한다.

바클레이 보고서는 이외에도 공식서비스가 수발자의 역할을 대신할 수 없음을 인식하면서 비공식 보호의 중요성을 강조하였다. 또한, 개인, 가족, 지역사회, 광범위한 서비스 등 주요 이해 관련자 연결망과 협력적 관계를 개발하면서, 사회서비스가 다른 서비스와 긴밀히 협력하여야 한다는 점을 강조하였다. 무엇보다도 바클레이 보고서는 지역사회에 근거한 사회사업 접근을 강조하는 동시에, 지역공동체의 힘을 개발하고 지역공동체가 보호과정에 참여할 수 있도록 상세한 정보를 가진 사회사업가를 활용할 것을 강조하였다. 특히 주민의 사회적 욕구를 충족하려면 대인사회서비스는 지역사회와 지역사회 강점에 더 많은 초점을 두고 주민과 긴밀한 동반자적 관계를 개발해야 한다고 주장하였다(Glasby, 2005).

### (3) 지역사회보호의 발전기: 1980년대 후반~현재

#### ① 그리피스 보고서

대처(Thatcher)[18] 정부는 1986년 로이 그리피스(Roy Griffiths) 경을 위원장으로 하는 위원회를 구성하고, 전반적인 지역사회보호 체계를 검토·보고하도록 하였다. '지역사회보호: 행동안건(Community care: Agenda for action)'이라는 제목의 녹서(green paper)로 1988년에 발표된 그리피스 보고서(Griffiths Report)는 지역사회 자원이 더 효과적으로 지역사회보호에 이바지하는 방법에 초점을 맞추었다. 관리주의(managerialism) 이념의 영향을 받은 이 보고서는 복지국가의 당면한 문제는 강력하고 효과적인 리더십과 관리의 부족 때문에 발생한다고 전제하였다.

그리피스 보고서의 핵심은 복지다원주의[19] 혹은 복지 주체의 다원화라고 할 수 있다. 영국은 19~20세기 초까지만 하더라도 민간 부문이 사회복지의 주요 제공자였다. 그러나 대규모 국가 사회복지제도와 관료주의 및 복지국가가 등장함으로써, 민간 부문의 역할은 현저히 약화 혹은 불필요하거나 국가복지의 장애물로 전락하였다. 그런데 복지다원주의는 복지 영역에서 이러한 민간 부문의 위상을 복권했다고 할 수 있다(원석조, 2008).

---

18) 대처(1925~2013)는 유럽 최초의 여성총리이다. 영국에서 20세기 들어 총리직을 3번 연임한 최초의 인물이며, 그녀의 재임 기간(1979~1990)은 1827년 이래 가장 길었다. 대처는 내각의 엄격한 규율, 강력한 통화주의정책, 노동조합에 대한 법적 규제의 확대 등을 통하여 '철(鐵)의 여인'이라 불리게 되었다. 집권 후반기에 이르러 '대처 혁명'은 재정·산업의 경제 분야로부터 교육·보건·주택공급의 민영화를 통하여 사회정책부문으로 확산하여 갔다. 대처는 북대서양조약기구(NATO)에의 적극적인 참여와 독자적인 핵억지력의 확보를 공언했는데, 전통적인 핵·방위전략을 부정하는 노동당의 태도와 비교할 때 더 큰 국민의 호응을 얻을 수 있었다.

19) 복지다원주의(welfare pluralism)란 복지 제공의 책임자 역할을 정부뿐만이 아니라 비정부 부문, 비공식 부문, 민간 부문으로 증대시킨다는 개념이다.

그리피스 보고서는 다음과 같은 사항을 권고하였다(Powell, 2001).

- 이용할 수 있는 충분한 자원과 지역사회보호에 대한 분명한 정책이 있어야 하며, 이 목표 달성을 위해 책임질 수 있는 장관을 임명해야 한다.
- 효과적이고 포괄적인 서비스가 되기 위해서는 단편적인 방법보다는 통합적인 방법으로 서비스가 개발되어야 한다.
- 모든 보호체계가 개인의 욕구를 충족시킬 수 있도록 맞춤형 보호 패키지가 개발되어야 한다. 예를 들어 서비스는 전달되어야 하는데 장애인이 스스로 찾아내고 활용하는 것은 어려우므로 서비스를 패키지화하여야 한다.
- 지역사회보호 프로그램은 개인의 광범위한 욕구를 충족시킬 수 있도록 설계되어야 한다.
- 개인 프로그램을 계획할 때에는 소비자의 목소리가 우선 고려되어야 한다.
- 모든 서비스는 물리적 환경과 보호 측면 모두를 고려하여 수립된 최소기준에 따라야 한다.

이 보고서는 개인서비스 이용자와 수발자에 초점을 두어 욕구충족, 선택 향상, 자기 결정 촉진이라는 새로운 지역사회보호정책을 위한 세 가지 핵심 목표와 당시 팽배하였던 소비자 제일주의(consumerism)[20]는 지역사회보호에 대한 다양한 논점을 제시하였다. 즉, ⓐ 개인이 자신의 가정에 머물 수 있도록 가정과 지역사회 환경에서 받을 수 있는 탈시설적 지원서비스를 활성화하고, ⓑ 곤궁에 처한 사람 대부분이 서비스를 받으며, ⓒ 자원의 비효율성과 낭비를 방지하기 위한 자원의 효과적인 표적화가 이루어져야 한다는 것이다(Powell, 2001).

20) 컨슈머리즘은 소비자의 이해에 입각하여 제조업자·판매업자·광고업자들의 제품·서비스·생산방식·표준 규격 등을 규제하는 운동 또는 정책을 말한다. 이처럼 소비자를 보호하기 위한 제반 규제조치들은 제도적·법적 차원이나 특정 산업에서 수용된 자체 규약을 통해 시행될 수 있으며, 더 간접적으로는 소비자 단체의 영향력에 의해 이루어질 수 있다.

이 보고서는 지방행정당국의 역할이 변화해야 한다고 강조하면서, 지방행정당국의 지역사회보호에 대한 책임과 감독 역할을 제안하였다. 즉, 지방행정당국은 서비스를 직접 제공하는 역할을 수행하기보다는 복지의 혼합경제에서 다른 대리인들에 의해 서비스가 조장될 수 있도록 서비스를 계획 및 감독하고, 서비스가 쉽게 제공되도록 조장하는 역할을 하여야 한다는 것이다(Powell, 2001). 공공서비스의 주요 기능은 개인의 욕구에 발맞추어 보호와 지원의 제공을 설계하고 조정하는 것이며, 보호와 지원은 다양한 원천으로부터 제공될 수 있음을 강조하였다. 따라서 사회서비스행정당국은 서비스를 독점적으로 제공하는 역할을 하는 것이 아니라, 보호서비스를 조정하고 구매하는 역할을 하여야 한다. 더 나아가 그리피스 보고서는 지방자치단체에 지역사회보호를 위한 권한과 재정을 이양하도록 제안하였다.

### ② 「국민보호: 지역사회보호 향후 10년과 그 이후」 백서 발표

영국 정부는 1989년 그리피스 보고서에 응답하여 「국민보호: 지역사회보호 향후 10년과 그 이후(Caring for People: Community Care in the next Decade and Beyond)」라는 백서를 발표하였다. 이 보고서는 다음과 같은 원칙을 제시하였다. 즉, 국가부조는 관료적이고 비효율적이므로 국가는 보호의 제공자가 아닌 조장자의 역할을 수행하여야 하고, 보호의 구매자와 제공자의 역할을 분리하며, 예산과 예산통제를 이전하여야 한다.

이 보고서는 다음의 두 가지 사항을 제외하고는 그리피스 보고서의 권고를 모두 따랐다. 즉, 그리피스 보고서가 권고한 지역사회보호 장관제와 사회적 보호를 위한 새로운 배당자금제도를 제안하지 않았다. 그뿐만 아니라 이 보고서는 그리피스 보고서와는 약간 다른 여섯 가지 목표 즉, ⓐ 새로운 자금구조, ⓑ 비영리 부문인 독립섹터(independent sector)의 촉진, ⓒ 명확히 정의된 기관 책임, ⓓ 욕구조사와 케어 매니지먼트 개발, ⓔ 재가보호, 데이케어와 임시보호의 촉진, 그리고 ⓕ 수발자를 위한 실질적인 지원 개발 등을 제안하였다.

③ 지역사회보호 개혁: 국민보건서비스 및 지역사회보호법 공표

1990년에는 그리피스 보고서의 내용에 기초하여 국민보건서비스 및 지역사회보호법(National Health Services and Community Care Act)이 공표되었다. 이 법은 국민보건서비스와 지역사회보호 개혁에 대한 내용을 포함하고 있는데, 국민보건서비스 부문은 1991년 4월부터 시행되었지만, 각 지방자치단체의 개혁 사항인 지역사회보호 개혁은 지방정부의 재정 부담으로 1993년 4월부터 시행되었다. 이 지역사회보호 개혁은 시장경제의 원리 즉, 소비자의 선택과 서비스 제공자 간의 경쟁을 통하여 지역사회보호서비스의 수준을 향상시키고 케어 매니지먼트의 도입으로 적절한 서비스를 제공하고자 하였다(오정수·류진석, 2012).

지역사회보호 개혁의 구체적인 정책 내용은 다음과 같다.

- 지역사회의 욕구와 자원분석에 근거하여 지역사회보호 계획을 수립한다.
- 보호 욕구에 대한 정확한 판단과 이에 근거한 보호서비스 제공을 위해 케어 매니지먼트를 도입한다.
- 공공서비스에 대한 민간서비스의 경쟁 유도, 욕구에 근거한 서비스 제공 등 지방자치단체의 역할 변화를 모색한다.
- 지역사회보호 개혁과 관련된 외부기관과의 동반자적 관계를 추구한다.
- 복지서비스에 대한 감독제도를 강화한다.
- 중앙정부에서 지방자치단체로의 권한·재정의 이양 등을 통해 지방자치단체가 지역사회보호에 대한 재량권을 발휘할 수 있도록 한다.

## 3. 일본의 지역사회복지 역사

### 1) 제2차 세계대전 이후 지역사회복지의 전개

제2차 세계대전 이전까지 일본의 지역사회복지 사업 활동은 미진하였다. 일본의 지역사회복지 기원은 1890년대 말 인보관 활동에서 찾을 수 있다. 일본 최초의 인보관 설립시기에 대해서는 다양한 주장이 있다. 그렇지만 대체로 자본주의 발전기이면서 전체주의 확립기였던 1897년 전후에 인보관이 최초로 설립되었다는 견해가 우세하다(김광희, 2011). 당시에는 가부장제 가족을 중심으로 한 가족구조와 봉건적인 인간관계의 문제에 직면해 있었다. 또한, 빈곤의 근대사적 원인에 대한 이해가 없었기에 빈곤에 대한 국가 차원의 책임은 회피하는 경향이 있었다.

그러다가 제2차 세계대전 이후 근대적 의미의 지역사회복지 용어가 대두하였고, 사회복지협의회가 주축이 되어 지역사회복지를 지향하였다. 1960년대에 미국의 사회복지방법론이 도입되었고, 마침내 실천기술로서 지역사회 조직사업이 본격적으로 시작되었다(김광희, 2011; 김범수·신원우, 2013).

#### (1) 시설보호에서 재가보호 중심 서비스로 전환

노인가정봉사원의 확대와 복지사무소에 복지담당 직원을 배치하는 등 재가복지의 기반을 구축하였다. 1962년 전국지역사회복지협의회 회의에서 지역사회복지의 구체적 방침이 결정되었다. 이로부터 몇 년 후인 1966년 시초손(市町村)[21] 지역사회복지협의회가 법인화됨으로써 체계를 갖추었고, 1968년 재가복지사업을 전개하기에 이르렀다.

21) 시초손(市町村)은 일본의 지방자치제도의 기초자치단체인 시(市), 초(町), 손(村)을 묶어 이르는 말이다. 일본 지방자치법 제2조 제3항에서는 '기초적인 지방공공단체'라고 규정하고 있다. 도쿄도(東京都)에는 시초손에 해당하는 특별구가 있는데, 이를 포함해 시쿠초손(市区町村)이라고 부르기도 한다.

① 재가복지 활성화

- 노인가정봉사원사업의 확대 등 재가복지의 기반을 강화하였다.
- 복지사무소에 복지 5법 담당 직원을 배치하는 등 복지사무소 서비스 부문을 강화하였다.

② 사회복지협의회 활동: 재가복지서비스 활성화를 강조

- 1962년 전국사회복지협의회의 '사회복지협의회 기본요강'에서 지역사회복지의 구체적 방침을 제시하였다.
- 1966년 시초손(市町村) 사회복지협의회를 법인화하여 지역사회복지 관련 문제의 조직적 해결을 위한 체제를 갖추었다.

③ 민생위원 활동의 재가복지서비스 전개

1968년 '와상노인 실태조사'를 통하여 구체적인 재가복지사업을 전개하였다.

### (2) 지역사회복지정책 등장과 확대

- '경제사회발전(1967~1971)' 속에 처음으로 지역사회복지정책이 등장하였다.
- 지방자치법 제2조를 개정하여 시초손(市町村) 단독 지역사회복지 계획이 아니라, 종합계획이 되도록 규정하였다.

## 2) 지역사회복지정책 등장과 확대

1970년대 일본은 경제성장에 따른 도시화, 핵가족 증가, 농촌인구의 축소 등 주민생활 문제가 심각해지고, 복지 욕구도 다양화해졌다. 그에 따라 대인서비스와 재가복지서비스의 필요성을 강조하게 되었다. 대표적인 사례로, 1970년 제정된 「심신 장애인을 위한 기본법」은 사회정상화를 통해 장애인의 생활과 자립을 돕기 위한 재가복지서비스, 지역사회 중심의 자립지원서비스 실천의 토대가 되었다.

그리하여 지역사회복지정책이 확장되고, 지역사회복지의 중심이 민간단체 활동에서 중앙정부와 지방자치단체로 이동하기 시작하였다. 정부와 지방자치단체의 복지정책은 사회복지시설을 수용·보호형에서 통원이나 이용형 시설로의 변화를 시도하였으며, 요보호세대 등에 대한 방문파견 사업을 통해 재가복지서비스를 더욱 강조하였다. 예를 들면, 1979년에는 재가복지서비스 전략을 발표하였다.

1970년대에는 지역사회 구상과 함께 자원봉사정책의 중요성이 강조되었다. 1973년 도·부·현 협의회에 봉사은행이 설치되고, 1977년 자원봉사활동 지도센터가 설치되면서 자원봉사가 일반화되었다. 또 이즈음에 자원봉사 보험제도가 창설되기도 하였다. 1980년대에는 사회복지시설의 다양화와 자신의 집에 거주하면서 서비스를 받는 대상자가 증가하면서 정부는 파트타임의 홈헬퍼나 볼런티어 육성을 위한 다양한 프로그램을 전개하였다. 또한, 지역주민 참여를 통해 지역사회 문제를 해결해 나가는 자원봉사자들에 의한 유토피아 즉, 볼런토피아(voluntopia) 사업과 고령자를 위한 유급 가정봉사원의 활용이 활발하게 이루어졌다.

### 3) 지역사회복지의 발전기

1990년대 들어오면서 일본은 광역단위의 도나 지정도시, 시와 군을 중심으로 지역복지계획을 수립하는 것이 법으로 제도화되었다.

지역복지계획에는 거시적 차원에서 지역사회의 인력재원 시설을 조사하여 지역주민의 욕구를 연계하는 활동과 지역별 지방자치단체의 문제 있는 인력기관 등을 파악하는 지표가 마련되었다. 미시적 차원에서는 지역주민의 보건과 복지를 연계하는 건강 네트워크를 확립하고, 주택과 환경 개선, 고령자와 장애인을 위한 재가복지시스템을 구축하고, 지역주민의 사회 참여를 위한 인력양성 사업을 전개하였다.

또한, 사회보장의 복지예산 중 국가부담금과 보조금이 10% 축소되면서, 사회복지 업무인 기관위임사무가 단체위임사무로 전환되었다. 이에 따라 지역주민과 밀접한 지방공공단체의 책임과 역할이 확대되었다. 이는 복지에 대한 공적 책임의 축소를 의미하는 것이었다. 다시 말해, 자조·상호부조·민간의 활성화를 기본으로 하여 공적 책임의 축소와 가족, 지역사회로의 복지 역할을 강화하는 것이었다.

## 4. 대한민국의 지역사회복지 역사

현대적인 의미의 사회복지와 이에 포함되는 지역사회복지, 지역사회개발과 조직 등의 용어가 사용된 것은 주로 서양에선 20세기 이후이고, 우리나라에서는 1940년대에 들어와서부터라고 볼 수 있다. 그러나 우리나라에서도 지역사회복지에 대한 현대적인 개념과 원리, 방법이 도입되기 훨씬 이전부터 부락단위 또는 국가적인 차원에서 지역주민과 일반국민이 당면하고 있는 사회·경제적 문제를 해결하려고 하는 공동의 노력은 존재해 왔다.

그러나 전문사회사업과 사회복지의 관점에서 볼 때, 고대 전통사회에 존재했던 사회복지의 제도와 관행이 오늘날의 제도와 방법과 어느 정도의 관련성을 지니고 있느냐에 대해서는 의문의 여지가 있다. 다시 말하면, 우리나라 사회복지 제도는 일본의 법과 제도를 모방한 경우가 많고, 전문사회복지사업의 실무에서는 미국적인 방법론을 거의 무비판적으로 도입했기 때문에 오늘날 복지제도의 기원을 전통사회의 복지 관행과 이념에서 찾으려 하는 것은 상당한 무리가 있을 수 있다.

아무튼 오늘날의 사회복지제도는 그 형체에서 일본과 구미의 틀을 답습 또는 모방하였다고 하더라도, 그 제도가 운용되는 내용에서는 우리의 독특성과 전통성을 지니고 있을 것이다. 그러므로 특히 해방 이전의 제도에 대해 살펴보는 것은 의의 있는 일이다.

## 1) 일제강점기(日帝强占期)[22] 이전의 지역사회복지

### (1) 민속적인 부락협동 관행

한반도에 우리 민족이 부락공동체를 형성한 이후 현대적인 의미의 사회복지제도가 도입되기 전까지 우리나라의 전통적인 지역사회복지 활동은 국가나 군현단위의 행정적인 복지사업과 부락단위의 민속적인 협동 관행으로 크게 나눌 수 있다. 국가단위의 지역복지사업은 의창, 상평창, 진휼청 등 상설복지기구를 통해서 주로 시행되었다. 촌락단위의 복지사업은 두레, 계, 품앗이, 공골, 부근, 향도, 고지, 부조, 향약 등 민속적 관행을 통해서 전개되었다(이규태, 1979).

### (2) 정부에 의한 인보제도

촌락단위의 주민자치적인 인보복지의 관행 외에 정부(군현 또는 국가단위)에 의한 다양한 복지제도가 고려 시대와 이조 시대에 존재했다. 먼저, 군현단위에서는 입법·사법·행정의 삼권을 쥐고 있었던 지방장관인 수령이 관할구역 내의 백성에게 복지시책을 의무적으로 베풀게 되어 있었다. 그러나 이러한 복지시책은 성문법으로 규정된 것이 아니라 관습적인 규범으로, 강제성을 띤 것이라기보다는 당위성을 띤 재량권적인 시책이라고 할 수 있다.

각종 민정사료인 목민서(牧民書)에 애민육조로 표현되고 있는 여섯 가지의 복지시책은 ① 노인을 대상으로 하는 양로, ② 고아를 대상으로 하는 보호, ③ 지극히

22) 1910년 8월부터 1945년 8월까지 일본 제국주의의 한국강점기는 1910년대의 무단 통치기와 1920년대의 문화 정치기로 불리는 민족 분열 통치기, 그리고 1930년대 이후부터 1945년 일제 패망까지의 파쇼 통치기 등 3시기로 구분할 수 있다. 이와 같은 식민 통치 정책의 시기적 변화에 따라 이에 대응하는 전체 민족 해방 운동의 추진 방법도 달라져 갔다. 무단 통치기의 민족 해방 운동 전선은 전 국토가 완전 식민지로 된 상태에서 만주 지방을 중심으로 민족 해방 운동 기지를 건설하는 한편, 전체 민족적 저항 운동으로서의 3·1 운동을 준비했다. 민족 분열 통치기의 민족 해방 운동 전선은 일제의 민족 분열 통치에 대응하기 위해 민족 협동 전선 운동을 전개하던 시기이며, 파쇼 통치기의 민족 해방 운동 전선은 이 시기의 세계사가 파쇼 체제의 등장에 대항하고자 형성된 인민 전선에 영향을 받아 민족 통일 전선의 구축에 주력하던 시기였다.

가난하여 상을 치를 수 없는 사람을 대상으로 하는 예상, ④ 남의 손에 의존하지 않고는 살 수 없는 사람들을 대상으로 하는 진궁, ⑤ 불치의 환자나 위독한 병자를 대상으로 하는 관질(寬疾), 그리고 ⑥ 수재·화재·기근 등 재앙을 당한 사람들을 대상으로 하는 구재(救災)가 그것이었다.

### 2) 일제강점기의 지역사회복지

일제강점기의 구호사업은 근대적인 복지이념에 의하여 시행되었다고 하기보다는 그들의 식민정책 일부로서 시혜 혹은 자선으로서 우리 민족이 그들에게 충성하게끔 하려는 정치적인 의미가 컸다(하상락, 1984). 따라서 일제강점기의 지역사회복지도 같은 맥락에서 생각할 수 있다.

일제강점기는 근대적 의미의 지역사회복지사업이 싹트기 시작한 시기라 할 수 있다. 근대적 의미의 사회복지사업은 근대자본주의 사회가 낳은 사회문제와 국민의 사회적 자각에 따라 우리나라에도 개화 이후 점차 도입되어 일제하에 현저한 진전을 보였지만, 사회복지사업 자체는 결코 근대문화의 발달을 기다려서 돌연히 일어난 것은 아니었다.

적어도 소위 사회적 약자가 존재하는 한은 시대의 고금을 막론하고 어떠한 형태로든 그 보호구제가 행해졌던 것을 생각하면, 사회복지사업의 역사는 인류의 역사와 그 기원을 같이할 정도로 오래다. 우리나라에도 옛날부터 내려오면서 복지제도가 있었으나 이조 말엽부터는 구미제국의 자선구제사업을 수입하여 새로운 사회복지사업의 기틀을 만들었다. 특히 제1차 세계대전 이래 각국 공통의 경제적·사회적 변동이 급격히 나타나고 산업혁명의 진행과 더불어 사회문제 또한 많이 일어나, 이 때문에 비로소 근대적인 사회복지사업의 발달을 보게 되었다(구자헌, 1970).

### (1) 협동조합운동

일제의 식민정책은 전래의 민간협동체에 커다란 타격을 주었는데, 그것은 각종 신제도의 시행과 상충되거나 실효성이 쇠퇴함에 따라 점차 소멸할 수밖에 없는 운명이었다. 하지만 한민족의 민족적 단결을 붕괴시키기 위한 식민지배자들의 의식적 노력의 결과로 촉진되었던 것도 사실이다. 예를 들어 1926년 계(契)[23]에 관한 규제는 계의 설립을 경찰서장의 허가사항으로 규정하고 있는데, 이것은 어디까지나 우리 민족의 단결과 민족자본육성을 저지하려는 식민정책의 하나였다.

그러나 일제의 강압에서도 민중운동은 꾸준하였으며, 지역개발과 관련된 이와 같은 운동의 사례는 민간협동조직운동이라 할 수 있다. 당시의 민간주도 협동조합운동은 주창자가 누구였느냐에 따라서 크게 세 계통으로 구분할 수 있는데, 바로 유학계, 천도교계, 기독교계 등이다.

원래 협동조합이란 자본주의의 산물로서, 일반적으로 상부상조를 통하여 조합원의 경제적·사회적 지위를 향상하고자 하는 자기방어적 자주조직임이 상례이다. 따라서 농민을 위한 조직도 상부상조와 자조자립을 위한 자주적인 협동체로 조직되어야 한다. 그런데 우리나라의 농민조직 도입은 정부의 통제로 일제의 자본주의를 부식시키고, 조직을 성장시키려고 했던 것에 문제가 있다(권태준·김광웅, 1981).

23) 한국의 곳곳에 존재해 온 사회조직으로, 역사적 변용을 거치면서 오늘날까지도 부단히 존속하고 있다. '계'라는 명칭을 사용하지 않는 다른 많은 조직도 실제로는 계의 변형으로 간주할 수 있다. 한국 사람은 무슨 일이 있으면 어떤 조직을 만들어 이를 성취하고자 하며 특별한 일이 없더라도 어떤 동류적 기반에 근거해 무리 짓기를 즐긴다. 이것은 계의 전통에서 유래한 것이다. 계가 언제 발생했는가는 분명하지 않으나 생활공동체로서의 계는 고대 원시공동체 사회 이래 존속해 왔다. 정동유(鄭東愈: 1744~1808)의 「주영편(晝永編)」에서 계의 어원은 한어(漢語)가 아니라 순수 고유어이며, 그 뜻은 결취(結聚) 또는 계합(契合) 즉, 여러 사람이 같은 목적 아래 모인 집단으로 보고 있다. 계의 종류와 분류는 학설에 따라 매우 다양한데, 목적·구성원·지역·기능·운영방법에 따라 나뉘며, 서로 중첩된 성격을 가진 것이 많아 단순히 호칭에 따라 계의 종류를 분류하기는 어렵다.

### (2) 일제강점기하의 사회복지사업

#### ① 사회복지지도기관

경술국치[24](국권침탈) 당시 사회복지사업의 업무는 총독부 내무부 지방국 지방과에서 휼구 및 자선사업에 관한 사항으로서 맡게 되었고, 1912년(명치 45년) 3월에 내무부 지방국에 제1과와 제2과를 두고 사회복지사업에 관한 사무를 제2과에서 관장하게 하였다.

1919년에 각부를 폐함에 따라 내무부 지방국이 내무국으로 고쳐졌고, 1921년부터는 내무국 제2과에서 한반도 사회복지사업의 지도·통제를 담당하게 하였다. 그 후 1932년(소화 7년) 2월에 일반적 행정 정리에 따라 사회과를 업무국으로 이관하여 사회복지사업의 업무와 종래의 업무과 소관이던 사회교육에 관한 사무 및 종교과의 소관이던 종교, 고적 등의 업무를 합하여 관장하였다(구자헌, 1970).

#### ② 구호법의 시행

우리나라에도 제1차 세계대전으로 말미암아 빈곤은 반드시 개인의 책임이 아니라, 사회적·경제적 변동에 의해 필연적으로 발생하는 것이어서 개인의 힘으로는 어쩔 수 없다는 사실이 일반적으로 인식되기에 이르렀다. 일제는 이러한 사회정세 아래 1929년(소화 4년)에 벌써 구호법을 제정·공포하였으나, 국가재정 형편으로 1932년에야 일제 본토에서 이 법을 시행하였다. 우리나라에는 이로부터 12년이 지난 1944년(소화 29년) 3월 1일에 이르러서야 비로소 전문 33조를 그대로 가져다가 조선구호령으로 공포·시행하였다.

24) 경술국치(庚戌國恥)는 1910년 8월 29일에 일어난 국치로, 한국 최대의 흑역사로, 말 그대로 흑역사인 게 한국이라는 나라가 역사상에서 사라졌었다! 일제강점기의 시작을 알리는 시점이기도 하다. 두 번째 흑역사는 당연히 병자호란, 정묘호란 때 패배 후 인조가 적국의 장수에게 굴욕적인 항복을 하러 간 삼전도의 굴욕사건이다. 일국의 왕이 적국의 장수에게 머리를 조아리는 항복을 해야 했던 그때가 조선 역사상 최악의 흑역사였지만, 경술국치 덕에 최악의 자리는 넘겨 줬다. 어쨌거나 둘 다 지독한 흑역사다.

#### ③ 사회복지시설과 사업

일제하에서 특이할 만한 사회복지시설로는 육아시설(22개소), 임산부상담소(5개소), 탁아시설(4개소), 영아건강상담소(5개소), 빈궁아 교육기관(9개소), 불량아 감화시설(5개소), 맹아 보호시설(2개소), 육아협회 등 각종 어린이 보호시설이 전국적으로 1934년까지 설립·운영되었다.

어린이 보호사업 이외에도 1918년에 공설일용품시장, 1912년에 인사상담소, 같은 해에 경성부립도서관 등을 개설하였고, 1927년에는 방면사업, 1929년에 공익전당포 등을 설치하여 구빈뿐만 아니라 방빈사업을 위한 시설을 갖추게 되었다.

#### ④ 지역사회복지에 관한 연구 활동

일제강점기 때의 학문적 업적으로서 연구 활동은 사회사업에 관한 각종 문헌 발간, 사회사업강습회 시행, 사회사업협회 설치 등의 면에서 활발히 이루어졌던 것으로 보인다. 지역사회복지에 관한 연구 활동도 이에 준하여 생각해 볼 수 있다.

### 3) 해방 이후의 지역사회복지

1945년 해방과 더불어 1940년 이후의 제2차 세계대전의 혼란을 극복하지 못한 정치·경제·사회적 불안정이 국토의 남북분단과 6·25 동란으로 격화되어 사회적 불안이 1960년대까지 지속하였다. 이처럼 20년간에 걸친 혼란과 불안은 사회사업에도 예외가 될 수 없었다. 구미제국의 사회사업 개념은 1900년대 초기부터 주로 외국 선교사의 선교 활동의 일환으로 소개되었다.

해방 이후 우리나라 지역사회복지의 사적 발달을 이해하기 위해서는 사회복지협의회, 사회복지공동모금회, 사회복지관, 외원기관과 지역사회복지의 관계 및 지역사회개발 등으로 나누어 살펴보아야 한다. 또 대학을 중심으로 한 전문사회사업교육, 특히 지역사회조직론의 교육으로 전문 지역사회조직가를 양성·배출한 점에 초점을 맞추어야 한다.

### (1) 사회복지공동모금회

공동모금회는 시민과 사회복지기관의 협동조직으로서 그 주요기능으로는 다음 두 가지를 들 수 있다. 하나는 지역사회 전체를 주 대상으로 하여 가맹기관을 위한 자금을 수집하고 체계적인 예산을 편성한 후 가맹기관에 분배하는 것이다. 다른 하나는 지역사회의 복지와 보건 및 오락사업의 협동적인 계획, 조정 및 관리를 추진하는 것이다.

사회복지공동모금회는 어렵고 힘든 이웃들에게 희망을 주기 위해 1998년 설립된 민간모금기관으로 국민의 사랑과 정성으로 꾸준히 성장해 왔다. 경제상황이 갈수록 어려워진다고 하지만, 우리 국민의 나눔은 더욱 커져 2013년 한 해 동안 5,668억 원을 넘어서기도 했다. 공동모금회는 '연간 5,000억 원'이라는 새로운 모금시대에 걸맞은 더 성숙한 복지시대를 열어 가고 있다.

### (2) 외원기관과 지역사회복지

6·25 동란 중인 1952년 7개 기관이 모여 외국민간원조단체 한국연합회(KAVA[25])가 조직되었으며, 1954년에 한미재단으로부터 25,000달러의 기부금을 받아 재정적으로 확고한 기반을 세웠고, 1955년에 사무국을 두어 연합회의 기능을 갖추었다. 1964년에 이르러 KAVA의 회원단체는 70여 개 기관으로 늘어났고, 이 중 28개 단체는 교육, 보건, 사회복지, 구호와 지역사회개발 사업 등에 직접적인 유대를 가진 기관이었으며, 42개 단체는 주로 기독교 복음전파의 사명과 목적을 가지고 종교사업에 치중하면서 부수적으로 교육, 구호, 보건, 사회복지 분야에서 사업활동을 전개하였다.

KAVA는 각 기관이 한국인에 대한 이바지와 봉사를 증대·강화하기 위하여 회원간 상호협의에 의한 보건, 교육, 사회복지, 구호와 지역사회개발 등의 분야에서 정

25) Korean Association of Voluntary Agencies.

부 기관과 유대를 맺고 효과적으로 협조·통합된 단체로서의 사회복지 활동에 대한 교량적 역할을 하였다.

#### (3) 지역사회개발사업

전통적인 농촌사회가 자본주의 발달의 여파로 점차 변화되면서 그 과정을 국민경제의 처지에서 바람직한 방향으로 촉진하기 위하여 제2차 세계대전 이후 독립된 신생국에서 드러난 정책 수단이 지역사회개발 사업이었으며, UN과 미국에서 후진국 개발사업의 하나로 채택되었다.

우리나라에도 여러 가지 근대화를 위한 사업이 시도되었으나, 어떤 사업은 의욕 과잉으로 졸속 시도되어 농민에게 실망을 안겨 주었고, 어떤 사업은 모형을 그대로 직수입하여 형식에 그치기도 하였다. 또한, 개발지도자의 비능률로 실효를 거두지 못한 사례도 있었는데, 1950년대 후반에 지역사회개발 사업이 농촌지도사업과 함께 농촌개발을 위한 미국 원조사업의 하나로 착수하게 된 것이다.

우리나라에서 본격적인 체제를 갖추고 지역사회개발 사업이 시작되기는 1958년 9월 지역사회개발위원회 규정이 공포되면서부터이다. 그러나 지역사회개발 사업을 추진해 나가기 위한 움직임은 이미 그 이전부터 활발히 전개되고 있었다.

### 4) 지역사회개발사업으로서의 새마을운동

우리나라의 지역사회복지 역사상 그 조직과 사업의 규모, 이를 수행하고자 하는 집념과 열기에서 새마을운동만큼이나 막대한 변화를 준 운동(사업)이 없다. 새마을운동을 추진하는 데는 정부와 민간의 엄청난 인적·물적 자원이 투입되었고, 그 운동의 실태, 이론정립, 전개방안에 관한 조사와 연구는 그 종류와 규모에서 다른 어느 분야의 조사와 연구의 추종을 불허하고 있다. 새마을운동이 우리나라의 국가발전, 특히 지역사회의 복지증진에 이바지한 성과에 대해서는 헤아릴 수 없을 만큼 많은 글이 쓰였다.

### (1) 1970년대의 사업전개

새마을운동의 공식적인 시작은 1970년 4월 22일 박정희 대통령이 전국 지방장관회의에서 행한 유시이다. 즉, "우리 스스로가 우리 마을은 우리 손으로 가꾸어 나간다는 자조·자립정신을 불러일으켜 땀 흘려 일한다면, 모든 마을이 멀지 않아 잘 살고 아담한 마을로 그 모습이 바꾸어지리라고 확신한다"라는 요지의 유시에 따라서 1970년 10월부터 전국 33,000여 개의 자연부락에서 '새마을가꾸기운동'을 전개하였다.

1977년에는 "새마음이야말로 새마을운동의 기초철학"이라는 박정희 대통령의 연두기자회견 내용에 따라 새마을운동의 정신적인 측면이 강조되었다. 또한, 1977년에는 2월 21일에 공장새마을운동추진본부가 설립되었고, 10월 15일에는 새마을운동의 하나로 자연보호운동을 전개하기에 이르렀다.

1979년에 들어와서는 소비절약운동이 '제2의 새마을운동'으로 특히 강조되었다. 또한, "기업주와 종업원은 노사일체감 조성에 서로 노력하여 공존공영(共存共榮)하는 한국적 노사협조체제를 정립해 가기 위한" 공장새마을운동이 강조되었다. 또한, 1979년에는 발전 수준에 따른 마을의 구분을 자립·자조·기초마을에서 복지·자영·자립마을로 재정립하였다. 그리고 전국 137개 군에 새마을과가 신설되었고, 새마을금고, 중앙교육원 신축을 시작하였다.

### (2) 1980년대의 사업전개

10·26 사태[26) 이후의 정치적인 격동 속에서 1980년의 새마을운동은 4월 22일에

26) 1972년 유신 체제가 시작된 이후 한국에는 억압적인 비민주적 정치가 지속하여 1970년대 후반으로 넘어오면서 그동안의 정치적·경제적 모순이 폭발하기 시작했다. 중화학 공업에 대한 무리한 투자로 경제가 악화하였고, 1인 장기 집권의 강압 통치로 대외적으로는 한국의 인권 상황에 대한 개선을 종용한 미국 카터 행정부와의 갈등이 정치적 위기를 가중시켰다. 이러한 상황에서 그해 10월 부산과 마산에서

'새마을운동 10주년 기념행사'가 있었을 뿐, 거의 10개월 동안 그 이름조차도 거론되지 않은 공백 기간을 겪었다. 일반 국민이나 새마을운동에 헌신적으로 참여했던 각계각층의 지도자들은 새마을운동이 1970년대의 역사적인 사건으로 남게 되는 것이 아닌가 하는 불안을 가졌다.

그러나 1980년 10월 14일에 전두환 대통령이 새마을지도자연수원을 순시하고, "새마을운동은 정권적 차원을 떠나 국민운동의 차원에서 지속해서 발전시켜 나가고, 사회정화운동과 연계하여 끊임없이 추진할 것"을 강조함에 따라 재기하게 되었다. 1980년 말에 획기적인 사건으로는 새마을운동을 민간주도로 전환한다는 정부의 방침에 따라 12월 1일에 새마을운동중앙본부가 창립되고, 13일에 새마을운동 조직육성법이 제정되었다(내무부, 1987).

### (3) 새마을운동의 성과와 한계

1971년부터 농촌을 중심으로 전개된 새마을운동의 프로그램 내용은 크게 생산과 소득증대, 생활 환경개선, 정신계발로 나눌 수 있다. 생산과 소득증대를 위한 사업은 다수확 품종 개발, 농업기계화, 영농기술, 가축사육, 새마을 공장의 건립과 운영, 관개시설, 저수지 구축, 경지정리와 농산물유통체계 등이다. 환경개선을 위한 새마을운동은 공중보건의 개선과 일상생활의 불편을 제거하는 관련 사업을 전개하였다. 정신계발 측면에서는 여러 가지 협동사업과 교육, 훈련, 실습 등을 통해 주민의 가치관, 태도, 생활양식을 변화시키기도 하였다(내무부, 1987).

이처럼 새마을운동의 구체적인 사업이 경제적·사회적으로 낙후한 우리나라의 전통적인 농촌생활의 조건을 근대화시키는 데 큰 공헌을 하였음은 누구도 부인하

대규모 반정부 시위가 일어나자, 이를 진압하기 위해 부산과 마산에 각각 계엄령과 위수령이 발동되었다. 한편, 이러한 일련의 사태와 김영삼 총재의 국회 의원직 강제 제명, 부마사태에 대한 정부의 지나친 강경 대응 등은 그동안 진행됐던 집권층 내부의 갈등을 심화시켰다. 부마사태의 처리 문제에서 차지철 경호실장의 강경 노선이 박정희 대통령에 의해 채택되자, 그동안 차지철의 견제로 진퇴 위기에 몰린 김재규가 10월 26일 만찬 중에 대통령과 차지철 대통령 경호실장을 살해했다.

지 못할 것이다. 이러한 다양한 사업이 우리나라의 거의 모든 농촌에서 큰 차이 없이 전개될 수 있었던 것은 농촌사회가 가진 동질성 때문으로, 지역과 계층 면에서 공통 욕구를 지녔기 때문이라고 할 수 있다.

그러나 새마을운동은 정부 주도 아래 전국적인 범위에 걸쳐 추진되었지만, 이는 '위로부터의 지역개발전략'의 하나였다는 점은 부인할 수 없다. 1960년대 이후 경제개발 과정에서 나타난 농촌경제의 구조적 모순을 없애 보려는 정책적 시도였으나, 많은 성과에도 불구하고 지배 이데올로기의 재생산, 정치권력의 통치수단으로 기능하여 지역사회복지의 하나로 전개된 새마을운동은 일정한 한계를 지닌다.

### 5) 지역사회개발모델에서 사회행동모델로 확대

우리나라 지역사회개발사업의 대표적인 새마을운동은 지역사회조직모델 중 지역사회개발모델의 대표적인 형태라고 볼 수 있다. 그러나 1980년대 중반 이후 우리나라의 정치, 경제, 사회적인 변화는 새마을운동의 퇴조를 불러 왔다. 지역사회조직사업의 유형도 지역사회개발모델에서 사회행동모델(지역사회복지운동)로 점차 확대되는 경향을 띠기 시작하였다.

그 이전부터 주민운동의 표출로 이러한 경향은 보였지만, 더욱 직접적으로 구체화된 시점은 민주화운동과 더불어 생활권 보장이라는 차원에서 전개되는 사회운동과 연관되면서 구체화되었다. 따라서 사회행동은 사회 공간적 상황에 따라 다양한 양상으로 발생하며, 그 특성에 따라 여러 가지 유형으로 분류할 수 있다.

예컨대 1980년대 후반에 들어서서 각 민간단체를 중심으로 하는 바른 삶 실천운동(YMCA), 공해추방운동, 경제정의실천운동, 복지권실천운동(참여연대) 등의 복지 이슈와 관련된 사회운동이 이루어졌다. 이러한 운동의 특성은 이슈 중심적 접근이었기 때문에 지역사회와 구체적으로 연계된 측면은 약하다고 볼 수 있다. 그러나 저소득층 지역사회의 재개발반대운동, 핵발전소설치 반대운동 등 주민운동은 지역적 근거를 배경으로 한 사회행동의 하나로 평가할 수 있다. 이러한 예 등을 통해 기존의 지역사회개발모델을 넘어서 복지와 관련된 이슈 혹은 지역사회의 문제 해결을 위해 사회행동모델로 점차 변화되는 경향을 볼 수 있다.

• CHAPTER 03 •

# 지역사회복지실천의 이론적 기초

학/습/목/표

- 사회체계이론과 생태학적 이론을 이해하고, 이를 설명할 수 있다.
- 구조기능이론과 권력의존이론을 이해하고, 이를 설명할 수 있다.
- 교환이론과 사회구성이론을 이해하고, 이를 설명할 수 있다.
- 다원주의와 엘리트주의 이론을 이해하고, 이를 설명할 수 있다.

## 1. 사회체계이론과 생태학적 이론

### 1) 사회체계이론

사회체계이론은 독일의 대표적 사회학자 니클라스 루만(Niklas Luhmann)[27]이 정립한 이론으로, 체계란 체계를 구성하고 있는 부분적 요소가 상호의존적이고, 역동적인 관계를 맺고 있는 단위가 서로 영향을 주고받으며, 상호작용이 일어나는 과정이다. 사회체계가 갖는 속성을 살펴보면 다음과 같다. 체계는 자신을 환경과 구별하는 동시에 연결하는 경계선이 존재한다. 즉, 체계와 환경을 구분

▲ 니클라스 루만 (1927~1998)

27) "연구프로젝트: 사회이론, 연구기간: 30년, 연구비: 제로" 이는 니클라스 루만이 1968년 독일 빌레펠트대학 사회학과의 교수로 초빙되었을 때 앞으로 추진할 연구 계획으로 제출한 것이다. 실제로 루만은 그때부터 1998년 세상을 떠날 때까지 30년 동안 사회이론 연구에 몰두해 '체계이론'이라는 새로운 사회학적 패러다임을 구축했다.

하는 울타리가 있는데, 경계선 체계가 가진 또 하나의 속성이 항상성이다. 체계는 환경이 변하면 그 변화에 대처하려고 한다. 환경의 변화에 대해 일관성을 유지하려는 기능이 항상성이다.

그런데 체계는 일관성을 유지할 수 없는 외부의 정보를 접하게 될 때 스스로 변화한다. 이러한 체계의 변화를 변형성이라고 한다. 체계의 변형성은 항상성 다음에 오는 것이 특징이다. 체계는 항상 변화하기 전에 먼저 체계 자체를 유지하려고 노력하기 때문이다. 체계 자체 노력으로 외부 정보가 효과적으로 통제되어 변화가 필요하지 않으면 체계는 항상성을 유지한다. 그러나 이 노력이 실패하게 된다면 체계는 변화하려고 노력하게 된다.

사회체계이론적 관점의 특성은 사회를 구성하는 크고 작은 모든 체계가 서로 연결되어 상호작용을 이룬다는 데 있다. 상호작용 중인 부분이 하나의 전체 환경을 만들어 가고, 그렇게 만들어진 전체 환경은 다시 부분에 영향을 미침으로써 부분과 전체는 하나의 공동체로 공존하고 있다.

포플린(Poplin, 1979)은 지역사회를 연구할 때 워렌(Warren)의 수평적 축과 수직적 축의 개념을 보완하는 것이 유용하다고 말한다. 지역사회의 수평적 축은 다양한 하위체계 사이에서 발전되는 유대를 말하고, 수직적 축은 이들 하위체계와 지역사회 밖의 체계 사이에 존재하는 유대를 뜻한다. 사회체계는 생산·분배·소비, 사회화, 사회통제, 사회참여, 상호부조의 기능을 수행하는 하위체계이다.

지역사회를 체계론적 관점에서 보는 것은 지역사회를 하나의 행위자로 보는 것을 의미한다. 즉, 사회체계이론은 지역사회가 구조화되고 조직화되는 방식을 설명해 주며, 지위, 역할, 집단, 제도 등으로 이루어진 하나의 체계로서 파악될 수 있다. 지역사회 각 구성요소가 상호 긴밀하게 연결되어 집단이 형성되고, 여러 집단이 서로 결합되어 제도를 이루고, 여러 제도가 서로 결합되어 지역사회를 이룬다. 다시 말해, 지역사회 체계 내에 다양한 사회제도를 관련시키는 방식으로, 지역사회의 능력을 향상시키기 위해서는 전체로서의 지역사회 체계와 지역사회 내 다수의 하위체계를 동시에 고려해야 한다는 것이다.

따라서 바람직한 지역사회는 지역사회 주민의 이익을 위하여 하위체계가 효과적으로 작동하는 상태를 의미한다. 지역사회복지실천을 위한 이 이론을 적용하게 되면, 지역사회를 지역사회 문제 그 자체에만 초점을 두는 것이 아니라, 전체적 시각에서 바라보고, 동시에 지역사회 문제와 지역사회 각각의 하위체계 및 외부 환경과 연결된 시각에서 바라볼 수 있게 된다. 이를테면 사회체계이론을 통해 변화시키고자 하는 지역사회 문제와 지역사회구성체(하위체계)가 어떤 관계가 있는지, 혹은 그 문제와 지역사회구성체의 기능과 어떤 관련이 있는지, 그 문제와 지역사회 외부 환경과는 어떤 관계가 있는지를 통합적 시각에서 바라볼 수 있게 된다. 즉, 지역사회의 구성, 지역사회구성체 사이의 관계, 그리고 지역사회와 외부 환경과의 관계 등 3가지 측면에서 지역사회를 이해하고, 지역사회가 가지는 욕구와 문제를 설명하는 데 유용하다. 지역사회가 어떻게 구성되었는지, 지역사회를 구성하는 각 구성체(구성시스템)는 어떤 관계를 형성하는지, 그리고 외부 환경과는 어떤 관계를 맺는지 등에 대한 질문에 답할 수 있다. 사회체계이론은 지역복지실천을 통해 우리가 개입하려는 지역사회 문제와 지역사회 내외의 구성체계가 어떤 관련성을 가지고 영향을 주고받는지를 이해하는 데 매우 유익한 분석 틀이 될 수 있다.

### 2) 생태학적 이론

생태학적 이론에 따르면, 지역사회는 다양한 공간적 분포를 보이는 곳으로 이주, 인구변화, 사회조직과 사회계층의 구조적 변동 등은 지역사회의 공간적 변화를 설명하는 요소가 된다. 생태학에서는 지역사회의 성장과 조직의 독립적인 영향을 미치는 과정을 다섯 가지 개념 즉, ① 기능의 중심, ② 인구의 집중, ③ 격리, ④ 침입, ⑤ 계승으로 설명한다.

기능의 중심(centralization)은 기관과 서비스가 교통 및 의사소통 중심지 부근에 집중하는 경향을 말한다. 예를 들면, 지역사회 대부분은 행정기관을 중심으로 지역기능이 집중되는 현상을 보인다. 인구의 집중(concentration)은 어떤 도시는 과도하게 혼잡하고 인구가 과밀한데, 다른 어떤 도시는 인구가 과소한 것을 지칭한다. 또는 주변지역으로부터 인구가 이주함으로써 도시지역 인구가 증가하는 경향을 말한다. 예를 들어 산업화 이후 농촌과 도시의 경제적·사회적 격차가 벌어지면서 지역별 인구의 분산과 집중 현상이 매우 뚜렷하게 나타나는 것이 좋은 예이다.

격리(segregation)는 여러 집단과 기관이 그 도시 안에 분리되어 있고, 특정 지역에 위치할 때를 말한다. 도시의 어떤 지역은 상류층 주택이 밀집하고 특정 지역은 산업지대로 구분되는 경우가 있다. 그리고 주거지역, 도·소매상인 밀집지역 상태로 지역사회는 분리된다. 침입(invasion)은 원래의 지역이 외부로 성장하고 팽창하는 것이고, 또 어떤 지역으로부터 다른 지역으로 영구적으로 이동하는 것이다. 계승(succession)은 침입이 완결된 상태로 어떤 지역의 용도가 완전히 전환되는 것을 말한다. 이전에 주거지역이었던 곳이 완전히 상업지역으로 변할 때 혹은 이전에는 부유층만 살았던 지역이 빈민층만 살게 된 때 일어난다. 계승이란 지역적 현상일 뿐만 아니라 시간적 현상이다. 계승으로 오래된 인구집단이 새로운 인구집단으로 대치되고, 그 지역에 새로운 제도적 유형이 출현하게 된다. 계승은 지속적인 변동을 요구하는 것이다(Poplin, 1979).

생태학적 이론은 환경과의 적합성, 상호교류, 적응을 지지하거나 방해하는 요소를 중요하게 여긴다. 또한, 생태학적 이론은 가족·지역사회·문화 등 인간이 몸담고 있는 생태환경을 더욱 체계적으로 구조화하고 이들 환경체계와 개인의 발달 간 관계를 이해하고자 한다.

생태학적 이론을 적용한 지역사회복지실천의 유용성은 다음과 같다. 생태학적 이론의 관점은 문화적·역사적 맥락에서 환경 혹은 개인을 독립적으로 간주하는 것이 아니라, 개개인 인간과 환경의 관계가 긍정적 관계인지, 부정적 관계인지, 중립적 관계인지를 밝히는 방법이다. 이 이론에서 생태학의 개념은 개인, 가족, 집단, 조직에서 뿐만 아니라 지역사회, 정치활동 등에 유용하게 적용되고 있다. 즉, 생태학 개념은 인간과 환경, 그리고 그 둘의 상호작용에 초점을 맞추게 해 준다.

사회복지실천의 사회환경을 개념화하는 데 광범위하게 활용되고 있는 생태학적 이론은 지역사회구성원이 해당 지역사회 환경과의 상호의존성, 그 지역사회와 다른 지역사회와의 상호작용에 초점을 둔다. 또 인구집단의 이동, 이민과 이주, 성장의 역동성 등 변화하는 지역사회의 특성을 이해하는 데 도움을 준다. 이러한 생태학적 이론의 관점에 따른 실천으로, 사람과 사회환경 간에 질서가 있고 건설적인 방식으로 변화가 일어날 때, 지역사회의 역량이 커지고 지역주민을 위한 필요한 자원을 원활히 제공할 수 있게 된다.

## 2. 구조기능이론과 권력의존이론

### 1) 구조기능이론

사회학에서 가장 오래된 전통을 가진 거시적 사회접근이라고 할 수 있는 구조기능이론에 따르면, 사회는 상호의존적인 부분으로 구성되어 있는 체계이다. 이 이론에서 사회는 여러 부분으로 구성되어 있고, 각 부분은 합의된 가치와 규범에 따라 변화한다. 생물 유기체의 삶에 기본적인 요건이 충족되어 있듯이, 사회가 존속하기 위해서는 기능적 선결요건이 충족되어야 한다.

구성된 사회의 모든 요소는 균형 혹은 안정 지향적이며, 사회는 정치, 경제, 가족, 종교 등과 같이 다수의 상호 연관적이고 의존적인 부분으로 구성되어 있다. 아울러 각 부분은 전체가 성공적인 기능을 발휘할 수 있도록 이바지하는 각 요소로서 상호의존적이고 통합적인 기능을 한다. 또한, 점진적이고 누적적으로 사회변화가 진행되며, 사회체제 유지를 위해 사회구성원의 공동체 의식을 강조한다.

이 이론에서 지역사회는 생산·분배·소비의 기능, 사회화의 기능, 사회통합의 기능, 상부상조의 기능을 하며, 보편적이고 필연적인 사회계층화가 이루어진다. 하위체계 내의 구성원 간에, 하위체계 간에 상호관련성이 있다. 그러나 하위체계 간에 상호관련성이 있다 하더라도 각각의 하위체계 역시 하나의 분리된 실체를 이루며, 사회체계는 심리적·사회적·지리적 경계를 가지게 된다.

지역사회를 포함한 모든 사회체계는 균형 상태를 향해 움직이는 경향이 있으며, 그 결과 다양한 부분 간에는 통합·조정·결속 등이 이루어지면서 균형 상태를 유지한다. 사회와 개인에게는 최적의 기적(奇蹟) 수행이 이바지되고 공유되는 사회적 가치관이 표현된다. 또한, 권력의 배분은 사회적으로 정당화되고, 일과 보상은 평등하게 할당되어 있다. 그리고 경제적 차원은 사회의 다른 차원에 종속적이며, 계층체계는 대개 진화과정을 통해 변한다고 본다.

구조기능이론의 한계는 지역사회의 유지와 균형에 주로 관심을 가지고 있기 때문에 지역사회의 변화나 지역사회에서의 자원, 권력을 둘러싼 하위체계 간의 갈등을 설명하는 데 다소 취약하다.

### 2) 권력의존이론

권력의존이론은 참여자들의 관계를 활용 가능한 자원의 크기에 따라 결정하는 권력 균형의 교환과정으로 파악한다. 예를 들어 중앙정부와 지방자치단체 사이에 서로 다른 자원의 크기에 따라 지방자치단체는 중앙정부에 의존적일 수 있다는 관점이다.

권력의존이론은 사회복지실천 활동에서, 사회복지조직은 생존 차원에서 외부의 재정적 지원에 의존할 수밖에 없다는 전제에서 출발한다. 따라서 외부의 재정지원으로 클라이언트에게 서비스를 제공할 때, 사회복지조직은 외부의 재정지원자 요구에 충실할 수밖에 없는 구조를 가진다. 재정지원자에 대한 조직의 지나친

의존은 조직의 목적 상실, 자율성 제한, 사회정의에 입각한 사회 옹호능력의 한계를 발생시킨다. 이로 말미암아 사회복지조직의 기본 방향성에 부정적 영향을 끼친다.

권력의존이론에 따라 사회복지조직의 관리자가 취할 수 있는 효과적 전략으로는 완충 전략과 연계 전략이 있다. 완충 전략은 조직이 과업환경으로부터 일어나는 혼란에서 조직을 보호하기 위해 조직 내의 구조와 주요 절차를 정비하는 방법으로, 내부 지향적이며 수동적인 환경 대응 전략이다. 연계 전략은 조직이 필요한 주요 자원을 획득하기 위해 환경의 다른 요소 혹은 조직과 협력 또는 공조관계를 형성하고 발전시키는 전술로, 외부 지향적이고 능동적인 조직의 변화 전략이다. 다만, 사회복지조직에서 완충과 연계 전략은 사회복지서비스 대상자에 대한 크리밍(creaming) 현상[28] 등의 윤리적 문제를 일으킬 수 있다.

정부보조금에 의존하는 사회복지기관과 지역사회 조직은 정부의 요구에 순응하여야 하므로 클라이언트의 욕구를 충족해 나가는 중간자로서의 기능이 약화될 수도 있다. 그리하여 순수한 사회복지서비스 기관으로서의 정치적 중립성이 훼손될 가능성이 있고, 권력의존이론의 대표적인 사례가 될 수 있다(감정기 외, 2005, 2009).

사회복지조직이 여러 재원으로부터 재정지원을 받기 위해 후원자 개발에 힘을 쏟아야 하는 것은 단지 많은 자원을 확보하기 위해서만이 아니다. 그렇다면 무엇 때문일까? 특정한 재정지원자로부터 벗어나기 위해서이다. 이러한 의존성에서 벗어나기 위해서 지역사회서비스 조직은 지역사회복지실천과 관련하여 여러 재원을 확보하여 서비스를 제공하여야 한다. 또한, 서비스 없이 혹은 최소한의 서비스로 클라이언트에게 생존하는 방법을 교육하거나 재정지원자를 클라이언트와 직접 연결시켜 서비스를 받도록 하는 방법을 모색해 볼 수 있다.

28) 크리밍(creaming) 현상이란 사회복지서비스 조직이 더욱 유순하고 성공 가능성이 높은 클라이언트를 선발하고, 비협조적이거나 어려울 것으로 예상되는 클라이언트를 배척하는 현상을 말한다.

## 3. 교환이론과 사회구성이론

### 1) 교환이론

교환이론은 인간은 합리적인 동물이며, 최대의 이익을 추구하려는 경향이 있다고 전제한다. 사람들 사이에 이루어지는 교환과정에 초점을 두고 사회적·물리적 자원의 교환을 인간 상호작용의 근본형태로 파악한다. 개인이나 집단이 다른 사람이나 집단에 무엇을 주는 대신 다른 보상을 얻으려고 하거나 얻을 수 있다고 생각할 때 상호작용이 일어난다. 쌍방 간에 교환의 행위가 반복되다 보면, 개인이나 집단 간의 사회적 관계는 더욱 강화될 것이라고 보는 관점이다.

호만스(Homans)의 교환이론에서 모든 사회적 상호작용에는 반드시 교환이 관계되어 있고, 사람들은 교환과정에서 돌아올 보상과 지불해야 될 비용을 면밀히 검토하여 최소의 비용으로 최대의 보상을 얻을 수 있는 길을 선택한다고 주장한다. 보상이나 이익은 관계에서 도출되는 긍정적인 결과를 가리키며, 보상이나 이익은 심리적 안정, 사회적 지위, 만족감, 사람에게서 받는 인정이나 동정과 같은 심리·결과물을 비롯하여 경제적·물질적 이득까지 포함한다. 보상의 획득에는 언제나 비용이 따르는데, 만일 비용이 보상보다 커지게 된다면 관계는 유지되기 어렵다고 주장한다(김종일, 2012).

블라우(Blau)는 그의 교환이론에서 교환은 미시적인 수준에서 출발해서 사회구조와 조직까지 연결하며, 교환이라는 인간의 사회적 행동이 어떠한 경로를 통해 사회적 유대(평등의 관계) 혹은 차별적 지위구조(불평등의 관계)를 만들어 내는지에 관심을 가지며, 교환이 평등한 관계로 이루어질지 불평등한 관계로 이루어질지는 교환에서 얻는 이익의 호혜성(互惠性) 여부에 달려 있다고 말한다. 호혜적 관계는 사람 사이의 신뢰와 유대를 강화하고, 다른 사람이 필요로 하는 서비스에 대해 통제력을 가진다. 반면, 다른 사람의 서비스가 필요하지 않는 사람은 다른 사람에 대하여 권력을 행사할 수 있는 위치에 있게 된다. 즉, 권력구조는 불평등한 교환관계로부터 만들어진다. 교환작용이 일어나면서 자원의 소유 여부에 따라 권력과 지위는 분화되고 집단의 인정을 받기 시작한 권력은 권위로 굳어져서 조직의 안정과 균형의 기본을 이루게 된다. 어느 단계에서 구성원들이 불충분한 보상을 받고 있다고 느끼거나 권력이 구성원들이 인정한 것 이상으로 행사될 때에는 갈등과 불만이 폭발하고 조직이 불균형상태에 빠짐으로써 구조적 변화를 일으킨다고 말하면서, 사회생활을 균형과 불균형의 변증법적 과정으로 보았다(김종일, 2012).

교환이론의 적용은 지역사회복지의 실천 역시 교환의 장에서 이루어지며, 지역사회차원에서의 중요한 교환자원으로는 상담, 지역 중심 서비스, 기부금, 재정지원, 정보, 정치적 권력, 의미, 힘 등이 포함된다. 지역사회 문제를 교환관계의 단절이나 불균형 때문에 생기는 것으로 보며, 교환자원의 부족·고갈 상태에 빠지거나 가치저하 상태를 보일 때 지역사회 문제가 빚어질 수 있다(감정기 외, 2005, 2009).

### 2) 사회구성이론

포스트모더니즘(postmodernism)[29]과 상징적 상호주의의 영향을 받은 사회구성이론은 지식이 인간의 경험세계로부터 주관적으로 구성된다고 주장하면서 개인이 처한 사회나 문화 속 맥락에 따라 현실의 문제나 상황을 구성 혹은 재구성할 수 있다고 보는 관점이다.

29) 20세기 후반에 나타난 서양 철학사조로, 철학사조로서의 포스트모더니즘은 폭넓은 회의주의·주관주의·상대주의적 특징을 보이며, 이성에 대한 총체적 의심이자 정치·경제적 권력을 유지·주장하는 데 필요한 이데올로기의 역할에 대한 날카로운 인식이라고 할 수 있다. 포스트모더니즘은 주로 근대 서양사의 철학적 가정과 가치 및 지적 세계관에 대한 하나의 반작용이다. 서양사에서의 근대 시기는 대략 16세기와 17세기의 과학혁명의 시기에서 20세기 중반까지를 말한다. 사실 포스트모더니즘과 특징적으로 관련된 대부분의 원리는 18세기 계몽주의 시대 동안 당연하게 받아들여졌던 일반 철학적 관점에 대한 직접적 부정으로 설명될 수 있다. 물론 그 관점들이 18세기에만 국한되었다는 것은 아니다.

사회구성이론에서는 상호 역동적인 관계에 있는 개인들 사이에서 사회세계가 창조되며 건설된다고 본다. 즉, 사회복지사와 클라이언트의 만남은 새로운 현실을 창조하는 맥락이며, 본질에서 개방적이고 언어나 상징적 행위로 만남의 성격이 결정된다고 본다. 사회복지사의 활동은 개인의 행동을 통제하고 규제하려는 사회적 욕구해결을 위한 기능을 한다. 그리하여 사회복지사는 클라이언트와 관계된 정치적·문화적·개인적 역사에 대해 통찰하고, 이러한 것이 전문적 개입에 미치는 영향에 민감성을 가지며, 지역사회 구성원이나 클라이언트와 처음 만나는 순간부터 그들의 사회적 의미 구성에 참여하게 된다. 따라서 적극적으로 현실 문제에 대해 공동 구성을 할 수 있다.

사회구성이론적 실천에서는 사회복지사와 클라이언트가 함께 있는 '지금-여기'의 현실을 중요시한다. 따라서 이때 지역사회 구성원이나 클라이언트와 공유하는 언어나 몸짓 등 상징을 적절히 사용한다.

사회복지사는 클라이언트의 행동에 영향을 끼치는 사회적·경제적·정치적 구조에 대한 이해를 하고 클라이언트의 문화적 가치와 규범에 대한 의미를 해석해야 한다. 또 다양한 문화를 가진 클라이언트와의 지속적이고 집중적인 대화 과정을 강조해야 한다. 또한, 주관적 경험에 따라 해석이 달라질 수 있으므로 소수자에 대한 억압구조를 해석해 나가는 연구를 지속해서 수행하여 지식의 축적과 이론적 발달에 힘써야 하는 것이 사회구성이론의 관점에서 사회복지사가 고려해야 할 사항이라고 할 수 있다(감정기 외, 2005, 2009).

## 4. 다원주의와 엘리트주의 이론

### 1) 다원주의 이론

다원주의 이론 주창자들은 다원화된 현대사회의 개개인은 특정 목표를 중심으로 여러 집단과 조직을 구성하면서 이익 표출을 통해 정책과정에 영향을 끼칠 수 있다고 주장한다. 그래서 다원주의 이론에서는 소수의 지도자가 서로 갈등하는 이익을 조정하여 공공이익을 실현할 수 있다고 보는 것은 환상이라고 여긴다. 이익집단은 거대한 사회변동에 대응하여 이익 보존의 필요성을 공감한 사람들, 특수 이익을 공유하고 있는 개인들, 그리고 불리한 상황에 있던 사람들이 다른 집단에 대한 그들의 위상을 개선하기 위해 이익집단을 만든다고 주장한다. 다원주의적 시각에서는 이익집단 상호 간의 관계를 경쟁적 상호관계로 인식하고 있다.

다원주의 이론에 의하면, 사회복지정책은 개개인과 집단의 이익대결과 갈등을 정부가 공정하고 종합적인 입장에서 조정한 결과로서의 균형을 의미한다. 사회복지정책의 내용과 형태는 이익집단의 상대적 영향력 정도에 따라 달라질 수 있다. 지역사회 권력이 집중되는 형태를 보이기보다는 전문성 등에 기반을 둔 다양한 사람이 참여함으로써 다원화된 경향이 있다. 또 지역사회에서는 지역복지에 대한 영향력을 행사할 수 있는 집단이 다원화될 수 있으며, 시민이 실제로 큰 권력을 가지고 정책 결정 과정에 영향력을 행사할 수 있다. 지역사회 문제에 대해 시민집단이 갖는 이해관계와 영향력 등의 정확한 이해, 관련 전문가들의 영향력 등에 대한 정확한 이해는 지역사회의 현실을 더 정확히 이해하고, 지역사회복지실천 과정을 효과적이고 효율적으로 발전시키는 데 이바지할 것이다(김광희, 2011; 강철희·정무성, 2013).

### 2) 엘리트주의 이론

엘리트주의 이론은 공공정책이 그 사회의 소수집단에 엘리트의 가치를 반영하여 결정된다는 것으로, 지역사회 권력구조에 대한 연구결과로 탄생한 이론이라 할 수 있다. 소수의 지배 엘리트 집단이 국가의 정책을 좌우하고 권력을 장악하고 있다고 보는 견해다. 여기서 소수의 지배 엘리트 집단이란 정치·경제 등에서 중요한 정책을 결정할 때 우월한 지위에서 영향을 미치는 사람 혹은 집단을 의미한다.

엘리트주의 이론에 의하면, 공공정책 결정 과정에 국민 대중이 아닌 그 사회의 지배적 소수 엘리트의 가치가 반영되어, 어떤 문제의 의사결정이 이루어진다. 엘리트이론의 전제는 몇몇 소수만이 사회적 가치를 할당받고 있으며, 대중 대다수는 정책 결정 과정에서 소외된다. 그리고 이렇게 제한된 소수 계층은 그들의 후계자를 그 사회에서 특권을 누리고 있는 계층에서만 선발하는 폐쇄성이 강한 집단이다.

그리하여 공공정책의 수립과 집행과정에서 지배 엘리트 집단의 가치관이 우선 반영되어 정책의 변화는 혁신적이라기보다는 집중적이고 보수적인 경우가 많다. 그리고 엘리트는 무감각한 대중으로부터 영향을 거의 받지 않으며, 반대로 엘리트가 주로 대중에게 영향을 미친다. 즉, 형식적으로는 선거제도, 정당, 압력단체 등의 장치나 매개기관 등이 있지만, 이런 것들이 엘리트의 통제에 별다른 역할을 못하고 있는 실정을 엘리트주의 이론에서 강조한다(김영오, 2000).

• CHAPTER 04 •

# 지역사회복지실천의 원칙과 가치

학/습/목/표

- 지역사회복지실천에 관한 맥닐(McNeil)의 견해를 설명할 수 있다.
- 지역사회복지실천에 관한 존스(Johns)와 디마치(Demarche)의 견해를 설명할 수 있다.
- 지역사회복지실천에 관한 실제의 원칙을 설명할 수 있다.
- 지역사회복지실천의 가치를 설명할 수 있다.

## 1. 지역사회복지실천의 원칙

지역사회복지실천의 원칙이란 "지역사회복지실천을 수행하는 데 있어서의 '올바른 행동에 관한 규칙' 즉, 무엇이 건전하고, 좋은 지역사회조직이냐에 관한 가치판단"을 말한다(Harper & Dunham, 1959). 지역사회복지실천은 국가와 사회에서 시민에 의한 조직적인 복지 노력을 의미하는 것이므로, 그것의 원칙도 당연히 민주적인 이념과 가치체계에 합당하여야 한다.

지역사회복지실천을 이론적으로 체계화하려고 했던 수많은 학자가 지역사회복지실천을 수행하는 데 지침이 될 수 있는 원칙을 정립하려고 노력하였다. 예를 들면, 지역사회복지실천이 사회사업의 방법으로 공인되기 훨씬 전인 1920년대에 맥클레나한(McClenahan, 1925)과 스타이너(Steiner, 1929)가 지역사회복지실천의 원칙을 설정하려고 시도한 바 있다.

1940년대에는 캐시디(Cassidy)가 전국사회사업회의에 제출한 지역사회조직연구위원회의 보고서에서 지역사회복지실천의 원칙에 관해 설명했는데, 이것은 후에 학자들의 이론 정립에 상당한 영향을 미친 것으로 평가되고 있다(Harper & Dunham, 1959).

1950년대부터 지역사회복지실천에 대한 원칙이 여러 학자와 전문기관에 의해 제시되었는데, 이들 중에는 ① 지역사회복지실천의 사회복지와의 관계에 관한 원칙, ② 지역사회복지실천의 일반적 성격에 관한 원칙, ③ 근린지역협의회에 관한 원칙, ④ 지역사회개발에 관한 원칙, 그리고 ⑤ 지역사회복지실천의 실제에 관한 원칙 등이 있다. 이 중에서 여기서는 ②와 ⑤에 대해 살펴본다(최일섭·이현주, 2006).

### 1) 지역사회복지실천의 일반적 성격에 관한 원칙

#### (1) 맥닐(McNeil)의 견해

지역사회복지실천의 일반적 성격에 관한 원칙을 맥닐(McNeil, 1954)은 다음과 같이 제시하고 있다.

- 사회복지를 위해서 지역사회복지실천은 사람들과 그들의 욕구에 관심을 가진다. 지역사회복지실천의 목표는 사회복지 자원과 욕구 간에 좀 더 효과적인 적응을 가져오고 유지함으로써 인간생활을 풍요롭게 하는 것이다.
- 사회복지를 위한 지역사회복지실천에서 일차적인 클라이언트는 지역사회이다. 지역사회는 근린지역, 시·읍·도(주), 국가가 될 수도 있고, 국제사회일 수도 있다. 사람들과 집단들이 함께 살고 일하는 상호의존성으로부터 지역사회복지실천이 관심을 갖는 문제가 파생되며, 그러한 상호의존성으로부터 문제해결에 필요한 동기와 힘이 나온다.
- 지역사회는 있는 그대로 이해하고 수용해야 한다는 것이 지역사회복지실천

의 철칙이다. 지역사회복지실천 과정이 전개되는 환경을 이해해야만 그 과정이 성과를 거둘 수 있다. 사회복지를 위해 지역사회복지실천 워커(worker)는 마치 '케이스워커(caseworker)'가 개인의 기본적인 성격 구조를 개조하려고 하는 것처럼 지역사회의 성격을 변화시키는 데 관심을 가진다. 이 두 전문분야는 '퍼스낼리티(personality)'에 대한 본래의 가치를 인식하고, 이를 최대한으로 개발하는 데 역점을 둔다. 이를 위해서 현존 자원을 온전하고 건설적으로 활용해야 한다.

- 모든 지역사회 주민은 보건과 복지서비스에 관심을 가진다. 이들의 적극적인 참여는 각계각층의 이익을 대표할 뿐만 아니라 지역사회복지실천의 주요 목표가 된다.
- 인간의 욕구는 계속 변한다는 사실과 사람들과 집단들 간의 관계도 계속 변한다는 현실은 지역사회복지실천 과정에서 인식되어야 한다. 목적을 향한 변화는 지역사회복지실천에서 기본적인 목표가 되어야 한다.
- 모든 사회복지기관과 단체는 상호의존적이다. 어떤 기관도 고립해서 존재할 수 없으며, 다른 기관과의 관계 속에서 맡은 기능을 수행한다.
- 과정으로서 지역사회복지실천은 일반적인 사회사업의 한 분야이다. 방법상의 지식과 이를 적용하는 기술은 인간의 욕구를 충족시키고자 하는 일체의 지역사회 노력을 발전시키는 데 필요하다. 사회복지에서 지역사회복지실천을 위한 전문적인 교육은 사회복지대학원을 통해서 가장 잘 제공될 수 있다.

### (2) 존스(Johns)와 디마치(Demarche)의 견해

지역사회복지실천의 일반적 성격에 관한 원칙을 존스(Johns)와 디마치(Demarche, 1951)는 다음과 같이 제시하고 있다.

- 지역사회복지실천은 수단이며 목적이 아니다. '케이스워크(casework)'나 '그

룹워크(groupwork)'에서와 마찬가지로, 지역사회복지실천은 개인생활을 풍요롭게 하고자 한다. 개인은 지역사회복지실천의 존재 이유이다. 기관, 직원, 사업, 지식, 기술은 수단에 불과하며, 인간의 복지와 성장이 목적이다.

- 개인과 집단처럼 지역사회도 서로 다르다. 각 지역사회는 특유의 성격과 문제, 욕구를 가지고 있다. 따라서 지역사회를 효과적으로 돕기 위해서는 개별화하여야 한다.
- 지역사회는 개인과 마찬가지로 자기결정의 권리를 가진다. 지역사회복지실천에서 사회복지사는 지역사회가 자체를 위한 정책, 계획, 사업을 개발하도록 도우며 강요해서는 안 된다.
- 사회적 욕구는 지역사회복지실천의 토대이다. 지역사회복지실천의 개시, 지속, 수정, 종결을 결정하는 요소는 욕구다.
- 사업 선정에서 사회복지기관 자체의 이익보다 지역사회가 가장 먼저 고려되어야 한다. 사회복지기관의 사업은 다른 기관의 사업내용 및 지역사회의 욕구와 관련해서 결정되어야 한다. 사회복지기관은 자체의 자원으로 해결할 수 없을 정도로 많은 사회문제나 지역을 취급함으로써 비슷한 목적을 가진 다른 기관의 발전을 저해해서는 안 된다.
- 조정이란 성장을 위한 과정이다. 권위적인 압력이나 억압에 의한 조정은 민주적인 원칙에 위배된다. 조정은 공통의 이익과 목표에 대한 지적인 인식에서 이루어져야 한다. 효과적인 사회계획은 '실천을 통한 학습'의 결과다. 그러므로 사회복지기관협의체는 사회계획이 성립되는 실험실이다.
- 지역사회복지실천을 수행하기 위한 구조는 가능한 한 단순해야 한다. 너무 복잡한 구조는 지역사회의 복지 욕구를 효과적으로 충족시키기 위해 필요한 집단 간의 관계를 맺어 주는 과정에 오히려 방해가 된다.
- 지역사회서비스는 공평하게 배분되어 모든 사람이 차별 없이 평등하게 이용할 수 있어야 한다.

- 문제 해결의 접근방법에서 다양성이 존중되어야 한다. 접근방법을 결정짓는 요소는 지역사회의 욕구이어야 한다.
- 복지기관협의체에는 광범한 집단의 이익이 반영되어야 한다. 각 집단은 자기네들의 이익을 솔직하게 개진할 수 있는 기회를 가져야 한다.
- 지역사회복지기관의 효과적인 운영과 사업을 위해서는 집중과 분산 간의 균형이 있어야 한다. 다시 말하면, 사회복지기관들이 재정적인 지원을 위해 모금단체에 참여하거나 공통의 목표를 위해 협의회에 가담한다고 해도, 그들 자체의 이익이나 사업은 유지되어야 한다.
- 지역사회 내에 존재하는 집단들 간의 의사소통을 가로막는 장애는 제거되어야 한다. 지역사회복지실천은 지역사회에 있는 다른 집단들 간에 더욱 자유로운 접촉이 일어나도록 힘써야 한다. 지역사회복지에 대한 관심은 개인이나 집단을 새롭고 좀 더 광범한 문제에 접하게 하고 공동의 사업을 위해 함께 일하도록 함으로써 더 발전될 수 있다. 지역사회 생활에서 차이가 많으면 많을수록 다른 사회집단의 문제와 공헌을 이해할 필요성은 더욱 커진다.
- 지역사회는 전문가의 도움을 필요로 한다. 전문가의 역할은 지역사회로 하여금 사회복지의 욕구를 발견하고, 규명하고, 충족할 수 있도록 돕는 것이다. 지역사회복지실천의 성공은 사회복지사가 공통의 목표달성에 주민을 자발적으로 참여시킬 수 있느냐에 달려 있다.

### 2) 지역사회복지실천의 실제에 관한 원칙

지역사회복지실천을 전개할 때 실제로 준용할 수 있는 원칙으로, 로스(Ross, 1967)의 견해가 가장 대표적인 것으로 여겨진다(최일섭·이현주, 2006). 로스는 지역사회복지실천 접근방법으로, 사회계획이나 사회행동보다는 지역사회개발 측면을 강조하고 있다. 따라서 로스가 제시하는 지역사회복지실천에 관련되는 원칙은 도시지역사회에서 사회문제 해결을 위해 전문가가 계획을 수립하고 사회복지기관들 간에 서비스와 활동을 조정하는 사회계획적 노력이나, 계층 간의 불평등한 복지 상황을 시정하려고 하는 사회행동적 노력에는 적합하다고 볼 수 없다. 로스의 접근방법은 차라리 동질성이 강하고 정통성을 지닌 농촌지역이나 도시 낙후지역의 개발을 위해서 더 적절한 것이라고 생각한다.

지역사회복지실천을 전개하는 주체로서 로스는 어떤 종류의 구조나 사회조직체를 강조하고 있다. 이러한 조직체를 로스는 '추진회(association)'라고 부르고,[30] 지역사회복지실천 일체의 과정은 이 추진회를 중심으로 전개된다고 본다. 즉, 추진회는 지역사회의 문제를 해결하기 위해 지역사회의 회원(주민 대표)이 설립한 조직체로서, 이를 통해 주민의 욕구가 표현되고, 목표가 설정되고, 사업이 추진된다는 것이다. 따라서 지역사회복지실천의 목표달성 여부는 추진회가 어떻게 하느냐에 달려 있다. 지역사회복지실천의 실제에 관한 원칙은 다음과 같다(Ross, 1967, 최일섭·이현주, 2006 재인용).

### 1 지역사회의 현존 조건에 대한 불만으로부터 추진회의 결성이 이루어진다

지역사회의 공동 노력에 참여하는 주민의 동기는 다양하고 복잡하다. 어떤 이는 정치적·경제적 이권을 위해서, 또 어떤 이는 인도주의적 신념에서, 또 다른 어떤 이는 교제를 넓히기 위해서 지역사회 내의 각종 단체에 참여할 수 있다. 그러나 주민이 지역사회 생활의 어떤 면에 대하여 깊고도 넓은 불만을 가질 때, 주민은 지역사회 문제를 해결하기 위한 추진회를 결성하려고 할 것이다.

주민이 지역사회의 조건에 대해서 갖는 불만은 정신의학에서의 통증에 비유할 수 있다. 정신질환자는 현재 경험하고 있는 통증의 정도가 그의 사회생활에 심각

30) 로스(Ross)는 이러한 목적을 위해서 organization이라는 용어가 일반적으로 쓰이나, community organization이라는 용어와 혼동을 피하고자 association이라는 용어를 사용하며, association이라는 말 대신에 committee, council, corporation, commission 등을 사용할 수 있다고 말한다. Association은 흔히 연합회 혹은 협회로 번역되고 있으나, 이는 회원들의 이익을 위한 단체의 성격이 내포된 듯하여 여기서는 추진회라고 부르기로 한다(최일섭·이현주, 2006).

한 문제를 일으킬 정도로 중한 상태가 아니라면 정신분석이나 약물치료를 거부할 것이다. 즉, 겪고 있는 통증이 치료과정에서 겪게 될 고통보다 더 클 환자가 치료를 받으려 할 것이다.

이와 마찬가지로 지역사회 조건이 주민에게 상당한 정도로 불만을 주지 않는다면 주민은 그 조건을 개선하기 위한 조직적인 노력에 적극 참여하려고 하지 않을 것이다. 주민이 지역사회의 공동 노력에 참여하는 동기는 다양하며, 불만이 유일한 동기라고 말할 수는 없다. 그러나 불만이 주민으로 하여금 더욱 적극적으로 참여하게 하는 동인이 될 것이다.

공통된 불만을 없애기 위한 동기에서 추진회에 참여하는 것은 지역사회복지실천의 전개 과정에서 당면하게 될 많은 난관을 극복하는 데 중요한 요건이 아닐 수 없다. 추진회에 참여하는 사람들은 공동의 이익을 위해서 참여하는 소수의 교우집단도 아니고, 자신들이 입안한 계획을 관철하려고 하는 소수의 전문가집단도 아니다. 추진회에 참여하는 사람들은 다양한 이해와 신념을 지닌 집단 대표가 공동 관심사에 대한 해결책을 마련하기 위해 참여하는 것이므로, 지역사회 조건에 대하여 공통의 불만을 가진다는 것은 추진회에 참여하는 사람들의 결속을 위해서 가장 중요한 동기라고 할 수 있다.

이처럼 신념을 달리하는 많은 집단의 대표가 참여하는 추진회에는 긴장과 갈등의 시기가 있을 수 있다. 그러나 그들에게 "우리의 지역사회는 무언가 잘못되어 있으니 시정되어야만 한다"는 강한 신념이 있으면 참여집단은 그들의 활동 과정에서 겪게 될 어려움을 극복할 수 있을 뿐만 아니라, 더욱 미지근한 동기에서 참여한 경우라도 추진회에 더욱 활기를 불어넣을 수 있다.

여기서 주목할 점은 불만은 결코 인위적으로 유발되어서는 안 된다. 불만은 자발적으로 표출될 수도 있고, 주민으로 하여금 자유로이 말하도록 하면 오랫동안 잠자고 있던 불만이 눈을 뜨게 된다. 이렇게 말로 표현되고, 합의될 때 지역사회복지실천 추진회는 지역사회의 공동 문제를 해결하기 위한 주민의 협력을 얻을 수 있다.

### 2 불만은 특정 문제에 관한 계획을 세우고, 실천에 옮길 수 있도록 집약되어야 한다

불만이 존재한다는 자체만으로는 지역사회복지실천을 추진하기 곤란하다. 실제적인 활동을 전개하기 위해서는 불만을 집약하고 구체화하여야 한다. 실제로 집약되지 않은 불만은 문제 해결을 위한 방안을 마련하고 실천하는 데 오히려 방해될 수 있다. 극단적으로 주민이 지역사회의 모든 조건과 생활 일반에 대해서 불만을 느끼고, 그에 대해서 스스로는 아무것도 할 수 없다는 비관적인 태도를 가질 수도 있다. 이러한 경우라면 주민의 노력을 규합하는 데 어려움이 있겠지만, 그러한 불만을 좀 더 집약하고 구체화할 수 있다면 건설적인 행동을 위해 도움이 될 수도 있다.

지역사회 환경에 대한 일반적인 불만은 주민 개개인이나 지역사회 전체의 건강과 발전에 도움이 되지 않는다. 겉으로 보기에 구체화할 수 없을 것 같은 막연한 불만도 이를 자세히 분석해 보면 구체화할 소지가 얼마든지 있다. 그러므로 주민이 자신들의 불만을 자유스럽게 토로하게 되면, 그것이 '거리의 교통질서'라든지 '식품 가격'이라든지 '노인에 대한 복지서비스가 없거나 부족한 것'이라든지 '여가시설이 필요하다'는 등의 불만을 구체화하고 집약할 수 있다. 불만이 집약되었을 때, 비로소 그 불만을 없애기 위한 계획을 세우고, 그 계획을 실천에 옮길 수 있다.

### 3 지역사회복지실천을 위한 불만은 지역사회 주민에게 널리 인식될 필요가 있다

불만은 많은 소수집단, 예컨대 노동자, 특정 종교단체, 장애인집단, 저소득계층, 정당 등이 자신들의 권익을 신장시키기 위해 힘을 규합하는 도약대의 역할을 한다. 그러나 지역사회복지실천은 소수집단에 의해 시도되는 운동이 아니며, 지역사회 내 소수집단의 욕구나 불만을 충족시켜 주기 위해 추진될 수만은 없다. 그러므로 불만은 지역사회의 주민과 집단 대다수에 의해 인식되고 이해될 필요가 있다. 물론 불만은 지역 내의 특수집단에 의해서 더 강하게 의식될 수도 있고, 일부 집단에 의해서만 그것을 없애고자 하는 관심이 엿보일 수도 있다. 그러나 불만이 집약된 문제는 주민 대다수가 인식하고 해결하고자 하는 그런 성질의 것이어야 한다.

지역사회 주민에 의해서 발견된 공동 문제는 우선순위가 정해져야 하고, 이를 해결하고자 하는 데 있어서 모든 지역주민이 계획을 세우고 실천하는 데 참여하여야 한다. 그 이유는 지역사회 문제를 해결하는 그 자체도 중요하지만, 주민이 이와 비슷한 문제를 해결할 수 있는 능력을 개발하는 것이 더욱 중요하기 때문이다.

문제에 대한 합의는 주민집단의 모임에서 불만이 집약되고 순위가 결정되는 과정에서 얻어진다. 지역사회가 안고 있는 많은 문제를 찾아내고, 이에 대한 우선순위를 결정하는 과정에서 다양한 주민집단은 문제 해결에 따르는 공동 목표를 발견하게 되는 것이 보통이다. 추진회가 결성되어 활동하는 초기단계에서는 될 수 있으면 전 주민집단에 의해 완전한 합의가 이루어진 사업을 전개하는 것이 바람직하다. 그러다가 추진회의 활동이 성숙되어 감에 따라 다른 집단의 지지를 얻어 소수집단을 위한 사업을 추진한다.

불만이 표출되도록 자극하는 것은 중요하지만, 이러한 불만이 집약되어 전 지역주민의 협동적인 노력을 끌어내는 것이 더욱 중요하다. 그래서 사회복지협의회는 사회복지기관에 의해 규정된 문제보다는 전 회원기관이 깊은 관심을 두는 문제에 대해서 계획과 조정업무를 전개하려고 한다. 근린지역 복지협의회에서도 하나 혹은 소수의 주민 모임이 관심을 두는 문제보다는 전 주민 모임의 이해가 걸린 문제를 찾아 해결하려고 한다. 이러한 복지협의회들이 개입해야 할 문제가 발견되었을 때, 협의회는 전 지역사회나 근린지역의 공동 노력을 유도하기 위해서 참여를 꺼리는 주민에게 이해를 촉구하고, 공동의 문제의식을 느끼도록 노력한다.

### 4 지역사회복지실천을 위한 추진회에는 지역사회 내에 있는 주요 집단에 의해 지목되고, 수용될 수 있는 지도자들을 참여시켜야 한다

지역사회복지실천에는 전체 주민이 참여해야 한다. 공동의 사업을 위해서 힘을 합해야 하는 것도 주민이요, 변화도 주민에 의해서 시도되어야 하며, 결국 지역사회복지실천의 과정을 통해서 변화되고 성장할 수 있는 능력을 갖게 되는 것도 주민이다. 그러나 분명한 것은 지역사회의 모든 사람이 직접 참여하는 것은 불가능하다. 그래서 대표를 통한 참여 방안이 마련되어야 한다. 이를 위해서는 ① 지역주민의 다양한 이익을 반영하고 있는 주요 집단을 찾아내고, ② 이러한 집단을 대표할 수 있는 지도자를 찾아내는 것이 필요하다.

지역사회의 주요 집단을 찾아내기 위해서는 지역사회의 조직구조에 대한 어느 정도의 이해가 있어야 한다. 일반적으로 지리적 의미에서의 작은 지역사회에서는 교회, 지방의회, 교육청 같은 공식기관이 있고, 대도시에는 경제인협회, 봉사단체, 복지기관 등과 같은 공식기관이 있다. 중요하면서도 찾아내기 힘든 소규모 친목단체, 동우회, 향우회, 취미 모임 등과 같은 비공식적인 집단이 있다. 이러한 공식적·비공식적 집단을 찾아내는 것은 실제에서 매우 힘든 일이기는 하지만, 지역사회복지실천을 돕는 전문사회복지사는 이를 발견하기 위해 지역사회의 구조분석에 따른 지식과 기술을 활용하여야 한다.

지역사회 내에 있는 주요한 집단을 찾아낸 다음에 중요한 것은 어떻게 이들 집단이 공통의 문제에 대해 의견을 교환할 수 있게 할 것인가 하는 문제이다. 일반적으로 집단 간의 대화는 집단의 지도자에 의해 가장 효과적으로 이루어질 수 있다. 여기서 말하는 지도자란 그 집단에 의해서 수용되고 유능하다고 지목될 수 있는 지도자이다. 따라서 반드시 그 집단에서 공식적인 위치(회장, 이사, 간사 등)를 차지하고 있느냐가 중요한 것이 아니라, 그 집단의 의사를 충분히 대변할 수 있느냐 하는 점이 중요하다.

지역사회복지실천 추진회에는 공공기관의 장, 교사, 목사 등과 같은 공적 지도자를 참여시키는 것이 중요하다. 이들 중에는 이른바 '권력의 배경'을 가지고 있기 때문에 추진회가 사업추진 과정에서 당면하게 되는 어려움을 극복하는 데 도움이 된다. 이들은 권력을 지니고 있을 뿐만 아니라 다른 공공기관과의 관계를 쉽게 할 수 있기 때문에 그들을 참여시키면 추진회의 활동에 큰 도움이 될 수 있다. 이와 관련하여 야노비츠(Janowitz, 1952)는 지역사회의 공적인 지도자들은 엘리트 집단을 형성하는 경향이 있고, 이들 간에는 상당한 정도의 상호신뢰가 있다고 하였다. 모든 공적 지도자를 참여시키는 것은 불가능하고, 또 그럴 필요도 없기 때문에 이 같은 '엘리트 집단'에서 인정받는 지도자를 발견하여 추진회에 참여시키는 것이 바람직하다.

### 5 추진회는 지역사회 주민으로부터 고도의 지지를 받을 수 있는 목표와 운영방법을 갖추어야 한다

추진회에는 지역사회의 다양한 집단이 참여하게 되고, 이들은 독자적인 이익, 태도, 행동 양태(樣態)를 지닌다. 이처럼 다양한 배경을 지닌 집단과 지도자들을 하나의 추진회로 용해시키는 것은 매우 중요한 일이다. 이러한 과업을 수행하기 위해서는 공통의 목표와 합치된 운영절차를 설정하여야 한다.

일반적으로 단체 대부분은 조직이 되자마자 정관(定款)을 만들려는 경향이 있다. 그러나 추진회의 목적과 운영절차에 관한 기술이 모든 회원에게 의미 있는 것이 되기 위해서는 성급하게 성문화되는 것보다는 실천과 경험과 토의를 통해서 서서히 만들어지는 것이 바람직하다. 정관 대부분이 작성은 되었어도 활용되지 않는 것은 그것이 추진체가 활동할 수 있는 준거 틀이 되지 못하고 다분히 기계적이고, 의미 없는 의식에 불과하기 때문이다. 예를 들어 이스라엘의 많은 집단농장은 20년 이상이나 운영되어 오면서도 아무런 정관을 가지고 있지 않다. 그럼에도 모든 주민이 마을의 운영, 목표를 달성하는 데 필요한 절차, 허용되는 것과 금지되는 것을 잘 알고 있다.

따라서 목적과 절차는 잘 작성되어 보관되는 것보다 구성원들에게 주지되고 수용되는 것이 더 중요하다. 목적과 절차는 성문 여부와 관계없이 추진회의 운영에 지침이 되는 것이므로 분명히 입안되어 모든 회원에게 명확하게 전달되고, 활동하는 데 준수되어야 한다.

### 6 추진회의 사업에는 정서적 내용을 지닌 활동이 포함되어야 한다

개인생활과 마찬가지로 조직체 생활에서도 정서적이고 문화적인 요소는 중요한 의미를 가진다. 조직체 대부분은 인간생활이란 오로지 합리적이며, 지성적인 이익을 함께하는 것으로 충분한 것처럼 운영된다. 하지만 이는 아주 잘못된 생각이다. 다양한 집단을 조직화하기 위해서는 공통적인 생각, 감정, 정통 등이 요구된다.

추진회는 흔히 가정과 비슷한 방법으로 추진력과 결속력을 발전시킨다. 가정에는 우애, 상부상조, 힘든 일, 유쾌한 시간, 역경, 갈등, 축제 등이 있으며, 일을 할 때도 있고 웃고 즐기는 때도 있다. 이와 마찬가지로 추진회에도 다양한 활동과 힘든 과업이 있지만, 자축과 오락을 위한 시간도 갖게 마련이다. 이러한 정서적인 활동은 지역사회 통합에 필요한 지역정서를 형성시켜 주기 때문에 우리가 흔히 생각하는 것보다 훨씬 중요한 의미를 가진다.

추진회는 정서적 내용이 담긴 행사를 통해 회원들 상호 간에 신뢰감과 유대감을 형성하는데, 이는 지역사회의 문제 해결에 협력적인 태도를 갖게 할 것이다. 그러므로 지역사회복지실천을 위한 추진회는 심각한 토의에만 활동을 한정할 것이 아니라, 지역사회 성격에 맞는 각종 문화행사를 주관하거나 후원하여야 한다.

이와 관련하여 우리나라 사회복지기관에서는 회원들의 유대나 사기를 진작시키기 위한 정서적이며 문화적인 각종 활동을 전개하고 있다. 예를 들어 한국지역사회교육 중앙협의회에서는 사회교육이라는 목표를 달성하기 위한 과업지향적인 활동에 못지않게 회원들을 위해 관광을 겸한 국내외의 '모범적인 지역사회학교운동의 시찰', 매년 말에 '성가의 밤' 개최 등 정서적인 활동을 전개하고 있다. 그리하여 회원들의 협의회에 대한 소속감과 충성심을 더욱 북돋아 주고 있다.

### 7 추진회는 지역사회에 존재하는 현재적(manifest)·잠재적(latent) 호의를 활용해야 한다

어떤 지역사회를 막론하고 건설적인 지역사회의 노력에 공헌하거나 참여하려는 사람들이 많이 있다. 그러나 이러한 단순한 사실이 지역사회에는 비정과 무관심만 있을 뿐이라고 개탄하는 사람들에게는 흔히 무시되어 버린다.

주민의 호의를 깨닫지 못하고 활용하지 못하는 사례로서 로스(1967)는 다음의 두 가지 흥미 있는 사건을 소개하고 있다. 한 사례는 어느 대도시의 무질서하고 이질적인 주민들로 구성된 영세지역에 관한 현지답사에서 주목된 일이다. 주민들이 서로 모르고 지내며 이웃에 관해 관심이 없는 것으로 알려진 이 지역의 '매우 험악한 노상'에서 어머니들을 상대로 "입원한 어머니를 위해 일주일 동안 애들을 돌보아 줄 수 있겠느냐"는 질문을 던졌을 때, 거의 모든 어머니가 기꺼이 돕겠다고 했다. 이는 이웃의 문제를 이해할 때에는 이웃을 도우려는 상당한 호의가 있음을 나타낸다. 얼마 뒤에 똑같은 노상에서 지역공동모금회가 성금을 구했을 때, 그들의 반응은 냉담하였다. 왜 그런 일이 발생하였을까? 주민에게 있어서 지역공동모금회는 자기들 생활에 별로 의미가 없는 정의적이지 않은 기관으로 생각된 것이다. 이 사례는 지역사회공동모금회가 주민이 지닌 호의를 활용하지 못했음을 보여준다.

다른 사례는 한 경찰 고위간부가 지역사회복지사들을 상대로 연설하는 데서 발견되었다. 이 간부는 경찰관이 하는 일을 소상히 설명하면서 경찰이 관심을 두는 많은 영역이 사회복지사들의 활동영역과 중복된다고 하고, 다음과 같은 말로 그의 연설을 끝맺었다; "여러분들 가운데 지역사회에 대해서 우리만큼 아는 사람은 아무도 없을 겁니다. 여러분들 가운데 우리처럼 이 지역의 곳곳을 24시간 봉사하는 사람은 아무도 없을 겁니다. 여러분들 가운데 우리만큼이나 건전한 지역사회를 만들려고 애를 쓰는 사람은 아무도 없을 겁니다. 그러나 우리는 이 일을 위해 고군분투하고 있으며, 그런 일을 위한 기술도 없습니다. 왜 우리가 서로의 일을 보완해 주지 못하고 있습니까?"

일반적으로 지역사회에는 지역사회의 공동 노력을 위해 개발하여야 할 호의와 지지원이 얼마든지 있을 수 있다. 이러한 호의가 활용되지 못하는 것은 사회복지사들이 그러한 호의가 존재한다는 사실을 깨닫지 못했거나, 그것을 깨닫는다고 해도 이를 끌어내지 못했기 때문이다.

지역사회 주민으로부터 호의를 얻어 내는 방법은 지역사회의 형태, 전통, 이념 등에 따라 다를 수 있기 때문에 보편타당한 방안을 제시하기는 힘들다. 그러나 다음과 같은 일반적인 방안이 고려될 수 있다.

- 지역사회복지실천 추진회에 참여하는 집단의 지도자들은 지역사회의 모든 집단과 대화를 어떻게 해야 하고, 어느 수준의 활동이 그들에게 호소력이 있고, 그들의 지지를 어떻게 얻을 수 있는지에 대해서 가장 잘 알고 있다고 할 수 있다. 그러므로 이들의 지혜에 의존하는 것이 바람직한 방법이 될 것이다.
- 주민에게 지원을 요청할 때는 집단으로 보다는 개인적으로 하는 것이 더 효과적이다.
- 주민이 부담을 느끼지 않는 수준에서 그들에게 의미 있는 방식으로 지원하고 참여하도록 하는 것이 중요하다. 예를 들면, 부인들은 성금을 낼 때, 노상보다는 '자선 디너' 같은 곳을 더 선호하는 경향이 있다.

### 8 추진회는 그 자체 회원 상호 간 및 지역사회와의 활발하고 효과적인 대화통로를 개발하여야 한다

듀이(Dewey)가 말한 것처럼 지역사회 요체는 '커뮤니케이션'이다(Ross, 1967, 최일섭·이현주, 2006 재인용). 커뮤니케이션 없이는 주민들 간에 공동 의미, 공동 생활, 공동 노력을 성립시키는 상호작용이 있을 수 없기 때문이다. 커뮤니케이션이란 단순히 메시지를 주고받는 기계적인 과정만을 의미하는 것이 아니라, 이를 통해서 지역사회의 공동 이해와 가치의 영역이 넓어지는 것이다.

이상적으로 말한다면, 지역사회복지실천은 지역사회에 있는 다양한 집단을 규합하여 커뮤니케이션을 촉진함으로써 지역사회를 형성하는 것이라고 말할 수 있다. 그러나 유감스럽게도 이러한 커뮤니케이션 과정은 쉽사리 나타나지도 않고 발전되지도 않는다. 따라서 효과적인 커뮤니케이션을 가능하게 하는 조건을 찾아내기 위한 연구가 계속되어야만 한다. 추진회가 효과적인 커뮤니케이션을 형성할 수 있도록 몇 가지 방안을 제시하면 다음과 같다.

- 거대한 추진회는 문제에 대해서 의견을 교환할 수 있는 많은 과업집단을 갖는 것이 필요하다.
- 집단지도자들은 추진회와 지역사회 간의 커뮤니케이션 매개체로서 일할 수 있는 책임감과 기술을 가질 필요가 있다.
- 정보의 양보다는 질에 역점을 두는 방향으로 자료를 처리하여야 한다.
- 지역사회에 있는 신문이나 방송의 편집인 등의 커뮤니케이션 매체를 잘 활용하여야 한다.
- 커뮤니케이션을 잘할 수 있는 사람을 발굴하고, 이들을 지역사회와의 관계에 활용하여야 한다.

### 9 추진회는 협동적인 노력을 위해 참여하고 있는 여러 집단을 지원하고 강화하여야 한다

추진회는 결국 지역사회에 존재하는 하나의 조직이며, 여기에는 수많은 집단이 바람직한 목표를 달성하기 위해서 그들의 대표를 파견한 것이다. 그러므로 추진회는 이들 집단과 무관할 수 없으며, 이들 집단의 공동생활을 나타낸다.

추진회는 구성인자들의 합보다 더 강할 수 없다. 만일 추진회가 비조직적이고 불화에 차 있고 냉담한 집단들로 구성된다면, 추진회는 협동적인 노력을 위한 확고한 지지와 참여 기반을 구축할 수 없다. 취약한 집단의 지도자는 자기 집단을 추진회의 공동 노력에 관여시키는 데 어려움을 갖게 될 것이다. 예를 들면, 근린지역 추진회가 마을 청소를 위해 회원 모임들을 소집하였을 때, 약한 집단의 참여는 극히 저조하고, 강한 집단은 부지런히 참여하는 모습을 볼 수 있다. 마찬가지로 회합과 회의에서도 강한 집단은 대표를 파견하여 적극적으로 자신들의 의견을 주장하지만, 약한 집단은 참석마저도 소홀히 하는 경향을 발견할 수 있다.

그러므로 추진회가 막강한 조직이 되기 위해서는 이를 구성하는 개개집단은 결속력이 강한 집단이 되어야 한다. 이를 위해서 추진회는 회원집단을 격려하고 필요한 지원을 제공하여야 한다. 그 구체적인 방법은 다음과 같다.

- 모든 참여집단이 받아들여진다고 느끼고, 비판을 받지 않으며, 공동 목표를 달성하는 데 도움이 된다고 느낄 수 있는 분위기를 조성하여야 한다.
- 집단들 간에 의견을 교환할 수 있는 기회를 제공해서, 약한 집단들이 강한 집단들의 난관 극복의 경험을 배우게 할 수 있다.
- 전문직원에 의한 연구, 지도자의 훈련, 지원 등 직접적인 도움을 줄 수도 있다.

### 10 추진회는 정상적인 업무상의 결정 과정을 해치지 않는 범위 내에서 절차상에서 융통성이 있어야 한다.

추진회가 설립되면 효과적이고 효율적인 기관 운영을 위해 구성원들에게 수용될 수 있는 지침과 절차를 갖는 것이 중요하다. 융통성을 지녀야 한다는 것은 이와 같은 확립된 절차를 깨뜨리자는 것이 결코 아니다. 구성원들의 활발한 관심과 참여가 유지되기 위해서는 중요한 업무 결정과 관련해 오히려 확고하게 준수될 필요가 있다. 그러나 이러한 확립된 절차의 범위 내에서 다양한 방법을 활용할 기회는 존재하여야 한다.

때에 따라서는 외부 전문가의 자문(諮問)을 구해야 할 때도 있고, 지역사회에 있는 학자들을 초빙해야 할 때도 있고, 어떤 특정 문제에 대해 깊은 관심을 갖고 있는 한 참여집단 회원들을 초청하여 도움을 청할 수도 있다. 또한, 위원회의 심의를 위해 공식적인 모임을 휴회해야 할 때도 있고, 연구, 시찰, 특별위원회 구성 등이 필요할 때도 있을 것이며, 특정 안건을 취급하기 위해서 주말에 타지에서 회합을 가질 수도 있다.

### 11 추진회는 지역사회의 현존 조건에 따라 수행하는 사업의 보조를 맞추어야 한다

보조라는 개념에는 두 가지 의미가 함축되어 있다. 그 하나는 추진회가 자체의 활동을 추진한 보조이고, 다른 하나는 지역사회 생활의 보조로서, 지역사회복지실천의 추진속도를 결정짓는 보조를 말한다.

지역사회복지실천 추진회는 회원들이 함께 일하고, 업무절차가 성립되고 임무에 대한 합의가 이루어지면 자체의 업무추진보조를 하게 된다. 예를 들면, 어떤 위원회는 일주일에 한 번, 어떤 위원회는 한 달에 한 번 회합을 할 수도 있고, 또 어떤 위원회는 회합 때마다 소위원회의 보고를 청취하고, 어떤 위원회는 연별보고서로 대신할 수도 있다. 어떤 위원회는 회원인 자원봉사자들에게 많은 업무 책임을 부과하지만, 다른 어떤 위원회는 전문직원에게 중한 책임을 부과하고 위원회는 오로지 정책 결정에만 관여하기도 한다. 업무 수행의 보조와 책임이 어떠하든 간에 그것은 추진회 전체에게 충분히 이해되어야 한다. 이러한 보조가 확립되어 있지 않으면 업무를 수행할 때 혼란을 일으키고 업무의 능률과 성과가 저하된다.

지역사회가 공동의 사업을 수행하는 데 따른 보조를 이해하는 것은 대단히 중요하다. 지역사회현장에서 일하는 전문가들은 사업의 성취에 너무 집착한 나머지 지역사회의 능력을 무시한 채 성급하게 사업을 추진하고, 변화를 보고자 하는 경향이 있다. 개별지도사업에서는 클라이언트가 따라갈 수 있는 보조에 맞추어 치료방법을 적용하는 것을 중요한 원칙으로 삼고 있다. 이와 똑같은 원칙이 지역사회복지실천에도 적용된다.

같은 사업이라 하더라도 지역사회에 따라 그것을 수용하고 추진해 나가는 데 있어 많은 차이를 보인다. 이는 지역사회가 가진 전통과 문화가 다르고, 주민이 공동의 노력에 참여했던 경험 등에 있어서 차이가 있기 때문이다. 그러므로 지역사회복지실천사업가가 지역사회를 상대로 진단할 때, 지역사회의 제반 실태와 특성을 파악하는 것이 중요하다. 그런데 여기에는 반드시 공동 노력을 전개할 수 있는 지역사회의 보조를 파악하는 것이 포함되어야 한다.

공동 사업을 추진하는 데 있어서 보조는 지역사회마다 차이가 있지만, 같은 지역사회라 할지라도 사업이 진행되어 감에 따라 그 보조에 차이가 나타난다. 처음에는 빠른 속도로 사업을 추진해 가다가도 주민의 관심이 약화하여 진행속도가 완만해질 수도 있다. 그러나 일반적으로 주민들 간에 협동적인 태도가 형성되어 감에 따라 사업의 추진속도는 빨라진다. 어떠한 경우든 간에 추진회와 전문사회사업가는 지역사회가 안고 있는 사업추진 능력에 따라 사업의 보조를 맞추는 것이 필요하다.

지역사회의 보조에 맞춘다는 것은 사회사업에서의 보편적인 가치인 이해, 수용, 개별화, 자기결정의 원리를 적용하는 것을 의미한다고 할 수 있다. 지역사회복지실천을 통해서 궁극적으로 추구하는 것은 지역사회가 바람직한 목표를 향해 변화하는 것이므로, 이를 달성하고자 하는 추진회나 전문사회사업가의 의도와 능력보다는 지역사회의 변화에 대한 수용 태세가 중요하다.

지역사회의 보조에 맞추어 사업을 추진하는 것은 정부기관보다는 민간기관이 훨씬 유리하다는 것은 익히 경험한 바이다. 일반적으로 정부기관은 막강한 행정력을 동원해서 사업을 수행하는 데 여러 가지 장점이 있지만, 단기간에 걸쳐 소기의 성과를 거두려는 경향 때문에 지역사회의 욕구나 보조보다는 정부기관의 실적에 치중하여 사업상 무리수를 두는 경우가 흔히 있다. 이에 반해 민간기관은 주민의 능력과 보조에 대한 치밀한 분석과 계획을 통해 사업을 추진함으로써 성과가 다소 늦게 나타나기는 해도 더 항구적인 효과를 얻을 수 있다.

### 12 추진회는 효과적인 지도자를 개발하는 데 힘써야 한다

여기서 말하는 효과적인 지도자란 지역사회복지실천 과정을 쉽게 하고, 지역사회복지실천 추진회가 성과를 거둘 수 있도록 도움을 주고, 추진회와 지역사회의 사기를 진작할 수 있는 그러한 지도자를 말한다.

흔히 사람들은 집단에는 한 명의 '중심인물(central figure)'이 있다고 생각하는 경향이 있다. 그러나 집단역학에 관심을 두는 학자들의 연구를 따르면, 모든 집단은 최소한 1인의 중심적 인물 이외에도 집단의 지도력에 공헌하는 많은 지도자가 있음을 지적하고 있다. 베일스(Bales, 1953)는 아주 작은 과업집단에서도 '인기 있는 지도자(popular leader)'와 '과업상의 지도자(task leader)'가 있어야 한다고 지적하고 있다.

과업상의 지도자는 집단이 과업에 참여하도록 압력을 가하지만, 그의 계속적인 압력 때문에 구성원의 불만을 일으키고, 집단의 단합을 해칠 염려가 있지만, 인기 있는 지도자는 집단의 단합을 유지하고 회복시키며, 구성원을 즐겁게 한다. 베일스는 이 두 지도자의 기능을 한 사람에게서 발견하기는 힘들다고 말하고 있다. 따라서 집단에 두 종류의 지도자가 있어서 서로의 역할과 활동을 인식하고 수용한다면 그 집단은 강한 지도력을 갖는 집단이 될 것이다.

집단으로서 추진회도 다양한 지도자를 가질 필요가 있다. 회원들 중 어떤 사람은 특정 업무의 내용과 관련해서 지도력을 발휘할 수 있고, 또 어떤 사람은 사업추진과정에서 지도력을 발휘할 수 있으며, 또 다른 어떤 사람은 내용과 과정 양면에서 지도자적인 기능을 수행할 수도 있다. 이는 집단에서 중심적인 지도자가 필요 없다는 것은 결코 아니다. 베일스는 모든 지도자적 기능을 한 사람이 떠맡을 수 없으며, 이를 행사하면서 다른 사람들의 보완적인 역할이 있어야 한다고 말한다.

지도력이 회원들에게 분산된다고 하더라도, 중심적인 지도자(회장 혹은 공식대표)가 구성원들부터 수용되고 지지를 얻을 때, 집단의 생산성을 높일 수 있다. 공식적인 지도자가 회원들의 지지를 받는 집단과 그렇지 못한 13개 집단에 대한 참여관찰조사에서 그로스 등(Gross et al., 1953)은 다음과 같이 차이가 있음을 설명하고 있다; "참여관찰자들의 평점에 의해서 측정된 효과적인 집단 기능에 관한 모든 기준에서, 강력한 공식지도자를 가진 집단의 평균등위는 참여 의향, 제안의 유용성, 참여의 정도, 책임감에서 최소한 두 등위가 높았다"

여기서 주목해야 할 것은 유능한 지도자는 집단의 결속력과 생산력을 높이지만, 이러한 지도자는 효과적인 집단에 의해서 만들어진다는 사실이다. 그러므로 지역사회의 공동 이익을 위해 결성된 추진회는 그 구성원들이 지도력을 배양하고 발휘할 수 있는 기회를 제공하는 것이 매우 중요하다.

일반적으로 효과적인 지도자가 갖추어야 할 요건은 업무를 수행할 수 있는 지식과 기술이라는 전문적인 자질과 집단구성원들과 협력적인 관계를 유지할 수 있는 능력이라고 말할 수 있다. 적어도 지도자는 그를 따르는 집단구성원들과 비교할 때, 과제를 처리할 수 있는 능력이 뛰어나야 하고, 장래에 대한 비전이 있어야 한다. 또한, 과업을 수행할 수 있는 용기가 앞서야 하며, 구성원들의 존경을 받을 수 있는 성품을 지녀야 한다.

### 13 추진회는 지역사회 내의 지도자들을 참여시킬 수 있고, 어려운 문제를 해결할 수 있는 능력을 가져야 하며, 안정성을 갖추고 지역사회로부터 신망을 얻어야 한다

지역사회복지실천은 지역사회 집단들이 공동 사업을 수행하면서 협동심을 갖도록 하는 과정이다. 이것은 미묘하고도 막연한 개념으로, 지역사회에 의미 있는 구체적인 개념이 되어야 한다. 이는 추진회가 과업을 성공적으로 추진하고, 주민에게 계속해서 과업의 필요성을 역설하고, 지역사회로부터 신망을 얻음으로써 성취될 수 있는 개념이다.

한마디로 추진회는 지역사회에서 협동의 상징이 되어야 한다. 추진회의 구성원과 구성방식은 지역사회에 속한 많은 사람의 의사를 반영하여야 한다. 이를 위해서 지역사회 내의 지도자를 참여시키고, 어려운 지역사회 문제를 해결하는 데 있어서 역량을 지녀야 한다. 이를 통해 추진회는 주민참여와 지지를 얻을 수 있고, 지역사회의 협동을 대표하고 유도하는 상징이 될 수 있다.

여기서 주목해야 할 점은 추진회는 그것을 구성하는 집단과 어떠한 경우라도 경쟁적인 관계를 해서는 안 된다. 즉, 지역사회 내의 다른 기관에 의해 추진되고 있는 사업을 떠맡는다거나 제한된 자원을 얻어 내기 위해 경쟁을 벌인다면 그들로부터 지지와 협동을 얻어 내기는 그만큼 힘들 것이다. 지역사회복지실천 추진체가 갖는 중요한 기능 하나는 지역사회 내에 있는 여러 복지기관의 기능을 강화하고, 기관 간에 효과적인 관계가 유지되도록 조정을 모색하는 것이므로, 다른 기관의 이익을 침해하고 운영을 방해하는 일을 해서는 안 된다.

## 2. 지역사회복지실천의 가치

지역사회복지실천의 가치는 지역사회의 공식·비공식의 사회적 돌봄 활동이 이루어지는 기초로서, 대면적 혹은 비대면적인 사회관계 속에서 이루어진다. 여기서는 사회관계와 사회적 돌봄의 형태를 살펴보고, 사회적 돌봄을 제공하는 동기로서의 가치를 살펴보기로 한다(오정수·류진석, 2012).

### 1) 사회관계와 사회적 돌봄의 형태

돌봄의 제공은 힘든 노동을 수반하는 활동이다. 따라서 돌봄 제공자는 상당한 부담을 가지게 된다. 그럼에도 사람들은 대인관계를 통해 자신과 연결된 사람들에게 돌봄을 제공한다. 왜 사람들은 다른 사람과 대인관계를 유지하는 것일까? 이러한 질문은 돌봄 제공 활동에서 누구든지 할 수 있는 질문이며, 이 질문에 대한 충분한 이해가 있어야 한다. 이에 관한 일반적인 설명은 '그녀가 나의 어머니이기 때문에…', '그에게 내가 있어야 하므로…' 등이지만 이를 더 깊이 분석할 필요가 있다.

웨이스(Weiss, 1974)는 돌봄 제공에 관한 두 개의 가설을 세우고 검증하였다. 그 중 하나의 가설은 '사회성 기금(fund of sociability)' 가설이다. 이 가설을 따르면, 사람은 다른 사람과 상호작용을 하고자 하는 욕구를 가진다. 그리고 이 욕구는 여러 가지로 분산되지만, 전체적으로는 일정량을 유지한다. 따라서 사람들은 소수 특정인과는 상당한 정도의 긴밀한 접촉을 유지한다. 하지만 그 이외 다수 사람과는 제한된 접촉만을 유지한다. 나머지 하나의 가설은 '매개적인 일차집단(mediating primary group)' 가설이다. 이 가설은 일차적 연대와 이차적 연대를 구분하고 있다. 일차집단은 긴밀하고 대면적이며 정서적인 연대를 갖지만, 이차집단은 수단적이고 정서적으로 중립적인 연대를 가진다. 이 가설을 따르면, 사람들의 신념이나 태도는 가족이나 청소년기의 또래와 같은 일차집단에서 형성되며, 그 가치나 신념은 현재 자신이 속한 다른 일차집단 속에서 다른 사람과 상호작용함으로써 유지된다.

그러나 이들 가설은 모두 적절하지 못한 것으로 밝혀졌다. 첫째, 사회성 기금 가설이 지지를 받지 못하는 이유는 사회관계는 기능이 분화되어 있으며, 한 가지 형태의 관계가 다른 형태의 관계를 대체하지 못한다는 점이다. 삶의 핵심 부분을 형성하던 하나의 사회조직망이 상실되면 사람들은 심각한 스트레스를 받게 된다. 예를 들면, 결혼이 제공하는 역할을 친구관계가 대체하지 못하며, 거꾸로 친구관계 기능을 결혼이 대신하지 못한다. 둘째, 매개적인 일차집단 가설도 마찬가지다. 결혼관계와 친구관계는 긴밀하고 대면적인 일차관계이긴 하지만, 두 관계가 제공하는 것은 별개의 것이며, 대체할 수 없다.

따라서 웨이스(1974)는 서로 다른 사회관계에 따라 돌봄 형태도 달라진다는 결론을 내렸다. 그는 사회적 역할보다는 정서적이고 인지적인 욕구에 초점을 두고 사회관계를 구분하였다. 이러한 사회관계는 각각 다양한 형태의 비공식 돌봄을 제공하게 된다. 다음은 사회관계와 비공식 돌봄 형태 간의 상호관계를 보여준다(Bulmer, 1987).

### (1) 애정적 유착과 친밀성

애정적 유착과 친밀성은 안정감과 편안함을 느낄 수 있는 관계에서 얻어진다. 여기에서는 자의식을 느끼지 않고 자유롭게 감정을 표현할 수 있다. 이러한 관계의 결핍은 고독과 불안을 초래할 수도 있다. 애정적 유착과 친밀성은 부부관계에서나 기타 지속적인 이성 관계에서 이루어지며, 모성이나 자매 관계 등에서도 발견된다.

### (2) 사회통합

사회통합에 의한 원조는 비슷한 목적을 추구하거나 같은 상황에 처해 있는 사람들이 자신의 경험이나 정보, 생각을 나누는 관계에서 이루어진다. 원조는 친구나 직장동료에 의하여 제공되며, 자조집단도 사회통합에 의한 원조를 제공하는 수단이 되기도 한다.

### (3) 부양 기대

부양 기대는 자녀를 돌보는 부모에게서 발견되며, 노인인 부모를 돌보는 성인 자녀가 미래의 부양에 대한 기대로서 형성된다.

### (4) 가치 확인

가치 확인은 일정한 사회적 돌봄 제공의 역할에서 개인의 능력을 입증하는 관계에 의하여 제공된다. 예를 들면, 남성은 가족을 돌보고 부양하는 능력을 통하여 돌봄을 제공한다. 이러한 돌봄 제공의 능력을 확인하는 근원(경제활동 능력)을 상실하는 것은 자기존중감의 상실로까지 나아갈 수 있다.

### (5) 신뢰성 있는 원조

친구나 이웃은 어떤 상황에서는 원조의 근원이 될 수 있으나, 지속적인 원조는 긴밀한 혈연관계에 의해서 이루어진다. 이러한 형태의 원조는 노인을 위한 비공식 원조에서 명백하게 드러난다. 신뢰성 있는 원조관계의 결핍은 불안과 취약성을 드러낸다.

(6) 조언

조언은 성직자, 의사, 간호사, 사회복지사, 상담가 등 존경을 받는 다른 사람과의 관계에서 나온다.

이처럼 정서적·인지적 욕구에 기초한 사회관계에 따라 비공식 돌봄 형태가 다양하게 제공된다. 돌봄 형태는 물리적 보살핌, 물리적 원조, 심리적 지원, 일반적 관심으로 분류할 수 있다. 물리적 돌봄은 애정적 유착과 친밀성에 기초하여 배우자 혹은 동거자가 제공하며, 부양 기대에 기초하여 딸이 노년의 어머니에게 혹은 어머니가 딸에게 제공하기도 한다. 또한, 신뢰성 있는 원조에 기초하여 혈연관계에 있는 자가 제공하기도 한다. 이와 마찬가지로 물리적 원조, 심리적 지원, 일반적 관심도 사회관계의 유형에 따라 다른 형태에서 제공된다는 것을 알 수 있다. 이러한 분류가 갖는 가치는 돌봄 제공 동기의 다양성과 복합성을 이해하는 데 있다. 〈표 4-1〉은 사회관계와 비공식 돌봄 형태 간의 결합을 나타낸다.

〈표 4-1〉 사회관계와 비공식 보호 형태

| 구분 | 물리적 보살핌 | 물리적 원조 | 심리적 지원 | 일반적 관심 |
|---|---|---|---|---|
| 애정적 유착과 친밀성 | 배우자 혹은 동거자 | 배우자 혹은 동거자 | 배우자 혹은 동거자 | |
| 사회통합 | | 혈연 | 친구 | |
| 부양 기대 | 딸 혹은 어머니 | 딸 혹은 어머니, 자매 | | |
| 가치 확인 | | | 친구, 직장 동료, 핵가족 | |
| 신뢰성 있는 원조 | 혈연 | 혈연, 이웃 | 혈연, 이웃 | 혈연, 이웃 |
| 조언 | | | | 성직자, 의사 |

자료: Bulmer(1987), The social basis of community care, p. 147.

## 2) 돌봄 제공의 동기로서의 가치

지금부터 하나씩 살펴볼 이타주의, 자선, 의무, 전통, 상호성 등의 가치는 도움을 제공하는 사람들이 가진 사회적 돌봄 제공의 동기를 설명하는 부분적인 근거가 될 수 있다. 불머(Bulmer, 1987)가 말한 바로는, 이러한 사회가치 중 상호성 개념이 인간의 원조 행위를 설명하는 데 가장 적절한 접근이론이다.

### (1) 이타주의

이타주의는 인간행위의 원리로서 다른 사람에 대한 배려를 의미한다. 증여나 선물 등의 행위는 일방적인 거래로서 경제 행위의 쌍방 거래와 구분된다. 티트머스(Titmuss, 1970)는 그의 저서인 『증여관계(The Gift Relationship)』에서 혈액의 공급에 관한 증여 행위의 역할을 분석하였다. 그의 분석을 따르면, 현대사회에서 가족이나 공동체 기능의 한계로 말미암아 사회 전체 구성원의 일상생활에서 이타주의적 표현이 필요한데, 이러한 이타주의적 행위는 '보편적 낯선 다른 사람(universal stranger)'에 의한 비대면적 상호 원조행위라고 할 수 있다. 이러한 분석은 현대사회 내에서의 사회복지정책이나 제도의 분석에까지 확대될 수 있지만, 지역사회 내의 낯선 다른 사람 간의 원조행위를 설명하는 기준이 된다.

### (2) 자선

자선은 이타주의와 비교할 때, 광범위하게 사용되는 개념으로서 도덕적 권위와 의무감이라는 색채를 띠고 있다. 상위계층이나 중상위계층의 사람들에 의하여 이루어지는 기부행위나 원조는 순수한 이타주의적 동기라기보다는 그들의 사회적 위치에 따른 책임감에서 나오는 것이다.

### (3) 전통

전통은 오랜 기간의 관습에서 나오는 행동에 기초한다. 이러한 행동은 오랜 기간 함께 살아온 노년의 노부부가 서로 보살피는 모습에서 발견되며, 이러한 행위는 오랜 기간 같이 살아온 형제자매나 이웃관계에서도 발견된다.

#### (4) 의무

의무는 전통과는 구별되면서도 약간의 유사성이 있고 자선과도 관련이 있다. 혈연관계의 유대와 이웃관계의 유대가 구별되는 것은 의무로써 설명할 수 있다. 혈연관계의 유대는 출생과 함께 시작하여 지속하는 것으로 본다. 일상적인 사회적 돌봄 활동에서 의무감으로 이루어지는 대표적인 사례는 출가한 여성이 노년의 부모나 친척을 보살피는 경우다. 이들은 혈연관계에 의한 강한 의무감을 가지며, 이러한 일을 수행하기에 여성이 적합하다는 생각을 가진다.

#### (5) 상호성

사회적 돌봄을 제공하는 인간의 행위를 설명하는 가장 일반적인 해석은 상호성 개념이다. 사회과학자들에 의한 상호성 연구는 원시사회의 교환 행위에 관한 연구에서 시작되었다. 경제적 거래가 아닌 상호성을 지닌 거래가 일어날 때, 이러한 행위는 경제시장과는 다른 가치에 의하여 지배되며, 사회적·도덕적·종교적 요소를 포함하는 복합적인 의미를 지닌다.

인류학자 말리노프스키(Malinowski, 1939)는 한 원시사회에 관한 연구에서 이러한 상호성을 지닌 선물 증여의 행위는 그 사회 내의 깊은 사회연대를 창출하는 경향이 있다고 분석하였다. 그는 원시사회에서 이루어진 상호성을 지닌 증여의 형태를 순수한 선물, 관습적인 보상, 등가의 되돌려 주는 선물, 등가의 교환, 거래 등 여러 가지 형태의 상호성으로 분류하였다. 샬린스(Shalin, 1965)를 따르면, 이러한 상호성은 한편으로는 순수한 증여로서 대가를 바라지 않는 형태, 그리고 다른 한편으로는 다소 이기적인 성격을 띠고 보상을 기대하는 증여라는 형태 간의 연속선상에 위치한다.

CHAPTER 05

# 지역사회복지의 실천모델에 대한 이해

학/습/목/표

- 지역사회복지실천을 수행하는 데 실천모델이 필요한 이유를 설명할 수 있다.
- 로스만(Rothman)이 제시한 지역사회개발, 사회계획, 사회행동모델을 이해한다.
- 1980년대 이후 주목받는 지역연계, 제휴, 사회운동모델 등을 설명할 수 있다.
- 웨일(Weil)과 갬블(Gamble)의 실천모델이 로스만의 모델과 다른 점을 설명할 수 있다.

## 1. 지역사회개발모델

### 1) 지역사회개발모델의 정의

지역사회개발(community development)의 개념이 무엇일까? 지역사회개발이란 정부가 지역사회의 종합적 개발, 발전을 위해 지도·시행하는 정책을 말한다. 제2차 세계대전 이후 선진국에 의한 후진국개발원조계획의 하나로 지역사회개발이 많은 후진국에 도입되면서 학술·행정 용어로 널리 통용되었으며,[31] 경제개발이라는 용어에 영향을 받아서 처음 나타났다. 경제개발은 주로 기업을 발전시켜 효율성과 생산력을 증가시키는 것으로 이해할 수 있다.

31) 한국에서 지역사회개발은 1958년 부흥부 산하에 지역사회개발중앙위원회를 설치하여 정부에 의한 개발사업이 시작되었는데, 마을지도원을 각 마을에 주재시키고 군 단위의 전문지도원 지도로 마을의 각종 사업에 종사하게 했다. 1962년 '농촌진흥법'을 공포해 지역사회개발중앙위원회의 사업을 농촌진흥청으로 흡수했으며, 1971년 지역사회개발사업인 새마을운동을 시작했다.

국제연합(UN, 1955)에서는 지역사회개발을 지역주도권에 대한 완전한 의존과 활동적인 참여, 그리고 전체 지역사회를 위한 사회경제적 진보의 조건을 창조하기 위해 설계되는 하나의 과정으로 표현하고 있다. 지역사회개발은 외부의 전문적인 지도·교육·지원 아래 지역사회의 다목적적인 종합적 개발을 목적으로 하는데, 여기에는 주민의 평등주의와 자발성이 전제되어야 하며 개발사업에서 정치와 종교로부터의 중립성이 확보되어야 한다. 지역사회개발을 추진하려면 첫째, 토론·좌담·성공사례 등으로 주민의 개발욕구를 불러일으킨 후 그들의 동의를 얻어야 하며, 둘째, 개발사업을 추진할 조직체를 구성하고, 셋째, 지역사회에 대한 상세한 조사를 시행해 그에 바탕을 둔 계획을 수립하며, 넷째, 주민을 교육하고 지도자를 육성해 사업을 개시한다. 지역사회개발에서 지도자의 역할은 매우 중요한데, 그는 주민의 의견을 원만히 조정하고 새로운 문제에 대해 개방적인 태도로 임하는 민주적인 자세를 지녀야 하며, 끊임없이 새로운 지식과 기술을 흡수하려고 노력해야 한다.

사회복지 분야에서 지역사회개발은 지역사회복지실천을 위한 모델 중 하나로서 인식된다(Rothman, 1979; Weil & Gamble, 1995). 즉, 지역사회복지실천을 위해서 지역사회를 개발하는 것이 필수적인 과정으로 인식되며, 하나의 실천모델로 자리 잡게 되었다. 따라서 지역사회복지실천가 대부분은 지역사회개발을 지역사회복지실천의 중요한 하나의 모델로 인식하고 있다(지은구, 2003). 판토야(Pantoja)와 페리(Perry, 1992)는 지역사회개발을 경제적·의존적·정치적으로 구성원들이 첫째, 그들을 빈곤과 의존 상태로 있게 하는 힘과 과정을 이해하기 위해서, 둘째, 재정지원·지식·기술·정보에 기초한 행동계획을 나타내도록 그들의 내적인 힘을 조직하고 동원하기 위해서, 셋째, 의존적으로 만들고 힘없게 만드는 개인적·집단적 문화를 해소하기 위해서, 넷째, 지역이 구성원들의 번영을 수행하도록 하는 새로운 기능을 개발하고 보존하도록 함께 일하는 도구 혹은 수단이라고 정의하였다.

브루그만(Brueggemann, 2002)은 지역사회개발은 거시사회복지실천의 한 방법이며, 지역사회가 사회·정치·경제·문화적으로 그 구성원들을 지지하는 하나의 원천으로 되게끔 만드는 연결망을 개발하고 자원을 발전시키도록 지역사회구성원들을 돕는 것이라고 정의하였다. 그는 지역사회개발이 시민의 권리에 대한 가치와 지역 삶으로의 시민 참여를 고취시키고, 교육을 통해 시민의 긍지와 의식을 고양시키며, 지역을 공공의 이익이 삶의 추진력이 되는 장으로 바라보게 한다고 강조하였다. 트웰브트리즈(Twelvetrees, 2002)는 지역사회개발은 지역에 사는 집단이나 개인을 자율적이고 독립적인 새로운 집단이나 개인이 되도록 돕는 것이라고 정의하였다.

지금까지 살펴본 여러 학자의 정의를 종합하면, 지역사회개발모델은 지역주민이 스스로 자신들의 문제를 해결할 수 있도록 역량을 강화하는 지역사회복지실천 모델이다.

### 2) 지역사회개발의 내용

지역사회개발은 지역사회복지실천 혹은 지역실천을 위한 개입방법 중 지역사회 안에서의 변화를 위해 사용되는 실천모델 중 하나이므로, 지역사회복지실천을 수행하기 위한 하나의 접근방법이다. 지역사회개발의 가장 큰 특징은 지역사회개발이 지역주민의 참여와 자조를 바탕으로 한다는 것이다. 로스만(1979)과 스퍼겔(Spergel, 1987) 등은 지역사회개발모델을 수행하는 데 지역주민의 참여와 자조를 강조하였다.

사회복지 관점에서 지역사회개발은 서비스 전달체계의 유형이나 사회정치적 기능을 촉진하기 위해서 관심 지역이나 어떤 한 지역에 있는 조직이나 사람들 사이의 관계구조 속으로, 혹은 사회연결망 속으로 의식적으로나 계획적으로 개입하는 과정으로 간주할 수 있다. 그리고 지역사회개발은 사회문제의 접근에서, 위에서 밑으로 내려오는 수직적 과정이나 관료적·전문적 접근보다 낮은 단계의 풀뿌리조직 구성원들로부터 즉, 밑에서 위로 올라오는 접근을 강조한다(Spergel, 1987).

스퍼겔(1987)이 말한 바로는, 지역사회개발의 목적은 제한된 지리적 영향에 거주하는 지역주민이나, 특별한 사회 조건이나, 문제에 관심을 가진 이익집단이나, 조직구성원들의 생산성이나, 삶의 질을 개선하는 것이다. 또 로스만과 트롭먼(Tropman, 1987)은 지역사회개발에 대한 UN의 정의에 영향을 받아서 지역사회개발의 목적을 다음과 같이 제시하였다. 즉, 지역사회개발의 목적은 지역주민의 활동적인 참여와 지역 주도권에 대한 완전한 신뢰를 갖는 전체 지역사회를 위한 경제적·사회적 진보의 창조에 있다. 한편, 하디나(Hardina, 2002)가 발한 바로는, 지역사회개발의 주요한 목적은 지역주민이 지역의 삶에서 배제되었다는, 그리고 지역문제의 해결을 위해 할 수 있는 것이 조금밖에 없다는 소외의식을 제거하는 것에 있다.

결국, 지금까지 여러 학자가 말한 지역사회개발의 목적을 종합하여 정리하면, 지역사회개발모델은 과정을 중요시한다는 측면에서 과정 목적이 강조되고, 사람과 사람 사이의 관계를 조성하는 것과 지역사회의 가장 밑바닥에 있는 지역구성원들 스스로 지역문제를 해결하는 것이 강조된다.

켐프(Kemp, 1995)가 말한 바로는, 지역사회개발은 이중적인 강조점을 갖고 있는데, 그것은 지역사회에 대한 강조와 지역주민에 대한 강조 즉, 지역과 지역주민 각각의 개발을 강조한다. 이러한 목적을 달성하기 위하여 지역사회개발모델에서 역량강화(empowerment)는 과정이자 목적이기도 하다. 따라서 지역사회개발모델에서는 지역과 지역주민의 역량을 함께 강화하는 것을 강조한다.

지역사회개발은 지역주민이나 조직과 집단구성원들의 자발적인 자조와 협조 및 참여가 필수적이기 때문에 지역발전을 위한 노력은 주민, 사회복지서비스 이용자, 클라이언트, 집단구성원, 그리고 지역 각 부문에서 활동하는 대표자들의 공동 참여에 대한 소명감이 있어야 한다. 즉, 지역사회에 있는 각 구성원의 지역사회개발에 대한 소명감이 생성되고, 그의 표현으로 참여를 강조하는 것이다(지은구,

2003; 지은구·조성숙, 2010).

### 3) 지역사회복지실천가의 역할

지역사회의 역량을 강화하고 지역주민 개개인의 역량을 강화하기 위해 필요한 지역사회개발모델의 중심적 행동은 참여, 자조, 지도력, 성실성 등이다. 이러한 중심 행동은 협동적인 과정을 중요시한다. 지역사회개발에서 클라이언트는 지역에 거주하는 시민이며, 사회복지사는 조정자, 촉매자, 지지자, 교육자 등의 역할을 수행한다(Kemp, 1995).

지역사회복지실천가의 일차적 역할은 지역주민이나 집단이 함께할 수 있도록 분위기를 조성하는 것이라고 할 수 있다. 따라서 사회복지실천가는 이 역할을 수행하기 위해 지역주민이나 집단이 지역사회가 가지는 공통 문제와 이 문제의 해결책을 확인할 수 있도록 도와야 한다.

지역사회복지실천가는 스스로 특정한 목적을 성취하는 것도 중요하지만, 이보다는 지역사회 공통 문제와 이 문제의 해결책을 확인할 수 있도록 어떻게 돕는가가 더 중요한 성취물일 수 있다. 이는 지역사회개발이 결과보다는 과정을 더 중요시하는 실천모델이라는 점으로도 확인할 수 있다. 다라서 분위기 조성과 같은 관계구축을 위한 행동이 힘이 없는, 배제되고 소외받은 지역주민의 감정을 치료하기에 충분하다고 전제하기도 한다(지은구, 2003).

### 4) 지역사회개발모델의 전략

켐프(1995)는 지역사회개발을 위한 중요한 전략으로, 사회적 지지전략과 정치적 행동전략이 있다고 하였다. 사회적 지지전략은 사람 간, 조직 간, 지역 간 상호지지 연결망을 유지하고 증진하는 것을 말하며, 정치적 행동전략은 특정한 제도나 프로그램을 수정 혹은 변화시키기 위해 지역이나 조직의 힘을 사용하고 개발하는 것을 뜻한다. 두 전략의 기본목표는 다음과 같다. 첫째, 해결해야 하는 지역사회 문제의 확인, 둘째, 지역사회 문제 해결을 위한 조직화, 셋째, 지역사회 문제를 해결하는 데 유용한 자원의 사용, 넷째, 지역주민의 지도력과 지역사회 응집력 개발이다.

존슨(Johnson, 1995)이 말한 바로는, 지역사회개발에서 전체 지역사회는 곧 하나의 클라이언트 체계로 보인다. 그리고 지역사회에 거주하는 지역주민은 지역 구성원으로서의 잠재성을 가지고 있고, 지역 문제를 해결하는 데 도울 수 있지만, 그들의 잠재성은 아직 완전히 현실화되거나, 개발되거나, 능력이 발휘되지 않고 있는 시민으로 간주한다. 지역사회개발실천가와 사회복지사들은 지역사회개발 모델에서 지역사회에 있는 각각의 지역구성원을 유일하고 성장 가능하며, 잠재적인 이바지하는 자로 바라본다. 즉, 모든 지역구성원을 잠재적 능력이 현실화될 수 있는 자조가 가능하다고 본다는 것을 의미한다.

지역사회개발모델은 지리적 영역으로서의 지역이 가지는 문제를 해결하는 것을 강조하는 실천이다. 하디나(2002)가 말한 바로는, 지역사회복지실천이론 중에서 체계이론과 생태이론이 지역사회개발모델의 기초를 제공하였다. 따라서 지역사회 안에 포함되는 모든 구성원과 집단, 물리적 조건은 긍정적인 환경을 발전시키는 데 필요한 것으로 인식한다. 지역사회개발모델은 지역주민, 기업 대표, 학교, 교회, 병원, 지역조직, 사회복지조직, 그리고 법률체계가 지역사회 안에서 긍정적인 변화를 창출하는 중요한 역할을 담당하는 것으로 비치며, 이 모든 집단이나 구조가 사회 변화과정에서 잠재적 동반자로서 인식된다. 지역사회개발모델은 집단구성원들 간이나 지역주민 간의 불일치 혹은 상이성(相異性)이 협상, 동의건설, 협동과 제휴 같은 전략과 전술을 통해서 해결될 수 있다고 가정한다(지은구, 2003; 지은구·조성숙, 2010).

### 5) 지역사회개발모델의 장단점

지역사회개발모델의 장점은 이 모델이 다양한 개인과 집단을 협상현장으로 끌어들일 수 있다는 점이다. 사회 변화는 영향력이 있거나, 힘이 있는 사람이 실천과정에 포함되지 않는다면 성공하기가 어렵다는 점이 지적되기도 하지만, 이 실천모델은 가진 자와 가지지 않은 자 사이에 동맹을 조장할 수 있다는 점이 장점으로 지적되기도 한다(Rubin, 1997; Hardina, 2002).

그런데 지역사회개발모델은 다음과 같은 한계점이 있다(Hardina, 1997, 2002).

- 지역사회의 변화 노력을 위해 지역에 있는 모든 사람이나 집단, 조직의 합의나 조정을 성취하는 것이 사실상 너무 시간 소모적이며, 현실적으로 어렵다는 측면이 지적된다. 지역사회개발모델의 정당성은 다름 아닌 사회복지사가 지역주민과 빈번하게 접촉하고, 그 지역의 욕구가 해결될 수 있게 주민을 조직화하는 것을 돕는 것에 있다고 한다면, 사실 장기간의 계획이 필요한 실천모델이라고 할 수 있다.
- 지역사회개발모델은 모든 참가자가 성, 계급, 문화, 인종, 육체적·정신적 능력, 나이 등과 관련된 경계를 뛰어넘는 공통의 이해를 가진다는 가정에 기초한다는 지역사회개발모델의 전제조건에 대한 문제점이 지적된다. 즉, 개별주민이나 집단, 조직들의 상이성이나 독특성이 무시될 수 있다.
- 힘이 있는 정책결정자들이 협상이나 조정, 협의 등에 참가하는 것을 거부할 수 있다. 또한, 그들은 사회 변화를 일시적·효율적으로 방해할 수 있다. 따라서 변화를 성취하기 위해서 협상이나 제휴전략보다는 힘의 구조에 대한 대항을 포함하는 전략이 종종 필요하다는 점이 지적된다(Hardina, 1997, 2002; Mondros & Wilson, 1994).

결론적으로 지역사회개발은 지역사회복지실천을 위한 하나의 방법론이자 실천모델로, 특히 지역주민의 자발적인 참여와 자신들의 문제를 스스로 해결할 수 있도록 역량을 강화하는 것을 강조한다. 따라서 지역사회개발모델에서는 사회복지사의 객관성이 강조되며, 지역주민이 자신들의 문제를 해결해 나가는 데 사회복지사의 개입은 직접적인 참여보다는 간접적인 참여를 통해 지역주민과 함께 일하는 지지자, 조정자, 교육자의 역할이 모색된다(지은구, 2003).

### 6) 변형된 지역사회개발모델

1980년대 이후에 지역사회개발모델이라는 큰 틀에는 포함되지만, 좀 더 구체적인 방법과 개념을 발전시킨 모델이 등장하였다. 그 대표적인 모델로, 지역사회가 탄력성을 가지고 있음을 강조하는 탄력성모델, 역량강화를 강조하는 역량강화모델, 강점을 강조하는 강점모델, 지역주민과 지역사회의 능력을 강화하는 것을 강조하는 능력건설모델, 그리고 지역사회의 경제적 측면을 더욱 강조하는 지역경제개발모델 등을 들 수 있다.

## 2. 사회계획모델

### 1) 사회계획모델의 정의

지역사회복지 실천모델 중 하나인 사회계획모델은 특히 사회문제에 대처하기 위해, 혹은 해결하기 위해 계획하는 것을 강조한다. 사회계획은 의존, 태만, 실업, 빈곤, 약물중독이나 알코올중독, 학대 등과 같은 구체적인 사회문제를 정책이나 프로그램을 통해 해결하고, 통제하고, 예방하는 것을 강조한다. 사회계획은 통제되고 계획된 변화를 이끄는 이성적 분석과정, 특히 직관이나 경험에 기초하지 않는 문제 해결방법을 통해 사회문제가 해결되고 통제될 수 있다고 가정한다.

롱 등(Long et al., 2006)은 사회계획을 사회정책이나 프로그램의 개발과 성공적 실행을 통해서 지역사회를 강화하도록 하는 협조적 과정이라고 정의하였다. 트웰브트리즈(2002)는 사회계획모델이 일반적으로 지역사회개발모델보다 지역사회복지실천 영역에서 더 많이 사용되는 모델이라고 강조하였다. 그는 사회계획모델을 지역주민이나 지역의 욕구를 해결하기 위해서 정책을 수정·변경한다거나 서비스나 프로그램을 개선하는 것을 통해서 지역사회 문제를 해결해 나가는 실천모델이라고 정의하였다. 로퍼(Lauffer, 1981)는 사회계획모델이 사회적 서비스와 정책의 발전·확장 및 조정을 의미하며, 사회적 수준에서 조직적으로 발생하는 문제를 지역적 수준에서 이성적으로 해결하기 위한 하나의 실천방법이라고 정의하였다.

이상을 정리하면, 사회계획모델은 지역주민이나 지역 혹은 사회적 욕구를 해결하기 위해 정책을 개발·수정·변경한다거나, 새로운 프로그램이나 서비스를 개발한다거나, 혹은 기존의 프로그램이나 서비스를 개선하는 것을 통해서 지역사회 문제를 해결하는 것을 강조하는 모델이라 할 수 있다(지은구, 2003).

### 2) 사회계획모델의 내용

지역사회복지실천 영역에서 사회계획은 사회의 문제와 부정의를 해결하고 수정하는 하나의 메커니즘이라 할 수 있다(Long et al., 2006). 사회계획 과정은 일반적으로 다음과 같은 요소를 포함하는 것으로 간주되는데, 그것은 해결하여야 하는 지역사회 문제 확인, 욕구사정, 목적과 목표의 설정, 수행, 평가 등이다. 사회계획모델은 계획을 하기 위해 앞에서 제시된 다양한 과업 즉, 문제 확인, 욕구사정, 목적과 목표의 설정, 수행, 평가 등의 과업을 수행하여야 하기 때문에 과업 중심적인 실천모델이라고 알려져 있다. 사회복지사는 이러한 요소를 수행하게 되는데, 이 요소들을 수행해 나가는 과정이 사회문제 해결 과정과 비슷하다고 해서 문제 해결모델이라고도 부른다. 따라서 사회계획모델을 문제해결모델로 인식하는 경우도 있다. 결국, 사회계획모델을 수행하는 데에서의 핵심은 지역사회 문제 해결을 수행하는 과정에 있다(Hardina, 2002; Long et al., 2006).

사회계획모델은 문제 해결방법을 통해 지역사회 문제를 해결하는 데 사회복지사의 개인적 수준에서 사회복지조직의 조직적 수준, 시·군·구 혹은 중앙정부도 관여하는 것으로서, 지역주민의 의식 고취와 역량강화를 통한 지역사회 발전보다는 즉, 지역주민이 주체가 되는 지역사회 발전보다는 기획가들[32)]이 욕구를 지닌 사람에게 서비스를 더욱 계획적·효과적·체계적으로 잘 개발하고 전달할 수 있으며, 효과적인 자원의 유용과 정책결정을 수행할 수 있다는 가정을 전제로 한다. 따라서 지역주민보다는 사회기획가를 더 강조한다는 특징이 있다.

### 3) 사회복지사의 역할

사회복지사가 수행하는 모든 지역사회복지실천은 사회계획모델의 요소를 포함하고 있다고 해도 결코 과장은 아니다. 이는 지역 대부분에서 사회복지사들이 지역사회 변화를 위하여 계획을 수립하고, 수립된 계획을 실행하며, 실행된 계획을 평가하고, 다시 계획을 수정하는 등의 반복적인 전문적 작업을 수행하기 때문이다. 따라서 사회계획은 전문가로서의 사회복지사에게 가장 기본적이고 중요한 기능이라고 할 수 있다.

사회계획모델에서 사회복지사는 제안자, 기획가, 행정가, 관리자로서 해야 할 역할이 특히 강조된다. 사회계획모델에서 기획가는 정보를 다루고, 제안서를 작성하여야 하므로 숙련된 기술과 지식이 있어야 한다. 따라서 사회계획모델에서 사회복지사는 경험적 조사방법론을 포함한 사회조사기술, 욕구사정, 프로그램 개발과 평가, 자원개발, 재정 결정과 통제 기술 등의 지역사회 분석을 위한 다양한

32) 여기서 기획가들이란 사회복지사, 실천가, 정부관리, 행정가 등을 말한다.

기술을 사용할 줄 알아야 한다. 웨일(Weil)과 갬블(Gamble, 1995)은 사회기획가가 갖추어야 할 기본 전문지식 혹은 기술로 조사, 욕구사정, 평가, 제안서 개발, 분석 능력 등을 들었다.

한편, 하디나(2002)가 말한 바로는, 사회계획모델에서 기획가가 수행하는 중심적 과업은 서비스를 통합하고, 기획하고, 인간 서비스에 이성 혹은 합리성을 가지고 오는 것이다. 그리고 사회계획모델에서 기획가는 역사적으로 과거에서 현재에 이르기까지 자원의 더욱 효율적인 사용을 추구하며, 욕구를 지닌 사람에게 더욱 효율적인 서비스를 제공하기 위해 어떠한 자원이 필요한지를 결정해 왔다고 하였다. 기획가는 서비스와 개발의 방향에 대해서 일반 지역주민을 상대로 교육하기도 하지만, 주로 그들은 특정 프로그램을 변화시키고, 통합하고, 평가하고, 재정을 지원하고, 개발하기 위해 지역지도자나 기관관리자들에게 영향을 끼치는 것을 추구한다.

사회계획을 위해 기본적으로 포함되는 지지자 혹은 후원자로는 먼저 선출된 관리자, 사회기관의 지도자, 지역조직을 들 수 있다. 기획가가 가진 관심 영역은 인간서비스 연결망을 기획하거나, 사회적 욕구의 통합이나 조정을 대중 영역에 있는 지역사회계획으로 이끄는 것이라고 볼 수 있다.

사회계획모델에서 가장 기본적으로 사회복지사는 기획가로서 일하게 되는데, 기획가의 역할은 확인된 문제의 범주에 대한 자료를 모으고, 이 문제를 해결하기 위한 제일 나은 방법을 선택하는 데 필요한 기초 조사를 하는 것이다. 그러고 나서 기획가로서 사회복지사는 행동을 위한 최선의 경로를 그들의 상급자[33]에게 제시하게 된다. 또 사회복지사는 행동 계획을 수행·안내하기도 하며, 결과를 평가하기도 한다. 로퍼(1978)가 말한 바로는, 기획가로서 사회복지사의 역할은 첫째, 직접 서비스를 제공하는 기관을 확인하고, 둘째, 제공하는 서비스 분야를 확인하고,

33) 여기서 상급자란 관장이나 원장을 포함한 조직의 상급자나 슈퍼바이저를 말한다.

셋째, 포괄적인 지역의 기획구조를 확인하고, 넷째, 지역적 혹은 중앙정부나 지방정부 간의 기획구조를 확인하는 것이다.

사회계획모델에서 사회복지사는 기획가로서 문제 해결 과정에 대한 제안을 할 수 있는 자격을 갖춘 전문적 기술을 가진 전문가로 인식된다. 사회계획모델에서 기획가는 이성적이라는 전제를 하게 되는데, 이성적이라는 말은 복지경제학에서 의미하는 이성적 인간의 의미와 같은 의미를 가진다. 즉, 이성적 기획가 자신이 무엇을 이성적으로 판단할 줄 알며, 자신의 판단에 대해 책임을 질 수 있음을 의미한다. 따라서 기획가는 문제에 관한 모든 정보를 모집할 수 있는 시간과 자원을 가지고 있으며, 최선의 선택을 할 수 있음을 의미한다. 그리고 선택된 계획은 논리적이고 이성적으로 결정되었다는 것을 의미하기도 한다.

트웰브트리즈(2002)는 사회기획가나 사회복지전문가들이 사회계획모델을 실천현장에서 사용하는 데 다음과 같은 세 영역 즉, ① 집단을 위해 과업을 수행하는 영역, ② 실재하는 집단을 대신해서 다른 조직과 함께 지지자 혹은 중개자로서 행동하는 영역, 그리고 ③ 직접 사회 프로그램을 개발하고 서비스 제공자나 정책결정자들과 일함으로써 직접적 서비스를 제공하는 영역을 강조하였다.

- 집단을 위해 과업을 수행하는 영역: 지역사회구성원, 지역사회조직이나 집단을 위한 행동을 떠맡는 것은 지역조직이나 집단을 구성하는 구성원들이 수행하여야 하는 과업을 대신해서 수행하고 실행하는 것을 말한다. 지역사회구성원이나 집단을 위해 과업을 수행하는 것은 지역사회구성원이나 집단구성원의 자신감, 수행능력, 자발성을 강화시킬 수 있다고 한다. 다른 한편으로는 집단구성원의 의존성을 높일 수 있으므로 집단을 위한 행동은 그 범위와 기간 등이 명확하여야 하며, 집단구성원이 궁극적으로 그 행동을 수행할 것이라는 점이 중요하다.
- 실재하는 집단을 대신해서 다른 조직과 함께 지지자 혹은 중개자로서 행동하

는 영역: 사회계획모델에 따라 사회기획가나 사회복지사는 지역주민이나 지역집단의 구성원을 대신하는 지지자 혹은 중개자 역할이 강조된다. 사회복지사에 의한 지역사회집단을 대신하는 지지행동은 집단과의 동의에 의해서 이루어져야 한다. 사회복지사가 중개자 혹은 지지자 역할을 함으로써, 구성원은 자신들을 지지할 수 있는 방안을 학습하게 되는 효과를 가진다.

- 직접 사회 프로그램을 개발하고 서비스 제공자나 정책결정자들과 일함으로써 직접적 서비스를 제공하는 영역: 사회기획가는 프로그램을 개발하고 제안서를 작성하며 사회복지서비스나 프로그램을 제공하는 집단이나 정책결정자들과 함께 일함으로써, 지역사회집단 구성원에게 직접적인 영향을 미치는 서비스를 제공하게 된다. 하지만 이 역할은 사회복지사에게 복잡하고 전문적인 기술을 요구한다. 욕구를 분석하고, 욕구가 어떻게 충족될 수 있는지를 확인하고, 사람들을 함께하도록 하는 조직적 기술과 문제 해결을 위해 주민이 함께 일하도록 동기를 부여하는 기술, 적당한 해결책을 찾는 기술, 자원을 조달하는 기술과 계획을 수립하고 관리하는 기술 등이 모두 포함된다.

### 4) 사회계획의 과정

기획은 어떤 것이 원하는 방향으로 더 좋게 변화될 때 효과적이라고 간주된다. 로퍼(1978)는 사회기획가는 지역의 욕구가 인식되고 자원과 서비스가 공평하고 평등하게 분배되도록 하는 유용한 방법을 가지고 있어야만 한다고 강조하였다. 사회계획모델을 실천하는 사회기획가는 계획을 어떻게 작성하여야 하는지에 대한 문제에 직면할 수 있다. 이에 대해 트웰브트리즈(2002)는 사회계획 과정을 '누가 원하는가?' '어떤 욕구가 충족되어야 하는가?' '어떤 대안이 있는가?' '누가 수행할 것이며, 이에 따른 문제는 무엇인가?' '어떤 자원이 필요한가?' '중심 세력은 누구인가?' '방해물은 무엇인가?' '누구와 상의할 수 있는가? 혹은 누가 개입될 수 있는가?' '동맹군이 필요하가?' '어떤 조직구조가 필요한가?' 등에 대한 대답을 찾는 과정이라고 하였다.

한편, 브루그만(2002)은 사회계획의 과정을 다음과 같이 구분하고 있다.

- 지역과 조직적 관계의 연결망이나 구조를 만든다. 활동주의 사회계획의 주요한 기술 중 하나는 사회문제에 관심이 있는 사람을 모으고, 그 문제의 해결을 추구하도록 돕는 능력이다. 이를 위해서 활동주의 계획가는 사람들과 함께 계획을 짜고, 동의 건설, 제휴 설립, 협상, 연결망을 포함하는 일련의 조직화 노력에 개입한다.
- 행동을 기획하는 집단을 만든다. 사회계획을 위한 첫 번째 단계는 지원구성원들 속에서 계획을 수행하는 집단을 형성하는 것이다.
- 지역의 문제를 정의한다. 지역의 문제 정의는 첫째, 지역주민으로부터 나타날 수 있으며, 둘째, 지역사회에서 서비스를 제공하고 있는 사회기관으로부터 나타날 수도 있다.
- 지역의 문제나 쟁점에 대한 가치를 확인한다. 사회기획가 혹은 집단은 어떤 가치가 가장 중요하며, 왜 그 가치가 중요한지, 그리고 다른 사람에게 그 가치의 내용을 나타내는 방법을 이해할 필요가 있다.
- 해결해야 하는 지역사회 문제에 관한 정보를 수집한다. 행동주의 계획가는 조사를 수행하고 자료를 수집하며, 정보를 분석하고 보고서를 작성하는 기술이 있어야 한다. 문제에 관한 정보를 수집하는 데 가장 일반적으로 사용되는 기법에는 사회지표분석, 초점집단 인터뷰, 사회조사, 욕구사정 등이 있다.
- 지역사회 문제 해결을 위한 대안을 만든다. 사회기획가는 지역이 추구하는 목적을 성취하기 위해 문제 해결을 위한 가능한 대안을 살피고 개발하여야 한다.
- 대안을 평가하고 비교한다. 사회기획가는 두세 개의 대안을 개발한 다음, 각 대안의 효과성을 평가할 줄 알아야 한다.

- 피드백을 제공한다. 기획의 모든 단계에서 사회기획가들에게 피드백은 중요하다. 계획은 사전에 공개되고 승인을 받아야 하며, 만약 어떤 문제나 갈등, 오해, 문제 혹은 어려움 등이 있다고 한다면 열린 체계로서 받아들여야 하고 조사되어야 한다. 지역주민은 사회기획가에게 기획의 절차와 목표의 유용성 등에 대한 가치 있는 피드백을 제공할 수 있다.
- 지역주민에게 해결책을 제시한다. 피드백을 모으고 대안에 대한 비교평가가 끝나면 사회기획가는 가장 효과적인 문제 해결책을 제시한다.
- 정책결정자에게 해결책을 제시한다. 계획이 수립되고 시행되는 과정에서 정책결정가가 중요한 역할을 담당할 수도 있다. 따라서 계획가는 준비된 해결책의 실행을 위해 정책결정가와 상의하여야 한다.
- 해결책을 수행한다. 하나의 계획이 이와 같은 과정을 거치면서 작성되고, 그것이 수행되는 관계를 거치게 된다.
- 계획을 감시하고 평가한다. 기획과정은 감시와 평가를 위한 계획이 개발되기 전까지는 완벽하게 끝났다고 볼 수 없다. 따라서 기획은 계획의 감시와 평가에 대한 부분이 반드시 포함되어야 한다. 결국, 계획이 잘 진행되고 있는지 수시로 감시하고, 그 결과를 평가하는 과정이 중요하다.

### 5) 사회계획모델의 전략

문제나 지역·지역주민의 욕구를 가장 현실적으로 반영하는 사회계획을 수립하기 위해서 가장 중요한 것은 사회계획이 위에서 밑으로 내려오는 상명하달식(上命下達式) 방법보다는 밑에서 위로 올라가는 하의상달식(下意上達式) 방법을 사용하는 것이다. 물론 하의상달식 사회계획 과정은 지방정부나 관련 부서 혹은 기관이나 조직이 지역주민이 표현한 욕구에 효과적으로 대응하지 못한다면 효율적이지 못한 것도 사실이기 때문에 권위주의적이지 않은 민주적 의사결정과 협조가 중요하다.

사회계획을 수행하기 위해 사용되는 전략은 크게 서비스 전략과 영향력 전략으로 나눌 수 있다. 서비스 전략은 사회복지사나 기관이 새로운 서비스를 개발하기 위해 자원을 획득하는 것을 추구하는 것을 말한다. 영향력 전략은 특정 집단에 영향력을 발휘하여 의도한 것을 성취하는 것이며, 대표적으로 제휴 전략이나 캠페인 전략이 있다. 예를 들어 특정 서비스에 대한 예산이 삭감되지 못하도록 캠페인을 전개할 수 있다(Twelvetrees, 2002). 일반적으로 사회기획가는 이 두 전략을 적절하게 사용하게 된다.

### 6) 사회계획모델의 장단점

사회계획모델은 지역에 개입하여 실천 활동을 하게 되는 사회복지사 대부분에 친숙한 분야이다. 사회계획모델의 가장 큰 장점은 이 모델이 사회복지사의 지역사회로의 실천 개입방법과 구체적인 행동과정에 대한 계획을 제시하여 줌으로써, 지역사회복지실천의 내용과 방법을 체계화하였다는 점이다.

그런데 사회계획모델은 다음과 같은 한계점이 있다(지은구, 2003; 지은구·조성숙, 2010).

- 소수의 기획가가 제한 없는 시간과 자원을 가지고 있다고 전제한다.
- 기획과정에서 정치적 측면을 중요하게 고려하지 않는다. 이는 문제를 해결할 때, 가장 확실한 해결책에 대한 동의를 획득할 때, 사회기획가는 때때로 이해관련 당사자들과의 합의를 위한 노력이 필요하기도 하며, 계획된 제안을 수용하도록 정치구조에 영향력을 행사할 수도 있어야 한다는 점이 무시될 수 있음을 뜻한다(Friedmann, 1987; Forester, 1989). 따라서 사회기획가는 힘을 가진 집단이나 조직과 정기적으로 직접적인 접촉을 하고 있지 않다고 하더라도, 그들과 좋은 관계를 유지하여야 한다. 사회교환이론 관점에서 보면, 힘이 있는 집

단들이 원하는 것이 무엇인가를 항시 확인하는 것도 중요하다.

- 사회기획가가 이성적으로 가장 합리적인 판단의 결정자라고 전제한다. 이는 앞에서 살펴본 지역사회개발모델에서, 지역주민이 원하는 것을 잘 아는 당사자는 바로 지역주민이기 때문에 지역주민 스스로 자신들의 문제와 욕구를 해결할 수 있도록 역량을 강화하는 데 주안점을 둔다는 점과 정면으로 배치되는 측면이다.

## 3. 사회행동모델

### 1) 사회행동모델의 정의

사회행동모델은 지역사회복지실천을 위한 모델로 가장 광범위하게 알려져 있지만, 사회복지사에게 가장 적게 이해하고 가장 적게 활용되는 모델이다. 사회행동모델을 뒷받침하는 이론으로는 갈등이론, 권력의존이론, 자원동원이론 등이 있다. 사회행동모델의 기본가정은 지역사회에 있는 많은 집단이 인종, 성, 사회계급, 능력, 나이 등에 의해서 억압을 경험하고 있다고 본다. 사회행동모델은 일자리, 교육, 정치적 의사결정 과정에 접근하기 위해서는 이 억압받는 집단들을 조직화하는 것이 무엇보다 중요하다고 강조한다. 따라서 사회행동모델은 자원, 힘, 결정 수립을 재분배하기 위해 시도하는 과정이다(지은구, 2003).

사회행동모델은 기회를 제한하는, 불평등에 도전하는, 지역의 욕구를 무시하는 정책결정자들에게 대항하는, 불공평한 결정을 반박하는, 그리고 불평한 조건을 변화시키기 위해 사람들의 기술을 개발하고, 그들 자신들의 효율성에 대한 믿음을 강화하는 것을 통해서 개인의 역량을 강화하는 노력이다(Staples, 1990; Rubin & Rubin, 1992). 루빈과 루빈(1992)이 말한 바로는, 사회행동모델은 지역이 가지는 문제를 정의하고, 그 문제의 범위를 상세히 기록하고, 해결책에 영향을 미칠 수 있는 사람을 변화를 위한 표적으로 선택하며, 이슈를 상징화하고 직접적인 압력 행동을 취하며, 약속한 변화의 수행을 보장하기 위해 노력한다. 그들은 사회행동모델을 통해서 조직을 압박하고, 이의를 제기하여 정부 혹은 기업들이 문제에 대해 변화를 추구하도록 강제하는 것을 강조하였다.

결국, 사회행동모델은 결정 과정에서 소외된 허약한 집단이나, 사회적으로 배제된 힘이 없는 집단에 혜택을 주기 위하여 지역사회에 있는 계급적 힘의 관계에 대항하는 것을 강조하게 된다. 따라서 사회행동모델의 기본목적은 지역사회복지 실천 영역에서 기존 구조(결정구조, 힘이나 자원의 분배구조, 공식적 조직구조 등)에 근본적인 변화가 일어나도록 하는 것이다.

### 2) 사회행동모델의 내용

사회행동모델의 일차적 강조와 기대하는 결과는 정책이나 정책결정자들을 변화시키는 것을 강조하는, 혹은 불이익을 받는 저소득층 주민이나 집단의 협조 행동을 변화시키는 것을 강조하는 정치적·경제적·사회적 정의를 위한 행동에 있다. 따라서 사회행동모델의 목적은 힘의 균형 상태를 유지함으로써 의사결정구조에서 배제되고 소외된 사람들이 미래의 결정에서 역할을 담당하도록 하는 것이다. 이러한 목적은 참여민주주의를 강화하고 사회정의를 건설함으로써, 가능하다고 전제한다. 사회행동모델의 기본전제는 사회에 많은 수의 소외된 사람이 있으며, 이들은 조직에 참여할 수 있는 기회를 필요로 하는 것으로 바라본다. 즉, 조직에 참여함으로써 결과적으로 그들은 지역사회 안에서 자신들의 요구가 정당한 대접을 받을 수 있고, 정책결정 과정으로서의 진입을 가능하게 하며, 자원에 대한 증가된 할당분배 몫을 받을 수 있다고 믿는다.

웨일과 갬블(1995)이 말한 바로는, 변화를 위한 첫 번째 표적은 정치적·사회적 노력에 있는 잠재적 참여자들이다. 그리고 이들을 위한 첫 번째 목표는 이들로 하여금 지도력과 조직화하는 능력을 갖추도록 하는 것이다. 이를 위한 주요한 노력은 먼저 지역사회가 가진 문제의 심각성과 범위를 결정하는 것이다. 또한, 사회행동모델은 전술의 선별과 행동을 위한 대안에 대한 면밀한 조사를 포함한다. 그리고 사회행동을 하는 집단은 자신들의 문제에 대해 지역주민이나 지지자 혹은 후원자들을 교육하고, 다양한 역할의 수행을 위해 구성원을 모집하며, 직접적 행동을 취하는 것을 포함한다. 조직구성원은 자신들의 전술과 전략에 자신감을 느끼고 있어야 하며, 행동을 계획하는 자신들의 기술에 대해서도 확신을 가지고 있어야 한다.

선출된 관리자나 행정관료 역시 사회행동모델에서 변화를 위한 표적이 된다. 그리고 변화를 위한 또 다른 표적에는 오염물질을 방출한다거나 노동자의 건강과 삶의 조건에 악영향을 미치는 요소를 제공하는 등 지역사회를 위험에 빠뜨리는 기업주들도 포함된다. 따라서 저소득층 노동자들을 위한 조직이나 노동자집단과 함께 일하는 것이 종종 사회행동모델과 관련이 있는 경우도 있다. 사회행동모델을 위한 집단은 대중이 그들이 지닌 문제에 대한 원인을 이해시키기 위해 교육을 할 때도 있으며, 대중의 의견을 이동시키는 것이 행동을 향한 주요한 부분이 되기도 한다.

사회행동모델에서 행동은 지역사회나 사회조직의 구성원들이 특정한 전술을 수행할 때 발생되며, 힘은 파업이나 보이콧(boycott) 등과 같은 일련의 조직적 대항으로의 참여에서 얼마나 많은 사람이 참여하였는지 등의 숫자로부터 온다. 따라서 사회행동모델은 힘을 가진 집단과의 대항이 주요 행동전략이라고 할 수 있다. 사회행동모델은 지역사회가 갈등, 힘, 특권을 통해서 구조화된 것으로 바라보며, 결정 수립과 자원의 통제는 정치적·경제적 엘리트집단에 의해서 지배되고 있다고 간주한다.

보보 등(Bobo et al., 1991)은 사회행동모델의 세 가지 원칙 즉, ① 사람의 삶에서 실제적이고 즉각적이고 구체적인 개선을 획득해야 한다는 원칙, ② 사람들에게 그들이 소유한 힘을 의식할 수 있도록 하여야 한다는 원칙, 그리고 ③ 힘의 관계를 변화시켜야 한다는 원칙을 제시하였다. 한편, 사회행동모델에서는 지역사회복지 실천모델의 두 가지 기본목적인 과정목적과 과업목적이 모두 활용된다. 이는 행동은 일련의 과정이 필요하고, 과정에 따라 세부적인 과업이 성취될 수 있기 때문이다. 따라서 사회행동모델에서는 개입목적에 따라 사회복지사들의 행동이 구별된다.

궁극적으로 사회행동모델의 성공은 사회문제를 해결하는 것이다. 루빈과 루빈(2001)은 성공적인 사회행동모델의 실천적 목표를 다음과 같이 제시하였다.

- 지역사회조직이 강화되도록 돕는다.
- 조직구성원의 역량을 강화한다.
- 조직의 관심에 대중 대다수가 관심을 가질 수 있도록 한다.

### 3) 사회행동모델의 전략

사회행동모델의 전략이란 지역주민이나 서비스 이용자 혹은 클라이언트를 불러 모으고, 그들로 하여금 힘을 가진 집단에 대항해서 직접적인 행동을 취할 수 있도록 조직화하는 것을 말한다(Jacobson & Heitkamp). 따라서 사회행동모델은 무엇보다 조직화를 중요시한다. 루빈과 루빈(2001)이 말한 바로는, 지역조직화는 지역주민 개개인을 위해, 지역주민이 사는 지역을 위해 사회적 힘을 찾는 것이며, 지역조직화는 공동 문제를 해결하기 위해 사람들이 함께 일하도록 결집하는 것을 포함한다. 사회행동모델에서 지역조직화는 행동을 위한 기본바탕이라고 할 수 있고 기본전략이라고 할 수 있지만, 지역주민을 조직화하여 문제를 해결하기 위해 취하게 되는 구체적인 전략은 대항 전략이 중심이다. 대항 전략은 변화를 위한 수단으로서 갈등과 저항을 활용한다.

### 4) 사회복지사의 역할

사회행동모델의 주요한 지지자나 후원자가 누구일까? 바로 그들은 주민이다. 시회행동을 통한 사회복지사의 개입은 조직, 지역과 사회에서의 기본적 변화를 의미한다. 그러므로 사회행동모델에서 사회복지사는 조직가와 행동가, 지지자의 역할을 담당한다. 조직가로서의 사회복지사는 조직 내적으로 의사결정을 위한 기술을 터득할 수 있는 능력개발을 건설하는 데 개입하며, 조직 외적으로는 직접적 행동, 대중이나 언론 매체와의 관계, 조사를 수행하는 능력을 개발하는 데 개입하게 된다. 또한, 조직가로서의 사회복지사는 직접 지시를 하기도 하지만, 더욱 중요한 것은 조직구성원 스스로 지지자가 되도록 돕는 것이다. 따라서 사회복지사는 힘이 없는 사람들을 조직화하여 결과적으로 그들의 이익을 보호하고, 독립적으로 이익을 추구할 수 있도록 돕는 중요한 역할을 한다. 조직가로서 사회복지사의 역할은 억압받는 사람들을 지지하는 것이다. 사회복지사는 조직가로서 개입을 계획하기 위해서 지역조직에 의해 고용되기드 한다.

사회행동모델은 기본적으로 과업을 중시하는 과업중심모델이지만, 과정도 무시되지는 않는다. 사회행동이라는 용어는 사회정책이나 법률적 변화에 영향을 미치는 넓은 의미의 과업을 의미하는 데 사용한다. 또한, 이러한 과업은 조직적 대항, 이법을 위한 로비, 대중조직체 개발, 정치적 운동에로의 개입 등을 포함한다. 이러한 행동을 묶어 주는 공통 결속력은 재화와 서비스, 의사결정을 위한 힘이나 권력을 획득하는 것이다. 조직가로서의 행동은 자원에 접근하기 위해 다른 조직과 경쟁하는 것이기 때문에 조직가로서의 역할로 활동가 혹은 행동가나 운동가로서의 역할이 강조되기도 한다(Hardina, 2002).

### 5) 사회행동모델의 장단점

사회행동모델은 힘을 획득하기 위한 투쟁을 포함하여 저항이나 대항 전략을 활용하여 의사결정, 자원, 힘의 재분배, 정부정책 등을 변화시킴으로써, 지역사회에 실재하는 힘이나 자원 등의 불균형을 개선하여 지역주민의 삶의 질을 개선하는 지역사회복지실천모델이다. 특히 사회행동모델은 문제 해결을 위한 시간이 부족하거나 위기에 대한 대응시간이 부족한 경우, 혹은 지역사회 주민의 사회문제에 대한 인식, 그리고 집단동질성이 강한 경우 활용할 수 있는 실천모델이다(지은구, 2003; 지은구·조성숙, 2010).

그런데 사회행동모델은 다음과 같은 한계점이 있다.

- 사회행동모델은 너무 많은 에너지가 필요하며, 시간 소모적이고 때때로 과업에 너무 치중하여 과정을 등한시할 수도 있다(Netting et al., 1998, 2004).
- 지역사회에서 일어나는 모든 상황이나 문제를 해결하기 위해 저항 혹은 대항 전략과 전술만을 사용한다. 저항이나 대항 전략은 협조나 캠페인 전략과 전술 등이 모두 사용되어도 문제 해결의 기미가 보이지 않을 때 사용하는 것이 바람직하다. 대항 전략은 조직이나 집단을 양극화함으로써 기대하는 결과를 얻는 데 어려운 점으로 작용하기도 한다.
- 사회복지사, 조직가 혹은 지역주민은 대항을 포함하는 전략에 편안함을 갖지 못할 때도 있다. 대항 전략은 너무 파괴적일 수 있으며, 급속한 변화는 지역이 감당할 수 없을 수도 있다.
- 사회행동모델은 사회복지의 윤리적 논쟁을 불러일으킬 수 있다. 대항이 지역주민이나 조직가들을 위험에 빠뜨리게 할 수 있으며, 변화를 위한 표적물을 반드시 극복해야 하므로 표적물을 비하할 수도 있다. 그리고 어떤 대항 전략은 법에 어긋나기도 하며, 또 어떤 대항 전략은 긴박한 상황에서만 사용해야 해야 하므로 나타날 수 있는 모든 위험에 대해 완전히 인식하고 있어야 한다.

## 4. 모델론의 최근 변화

### 1) 로스만이 제시한 실천모델 요약

우리는 지금까지 지역사회복지실천에서 가장 많이 인용되는 실천모델로, 로스만(1979)이 제시한 지역사회개발모델, 사회계획모델, 사회행동모델을 살펴보았다. 이를 토대로 세 가지 모델을 비교해 보면 〈표 5-1〉과 같다.

〈표 5-1〉 로스만이 제시한 세 가지 실천모델 비교

| 구분 | 지역사회복지 실천모델 | | |
|---|---|---|---|
| | 지역사회개발모델 | 사회계획모델 | 사회행동모델 |
| 변화를 위한 목적 | 지역의 통합과 능력 증진 | 기존 사회정책이나 사회프로그램의 변화 | 힘의 역동성과 자원을 변화 |
| 변화되어야 할 대상 | 지역주민 | 사회서비스 전달체계나 사회프로그램 | 힘의 구조, 기존 결정구조나 정치체계 |
| 직원의 역할 | 교육자, 조정자, 촉매자, 기회부여자 | 전문가, 기획가, 고용인, 자료분석가, 문제 해결사 | 조직가, 행동가, 지지자 |
| 변화를 위한 전략 | 다양한 지역사회조직 사이에서 동의나 합의를 발전시키는 전략 | 자료를 수집하고 임무 수행을 위해 가장 최선의 계획을 수립하고 선택하는 전략 | 힘이나 자원을 가진 집단에 대항해서 행동을 취하기 위해 주민이나 조직구성원을 동원하는 전략 |
| 지역주민 | 시민, 참여자 | 서비스 소비자 | 억압의 피해자, 조직구성원 |

### 2) 1980년대 이후의 실천모델 소개

1980년대 이후 주목받는 지역사회복지 실천모델인 지역연계모델, 제휴모델, 그리고 사회행동모델에서 더 발전된 사회운동모델 등을 알아본다.

#### (1) 지역연계모델

지역연계모델은 로스만(1979)의 3대 실천모델과 함께 지역사회복지실천의 영역에서 매우 중요한 실천모델로서, 1980년대 이후에 등장하였다. 테일러(Tayler)와 로버츠(Roberts, 1985)는 지역사회개발모델, 프로그램 개발과 서비스 조정모델, 사회기획모델, 정치행동모델, 지역연계모델의 실천모델을 제시하고 있다. 이 다섯 개의 모델 중에서 지역사회개발모델, 사회기획모델, 정치행동모델(로스만의 사회행동모델과 내용이 같음)은 로스만의 모델과 같으며, 프로그램 개발과 서비스 조정모델은 사회 프로그램의 수정과 개발을 통한 지역사회 문제 해결을 강조하여 사회계획모델에 포함될 수 있는 내용이기 때문에 결국 새롭게 제시한 모델은 지역연계모델 하나뿐이다.

켐프(Kemp, 1995)도 지역사회복지실천을 구분하면서 지역연계모델을 추가하여 사회기획, 사회행동, 지역사회개발모델과 더불어 4대 실천모델을 제시하였다. 웨일과 갬블(1995)도 자신들이 제시하였던 지역사회복지실천에서 지역연계를 프로그램 개발과 지역연계모델이라 불렀다.

##### ① 지역연계모델의 정의

지역연계모델은 이론적으로 사회연결망이론과 조직상호주의 이론, 사회교환이론 등의 영향을 받는 지역사회복지실천모델이라고 할 수 있다. 사회복지사 혹은 실천가들은 통합적이고 효과적인 지역사회 문제 해결을 위해 대부분 서비스 조정, 조직 상호 간의 협력연결망, 파트너십 등에 관심을 가지고 있다.

어떤 조직도 지역사회 문제를 해결할 수 있는 다양한 서비스를 제공할 수 있는 자원을 가지고 있지 못하다는 것이 지역연계이론의 기본가정이다. 다양한 유형의 사회복지기관이 자원을 주고받는 사회교환의 계속적인 과정에 관여되어 있으며, 여러 사회기관은 지역주민의 욕구를 해결할 수 있는 자원을 제공하기 위해 연결망 구축, 파트너십 구성 혹은 상호 행동을 추구한다(Long et al., 2006). 따라서 지역연계모델은 지역주민의 욕구를 해결하기 위해 지역조직 간의 협력과 협의나 조정 등을 통하여 제한된 지역자원을 더욱 효과적으로 활용함으로써, 지역주민의 욕구를 해결하는 것을 강조하는 모델이다.

### ② 지역연계모델의 내용

지역연계모델은 지역사회기관이 협력·연계와 조정을 통하여 지역주민에게 효과적·효율적인 서비스를 제공할 수 있다는 것을 전제로 한다. 따라서 지역연계모델은 지역에 있는 사회시설이나 기관들의 활동(개입 활동)을 강조하는 모델이다. 즉, 이 모델은 지역사회복지기관의 지역사회 활동 확대[34]를 위한 조직 간의 협력·조정·연계 등을 통해 지역사회 문제를 해결하는 것을 강조한다.

테일러(1985)가 말한 바로는, 지역연계모델에서 의미하는 지역사회 활동이란 사회복지사가 사례관리를 포함하여 직접적 서비스를 책임지는 활동을 의미하며, 사회복지사의 직접적 서비스 활동은 지역사회 자원을 평가하고 조종하며, 감시하는 것 등도 포함한다. 지역사회 활동은 직접적으로 서비스를 제공하는 기관의 목적과 서비스와 연관을 맺고 있다. 지역연계를 위한 주요 기능은 지역조직 간의 상호 관계 구축, 지역 원조의 동원, 환경의 변화에 부응하는 기관의 목적과 프로그램, 그리고 기능의 재조정 등을 들 수 있다(Kemp, 1995).

사회복지기관이 행하게 되는 행정적 활동으로는 조정을 위한 활동, 지역관계를 위한 활동, 지역사회 환경에 대한 조사와 기부금 조성 등의 활동이 있을 수 있다. 그리고 사회복지사의 활동으로는 사례관리, 지역주민이나 클라이언트에 대한 직

34) 새로운 욕구평가에 따른 서비스의 도입이나 정책 혹은 프로그램의 개발 혹은 확장을 말한다.

접적 지원 등이 있을 수 있다. 제한되고 부족한 정보나 서비스의 한계에서 벗어나 종합적인 정보와 적절한 서비스를 제공하기 위해 사회복지사는 지역 자원에 대한 완전한 이해와 정보를 필요로 하며, 지역주민의 다양한 욕구를 해결하기 위한 자원협력을 필요로 한다. 이러한 종합적인 지원 활동은 바로 사례관리라는 구체적인 실천방법을 필요로 하기 때문에 사례관리는 지역연계모델에서 활용하는 대표적인 실천방법이라고 할 수 있다.

특히 웨일과 갬블(1995)은 지역연계모델이 프로그램 개발에 중요한 측면이라는 것을 강조하였다. 그들이 말한 바로는, 지역연계모델의 중요한 목적과 기대되는 결과는 지역주민에 의해서 필요하다고 평가된 새로운, 혹은 개선된 서비스를 설계하는 것이다. 따라서 이 모델은 지역서비스의 효율성을 증진하기 위해 기관의 프로그램을 재조정하고 확대하는 것을 포함한다.

지역연계모델을 살펴보면, 변화를 위한 표적은 새롭게 설계되거나 확대된 서비스를 이용하는 잠재적 소비자나 수혜자들일 것이며, 프로그램 기획가나 설계자, 그리고 직원들은 지역구성원과 협력연결망이나 상호연계 계획을 위한 전략을 개발할 때 변화를 경험할 수 있다. 변화를 위한 과정에서 지역연계모델을 위한 일차적인 지지자 혹은 후원자들은 조직의 방향을 결정할 책임을 가지고 있는 집단으로, 조직의 이사회와 프로그램 개발과정과 계획된 변화에 개입되어 있는 지역대표자들이다.

한편, 롱 등(Long et al., 2006)은 지역연계모델을 통하여 지역사회 문제를 효과적으로 해결하기 위해서 다음과 같은 점들이 확인되어야 한다고 강조하였다.

- 지역사회복지기관, 지역주민, 사회서비스 이용자들을 위한 연계의 잠재적 비용과 혜택을 사정하여야 한다.
- 어떤 기관이 연계 노력에서 가장 결정적인 역할을 수행할 것인지를 조사하여야 한다.

- 잠재적 협력자의 능력뿐만 아니라 협력 의도와 협력 수준을 확인하여야 한다.
- 조직과 조직 사이에 무엇을 교환할 것인지를 명확히 하여야 한다.
- 개별 조직에서 높은 지위에 있는 직원의 승인과 지원을 보장받아야 한다.
- 지도자가 회합을 주선하고 회합 내용을 기록하며, 회합에서 다른 참여자들과의 의사소통을 유지하고 생각을 정리하는 것을 인정하여야 한다.
- 협약서를 작성하여야 한다.
- 정직과 열린 의사소통, 조직에 대한 인식을 촉진하여야 한다.

#### ③ 사회복지사의 역할

지역연계모델의 일차적 관심 영역은 특정한 인구나 지리적 영역을 위해 서비스 혹은 프로그램을 개발하는 것이다. 즉, 서비스 개발이 가장 주된 관심의 범위가 되는 것이다. 사회복지사는 지역연계모델에서 조정가, 계획가, 제안서 작성가, 촉진가, 중개자, 연결망 참여자 등의 역할을 담당하게 된다.

일단 협력과 조정을 통해 새로운 프로그램이 개발되어 시행되면 사회복지사는 첫째, 프로그램이 안정적으로 운용되는 것을 확인하기 위해서, 둘째, 변화와 서비스를 위한 프로그램 목적을 달성하기 위해서, 셋째, 지역과 변화하는 환경에 응답하기 위해서 감독자, 관리자, 평가자 등의 역할을 수행한다.

### (2) 웨일(Weil)과 갬블(Gamble)의 실천모델

웨일과 갬블은 1996년도에 발간된 『사회복지백과사전』에서 여덟 개의 지역사회복지실천모델을 소개하였다. 그들이 제시하였던 모델은 대부분 로스만, 켐프, 테일러 등이 제시하였던 모델을 다시 세분화한 것에 지나지 않지만, 지역조직화를 지역사회복지실천모델 중 하나로서 다루었다는 점과 지역조직화에서 지리적 지역과 기능적 지역에 대한 조직화를 다르게 처리하였다는 특징을 가지고 있다. 따라서 다른 모델과 비교해서 지역조직이 지역사회복지실천을 위한 모델 중 하나인 것으로 인식하는 데 도움을 준다(지은구·조성숙, 2010).

웨일과 갬블(1995)이 제시한 여덟 개 모델은 ① 이웃과 지역조직화모델, ② 기능적 지역조직화모델, ③ 지역·경제·사회적 발전모델, ④ 사회기획모델, ⑤ 프로그램 개발과 지역연계모델, ⑥ 정치적·사회적 행동모델, ⑦ 제휴모델, 그리고 ⑧ 사회운동모델이다. 이들 대부분은 기존의 지역사회실천모델과 그 내용이 중복되므로, 여기서는 중복되지 않는 제휴모델과 사회운동모델만 살펴본다.

#### ① 제휴모델

제휴모델은 지역연계모델에서 발전된 실천모델이라고 할 수 있다. 제휴모델은 연합모델이라고도 불리며, 사회적 변화를 위해 개별 집단이나 조직이 함께 일하는 것(제휴하는 것)을 통해 지역사회 문제를 해결하는 것을 강조한다. 제휴는 집합적 사회변화를 위해 분산된 집단 혹은 조직이 함께 일할 수 있도록 해 준다. 미즈라히(Mizrahi)와 로젠탈(Rosenthal, 1993)은 조직의 정당성을 유지하는 동안에 그 조직들의 지역 내에 영향을 미치는 한 가지 혹은 그 이상의 문제에 대한 외적 제도에 영향을 미치기 위해서 다양한 조직의 대표들이 연합하는 것을 지역사회 변화를 위한 제휴라고 정의하였다.

제휴모델은 목적과 기대되는 결과는 제휴를 위한 공동의 관심에 대응하기 위해 사회적 프로그램의 방향에 영향을 줄 수 있을 만큼 큰 다중 조직적 권력 기반을 건설하는 것에 있다. 변화를 위한 표적은 새로운 정책이나 제도를 승인할 수 있는, 새로운 사회 프로그램을 확장하거나 재정 지원을 고취할 수 있는 재단에서 일하는 고위관리와 정부 부처에서 일하는 선출된 시의원이나 국회의원들이다. 사회변화를 위한 제휴의 관심 범위는 제휴를 결성한 조직구성원이 지지하기로 동의할 수 있는 어떤 특정한 논쟁이나 문제다.

제휴모델을 시행할 때 사회복지사의 역할은 지도자 혹은 제휴조직의 대변인 등이다. 제휴조직의 힘을 분산시키지 않게 하고, 긴장을 균형 있게 유지할 수 있는 중개나 협상기술은 사회복지사가 가지고 있어야 하는 중요한 기술이다.

### ② 사회운동모델

사회운동은 집합적 행동과 깊은 연관이 있다. 하퍼(Harper, 1998)는 변화를 만들어 내고 변화를 예방하는 집합적 행동을 사회행동이라고 하였다. 우드(Wood)와 잭슨(Jackson, 1982)은 사회운동을 다양한 수준의 공식적 조직이 급진적이고 개혁적인 형태의 변화를 창출하는 것, 혹은 방어하는 것이라고 정의하였다. 또한, 사회운동은 사회조직이 사회적·문화적 변화를 만들어 내는 중요한 과정이라고도 할 수 있다. 즉, 한 지역사회에서 일어나는 사회변화는 집합적 행동의 사회운동을 통해서 달성된다고 할 수 있다(Harper, 1998). 결국, 사회운동은 지역사회의 변화를 추구하기 위하여 지역에 기반을 둔 조직의 집합적 행동으로 이루어진다고 할 수 있다.

사회운동모델은 사회행동모델의 발전된 유형이다. 일반적으로 사회복지실천은 사회운동을 유발하기도 하며, 사회복지사는 진행 중인 사회운동에 영향을 받기도 한다. 사회운동모델은 사회복지사가 사회운동조직과 동맹하여 민주주의와 인권, 인종 문제 등 인간발달과 자유를 위한 목적을 지지하는 것을 추구한다.

사회운동은 역사적으로 수많은 장소에서 끊임없이 존재해 왔다. 역사적으로 지역사회복지실천 영역에서 이루어지는 수많은 노력은 사회운동으로부터 많은 영향을 받아 왔고, 사회복지실천가들 역시 많은 영향을 받아 왔다. 사회복지사는 실천을 하는 데 추구하는 사회복지의 직업적 가치를 유지하기 위해 인권존중과 사회정의를 위한 민주주의운동이나 인권운동을 포함하는 사회운동조직과 동맹을 맺기도 하였다.

사회운동모델의 목적과 기대된 결과는 지역사회나 조직이 특정한 인구집단이나 사회문제와 쟁점에 대응하는 새로운 패러다임을 제공할 수 있는, 사회변화를 위한 행동을 조장하는 것에 있다. 변화를 위한 표적은 대중과 정치체계다. 미국에서는 1960년대의 시민운동과 인권운동이, 우리나라에서는 1987년 민주화운동[35]이 여기에 포함될 수 있다. 사회운동모델에서 사회복지사는 지지자 혹은 촉진가 등의 역할을 한다. 사회복지사는 사회운동 과정에서 자원봉사자나 사회운동조직의 일원으로 참여할 수 있다.

### (3) 지역사회복지 실천모델의 동향

지역사회복지실천의 최근 동향은 세계화로 말미암은 환경 변화와 밀접한 관련이 있으며, 개입방법에서도 참여 민주주의 등이 더 중요시되고 있다. 갬블과 웨일(2008)이 제시한 동향을 소개하면 다음과 같다.

첫째, 인권이 강조되고 있다. 세계화로 자발적·강제적 이민이 증가하고, 다문화 사회가 많아지는 상황으로 말미암아 지역사회실천 개입과정에서 인권, 특히 여성이나 여아에 대한 권리 확장이 중요해지고 있다.

둘째, 사회복지사의 역할 변화다. 조직가, 계획가, 진보적 변화를 추구하는 지역사회복지실천가들에게 '함께 배우는(colearning) 것'이 강조되고 있다. 코러닝은 사회복지실천가들이 함께 일하는 사람들의 견해와 말, 경험 등으로부터 배운다는 것으로, 협력적 연대를 의미한다. 이 과정은 '행동과 반주(action and accompaniment)'라고 표현되기도 하며, 이것은 '항상 사회적 관계 속에서 수행하라'고 강조하는 것이다.

셋째, 사회복지사의 역할이 확대되고 있다. 지역사회복지실천가들의 역할은 인권을 추구하고 사회적 자본을 증진하는 것이며, 포용적인 지역사회구조와 경제

35) 6월 항쟁(六月抗爭)은 1987년 6월 10일부터 6월 29일까지 대한민국에서 전국적으로 벌어진 반독재, 민주화 운동이다. 6월 민주항쟁, 6·10 민주항쟁, 6월 민주화운동, 6월 민중항쟁 등으로 불린다. 전두환 대통령의 호헌(護憲) 조치(후임 대통령 역시 선거인단에 의한 간접선거를 골자로 한 기존의 헌법으로 선출하겠다는 것으로, 개헌 요구를 전면 부정한 특별선언)와, 경찰에 의한 박종철 고문치사 사건, 이한열이 시위 도중 최루탄에 맞아 사망한 사건 등이 도화선이 되어 6월 10일 이후 전국적인 시위가 발생하였고, 이에 6월 29일 노태우의 수습안 발표로 대통령 직선제(直選制)로의 개헌이 이루어졌다. 이후 1987년 12월 16일 새 헌법에 따른 대통령 선거가 치러졌다. 6월 항쟁은 대한민국의 민주화에 큰 영향을 주었으며, 사회운동이 비약적으로 상승하는 효과가 있었다.

적 기회 및 안녕의 증진, 환경보호를 담당하는 역할까지 확대되고 있다. 실천모델의 초점은 민주적 발전, 소비자 참여, 신인민주의[36] 이념, 여성주의이론을 실천에 적용하는 것이다. 그래서 지역사회복지실천을 위한 지식과 조사가 더 중요시된다. 또한, 서비스 개혁의 성과와 발전 노력 등에 대한 사정을 위해 더 정교한 질적·양적 방법론이 사용되고 있다. 이와 같이 사회복지사는 실천가로서의 역할 확대만이 아니라, 이것의 수행을 위한 다양한 능력을 요구받고 있다.

36) 신인민주의는 18세기 말부터 19세기에 걸쳐 독일을 중심으로 일어났던 사상운동으로, 16세기 인문주의적·언어적 형식성과 17세기 실학주의의 공리성을 비판하는 동시에, 18세기 계몽사상의 이성지상주의에 대항하는 운동이다. 그리스어를 존중하며, 그리스 문학과 예술 등의 내용에서 참다운 인간성을 찾아 근대인으로서 원만한 인간성을 회복하려는 운동이다.

• CHAPTER 06 •

# 지역사회복지실천의 과정

학/습/목/표

- 문제 규정의 중요성을 이해하고, 그 이유를 구체적으로 설명할 수 있다.
- 정책과 프로그램의 개발에 대하여 설명할 수 있다.
- 목표를 달성하기 위해 계획되고 추진되는 활동을 구체적으로 설명할 수 있다.
- 평가의 목적과 평가 후 '다음 단계'의 여러 경우를 설명할 수 있다.

## 1. 문제 발견과 분석

### 1) 문제 규정의 중요성

문제 규정이 왜 중요할까? 지역사회 문제 해결의 과정에서 그 첫 단계는 지역사회의 충족되지 않은 욕구나 해결해야 하는 문제를 찾아내는 일이다. 이러한 문제가 존재한다는 것은 사회복지사에 의해서 혹은 지역사회 주민에 의해서 감지되고 인지될 수 있다. 그러나 불만 혹은 충족되지 않은 욕구가 존재한다는 것만으로는 문제 해결을 위한 충분한 전제조건이 될 수 없다. 다시 말하면, 그러한 문제는 이를 해결하려는 방안을 수립하고 실천에 옮길 수 있도록 집약되고 분명하게 규정돼야 한다.

그런데 문제를 어떻게 규정하느냐 하는 것은 둔제 해결의 과정에서 그 문제가 어떻게 취급되느냐 하는 데에 큰 영향을 미친다. 예를 들면, 겉으로 보기에 아주 간단한 지역사회의 '건강문제'도 다음과 같은 여러 가지로 해석될 수 있다(Perlman

& Gurin, 1972).

- 소득이 적절하지 못해서 불량주택에 거주하게 되고, 충분한 영양을 섭취하지 못해 문제가 파생되었다고 볼 수 있다.
- 주민이 쉽사리 이용할 수 있는 의료서비스의 부족에서 비롯되었다고 볼 수 있다.
- 주민이 보건에 대한 의식과 지식이 없는 것과 밀접한 관련이 있다고 볼 수 있다.

만일 건강문제를 적절한 소득의 부족과 이로 말미암은 불량 주거와 영양부족 차원에서 규정한다면, 이를 위한 해결방안도 소득보장이라는 방향으로 수립될 가능성이 많다. 또 의료서비스의 부족이 그 원인이라고 한다면, 의료서비스를 확충하는 데 역점을 두게 될 것이다. 그리고 주민의 건강에 대한 의식과 지식이 없어 문제가 파생되었다고 해석한다면, 보건 교육을 시행·강화하는 방향으로 정책이 입안될 가능성이 높게 될 것이다.

모든 인류사회에 보편적으로 존재하는 빈곤문제도 그 원인과 현상을 어떻게 보느냐에 따라 전혀 다르게 정의될 수 있다. 빈곤을 미시적인 차원의 문제로 볼 때는 그것이 개인의 결함이나 불운 또는 개인이 사회환경에 원만히 적응하지 못한 데 기인한다고 보며, 거시적인 차원에서는 개인보다는 사회구조적인 면에서 사회제도가 제대로 기능을 하지 못한 데서 나오는 문제라고 볼 수 있다(Choi, 1977).

또한, 빈곤을 논할 때 절대적인 기준을 사용하여, 국가나 해당 사회가 가정의 최저생활을 보장하기 위해 설정한 최소한의 소득수준 이하에 있는 가정과 개인을 빈민이라고 볼 수 있고, 상대적인 개념에서, 일반사회의 소득분배에서 하위에 있는 가정과 비교적 윤택한 위치를 차지하는 가정의 수입을 비교함으로써 빈곤상황을 파악할 수도 있다(최일섭, 1977).

한편, 펄(Pearl, 1971)은 빈곤을 임상적인 문제와 구조적인 문제로 구분하고 있다. 그는 임상적인 문제는 개인을 치료하여 빈곤을 해결하려고 하고, 구조적인 문제는 기본적인 체제, 특히 고용과 복지제도를 개조함으로써 빈곤을 해결하려 한다고 주장하고 있다.

**참고자료** 미국 남부서 '백인 전용' 식수대 … 흑인사회 '발칵'

미국 남부의 한 목화가공 업체에서 '백인 전용(White Only)' 식수대가 등장하는 등 흑인 직원들이 노골적인 인종차별에 시달린 사실이 드러나 흑인사회가 발칵 뒤집혔다. 5일(현지시각) CNN 등에 따르면 미국 테네시 주에 위치한 '앳킨슨 목화창고'라는 업체에서 지난 1월 해고된 흑인 남성 2명이 인종차별을 당했다며 해당 업체를 연방평등고용기회위원회(EEOC)에 고발했다.

이 사실은 이 공장에서 운전기사로 일하다 쫓겨난 안트니오 해리스와 마리오 맨그럼이 백인 간부의 발언을 몰래 녹음해 밝혀지게 됐다. 녹음한 내용을 들어 보면 반세기 전 미국에서 폐지된 '짐크로법'으로 불리는 흑백분리 시대를 떠오르게 한다. 문제의 상사는 해리스가 사내에 비치된 식수대에서 물을 마시려 하자 "그건 백인만 사용하는 것"이라며 "'백인전용'이라는 표식을 붙여 놓을 걸 그랬다"라고 말했다. 해리스가 "내가 마시면 어쩔 거냐?"라고 하자 상사는 "그땐 네 목을 매달 것"이라면서 극언을 퍼부었다. 상사는 또 흑인 직원을 원숭이라고 부르는가 하면 "백인처럼 생각하라"는 요구도 했고, 승강기에 흑인이 타면 백인용이니 내리라고 하기도 했다고 WREG 등 지역 언론은 전했다.

상사는 흑백분리 시대에 대한 향수를 드러내기도 했다. 그는 "그때는 아무도 문제 삼지 않았는데 지금은 그것(흑백분리)이 나쁘다는 생각만 해야 하니…"라고 한탄했다. 연방정부가 진상조사에 들어간 후 백인 상사는 해고됐다고 CNN은 전했다. 이번 사건에 대해 이 업체 소유주인 E. W. 앳킨슨은 "녹음된 대화 내용을 듣고 나도 놀랐다"라며 모르는 일이라고 말했다.

자료: 서울경제(2014. 6. 6), 김현진 기자.

지금까지 살펴본 바와 같이 문제 규정은 대단히 중요하다. 왜 그렇게 중요할까? 그 이유는 문제를 어떻게 개념화하느냐에 따라 정책 수립을 위한 구상이 달라

지고, 구상이 달라짐에 따라 구체적인 해결방안과 실천전략도 달라지기 때문이다.[37)]

## 2) 사회문제와 가치관

문제발견 단계에서 고려해야 할 가장 중요한 사항은 무엇일까? 그것은 문제의 개념에 대해서 현존의 서비스, 기관, 전문분야나 이익집단이 규정하고 있는 것을 그대로 수용할 것이냐, 그렇지 않으면 문제 상황을 다소 적절하게 기술하고 있으나 그대로 개입하는 것보다 더 나은 지침이 될 수 있는 일단의 자료를 활용하여 더욱 객관적으로 규정할 것이냐 하는 점이다(Perlman & Gurin, 1972). 다시 말하면, 계획에 참여하고 있는 사회복지사가 문제를 규정하면서 어느 정도의 재량권을 갖느냐는 점이다.

전문가로서 사회복지사는 클라이언트와의 관계에서 의사나 변호사 등과 같은 다른 전문분야 전문가와 마찬가지로 지식과 기술을 적용하는 데 따른 자율성(autonomy)을 가지는 것이 사실이다. 그렇지만 또한 그가 속해 있는 사회환경과 특히 그가 일하고 있는 기관이나 시설의 견해와는 어긋나는 결정을 할 수 없는 제약이 있다.

여기서 우리는 사회문제라는 것이 본래 가치판단에 지배되며, 집단에 따라 그 규정이 다르다는 사실에 주목하여야 한다.

코헨(Cohan, 1964)은 사회문제에 대한 사회사업의 접근방법을 제안하면서, 가치의 중요성에 대하여 다음과 같이 말하고 있다.

---

37) 빈곤 개념의 차이가 정책대안에 미치는 영향에 대한 더 많은 자료를 원하면 다음의 문헌을 참고하기 바란다. Peter Townsend(1970), The Concept of Poverty: Working Papers on Methods of Investigation and Life-Styles of the Poor in Different Countries(Ed.)(London: Heineman Educational Books); 최일섭·김광억(1982), 한국사회에 있어서 빈곤문제연구의 성과와 과제, 사회과학과 정책연구, 4(2), 293-310(서울대학교 사회과학연구소).

"개인과 그의 환경에 관한 지식만으로 사회문제를 규정할 수 없다. 사회문제란 상대적인 개념으로서, 그에 대한 평가는 사람의 가치체계에 따라 다를 수밖에 없다. 그래서 관찰될 수 있는 같은 사회적 조건도 이것에 의해 직접 영향을 받는 사람에 따라서, 그러한 문제를 다루는 전문분야에 따라서, 그리고 사회문제를 다루는 데 있어서 자원의 할당을 결정할 책임이 있는 정책결정자에 따라서 그 견해가 다를 수 있다."

또한, 스퍼겔(Spergel, 1969)도 비행문제에 대한 사례분석을 하면서, 가치의 중요성에 대해 다음과 같이 말하고 있다.

"지역사회 문제 해결이란 … 사람의 행위에 개입하고 영향을 미치는 일단의 윤리적 원칙의 지배를 받는다. 이러한 원칙은 전문분야와 전문복지기관의 가치정향의 함수이다. 다시 말하면, 문제 해결이란 가치중립적인 조치의 단계나 국면을 의미하는 것이 아니다. 목적이나 목표에 대한 선호관이 모든 절차와 단계에 반영되어 있다. 가치와 조치는 분석적으로는 구별될 수 있을지 모르나 현실적으로는 분리될 수 없다."

그러므로 사회복지사는 문제를 규정하고 분석하면서 해결하고자 하는 문제와 관련된 가치관에 대해 면밀한 분석을 하여야 한다(최일섭·류진석, 1996). 이에 대해 구체적으로 살펴보면 다음과 같다.

첫째, 누가 주어진 문제를 '문제'로 보며, 누가 그것을 '문제'로 보지 않는가에 대해 분석을 해야 한다. 사회문제란 일반적으로 모든 사람이 해결되기를 바라는 것처럼 생각하지만, 그것이 존속되기를 바라는 사람들도 있다는 사실을 간과해서는 안 된다(Horton & Leslie, 1974). 다시 말하면, 특정 사회문제의 존속으로 이익을 보는 집단과 계층이 있다. 기능주의 사회학자들은 사회문제란 역기능적인 면만 있는 것이 아니고, 기능적인 면이 있다는 사실을 지적하고 있다.[38)]

둘째, 사회의 어떠한 가치관과 제도가 문제를 파생시키며 존속시키고 있는가에 대해 분석을 해야 한다. 다시 기능주의 사회학자들 관점에 따르면, 모든 사회문제는 해당 사회가 바람직한 가치관과 제도로서 소중히 여기는 바로 그 가치관과 제도에서 파생된다(Merton & Nisbet, 1971). 예를 들면, '이혼'이라는 사회문제는 일부일처주의라는 제도의 소산일 수 있으며, '도박'이라는 사회문제는 자립심과 경쟁심을 미덕으로 삼는 사회 가치관에서 그 근원을 찾을 수 있고, '알코올 중독'은 사교와 여가, 음주의식을 중요시하는 사회에서 흔히 나타날 수 있는 현상이라고 볼 수 있다. 그러므로 사회복지사가 해결하고자 하는 문제를 분석할 때는 그 문제를 일으키는 가치관과 사회제도에 대해 검토해야 한다.

셋째, 특정 사회문제에 대해 사회의 지배층이 어떻게 생각하고 있는가를 분석할 필요가 있다. 여기서 말하는 지배계층이란 정치인, 기업인 등 문제 해결에 필요한 자원을 통제할 수 있고, 정책을 결정할 힘을 가질 수 있는 계층을 뜻한다. 이는 사회문제의 우선순위와도 밀접한 관계를 맺는다. 지배계층에 있는 사람이 특정 사회문제에 대해서 갖는 견해는 전문가나 일반인이 갖는 견해와 일치한다고 보기 어렵다.

특정 사회문제가 해결되느냐 또는 해결되지 않느냐 하는 것은 정치인이나 기업인의 이해관계와 밀접한 연관이 있을 수 있다. 예를 들면, 노동자 문제나 노인의 복지와 관련된 문제가 있고, 아동이나 심신장애인의 복지와 관련된 문제가 있다고 가정하자. 이때 전자의 문제와 후자의 문제가 정치인이나 기업인에게 주는 의미에는 상당한 차이가 있을 수 있다. 잘 알겠지만, 총선거를 앞둔 정치인은 선거권이 없는 아동보다는 유권자인 노인이나 노동자, 영세민에 대한 복지에 더 많은 관심을 두는 경향이 있다.

또 정당에 따라서 사회문제에 대해 가지는 견해에도 차이가 있다. 미국의 경우 전통적으로 보수주의 성향이 강한 공화당은 실업인(實業人)이나 상류층의 이익에

38) 예를 들면, H. J. Gans는 그의 논문 "The Positive Functions of Poverty," *American Journal of Sociology, 78*(2)에서 빈곤이 갖는 기능적인 점을 14가지나 들고 있다(최일섭·류진석, 1996).

들어맞는 정책노선을 취하지만, 자유주의 성향이 강한 민주당은 노동자나 흑인 등의 복지에 더 많은 관심을 갖는 경향이 있다. 우리나라 정치인은 어떠한가? 미국의 정치인과 비교할 때 어떠한가? 이처럼 정치인이 가지는 계층에 대한 이익과 사회문제에 대한 우선순위가 다르다는 사실은 전문가인 사회복지사의 문제분석에 중요한 의미를 가진다.

넷째, 사회문제에 대해서 사회복지사가 속한 기관이나 시설, 단체가 가진 견해를 분석할 필요가 있다. 이러한 이해는 공적 기관이냐 민간단체이냐에 따라서 상당한 차이가 있을 수 있고, 민간단체라 하더라도 대표자나 이사회의 구성에 따라 같은 문제에 대한 견해에 상당한 차이가 있을 수 있다. 사회복지사의 존재 이유가 클라이언트의 복지를 향상하는 것이라고 하더라도 자신을 고용하고, 자신을 후원하는 단체의 정책이나 방침에 어긋나는 행동노선을 취하기는 매우 어려울 것이다. 따라서 사회복지사는 자신을 고용한 기관이나 시설이 사회문제에 갖는 견해에 대한 충분한 이해가 있어야 한다.

다섯째, 사회문제에 대해서 전문분야가 갖는 견해와 가치에 대해 분석할 필요가 있다. 같은 사회문제라도 전문분야에 따라 그 견해가 서로 다르고, 같은 전문분야라고 하더라도 그 분야가 활동하는 사회적 상황과 시대에 따라 견해는 전혀 다를 수 있기 때문이다.

### 3) 사회문제와 관련 이론

지금까지 우리는 문제 발견과 분석에서 사회복지사가 활동하고 있는 사회환경의 주요 가치관이 가지는 역할에 대해서 살펴보았다. 그러나 사회복지사의 문제분석에 따른 작업은 오로지 가치관에 의해서만 결정될 수 없고, 또 결정되어도 안 된다. 계획전문가로서 사회복지사는 사회문제와 관련된 객관적인 자료를 수집하고 분석하여야 한다. 이에 관해서 컨(Kahn, 1969)은 사회복지사는 "응용분야에서 조사연구에 대한 체계적인 검토와 평가"를 해야 한다고 말하고 있다.

사회문제의 분석에 필요한 자료를 수집하기 위하여 계획전문가인 사회복지사가 고려해야 할 사항은 다음과 같다.

첫째, 문제와 관련된 특수 집단과 지역에 대한 특성을 기술한 통계자료, 실태조사보고서 등을 분석해야 한다. 이러한 자료가 존재하지 않을 때 직접 조사를 해야 하는 것은 물론 중요하다.

통계자료를 토대로 해서 문제를 개념화시킨 가장 대표적인 예로는 미국에서의 빈곤문제에 관한 분석을 연구한 오센스키(Orshansky, 1968)를 들 수 있다. 그녀는 정부가 산출한 경제적인 음식비에 지역적(농가와 비농가)인 물가의 격차, 가구주의 형태(남성 또는 여성, 취업 또는 실직 등), 가구 내의 자녀 수 등을 감안하고, 이 음식비에 3배를 합하여[39] 가족의 크기에 따른 빈곤선(poverty line)을 책정했다.

둘째, 특정 사회문제와 관련된 사회과학이론을 활용하여야 한다. 이러한 이론은 사회행동과 제도분석으로 나눌 수 있다(Perlman & Gurin, 1972). 사회행동과 관련된 사회과학이론은 사회제도와 관련된 인간의 행동을 다루는 것으로, 역할이론, 집단역학, 소집단행동, 커뮤니케이션, 결정이론 등의 심리학, 사회심리학, 인류학, 미시사회학에서 연구된 이론을 말한다. 제도분석과 관련된 사회과학이론은 거시사회학, 경제학, 정치학 등에서 성립된 것으로, 지역사회분석, 조직이론, 사회계층, 권력 구조 등에 관한 이론을 그 내용으로 한다.

그런데 여기서 우리가 짚고 가야 할 것이 있는데, 무엇일까? 우리가 주의해야 할 사항은 사회문제를 근본적으로 해결하는 데 지침이 될 수 있는 이른바 '대이론(grand theory)'이 존재하지 않는다는 사실이다. 예컨대 사회의 모든 현실에 대해서 설명을 시도하려고 했던 고전적인 마르크스(Karl Marx) 이론이나 웨버(Max Webber)와 프로이트(Sigmund Freud) 이론 등은 사회문제의 기원과 존속에 대해

39) 1950년대에 시행한 연구조사에서, 저소득 가정의 생활비 중 3분의 1이 음식비에 쓰이고 있다는 사실에 근거하였다.

많은 설명을 해 준다. 하지만 문제 해결에 따른 실제적인 과업을 수행하는 데는 그 유용성이 상당히 제한되어 있는 것이 사실이다.

다른 한편으로, 사회문제와 관련된 구체적인 모델, 예컨대 '소외', '기회구조', '빈곤문화' 등은 복잡한 사회문제를 설명해 주기에는 한계가 있어서 사회복지사의 문제분석 영역과 해결방안 모색에 상당한 제약을 줄 수 있다. 따라서 지역사회복지실천에서 '문제 해결'이라는 것은 문자 그대로 '문제를 근본적으로 해결하는 것'이 아니고, 상황적인 수준에의 개입이라고 한다면, 다양한 이론과 모델을 분별 있게 활용하는 수밖에 없다.

### 4) 사회문제의 조작화

지금까지 우리는 무엇을 알게 되었는가? 앞에서 살펴본 바와 같이 사회문제에 관한 이론을 분석하고, 그것과 관련된 가치관에 대한 검토만으로는 사회문제에 대한 분석과 정의가 충분하지 않다는 사실을 알게 되었다. 여기에서 우리가 관심을 두는 사회문제는 구체적인 해결방안을 찾아 해결을 위한 실제적인 조치를 하기 위한 것이다. 그러므로 이러한 일련의 활동을 위해서 좀 더 구체적으로 조작화하여야 한다.

사회문제를 조작화한다는 것은 그 개념을 측정할 수 있고 실천할 수 있으며, 평가할 수 있도록 구체화하는 것을 의미한다. 예컨대 빈곤을 정의할 때 '빈곤이란 한 개인과 가정의 소득이 가정의 기본적 욕구를 충족하기에 충분하지 못하고, 해당 사회가 허용하는 문화적인 활동에 참여하는 데 필요한 자원이 없거나 부족한 상태'는 사전적인 정의로서, 빈곤을 해결하려는 조치를 강구하는 데는 부족하다. 이에 반해 앞에서 말한 것처럼 오센스키(1968)의 빈곤에 대한 정의는 구체적인 빈곤선을 제시할 정도로 조작화하여 미국 공공부조에서 자격요건을 결정하는 기준이 되었다.

### 참고자료 "대부업체 대출은 개인 아닌 사회 문제"

대부업체 인식조사

전국 19~59세 성인 남녀 1,000명, 3월 27일~4월 2일 온라인 조사

• 대부업체가 늘어나는 것은 기존 은행이 제 역할을 못하고 있다는 것이다.

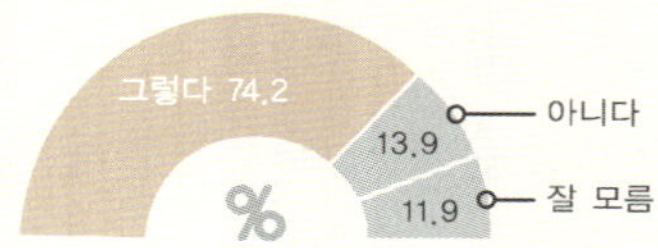


• 대부업체 대출을 이용하는 것은 개인의 문제가 아니라 사회의 문제다.

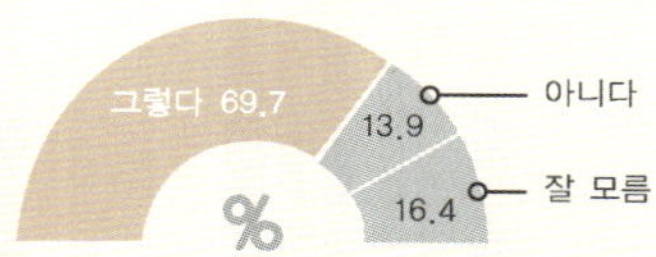


• 대부업체의 TV 광고는 금지해야 한다.

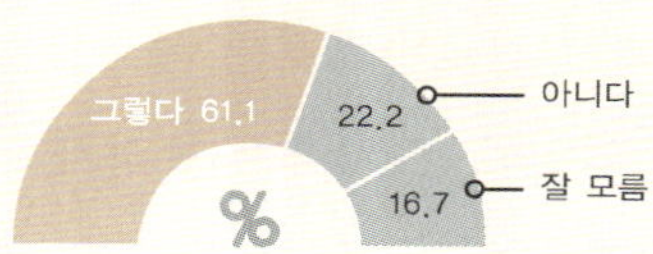


• 앞으로 우리나라에서는 대부업체가 더 늘어날 것이다.

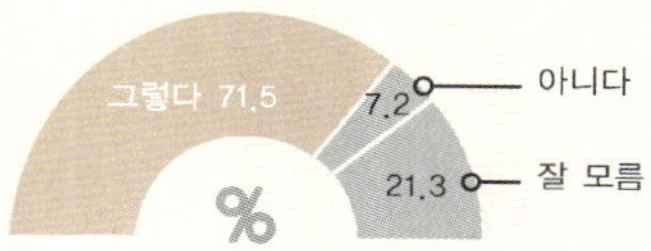


금융소비자 10명 중 7명꼴로 대부업체 대출을 이용하는 것은 "개인의 문제가 아니라 사회의 문제"라고 인식하고 있는 것으로 나타났다. 시장조사 전문기업 마크로밀엠브레인은 전국의 19~59살 성인 남녀 1,000명을 대상으로 대부업체에 대해 3월 27일~4월 2일 온라인 설문조사를 벌인 결과를 29일 발표했다. 이 결과를 보면 응답자의 75.2%는 "대부업체가 늘어나는 것은 기존 은행이 제 역할을 못하고 있다는 것이다"는 평가에 "그렇다"고 답했다. "대부업체 대출은 개인의 문제가 아니라 사회의 문제다"라는 인식에 대해서도 69.7%가 동의 입장을 밝혔다.

응답자의 71.5%는 향후 우리나라에서는 "대부업체가 더 늘어날 것 같다"에 동의했다. 30대(80%)와 자영업자(79.1%)의 동의율이 높았다. 사실 최근 대부업체의 수는 줄어들고 있다. 2013년 상반기 기준 전국 등록 대부업체는 1만 223개로, 2012년 12월 말에 견줘 672개 줄었다. 최고 금리가 인하되고 있어 영세 대부업자들이 폐업한 것으로 보인다. 지난해 6월부터는 대출 모집인들이 받는 중개 수수료에도 5%의 상한제가 도입돼 영세 대부업체들의 도태는 더 확산될 것으로 보인다. 반면, 사채업자로 불리는 미등록 업자들의 규모는 집계되지 않고 있다.

응답자의 59.4%는 대부업체를 이용한 경험이 없다고 답했다. 40%가량은 이용을 해 봤다는 것인데, 대부업체 이용 경험자들의 다수(79.8%)는 이용 횟수가 1~3회였고, 500만 원 미만 소액 대출이 57.3%로 가장 많았다. 이용 기간은 6개월~1년 이내(28.2%), 1~2년 이내(25.8%) 순이었다. 금리가 높은 만큼 대부분 금융기관에 비해 짧게 이용하고 상환하는 행태를 보이고 있는 것으로 평가된다.

자료: 한겨레(2014. 5. 29), 송경화 기자.

## 2. 정책과 프로그램의 개발

앞에서 해결을 필요로 하는 문제가 분석되고 조작적으로 정의되었다. 이제는 어떻게 해야 할까? 이제 거쳐야 할 단계는 정책을 수립하고, 실천하기 위한 프로그램을 개발하는 일이다. 여기서 '정책'이라고 하는 것은 멘검(Mangum, 1969)이 말한 것처럼 "다양한 대안 중에서 선택된 확고한 행동노선이며, 주어진 상황에 비추어 현재와 장래의 결정을 인도하고 가능하게 해 주는 것"이고, 칸(1969)이 주목한 대로 장래의 결정에 대한 일반적인 지침이라 할 수 있는 기본계획을 말한다.

이러한 의미에서 볼 때 정책 수립은 문제 해결을 위해 취하고자 하는 조치와 프로그램의 방향을 결정하는 것이라고 할 수 있다. 레인(Rein, 1968)은 정책을 수립하면서 고려하여야 할 요소로 ① 이념관(ideology), ② 실현 가능성(feasibility), ③ 합리성(rationality) 등을 들고 있다.

문제를 보는 관점이 다양한 것처럼 문제를 해결하는 데 있어서의 목표와 방향 또한 다양할 수 있다. 그러므로 정책을 수립한다고 하는 것은 다양한 해결방안 중에서 가장 효과적·효율적인 방안을 찾아내는 정책 선택이라고 할 수 있다.

우리가 '문제의 정의' 단계에서 지적했던 것과 마찬가지로 정책을 선택하는 데도 사회복지사는 자신을 둘러싼 환경의 가치관에 상당한 영향을 받는다. 다시 말하면, 주어진 문제와 직·간접으로 관련되어 있는 행동체계가 문제 해결에 대해서 어떤 견해를 가지느냐는 것이 중요한 요건이 된다. 행동체계는 일반적으로 ① 정부 기관, ② 사회복지사가 속해 있는 사회복지기관이나 시설, ③ 문제로 말미암아 직접 영향을 받는 클라이언트 집단, 그리고 ④ 문제의 해결과 이해관계가 있는 정치인, 기업인, 전문분야 등의 관련 집단으로 구성된다.

그런데 이러한 행동체계를 구성하는 각각의 인자는 보통 문제 해결을 위한 목표, 전략과 전술 등에서 서로 다른 견해를 가진다. 여기서 대표적인 사례를 들어 보자. 1970년대 초 미국의 여러 시에서는 신체장애자의 복지를 증진하는 방안의 하나로 이른바 "공공건물에서 건축 장애를 제거하자"는 대대적인 사회운동이 전개되었다(Choi, 1975). 이 운동은 당시 재향군인병원에 입원해 있던 환자들과 이들을 돌보던 사회복지사들이 중심이 되어 일어났는데, 이들이 선택하였던 단기적인 목표의 하나는 장애자 자신들을 포함한 시민의 세금에 의해 지어진 공공건물(정부, 공립학교, 공공 서비스기관 등의 건물)을 장애자가 쉽게 접근할 수 있도록 개조하는 것이었다. 이들은 이러한 1단계 목표가 달성되면 이를 지역사회 내의 모든 공·사 건물에까지 확대시키겠다는 장기적인 목표를 가지고 있었다.

이들이 취한 구체적인 전략으로는 자신들의 동조세력을 규합하고, 일반시민의 관심을 환기시키며, 건축에 관련된 시의 법령을 개정하는 것이었다. 이러한 목적을 달성하기 위해서 사회복지사는 행동체계로서 ① 지역사회에 거주하는 모든 장애자(심신장애자와 그 가족, 임산부, 비만증환자 등), ② 공공건물의 관리책임자(정부 공무원), ③ 이해관계 집단(정치인, 건축가협회, 장애자복지기관, 의사협회, 사회복지사협회 등) 등을 포함하였다. 그러나 이들이 운동 목표를 설정하면서 행동체계 간에 우선순위가 다르고, 사용하고자 하는 전략과 전술에서도 상당한 차이가 있음을 발견하였다. 따라서 사회복지사는 여기서 각 집단 간의 갈등적인 이데올로기를 분석·비교하여 타협적인 정책목표를 설정하지 않을 수 없었다.

이상의 사례에서 우리가 생각해야 할 점은 무엇인가? 우리가 생각할 점은 바로 정책을 선택하면서 사회복지사가 지녀야 할 역할이 무엇인가 하는 점이다. 즉, 사회복지사는 클라이언트의 이익을 대변하는 대변자의 역할을 수행할 것이냐, 그렇지 않으면 여러 가지 대안과 결과를 검토해서 클라이언트 집단에 제시하는 분석가의 역할을 수행할 것이냐 하는 점이다. 정책의 목표설정과 관련해서 뒤먼(Dyckman, 1967)과 데이비도프(Davidoff, 1965)는 대변자의 역할을 강조하고, 라이너(Reiner, 1967)는 분석가의 역할을 강조하고 있다. 한편, 웨버(1969)는 정책결정에서 상호작용, 상호적응과 계속적인 분석을 강조하는 발전적 견해를 피력하고 있다.

정책목표를 수립하면서 사회복지사는 자신이 바람직하다고 생각하는 행동 방향과 활용 가능한 대안 간에 어떠한 '혼합'을 취할 것인가? 여기에 작용하는 요인은 ① 특정 문제의 원인과 해결에 관한 지식 상태, ② 사회복지사의 활동을 지원하는 후원자와 기관의 성격, ③ 사회복지사와 함께 일하는 여러 집단의 가치에 대한 견해의 일치 또는 불일치의 정도라고 할 수 있다. 그런데 이러한 요소를 근거로 하여 체계적인 정책을 수립하기 위한 지침은 아직도 미흡한 상태에 있다(Perlman & Gurin, 1972).

문제 해결을 위한 정책목표를 설정하면서 사회복지사가 고려해야 할 점은 그 정책이 실현 가능하냐는 것이다. 아무리 이상적인 정책목표라 하더라도 이의 실천을 뒷받침해 줄 수 있는 인적·물적 자원과 지식과 기술이 충분히 개발되지 못한다면, 목표가 달성될 수 있는 가능성은 그만큼 적어진다. 또 정치적·사회적 분위기가 그러한 목표를 달성하고자 하는 노력에 어느 정도 긍정적이냐 하는 것도 정책의 실현 가능성에 많은 영향을 미친다.

정책목표를 설정하면서 고려해야 할 또 다른 점은 과업 지향적인 목표와 과업 중심적인 목표 중 어느 쪽에 더 역점을 두어야 할 것이냐는 점이다. 일반적으로 지역사회복지실천의 성격이 사회계획적인 측면일 때는 과업지향적인 목표에, 지역개발적인 측면일 때는 과정 중심적인 목표에 더 역점을 둔다고 말할 수 있다. 그러나 현실적인 정책목표의 설정에서는 두 목표가 역점의 정도에서는 차이가 있어도, 같이 존재할 수 있다는 사실도 기억해야 한다

정책이 수립되었다. 그렇다면 다음에는 무엇을 하여야 할까? 이제는 이들 정책을 실천에 옮길 수 있는 프로그램을 개발하는 일이다. 프로그램의 개발이라고 하는 것은 목표를 향한 광범위한 정책을 실천하기 위한 조치를 구체적으로 표현하는 것이다(Perlman & Gurin, 1972). 여기에서 중요한 것은 결과를 추구하는 과정에서의 효과성과 효율성이다. 펄먼과 구린(1972)은 다음의 3가지를 고려하여야 할 요소로 제시하였다.

- 업무의 내용(해야 할 일에 관한 명세): 어떤 종류의 활동, 프로그램, 서비스를 어떤 순서에 의해 얼마만큼의 양으로, 어떤 전달체계를 통해서 제공할 것인가?
- 자원(여러 가지 활동을 전개하는 데 필요한): 자본설비, 필요한 인력과 자격과 재원, 이러한 자원은 현재 어디에 있고 누가 통제하고 있으며, 어떻게 동원할 수 있을 것인가?
- 가능성: 자원의 활용 가능성은 어느 정도인가? 정책목표를 당성하기 위해 필요한 변화, 자원의 분배, 새로운 자원의 개발은 어떻게 할 것인가? 프로그램의 수행에 어느 정도의 수용 또는 저항이 존재하는가? 필요한 변화를 시도하기 위해 어떤 전략(갈등, 협상, 타협 등)을 사용할 것인가?

## 3. 프로그램의 실천

프로그램의 실천이란 정책목표를 달성하기 위해서 행하게 되는 일련의 활동을 뜻한다. 활동의 내용과 형태는 문제의 성격에 따라 무한정한 것이기 때문에 일률적으로 논할 수는 없으나, 크게 두 가지 범주 즉, 체제유지 또는 과정 중심적인 활동과 과업 중심적인 활동으로 나눌 수 있다. 체제유지적인 활동이란 클라이언트 집단이 문제를 스스로 해결할 수 있도록 능력을 배양해 주는 활동을 말하며, 과업 중심적인 활동이란 클라이언트 집단이 필요로 하는 서비스를 직접 제공해 주는 활동을 말한다.

그러면 이제 구체적인 사례 하나를 들어 보자. 대한가족계획협회에서는 'UN 인구활동기금(UNFPA[40])'의 재정지원을 받아 1978년 10월부터 1981년 9월까지 3년간에 걸쳐 '새마을부녀회를 통한 도시 영세지역의 가족계획사업'이라는 시범사업을 전개하였다. 이 사업의 장기목표는 도시 영세지역의 가임연령층에서 가족계획에 대한 지식과 태도, 실천을 향상시키는 것이었고, 단기목표는 ① 새마을부녀회를

40) United National Fund for Population Activities.

대상 집단의 가족계획실천을 돕기 위한 홍보·계몽 채널로 활용하기 위한 모델을 개발하고, ② 가족계획사업을 부녀회의 지역개발사업으로 통합시키고, ③ 자원봉사자를 가족계획의 변화매개자로 활용할 수 있는 가능성을 평가하는 것이었다.

이러한 목표를 달성하기 위해 계획되고 추진된 활동을 구체적으로 열거해 보면, ① 사업지역에 대한 실태조사(이 조사는 주민의 생활 실태, 인구·사회학적 특성, 가족계획에 관한 지식·태도·실천 등의 사항이 포함되었다), ② 새마을부녀회장의 자질평가조사(이 조사에는 새마을부녀회의 구성과 사업, 부녀회장의 가족계획에 관한 지식·태도·실천 등의 사항이 포함되었다), ③ 새마을부녀회장에 대한 훈련, ④ 부녀회의 월례회 지원, ⑤ 정부 보건소요원에 대한 훈련, ⑥ 가정건강기록부의 활용, ⑦ 가족계획에 관한 가두 캠페인의 전개, ⑧ 피임약제의 공급과 피임시술 서비스 제공, ⑨ 우수새마을부녀회에 대한 표창, 그리고 ⑩ 평가조사 등이다.

이상의 활동 중에서 체제유지적인 활동은 조사, 훈련, 표본, 평가조사 등을 들 수 있고, 과업 중심적인 활동은 ⑥, ⑦, ⑧ 등을 꼽을 수 있다. 그러나 이 사업의 성격상 조사와 훈련은 체제유지적인 활동이라기보다는 과업 중심적인 활동이라고도 볼 수 있다.

일반적으로 프로그램의 실천과정에서는 사업을 추진하는 기관이나 시설이 여러 관련 집단과 협력적인 활동을 전개하는 것이 보통이다(Dunham, 1970). 위에서 예시한 시범사업을 추진하면서 가족계획협회는 동사무소, 구 보건소 등을 운영위원회에 참여시키고, 그들을 정기적인 평가회의에 참석시킴으로써 사업의 효율성을 높이려 한다.

프로그램이 실천되는 과정에서 새로운 문제가 발생할 수 있으며, 이때 원래의 계획에 수정을 가해야 할 필요가 생긴다(Dunham, 1970). 이러한 문제는 사업 외부적인 요인(홍수, 가뭄 등 천재의 발생, 시 당국에 의한 사업지역에 재개발사업의 시행 등)에서 발생할 수도 있고, 사업의 행동체계 내의 변화(교육대상자의 불참, 관계 기관의 비협조 등) 등에서 비롯될 수도 있다.

극단적인 상황에서는 사업계획 자체가 백지화될 때도 있고, 계획에 대폭 수정을 가해야 할 경우도 발생할 수 있다. 사업 추진기간이 길면 길수록 변화가 발생할 가능성은 그만큼 크게 되어 원래의 계획에 수정을 가해야 할 필요성도 그만큼 높아지게 된다. 따라서 사회복지사는 계획 단계에서 변화를 예측할 수 있는 통찰력이 있어야 한다. 또한, 변화가 발생하였을 때 즉각적으로 대처할 수 있는 기술과 능력이 있어야 한다(최일섭·류진석, 1996).

## 4. 평가

지역사회복지실천의 마지막 단계인 평가는 두 가지 목적을 가진다. 그 첫 번째 목적은 프로그램의 실천과정에서 수집된 정보를 입수해서(monitoring), 실천에 반영하여(feedback) 실천 궤도를 수정하는 것이다. 이러한 의미에서는 평가가 지역사회복지실천의 마지막 단계라고 볼 수 없고, 문제 설정, 목표 수립, 프로그램의 개발, 프로그램의 실천이라는 전 과정에 영향을 주는 계속적인 활동이라고 보는 것이 타당하다(Perlman & Gurin, 1972).

원래 모니터링과 피드백은 커뮤니케이션 분야에서 널리 쓰이는 개념으로서, 대중매체를 통해 전달된 메시지(message)에 대한 청중과 독자의 반응을 수집해서 메시지의 내용을 수정하여 매체의 효과를 극대화하려는 수단이다. 지역사회복지실천 기관이 매스 미디어(mass media)에 비유될 수 있다면, 그 기관에 의해서 계획되고 시행되는 사업은 메시지에 비유될 수 있다. 메시지를 통해서 얻어진 반응과 성과는 대중매체가 원래 기대했던 바와는 상당한 차이가 있을 수 있다. 마찬가지로 사회복지기관이 설계했던 프로그램은 의도하였던 효과를 가져오지 못할 수도 있다. 그러므로 문제 해결의 전 과정에서 필요한 정보를 청취하여 적절한 보완과 수정을 하는 것은 매우 중요한 일이다.

이를 위해서 흔히 사용하는 방법은 행동체계를 구성하는 사람들의 대표로 위원회를 조직해서 정기 또는 비정기 평가회의를 개최하여 프로그램의 추진상황을 자세히 검토하는 일이다. 또 모니터를 선정해서 사업대상 지역의 클라이언트로부터 프로그램에 대한 반응을 수집하게 할 수도 있다. 또한, 어떤 경우는 간단한 중간평가조사를 시행하여 사업의 추진 효과를 좀 더 객관적으로 평가할 수도 있다.

▲ 평가를 위한 자료

지금까지 평가의 첫 번째 목적을 살펴보았다. 그렇다면 두 번째 목적은 무엇일까? 평가의 두 번째 목적은 문제 해결의 전 과정이 이룩한 결과와 최종 산물을 평가하는 것이다(Perlman & Gurin, 1972). 이러한 평가는 일반적으로 프로그램을 통해서 성취하고자 하는 목표가 어느 정도 달성되었는지 즉, 프로그램의 효과성과 영향을 측정하는 것이다.

프로그램의 효과를 평가하는 방법으로 가장 흔히 쓰이는 방법은 실험조사방법이다. 실험조사의 형태는 후측정실험설계와 전·후측정실험설계를 들 수 있다. 후측정실험설계 프로그램을 시행하고 나서 변화를 측정하는 방법이고, 전·후측정실험설계는 먼저 기초조사를 하고 프로그램을 시행한 후에 다시 조사를 하여 두 조사의 결과를 비교함으로써 변화를 측정하는 방법이다. 앞에서 예시하였던 '도시 영세지역의 가족계획사업'에서는 전·후측정실험설계를 이용하여 프로그램에 대한 효과를 평가하였다.

프로그램의 결과와 효과에 관해 수집된 자료는 문제 해결을 위해 수립된 정책이나 프로그램을 계속할 것인지, 중단할 것인지, 또는 수정할 것인지를 결정하는 데 쓰인다. 던햄(Dunham, 1970)은 평가가 있고 나서 행하는 소위 '다음 단계(next steps)'는 다음의 다섯 가지 경우를 포함한다고 하였다. 즉, ① 취했던 조치가 원래의 문제를 해결한 것으로 받아들이는 경우, ② 문제를 재설정해야 하는 경우, ③ 새로운 문제를 발견하는 경우, ④ 변경을 하지 않거나 수정하여 조치를 계속하기로 결정하는 경우, 그리고 ⑤ 최소한 당분간은 그 문제를 해결하려는 노력을 포기해 버리는 경우 등이다.

• CHAPTER 07 •

# 지역사회복지실천에서 사회복지사의 역할

학/습/목/표

- 사회복지사가 해야 할 일반적 역할을 설명할 수 있다.
- 지역사회개발모델에서 사회복지사가 해야 할 역할을 설명할 수 있다.
- 사회계획모델에서 사회복지사가 해야 할 역할을 설명할 수 있다.
- 사회행동모델에서 사회복지사가 해야 할 역할을 설명할 수 있다.

## 1. 사회복지사의 일반적 역할

사회복지사는 클라이언트의 문제나 욕구를 파악하여 적절한 개입을 할 수 있는 능력이 있어야 한다. 또한, 지역 내의 사회자원 및 관계망에 대한 지식을 가지고 클라이언트와 기관 및 단체와 효율적 의사소통을 할 수 있어야 한다. 사회복지사는 기관(단체)의 성격과 담당하는 업무에 따라 한 가지 역할을 주로 수행하기도 하지만, 서로 다른 역할을 동시에 수행해야 하는 경우가 많기 때문에 상황에 맞는 적절한 역할을 수행해야 한다(양정남·최선령, 2007). 헵워스 등(Hepworth et al., 1997)은 사회복지사의 구체적 역할에 대해 다음과 같이 서비스 직접제공자, 체계연결자, 체계개발자, 체계유지와 강화자, 그리고 연구자 및 조사활용자 등으로 제시하였다(박주현 외, 2014).

### 1) 서비스 직접제공자

사회복지사가 클라이언트와 직접 대면하여 서비스를 제공하는 것을 의미하는 것으로 가능케 하는 자, 조력자, 교육자 등의 역할을 한다.

- 가능케 하는 자: 가능케 하는 자(enabler)로서의 사회복지사 역할은 클라이언트 자신의 감정을 더욱더 잘 이해하고, 행동을 수정하며, 문제 상황에 대처하도록 도움으로써, 그들의 사회적 기능을 향상한다.
- 조력자: 조력자로서의 사회복지사 역할은 클라이언트의 위기상황에서 다양한 스트레스에 대처하도록 돕는다. 조력자의 기술은 희망을 전하고, 저항이나 양가감정을 줄여 주며, 감정을 인식하고 관리하며, 개인의 강점이나 사회적 자원을 발굴하고 지지해 주는 것 등이다.
- 교육자: 교육자로서의 사회복지사의 역할은 클라이언트와 다른 체계에 정보를 제공하며, 기술을 가르치는 일을 포함한다. 효과적인 교육자가 되기 위해 사회복지사는 정보를 명확히 전달하고 이해시키기 위한 효율적 의사소통이 필요하다.

### 2) 체계연결자

클라이언트가 사회복지기관에서 제공할 수 없는 자원을 필요로 하거나 유용한 자원을 이용하는 능력이나 지식이 부족하기 때문에, 사회복지사는 종종 사람과 다른 자원을 연결하는 역할을 수행해야 한다.

- 중계자: 클라이언트를 적절한 인간자원과 연결시키는 사회복지사의 역할이다. 사람을 자원과 연결시키기 위해서는 지역사회의 자원에 대해 잘 파악하고 있어야 적절하게 의뢰할 수 있다. 연결 담당자와 좋은 업무관계를 유지하면서

자원체계의 정책을 잘 파악하고 있는 것이 성공적 의뢰의 필수요소이다.

- 클라이언트 옹호자: 사회복지전문직이 생겨난 이래 줄곧 수행해 온 역할이 옹호이다. 특히 클라이언트 집단에 대한 옹호는 자원연결의 측면에서 볼 때, 클라이언트를 대신하여 자원과 서비스를 획득하는 활동과정을 의미한다. 옹호자의 역할은 클라이언트를 위해 일을 진행하고 대변하는 것으로, 특히 클라이언트가 필요한 것을 얻을 힘이 거의 없을 때 적절하다.
- 중재자 / 판단자: 중재자는 미시체계, 중범위체계, 거시체계 간의 논쟁이나 갈등을 해결하는 역할을 담당한다. 견해가 다른 개인이나 집단 간의 의사소통을 향상하고 타협하도록 돕는 역할이다. 중재자는 중립을 유지하며 서비스 전달과정에 존재하는 장애물을 제거하는 임무를 수행한다.
- 사례관리자 / 조정자: 클라이언트를 다른 체계에 의뢰할 때 능력, 기술, 지식, 자원 등이 부족한 경우, 사회복지사가 사례관리자의 임무를 수행한다. 클라이언트의 욕구를 평가하고 다른 자원에서 제공된 필수재화와 서비스 전달을 연결·조정하고, 클라이언트가 적절한 방식으로 서비스를 제공받을 수 있도록 개입한다.

### 3) 체계개발자

사회복지사는 미(未)충족된 클라이언트의 욕구, 서비스 간의 괴리, 예방적 서비스에 대한 욕구로 말미암은 기관의 서비스를 확대하거나 개선할 기회를 갖게 된다. 이와 관련된 역할은 계획가, 프로그램개발자, 정책개발자 등이다.

- 계획가: 계획가로서의 사회복지사의 역할은 미충족되거나 새롭게 대두되는 욕구를 충족시키기 위한 프로그램을 계획하는 것이다. 아동보호 프로그램, 건강관리 프로그램, 여가 프로그램 등이 그 예가 될 수 있다.

- 프로그램 개발자: 프로그램 개발자로서의 사회복지사의 역할은 클라이언트의 욕구에 대응해서 서비스를 개발해야 하며, 교육 프로그램, 지지집단, 기술개발집단 등이 포함된다.
- 정책개발자: 정책과 절차개발과정에서 사회복지사가 참여하는 것은 클라이언트에게 서비스를 제공하는 기관의 범위로 한정된다. 사회복지사는 사회복지실천현장에 있기 때문에 클라이언트의 욕구를 평가하고, 어떤 정책과 절차가 클라이언트의 관심에 부합하는지를 파악할 수 있다.

### 4) 체계유지와 강화자

기관의 구성원으로서 사회복지사는 서비스 전달체계의 효율성을 저해하는 기관 내의 구조, 정책, 기능적 관계 등을 평가할 책임을 갖고 있다. 이와 관련된 역할은 팀 구성원, 촉진자 / 추진자, 조직분석가, 자문가 / 조언을 받는 사람 등이다.

- 팀 구성원: 사회복지사는 많은 기관에서 클라이언트의 문제와 서비스 전달에 협력하는 임상팀의 일원으로 활동하게 된다. 팀 구성은 내과 의사, 심리학자, 정신과 의사, 사회복지사, 간호사, 재활상담가, 교사, 작업치료사, 레크리에이션치료사 등으로 이루어진다.
- 촉진자 / 추진자: 촉진자는 집단의 지도자 역할을 담당한다. 사회복지사는 가족치료집단이나 과업집단, 교육집단, 자조집단, 감수성훈련집단, 그 밖의 다른 목적을 가진 집단에 개입한다. 촉진자 역할은 거시적 실천에도 적용할 수 있다. 이때 사회복지사는 사람을 모으고, 의사전달통로를 만들고, 활동이나 자원을 전달하며, 전문지식이나 기술에 접할 수 있도록 하여 변화노력을 촉진하는 책임이 있다.
- 조직분석가: 서비스 전달에 부정적 영향을 미치는 기관의 구조와 정책절차 등

을 분석하고 지적하는 역할이다. 이 역할을 수형하기 위해서는 조직이론과 행정이론에 대한 지식을 갖추고 있어야 한다.

- 자문가 / 조언을 받는 사람: 사회복지사는 자문을 제공하고, 제공받는 역할을 모두 수행할 수 있다. 즉, 사회복지사가 전문지식을 가지고 자문제공자로서의 역할도 하지만, 때로는 약물남용, 아동학대, 성 문제 등과 같은 전문지식이 필요한 문제에 대해서는 그 분야의 전문가로부터 조언을 받아야 한다.

### 5) 연구자 및 조사활용자

사회복지사는 평가 가능한 개입방법을 선택하여 그들의 개입효과를 평가해야 한다. 그리고 클라이언트의 변화과정을 체계적으로 점검해야 한다.

## 2. 지역사회복지실천 모델별 사회복지사의 역할

지역사회복지실천에서 사회복지사의 역할은 〈표 7-1〉과 같이 사업의 유형에 따라 각양각색이다. 또한, 한 유형 중에서도 구체적인 사업의 성격이나 진행과정에 따라 역할이 다양하게 규정될 수 있다. 그렇지만 각 유형 간의 역할이 서로 배타적이라고 할 수는 없고, 다만 강조하는 바가 다르다는 것이다. 예를 들면, 지역사회개발모델에서의 조력자의 역할과 사회행동모델에서의 조력자의 역할은 그 의미하는 바는 같으나, 그 기본전제에서는 차이가 있다. 또 지역사회개발모델에서 로스(Ross, 1967)가 말하는 전문가의 역할이나 리피트 등(Lippitt et al., 1958)이 말하는 전문가, 조사자의 역할과 사회계획모델에서 샌더스(Sanders, 1969)가 말하는 여러 역할과 비슷한 점이 많다. 그러나 이 두 모딜에서 '전문가적인 역할'이 차지하는 비중에는 상당한 차이가 있다. 또한, 같은 도델 내에서 그 명칭은 달라도 수행하는 내용은 거의 같은 것도 있다. 즉, 로스의 조력자로서의 역할과 리피트 등의 촉매자로서의 역할은 명칭은 다르지만 그 내용은 비슷하다.

〈표 7-1〉 지역사회복지실천 모델에 따른 학자별 사회복지사의 역할

| 모델 | 지역사회개발모델 | | 사회계획모델 | | 사회행동모델 | |
|---|---|---|---|---|---|---|
| 학자(연도) | Ross (1967) | Lippitt et al. (1958) | Morris & Binstock (1966) | Sanders (1969) | Grosser (1965) | Grossman (1969) |
| 역할 | 안내자<br>조력자<br>전문가<br>치료자 | 촉매자<br>전문가<br>실천가<br>조사자 | 계획가 | 분석가<br>계획가<br>조직가<br>행정가 | 조력자<br>중개자<br>옹호자<br>행동가 | 행동<br>조직가 |

## 1) 지역사회개발모델에서의 역할

지역사회복지실천에서 사회복지사는 ① 안내자로서, ② 조력자로서, ③ 전문가로서, 그리고 ④ 치료자로서 해야 할 역할을 수행해야 한다(Ross, 1967).

### (1) 안내자로서 해야 할 역할

#### ① 일차적인 역할

지역사회복지실천에서 사회복지사의 일차적인 역할은 지역사회로 하여금 문제 해결에 따른 목표를 설정하고, 이를 해결하는 방도를 마련하도록 도와주는 것이다. 여기에서 사회복지사는 주민이 여러 가지 요소를 고려해서 올바른 방향으로 목표를 설정하도록 도와주는 것이다. 그러나 문제 해결을 위한 방향과 방도를 선택하는 것은 어디까지나 지역사회 자체의 노력이어야 하며, 이때 사회복지사는 자신의 목적을 위해 지역사회 주민을 이용하거나 조종하거나 조치를 강요해서는 안 된다.

물론 사회복지사는 문제를 해결하기 위해서 무엇을, 어떻게 해야 하는지에 대

해 자신의 견해를 가질 수는 있다. 즉, 지역사회개발을 위해 어떤 사업이 필요하다는 것에 대해 확신을 할 수 있다. 그러나 사회복지사는 자신의 의견을 강요해서는 안 된다. 다만, 자신이 옳다고 생각하는 사업에 대해 주민이 중요하게 생각하도록 자극하고, 토의하도록 격려하며, 그 이익을 설명해 줄 수는 있다.

지역사회복지실천에서 사회복지사는 '케이스워크'의 치료과정에서 '케이스워커'가 자신을 의식하여 통제하는 것처럼, 자신의 편견을 의식하고 통제하며 주민이 문제 해결에 따르른 준비를 하도록 해야 한다. 주민이 자기네들의 욕구를 발견하는 과정 자체가 주민이 문제를 인식하고 해결하는 능력을 점진적으로 개발하는 과정이라는 사실을 깨달아야 하는 것이다.

여기서 구체적인 예를 들어 보자(최일섭·류진석, 1996). 한 영국 식민지 A 관리는 어느 마을에 가서 주민에게 수확을 높일 수 있는 새 품종을 채택하라는 상부의 명령을 받았다고 가정하자. 그는 주민에게 새 품종의 이점에 대해 설명해 주고, 이를 받아들이도록 권고하였다. 그러나 주민은 새 품종을 채택하는 것보다는 상수도 시설을 갖추는 것이 더 시급하며, 품종을 바꿀 필요성이 없다는 의견을 내놓았다.

자, 이제 A 관리는 어떻게 대응해야 할까? 끝까지 주민을 설득해야 할까? 만약 당신이 A 관리라면 어떻게 할 생각인가? 이 관리는 현재의 상수도 시설은 적절하며, 새 품종의 도입이 긴요하다고 판단하였다. 또 무엇보다 중요한 것은 만일 주민이 새 품종을 도입하지 않는다면 상부에서 매우 불만스럽게 생각할 것이라는 사실이었다. 그는 주민과의 이와 같은 갈등 상황에서 결국 주민의 의견을 따르기로 하고, 주민이 상수도 시설을 마련하는 데 힘을 합하기로 하였다. 이 일이 주민의 성원으로 성공을 거두자, 그다음 해에 주민은 A 관리의 도움을 받아 새 품종을 도입해서 높은 수확을 하고 있는 마을을 견학하는 시찰단을 구성하였다. 시찰에서 돌아온 주민은 자기 마을에서도 새 품종을 채택하여 성과를 거두었으며, 이것이 계기가 되어 그 후에도 마을의 다른 문제를 해결할 수 있는 능력을 갖추게 되었다.

이 예에서 우리는 무엇을 배울 수 있는가? 우리가 주목해야 하는 것은 A 관리가 자신의 의견을 관철할 수 있는 권한도 있고, 또 그럴 의무가 있었음에도 불구하고 자신의 의견을 고집하지 않고 주민의 의견을 받아들여 사업을 추진하였다는 사실이다. 따라서 사회복지사는 주민 스스로 자기네들의 불만을 찾아내도록 도와야 하며, 적절한 불만과 이를 없애는 방향에 대해서 제안할 수는 있어도 자신의 의견을 고집해서는 안 된다.

### ② 주도 능력

안내자로서 해야 할 역할은 결코 자유방임적인 것은 아니며, 수동적인 자세를 취하는 것도 아니다. 전통적으로 의사는 환자가 도움을 요청할 때 치료에 임하지만, 지역사회복지실천에서 사회복지사는 도움을 청하지 않은 지역사회에 접근해야 할 뿐만 아니라 문제 해결 과정의 여러 가지 면에서 주도권을 발휘해야 한다.

사회복지사가 당면하는 가장 어려운 점은 아마도 지역사회가 냉담하고, 무질서하고, 퇴보적일 때일 것이다. 즉, 이러한 지역사회는 현상에 만족하고 변화를 원치 않으며, 변화의 가능성에 대해 완강하게 저항하기도 한다. 이러한 상황에서 사회복지사는 도움을 주거나 긴박감을 자극하고, 현존하는 문제가 주는 고통을 일깨워 주고, 더 이익이 될 수 있는 대안을 제시하는 데 있어서 주도적인 역량을 발휘해야 한다.

흔히 지역사회 욕구불만의 근원을 파헤치고, 불만이나 욕구를 자극하고, 변화를 선동하는 것은 지역사회의 안정을 해친다고 말한다. 물론 이러한 일은 지역사회에 긴장을 낳고 불안을 조장하는 게 사실이다. 그러나 주민이 자신의 처지를 개선하기 위해서는 그러한 위기를 경험하여야 한다. 다시 말하면, 이러한 상황에서만이 주민은 지역사회의 조건을 성찰하게 되고, 이를 개선하기 위한 대안을 찾게 되며, 방안을 실천하기 위해 노력하게 될 것이기 때문이다.

이러한 점에서 볼 때 사회복지사는 불만을 선동하는 데 있어서 주도권을 행사해야 한다. 그러나 선동하기 위해서는 지역사회 문화에 대한 충분한 지식이 있어야 하고, 그들의 잠재능력을 파악하여야 한다. 또 변화 후의 장래가 어떻게 될 것인지에 대한 어느 정도의 확신이 있어야 한다. 사회복지사는 잠재해 있을지 모르는 문제를 깨닫도록 자극하고, 이들을 겉으로 드러내 보이게 하여야 한다. 또한, 더욱 긍정적인 결과를 얻는 전제조건으로서 부정적인 감정을 표출케 하는 등에 있어서 주도력을 발휘하여야 한다. 그러나 이런 때에도 사회복지사는 자신의 견해를 강요해서는 결코 안 된다.

### ③ 객관적인 입장

사회복지사는 지역사회의 조건에 대해서 객관적인 태도를 보여야 한다. 한마디로 사회복지사는 지역사회를 '있는 그대로(as it is)'로 수용해야 한다. 사회복지사는 자신이 마치 우월한 처지에 있는 지역사회나 집단에서 온 것처럼 비판한다거나, 다른 지역사회와 비교하는 행동을 하여 지역사회의 사기를 떨어뜨려서는 안 된다. 즉, 사회복지사는 지역사회에 현존하는 무지, 고루한 관습이나 전통, 갈등이나 적대감, 모순된 행위 등을 으레 존재할 수 있는 것으로 받아들여야 한다.

지역사회복지실천 초기단계에서 사회복지사는 지역사회의 조건에 대해서 칭찬하거나 비난하는 등의 감정을 표현해서는 안 된다. 이는 지역사회생활에서 민감한 부분을 건드려 사회복지사 자신의 유용성을 파괴할 수 있기 때문이다. 그러나 사업을 전개하는 과정에서 사회복지사가 지역사회의 성격을 이해하고 주민을 알게 됨으로써, 그가 수용할 수 없는 점에 대해서 주민이 토의하여 개선하도록 점차 자극을 주어야 한다.

### ④ 지역사회와의 동일시

지역사회복지실천에서 사회복지사는 언제나 지역사회 전체와 함께해야 하며, 지역사회 내의 일부나 특정집단과 함께 일해서는 안 된다. 사회복지사가 지역사회 내에 있는 집단, 특히 자신의 견해에 대해 의심을 품거나 자신을 거부하려는 집단과 좋은 관계를 맺는 것은 필요하다. 그렇다고 해서 특수계층이나 집단의 이익에 관계되는 편파성을 갖는 것은 절대로 안 된다. 어떤 경우에도 사회복지사는 어느 특정사업이나 집단의 이익을 대표하는 '파당분자(派黨分子)'가 되어서는 안 된다. 예를 들면, 상류계층이나 하류계층의 이익을 옹호한다거나, 좌파나 우파에 편승한다거나, 의료 서비스의 사회화(社會化)를 주장한다거나, 보건 분야의 사영화(私營化)를 주장하는 것 등의 편파적인 견해를 취해서는 안 된다.

#### ⑤ 자기 역할의 수용

지역사회복지실천에서 사회복지사는 자신의 역할을 수용하고, 그것에 만족하는 것을 익힐 필요가 있다. 사회복지사는 자신의 행동을 자제할 수 있어야 하고, 자기가 맡은 바를 원만하게 수행할 수 있는 능력을 길러야 한다. 만약 그렇게 하지 못할 때에는 자신의 임무를 계속해서는 안 된다.

지역사회와 함께 일하는 과정에서 사회복지사는 자신의 전문적인 역할에 반하는 역할을 수행해 주기를 요청받을 때가 허다하다. 즉, 주민으로부터 그들이 해야 할 일에 대해 직접적인 해결책을 제시해 달라는 요청을 받을 수 있고, 그들이 추진해야 할 사업에 대해 직접적인 지시를 해 달라는 요청을 받을 수도 있다. 이럴 때 사회복지사는 주민에게 판단을 내려 준다거나, 어떤 방향으로 행동해야 한다고 지시를 내려서는 안 된다.

흔히 당면할 수 있는 예로, 주민은 정부 당국의 도움을 얻어 내기 위한 대표단을 구성하고, 사회복지사로 하여금 단장(團長) 역할을 맡아 달라는 요청을 할 때가 있다. 이럴 때 당신은 사회복지사로서 어떻게 할 것인가? 물론 거절하기가 매우 힘들겠지만, 특별한 경우가 아니고서는 당연히 거절해야 한다. 다만, 사회복지사는 대표단의 단원은 될 수 있고, 준비를 도와줄 수도 있으며, 그들의 움직임을 여러 가지로 지원해 줄 수는 있다. 그러나 사회복지사의 주(主)기능은 지역사회가 스스로 책임을 수용하고, 떠맡도록 도와주는 일이어야 한다.

⑥ 역할에 대한 설명

사회복지사는 자신의 역할이 지역사회에 이해되도록 설명해 주어야 한다. 지역사회가 사회복지사의 역할을 이해하고 수용하는 데는 상당한 기간이 소요될 것이다. 즉, 사회복지사가 자신의 역할에 대해서 설명해 주고, 일관성 있게 임무를 성공할 때만이 그의 역할이 충분히 이해될 수 있다. 예를 들면, 앞에서 '단장' 역할을 맡아 달라는 주민의 요청이 있었을 때 사회복지사는 왜 자신이 단장이 될 수 없는지를 설명해 주어야 한다. 또 주민의 일에 대해 자신이 결정을 내려 줄 수 없고, 올바른 행동노선을 제시할 수 없는지도 설명해 주어야 한다. 아울러 이러한 결정과 행동에서 주민 스스로가 책임을 지는 것이 지역사회를 위해서 대단히 중요하다는 것도 설명해 주어야 한다.

### (2) 조력자로서 해야 할 역할

일반적인 의미에서 조력자가 해야 할 역할이란 지역사회복지실천의 과정을 쉽게 하는 사회복지사의 역할을 말한다. 이 역할은 사회복지사가 처한 상황에 따라 다양하고 복잡하나, 다음과 같이 일반화할 수 있다.

① 불만을 집약하는 일

사회복지사는 지역사회 조건에 대한 불만을 일깨우고 집약함으로써 지역사회를 돕는다. 어떤 사람들에게는 불만이 내면화되어 표현할 수 없을 때도 있고, 또 어떤 사람들은 불만을 다른 사람에게 발산해 버릴 수도 있다. 이럴 때 사회복지사는 그들이 불만을 말로 표현할 수 있도록 도와주어야 한다. 일반적으로 불만이 말로 표현될 때는 외부 집단에 대한 적대적인 형식을 취하는 경우가 많다. 이런 경우에 사회복지사는 그들이 부정적이고 적대적인 감정을 표출하도록 도와야 한다. 이는 곧 더 긍정적인 표출을 위한 전제조건이 될 수 있기 때문이다.

조력자로서 해야 할 역할은 또한 촉매자로서 해야 할 역할이라 할 수 있다. 즉,

사회복지사는 여러 집단의 표출된 불만을 서로 연결해 주는 역할을 한다. 이를 위해 사회복지사는 다음과 같은 표현을 할 수 있다. "주민 중에는 이 동네에 아이들이 안전하게 놀 수 있는 운동장을 만들었으면 좋겠다고 하는데, 당신의 생각은 어떠하십니까?" 그리하여 점차 주민의 불만이 집약되면 그들이 이 문제를 주제로 토의할 수 있게 소집한다. 촉매자로서 사회복지사는 자신의 계획을 파는 판매원이 아니라, 주민이 자신을 성찰하고 지역사회생활에 대한 그들의 깊은 불만을 요구하게 하며, 이것을 해결하기 위해 공동의 노력을 할 수 있도록 도와준다.

이러한 역할을 수행하면 사회복지사가 경계해야 할 점으로, 지역사회가 문제를 쉽게 해결할 수 있으리라는 근거 없는 낙관을 갖게 해서는 안 된다. 이는 케이스워커가 클라이언트에게 "곧 좋아질 터이니 염려하지 마라"는 지지적인 보장을 해서는 안 된다는 것과 마찬가지이다. 사회복지사는 주민이 불만을 현실로 받아들이도록 해야 하며, 불필요한 약속으로 주민이 쉽사리 실망해 버리는 일이 없도록 주의해야 한다.

### ② 조직화를 격려하는 일

조력자로서 사회복지사가 수행해야 할 가장 중요한 과제는 지역사회 주민 대부분이 예리하게 느끼는 불만을 찾아내는 과정을 주도하고 쉽게 하는 것이다. 이를 토대로 하여 사회복지사는 지역사회 주민이 그들의 불만에 대해 서로 논의하게 하고, 불만의 우선순위를 결정하고, 이를 해결하기 위한 조직을 결성하도록 도움을 주는 것이다. 그러나 모든 것이 잘 준비되었더라도 주민은 지역사회에 따라 조직을 결성하는 데 상당한 어려움을 겪을 수도 있고, 다른 사람이나 집단과 관계를 맺는 데 두려움을 느낄 수도 있으며, 새로운 계획이나 조직체가 기존의 생활방식을 위협한다고 느낄 수도 있다.

사회복지사가 주민과 함께 조직체를 결성할 준비를 충분히 했고, 믿을 만한 관계를 유지했음에도 참여를 주저하는 사람들에게는 상당한 정도의 보증을 해 줄 필요가 있다. 따라서 조력자로서 사회복지사는 어느 정도의 지지를 주고, 어느 정도의 격려를 하고, 어느 정도의 불안을 없애 주어야 하는가에 대해 판단을 해야 한다.

### ③ 좋은 대인관계를 육성하는 일

사회복지사는 주민이 상호관계를 유지하고 협동적인 일에 참여하는 데 있어서 만족감을 갖도록 도와주어야 한다. 이를 위해서 사회복지사는 집단과 지역사회의 모임에 따뜻한 분위기를 조성해야 한다. 그는 주민에게 친절하고 우호적이어야 하며, 사소한 일에까지 관심을 보이는 사람이어야 한다. 그는 주민의 모임에서 주민이 거리낌 없이 토의할 수 있도록 회의장의 물리적·심리적 조건을 갖추어 줄 뿐만 아니라, 토의가 우호적인 분위기에서 활발하게 진행되도록 도움을 주어야 한다.

지역사회복지실천 초기단계에서 사회복지사는 주민 간에 원만한 관계가 수립될 수 있도록 교량적인 역할을 하여야 한다. 주민이 사회복지사를 좋아하고 신뢰해야만 주민은 모임에 기꺼이 참여하고, 그를 통해서 다른 사람들과 협력적인 관계를 갖게 된다. 사회복지사의 이러한 교량적 역할은 영속적일 수는 없고, 사업이 진행됨에 따라 그 책임이 주민에게 이양되도록 해야 한다.

사회복지사는 협력적인 행동에 장애가 되는 요인을 제거하는 데 힘을 써야 한다. 즉, 사회복지사는 협력적인 노력을 저해하는 집단 간의 긴장과 갈등, 이해관계 등을 이해하고 이를 없애도록 노력하여야 한다. 아주 심할 때에는 치료자적인 역할을 수행해야 할 수도 있다. 그러나 일반적인 장애요인일 때는 다음과 같은 더 간접적이고, 더 피상적인 방법으로 해결할 수 있을 것이다. 즉, ⓐ 공동의 목표나 가치를 역설하고, 지역사회 문제의 성격이 상호 간 협력이 없이는 해결될 수 없다는 사실을 강조한다. ⓑ 심한 의견불일치를 일으키는 쟁점을 명확히 해 줌으로써, 다양한 견해에 대해 모든 사람이 이해할 수 있도록 설명해 줌으로써, 위기 상황에서 객관적이고 침착하게 행동함으로써, 그리고 모든 사람이 합리적이고 최선의 판단을 내리도록 촉구함으로써 갈등을 없앨 수 있다. ⓒ 합리적인 일의 장애요인에 직접 대처할 수도 있다. 예를 들면, 사회복지사는 신경질적이고 독선적인 행동으로 말미암아 어떤 집단이나 개인, 혹은 사업 자체에 위협적인 인물을 다루기 위해 그보다 높은 위치에 있는 사람의 지원을 구할 수도 있다. 또 다가오는 모임을 위한 공동 터전을 마련하기 위해 조직체의 문제나 과정, 감정에 관해 개인적으로 만나 상당한 토의를 할 수도 있고, 말이 많은 회원에게 접근하여 곧 열릴 모임에서는 다른 사람에게 참여 기회를 줄 필요가 있다는 것을 설명해 줄 수도 있다.

#### ④ 공동목표를 강조하는 일

사회복지사는 지역사회복지실천 과정에서 모든 일이 효과적인 계획과 지역사회의 능력을 개발한다는 양대 목표에 합치되도록 도움을 주어야 한다. 지역사회조직체는 흔히 특정과업에 지나치게 몰두하여 사업이 달성하려고 하는 궁극적인 목표를 잊어버리기 쉽다. 따라서 사회복지사는 객관적인 태도를 지키면서 주민에게 장기적인 목표를 일깨워 주고, 일을 추진하는 시기의 적절성, 일과 인간의 관계, 일의 내용 등에 대해 주민에게 적절하게 질문을 던져서 관심을 촉구하여야 한다.

### (3) 전문가로서 해야 할 역할

전문가로서 사회복지사의 역할은 자신이 권위 있게 말할 수 있는 분야에서 필요한 자료를 제공하고 직접적인 충고를 하는 것이다. 이는 주로 지역사회의 과정을 쉽게 하는 조력자가 해야 할 역할과 상반되는 것은 아니다. 전문가로서 사회복지사는 지역사회조직체가 사업을 수행하는 데 필요로 하는 조사자료, 기술상의 경험, 자원에 대한 자료, 방법상의 충고 등을 제공하는 것이다. 여기에서는 객관적인 자료를 제공하고 충고하여 지역사회가 스스로 지적인 판단을 하게 도와주는 것일 뿐, 지역사회 또는 지역사회조직체가 해야 할 일에 대하여 권고하는 것은 아니라는 사실을 명심하여야 한다.

### ① 지역사회 진단

사회복지사는 지역사회를 분석하고 진단하는 데 있어 전문가로서 해야 할 역할을 수행할 수 있다. 지역사회 대부분은 자체의 구조와 특성에 대해서 아는 바가 거의 없다. 그래서 지역사회는 사회복지사에게 공동사업을 추진하는 데 심각한 장애요인이 될 수 있다. 그러나 지역사회는 주의를 소홀히 했던 자체의 어떤 특성에 대해서 지적해 주도록 요청을 할 수도 있으며, 사회사업가도 그것을 알 필요가 있다. 예를 들면, 지역사회 내에 있는 비공식적인 사회조직, 지역사회의 집단을 분리하는 어떤 세력의 성격, 어떤 종교집단의 특정의식 등은 지역사회의 협력적인 사업을 위해서 파악할 필요가 있다.

### ② 조사기술

사회복지사는 조사방법에 대한 지식과 기술을 활용하여 스스로 지역사회가 필요로 하는 조사를 계획하고 실행할 수 있어야 한다. 또 사회복지사는 지역사회에서 행해지는 조사팀에 팀원으로 참여할 수 있어야 한다.

### ③ 다른 지역사회에 관한 정보

사회복지사는 다른 지역사회에서 행해진 조사와 연구, 시범사업 등에 관해 알고 있어야 한다. 그리하여 지역사회가 자체 문제를 해결하는 데 필요한 정보를 제공해 주어야 한다.

### ④ 방법에 관한 조언

사회복지사는 지역주민이 조직을 결성하는 방법과 절차에 대해서 전문가적 지식을 가져야 한다. 조직과 절차는 일반적으로 지역사회의 관행으로부터 많은 영향을 받지만, 사회복지사는 이에 대해 상당한 조언을 해 줄 수 있다. 예를 들면, 조직의 초기단계에 모든 주요 집단이 참여해야 한다는 점, 또 지역사회에 있는 비공식집단의 지도자를 찾아내는 데는 시간이 필요하다는 점 등을 충고해 줄 수 있다.

⑤ 기술상의 정보

사회복지사는 기술적인 문제에 관한 참고자료를 숙지해서 필요할 때 제공할 수 있어야 한다. 다시 말하면, 구상 중인 어떤 사업에 관한 자료를 어디서, 어떻게, 구할 수 있는지를 알아야 한다. 이러한 자료는 도서관, 학교, 보건기관, 토목공사, 농업분야 등에서 구할 수 있다. 즉, 사회복지사는 정부기관, 민간단체, 국제기관의 자원과 이를 이용하는 방법에 대해 알아야 한다. 그리하여 이러한 활용 가능한 자원과 그러한 자원에 대한 지역사회의 욕구를 연결할 수 있어야 한다.

⑥ 평가

사회복지사는 수행하고 있는 사업에 대해 평가를 한다거나 그 사업의 과정에 대해서 주민에게 설명해 줄 수 있어야 한다. 사회복지사는 토의 내용을 객관적으로 이해할 뿐만 아니라, 상호관계의 과정과 이것이 개인과 집단에 미치는 영향에 대해서도 알아야 한다. 이러한 것들을 주민에게 그들의 관계가 손상되지 않도록, 또 상호 간의 이해를 증진할 수 있도록 설명할 수 있어야 한다.

### (4) 사회치료자로서 해야 할 역할

사회복지사는 지역사회에 따라서 치료자로서 해야 할 역할을 수행해야 할 때가 있다. 지역사회에 따라서는 공동의 노력을 심히 저해하는 금기적 사고나 전통적인 태도가 있는데, 이는 긴장을 조성하고 집단을 분리하는 요인으로 작용할 수가 있다. 이러할 때 사회복지사는 지역사회 수준에서 적절한 진단과 치료를 하여야 한다.

사회복지사는 적절한 진단을 하기 위해서 ① 지역사회 전체 또는 그 일부의 기원과 역사를 알아야 하고, ② 현재의 믿음이나 관습에 관한 사회적 근원과 믿음과 실제와의 관계를 알아야 하며, ③ 지역사회의 권력구조, 지역사회 내의 역할과 역할 간의 관계에 대해서 알아야 한다. 진단을 통해서 규명된 성격과 특성을 주민에게 제시하고, 그들의 이해를 도와주어야 한다. 사회복지사의 치료는 주민이 그러한 성격을 이해해서 긴장을 없애고, 협력적인 작업을 방해하는 요인을 제거하도록 도와주는 것이다.

### 2) 사회계획모델에서의 역할

사회복지사의 역할을 사회계획모델 측면에서 분석한 대표적인 학자로서는 모리스(Morris)와 빈스톡(Binstock), 샌더스(Sanders) 등을 들 수 있다.

#### (1) 모리스(Morris)와 빈스톡(Binstock)의 계획가

모리스와 빈스톡(1966)은 사회적 서비스를 개선하고 사회문제를 완화시키는 주요수단은 공공기관의 정책을 고치는 것이며, 이러한 목적을 달성하기 위해서 노력하는 사람을 '계획가'라고 부른다. 이들은 "계획가와 그를 고용하는 기관을 구별하는 것은 어려운 일인데, 흔히 그들의 관심, 동기, 수단이 기관의 것이기 때문이다"라고 하였다.

계획가는 자신의 모든 결정과 조치의 지침이 되는 목표를 선택하기 위해 인과관계에 관한 그의 지식을 활용한다. 즉, 계획가는 그가 원하는 방향으로 변화를 이룩하고, 그의 노력을 효율적으로 전개하기 위해서 ① 목적을 성취하는 데 있어서의 자기 영향력과 ② 그가 변화시키려고 하는 정책을 가진 기관의 저항 간 관계를 분석하고 계측하는 것이다. 이에 대해 계측을 하기 위해서 계획가는 대상 기관 내에 있는 지배세력의 주요 관심사가 무엇인가를 찾아낸다. 지배세력 집단을 찾아낸 다음에는 이들에게 영향력을 행사할 수 있는 '길(pathways)'을 검토하게 되는데, 그러한 길에는 다음과 같은 것들이 있다(Morris & Binstock, 1966).

- 책무(obligation)
- 친분관계(friendship)

- 합리적인 설득(rational persuasion)
- 의사를 찾게 하는 것(selling)
- 압력(coercion)
- 유인(inducement)

계획가는 자신이 영향력을 발휘할 수 있는 자원 중에서 주어진 상황에 가장 적절한 것을 선택하게 되는데, 그러한 자원에는 다음과 같은 것들이 있다.

- 돈과 신용(money and credit)
- 정력(personal energy)
- 전문성(professional expertise)
- 인기(popularity)
- 사회적·정치적 기반(standing)
- 정보의 통제(control of information)
- 적법성(legitimacy and legality)

계획가는 자기가 당면한 문제에 대한 분석을 토대로 이 같은 자신의 영향력을 앞에 열거한 방도에 맞게 활용하려고 한다. 만약 이 두 가지가 잘 맞지 않으면 목표를 바꾸거나, 대상 기관을 바꾸거나, 자신이 사용하는 자원을 늘리거나 하는 것 중의 하나를 택하게 된다.

이상에서 살펴본 모리스와 빈스톡(1966)의 계획가를 중심으로 한 사회계획 전략은 특히 도시 지역사회에서 주민에게 더욱 나은 서비스를 제공하기 위해 정부 기관을 상대로 하는 전문사회복지기관에서 활용할 수 있는 이상적인 전략이라 할 수 있다.

### (2) 샌더스(Sanders)의 견해

샌더스(1969)는 도시 지역사회에서 사회복지사가 '계획된 변화'를 성취하기 위해 수행하는 역할을 ① 분석가, ② 계획가, ③ 조직가, 그리고 ④ 행정가로서의 역할로 설명하고 있다.

#### ① 분석가로서 해야 할 역할

사회복지사가 계획된 변화를 이룩하기 위해서는 사실 발견과 분석을 그 전문적인 활동에서 전제조건으로 삼아야 한다. 적절한 자료를 토대로 하지 않은 일체의 계획은 성공적인 결과를 얻을 가능성이 적기 때문이다. 그러므로 전문계획단의 일원으로 활동하게 되는 사회복지사는 조사를 토대로 한 분석가의 역할을 수행하여야 한다.

사회복지사가 조사해야 하는 영역은 다음과 같다.

첫째, 사회문제와 영향을 미치는 요인에 관한 조사이다. 사회문제와 원인에 관한 조사는 많은 사회과학자의 관심 영역이다. 그러나 사회문제조사에서 사회복지사가 다른 사회과학자들과 다른 점은 사회문제를 클라이언트 측면에서 분석하려고 한다는 것과 객관적이고 분석적인 접근보다는 개선적인 접근을 시도한다는 것이다. 샌더스(1969)는 "전문사회사업교육과 계획기관에서의 직무훈련은 지역사회문제를 연구할 때 냉철하게 분석적이면서도, 개선방안을 강구할 때는 따뜻하게 열성적인 역할로 전환할 수 있는 그러한 전문가를 만들어 내어야 한다"라고 강조하였다.

둘째, 사회변화를 위한 프로그램의 과정에 관한 분석이다. 여기에서는 무엇을 개선할 것이냐 하는 내용보다는 어떻게 변화를 가져올 것이냐 하는 과정에 역점을 두는 것이다. 이러한 과정분석은 특수하고 지역적인 수준에서, 또는 일반적이고 이론적인 수준에서 수행될 수 있다. 지역적인 차원에서 분석가는 프로그램을 통해서 혜택을 받을 클라이언트 집단과 이러한 대상 집단을 효과적으로 다룰 수 있는 중개자나 변화매개자가 누구인가를 찾아내는 것이다. 또 일반적이고 이론적인 차원에서 분석가는 계획된 사회변화의 일반적인 특성을 찾아내어 주어진 프로그램에 그것의 타당성을 시험하는 것이다.

셋째, 계획을 수립하는 과정에 대한 분석이다. 여기에서는 문제를 해결하기 위한 발상이 어디에서 비롯되었고, 어떠한 과정을 거쳐 결정에 이르게 되는가를 분석하는 것이다.

넷째, 유도된 내용에 대한 평가이다. 이는 프로그램의 성과에 대해서 평가하는 것을 말한다. 효과적인 평가를 위해서 기초조사를 하고 이를 근거로 해서 프로그램이 목표를 달성하는 데 어느 정도 이바지했는가를 평가하는 것이다.

#### ② 계획가로서 해야 할 역할

계획을 수립하는 데는 기술적인 면 즉, 공간적·재정적·인사·법적·건축적인 측면이 고려되어야 하지만, 그보다는 철학적인 측면이 중시되어야 한다. 계획을 수립하면서 사회복지사가 고려해야 할 철학은 다음과 같다.

첫째, 사업계획에는 일반적으로 이에 참여하는 사람들의 철학이 반영되기 마련이다. 계획에 따라서는 인간적인 면을 무시하고 물리적인 면을 강조하는 사례를 종종 볼 수 있다. 예를 들면, 놀이터나 레크리에이션센터를 계획할 때 재정적인 면을 지나치게 강조한 나머지, 결국 이러한 시설을 이용할 사람들을 생각하지 않는 경우가 그러하다. 어떤 종류의 사업을 계획하든지 간에 사회복지사는 인간적인 측면에 관심을 가져야 한다.

둘째, 모든 사업계획은 목표를 설정해야 한다. 이러한 목표는 장차 사업 추진에 있어 성패를 평가하는 근거가 된다. 사업에 따라서는 정치적인 목표나 경제적인 목표를 추구하는 것도 있고, 또 어떤 사업은 정치적·경제적 의미를 지니지만 궁극적으로 인도주의적이고 복지적인 목표를 추구하기도 한다. 어떠한 동기에서 사업이 착수되든지 간에 사회복지사는 복지를 증진하기 위한 목표를 강조하여야 한다.

셋째, 계획 철학은 목표를 성취하기 위한 수단에도 반영된다. 예를 들면, 사업지역에서 주민을 철수시켜 재배치해야 할 때 어떠한 조처를 할 것인가, 보건서비스에서 교육과 계몽에 어느 정도 역점을 둘 것인가, 또 경찰력이나 사법권의 개입을 어느 정도로 요청할 것인가 등에 대해 사회복지사는 개인과 가정의 복지가 최대한으로 보호될 수 있는 조치를 마련하여야 한다.

넷째, 계획 철학은 계획에 관한 행정에서 어느 정도로 중앙집권적 또는 분권적 결정에 의존할 것이냐 하는 데도 반영된다. 국가와 사회에 따라서는 강력한 중앙집권적 행정을 펴기도 하고, 지방분권적 행정을 강조하기도 한다. 그러나 국가적인 계획에서 목표와 한계는 중앙정부가 설정한다고 하더라도, 지방 차원의 주도권과 책임을 허용하는 것이 바람직하다.

### ③ 조직가로서 해야 할 역할

조직가로서 해야 할 사회복지사의 역할은 계획을 수립하고, 실천과정에 지역사회의 행동체계를 적절히 참여시키는 것이다. 지역사회 내에 있는 집단이나 단체를 계획 수립과 추진에 참여시키기 위해서 사회복지사는 그들이 해야 할 역할을 분명히 해 주고, 그들이 그러한 역할을 효과적으로 수행할 수 있도록 훈련을 시켜야 한다. 특히 중요한 것은 주민의 참여 의식을 고취해 지역사회가 수립한 계획을 제도화하여 스스로 추진해 나갈 수 있도록 사기와 능력을 북돋아 주어야 한다.

### ④ 행정가로서 해야 할 역할

행정가로서 해야 할 사회복지사의 역할은 계획을 수립하고, 지역사회가 이를 수용하게 하는 과정에서도 발휘될 수 있으나, 여기서 말하는 행정가의 역할은 프로그램이 실제로 운영되고, 주민이 이것에 대해 알고 있는 반응을 보이는 단계에서 발휘된다. 다시 말하면, 계획이 추진되는 그 자체보다는 이 계획을 수행하기 위해 마련된 프로그램이나 기관의 운영에 주로 관심을 가진다. 행정가는 프로그램이 계획에서 설정한 목표를 효과적·효율적으로 달성하게 하기 위해서 모든 인적·

물적 자원을 적절히 관리해야 한다. 예를 들면, 인사문제, 사무실, 물자공급과 수송문제 등에 관심을 가질 뿐만 아니라, 지역사회 내의 다른 공·사조직과 계약을 체결한다거나 홍보를 하는 등의 역할을 수행해야 한다.

행정가로서 특히 유의해야 할 사항은 프로그램을 운영하는 규칙과 절차를 적용하면서 항상 그것이 달성하고자 하는 목표를 유념해야 하고, 지나치게 형식적인 면을 강조하지 말고 융통성을 발휘해야 하는 점이다. 프로그램을 실제로 운영하게 되면 계획 당시에 예상하지 않은 여러 가지 행정적인 문제가 발생할 수 있다. 그러므로 행정가는 이것에 능동적으로 대처할 수 있는 통찰력과 기술이 있어야 한다.

### 3) 사회행동모델에서의 역할

#### (1) 그로서(Grosser)의 견해

지역사회의 자원분배 메커니즘(mechanism)을 변경하여 지역사회 불우계층의 이익을 증대시키는 것이 도시 영세지역주민이나 기타 어려운 처지에 놓여 있는 클라이언트 집단의 복지를 위해 일하는 사회복지사의 주된 역할이라는 급진적인 견해를 가진 대표적인 학자는 그로서(1965)이다.

그는 종래의 지역사회복지실천에서 사회복지사가 서비스 수혜자의 입장보다는 서비스를 제공하는 기관이나 시설의 입장에 서서 일하는 경향이 있음을 비판하였다. 진정으로 불우계층의 복지를 증진하기 위해서는 클라이언트의 편에 서서 활동을 전개하는 것이 사회복지사의 역할이어야 한다는 견해를 피력하고 있다.

그로서(1965)는 사회복지사의 역할을 설명하기 위해서는 그가 참여하는 사업의 성격을 이해할 필요가 있다고 하였다. 그리고 다양한 이해가 혼합된 도시 영세지역에서 개발사업의 목표는 "지역사회 주민(저소득계층, 소수집단과 빈민지역 거주자)을 지역사회의 정책결정 과정에 참여시키는 것이며, 또 이들이 자신의 문제와 이를 해결하기 위한 목표를 스스로 결정하게 함으로써, 무관심과 소외를 극복하고 지역사회 자원을 재조정하는 것이어야 한다"라고 주장하고 있다.

또한, 그는 지역사회 조건에 영향을 미치는 자원(부, 지식, 사회적 지위, 공무원에 대한 접근 등)이 불평등하게 배분되어 있다고 주장한다. 그래서 도시 빈민의 이익을 증진하기 위해서는 두 가지 주요전략이 필요하다는 것이다. 그 하나는 정부 기관에 의해 제공되는 물자와 서비스를 더 많이 얻어 내기 위해 힘쓸 뿐만 아니라, 이들 서비스 제공에 따른 불공평을 제거하도록 압력을 가하는 것이다. 다른 하나는 첫 번째 전략을 성취하기 위한 수단으로서 제도적으로 무관심하고 무기력하게 사회화되어 버린 주민을 자극하고 조직화하며, 그들의 집단행동을 위한 적절한 공격목표와 전술이 무엇인가를 교육하는 것이다.

그로서가 말하는 사회복지사의 역할은 이러한 전략목표를 달성하기 위해 주민을 돕는 것이다. 따라서 사회복지사는 ① 조력자로서, ② 중개자로서, ③ 옹호자로서, 그리고 ④ 행동가로서 해야 할 역할을 수행해야 한다(Grosser, 1965). 이에 대해 구체적으로 살펴보면 다음과 같다.

#### ① 조력자로서 해야 할 역할

조력자로서 해야 할 역할은 '지역사회 주민이 자체의 욕구분석을 토대로 스스로 선정하여 추진한 사업이 외부로부터 부과된 사업보다 가치가 있고 지속성이 있기 때문에 사회복지사는 이를 가능하게 도와주어야 한다는 것이다. 그러나 그로서(1965)의 견해로는 조력자로서 해야 할 역할은 제한된 가치를 지닌 소극적이다.

#### ② 중개자로서 해야 할 역할

그래서 그로서는 중개로서 해야 할 역할이 빈민과 함께, 또 그들을 위해서 일하는 데 특히 중요하다고 말한다. 중개자 역할의 필요성은 윌렌스키(Willensky)와 르보(Lebeaux)에 의해 1958년 사회사업에 처음으로 소개되었는데, 그로서는 "사회사업에서 중개적 기능이란 주민이 필요로 하는 지역사회 자원에 접할 수 있게 자원의 소재를 밝혀 주는 데에 사회사업 활동의 대부분을 할애하는 것이다"라고 말한 이들의 견해를 존중하고 있다.

중개자로서 사회복지사는 주민이 필요로 하는 자원이 어디에 있다는 것을 가르쳐 줌으로써, 이에 접근할 수 있게 해 준다. 이는 우리가 지역사회개발모델에서 주민이 스스로 자원의 소재를 파악하도록 도와주는 전문가의 역할보다는 훨씬 적극적인 개입이라는 데에 주목하여야 한다. 그로서는 이러한 중개자로서 해야 할 역할을 집단적인 중개의 차원으로 확대하고 있는데, 이는 사회복지사가 단독적인 개입보다는 전체 주민에 영향을 주는 행정과 정책의 변화를 추구하는 것을 뜻한다.

#### ③ 옹호자로서 해야 할 역할

그로서(1965)는 자원의 소재를 알려 주는 정도의 중개자 역할은 불충분한 것으로 보고, 더욱 적극적인 옹호자로서 해야 할 역할이 불가피하다고 주장한다. 옹호자로서 해야 할 역할은 사법계에서 사용되는 용어를 빌려 온 것으로, 사회복지사는 필요한 정보를 끌어내고, 주민 처지의 정당성을 주장하고, 기관의 태도에 도전할 목적으로 지도력과 자원을 동원해야 한다. 이러한 결과로 사회복지사는 사회적 갈등에서 '파당분자'가 되며, 그의 전문적인 역량을 오로지 클라이언트의 이익을 위해서 사용한다. 그래서 조력자로서의 중립적인 입장과 중개자로서의 기능주의적 입장은 존재하지 않는다.

#### ④ 행동가로서 해야 할 역할

갈등적인 상황에서의 이러한 편파적인 입장은 사회복지사에게 중립적이거나 수동적인 자세를 거부하는 행동가의 역할을 수행하게 할 수밖에 없다. 전통적으로 문제를 가진 클라이언트에게 의사를 찾게 하고, 적십자사에 성금을 내게 하고, 학교의 학부모회를 지원하도록 권고하던 사회복지사의 중립적인 입장의 허구성을 지적하면서 그로서(1965)는 다음과 같은 과격한 주장을 편다.

- "왜 가스공급을 제대로 받지 못하는 공영주택의 임대주민들이 월세금 납부를 거부하도록 권고하지 않는가?"
- "왜 학교에 불만을 품는 학부모들이 학교 지원을 거부하도록 권고하지 않는가?"
- "왜 당연한 혜택을 받지 못하는 주민이 정부의 잘못을 바로잡게 하기 위한 수단으로 법적인 거리시위를 하도록 권고하지 않는가?"

### (2) 그로스만(Grossman)의 행동조직가

그로스만(1969)은 미국 동부와 서부 해안지역에 인접해 있는 도시에서 시행하고 있는 20개의 '사회행동 지향적인 사업'에 관해 4개월간에 걸친 탐색조사를 하고, 사회복지사의 역할에 대한 흥미 있는 결과를 발표하였다. 사회복지사의 실제적인 역할을 살펴보기 전에 조사에서 발견된 이들 기관의 공통 목표와 목표를 달성하기 위해 설정한 사회행동 프로그램의 이슈(issues)에 대해 살펴보자.

조사대상기관이 가진 공통 목표는 다음과 같다.

- 지역사회의 자조능력을 활성화한다.
- 권력구조로 하여금 기존 업무자세를 버리고, 압력을 가하는 집단(취약계층)의 요구에 더 잘 부응하는 업무활동을 하도록 하는 사회행동을 강조한다.
- 이러한 노력을 통해서 지역사회 취약계층의 영속적 또는 반영속적인 권력기반을 구축한다.

이러한 목표를 달성하기 위해 기관이 시행하는 사회행동 프로그램의 이슈는 다음과 같다.

- 사회문제적인 이슈(민권, 소비자 보호, 교육, 고용, 주택, 경찰과의 관계, 공공부조, 징집 등)
- 개념적인 이슈(더 나은 생활, 인간의 존엄성, 자신의 향락을 추구할 권리, 권력 등)

- 자조와 관련된 이슈(지역사회서비스 향상, 경제적인 자립, 새로운 사회서비스 등)
- 개별적인 사회행동(기관에 의한 개인이나 집단의 차별과 학대)
- 정치적인 이슈(선거인 등록과 후보자 지원)

이러한 이슈를 내포하고 있는 프로그램을 성취하기 위한 행동조직가의 과업을 그로스만(1969)은 ① 기술상의 과업과 ② 이데올로기적 성격을 띤 과업으로 구분하여 다음과 같이 열거하고 있다.

① 기술상의 과업

- 문제집단과 더 자연스럽게 대화를 나눌 수 있도록 자신의 문을 열어 둔다.
- 문제를 가진 집단과 진지한 토의를 한다.
- 사람들을 회합에 끌어들인다.
- 집단행동을 조직화한다.
- 빠른 승리를 얻어 내려 한다.
- 궁극적인 승리를 도모한다.
- 승리를 거둔 다음에 후속조치를 취한다.
- 사람들로 하여금 장기간에 걸쳐 관심을 잃지 않고 참여하게 한다.
- 사람들의 조직상 기술과 자신감을 증대시킨다.
- 주민으로 하여금 사회복지기관에 동일시하도록 한다.
- 지역사회로 하여금 기관의 존재를 깨닫게 한다.
- 지역사회가 기관에 대해서 신임을 갖도록 한다.
- 주민의 조직적인 행동을 장기적인 프로그램에 포함되게 한다.
- 비슷한 변화를 추구하고자 하는 다른 집단과의 관계를 쉽게 돕는다.
- 국가적인 사회행동 노력이 목적을 성취할 수 있도록 돕는다.
- 주민이 그들의 관심사라고 말하는 바를 달성하기 위해 투쟁하도록 한다.

- 집단구성원들의 생활에 괄목할 만한 변화가 일어나도록 한다.
- 사회행동을 통해서 주민에게 정치적인 기술을 가르친다.
- 남부지방에서 흑인민권운동이 내세웠던 것 같은 '대의'를 개발하도록 돕는다.

### ② 이데올로기적 성격을 띤 과업

- 체제의 실상을 드러내게 한다. 즉, 위선, 이율배반, 엘리트 지배 등이 계속 노출되게 유도한다.
- 주민의 사회행동에의 참여가 스스로 유익하게 받아들이도록 한다.
- 기존 권력구조를 해치고 불안정하게 한다.
- 예산이 과다하게 책정되도록 하여 정부재정 부담으로 자본주의가 붕괴하도록 한다.
- 지역사회에 계속해서 긴장을 조성한다.
- 주민이 매체에 대해서 분노를 하도록 체제의 운영에 실패를 낳게 한다.
- 주민의 정치적 의식을 증대시킨다.
- 주민이 스스로의 생활에 관한 통제능력을 키우도록 한다.
- 사회복지기관의 힘을 키운다.

그로스만(1969)은 사회행동을 지향하는 기관의 사회복지사들이 실제로 수행하는 과업을 이상과 같이 찾아내었다. 여기서 기술상의 과업은 거의 모든 사회복지사가 수행하고 있으며, 이데올로기적 성격을 띤 과업은 일부의 과격한 사회복지사들이 수행하고 있다고 지적하였다.

• CHAPTER 08 •

# 지역사회복지실천에서 사회복지사의 기술

학/습/목/표

- 지역사회복지실천에서 활용할 욕구사정과 옹호/대변 기술을 습득한다.
- 지역사회복지실천에서 활용할 연계와 조직화 기술을 습득한다.
- 지역사회복지실천에서 활용할 자원개발/동원과 계획 및 프로그램 기술을 습득한다.
- 지역사회복지실천에서 활용할 임파워먼트와 교육 기술을 습득한다.

## 1. 지역사회 욕구사정 기술

### 1) 욕구사정의 목적과 초점

지역사회복지실천가는 지역사회의 문제 확인과 원인에 대한 사정을 통해 지역사회구성원과 함께 활동을 수행하여야 한다. 지역사회 문제해결모델에서 중요한 두 가지 요소는 문제 확인과 사정이라 할 수 있다.

시겔 등(Siegel et al., 2001)은 욕구확인과 사정이라는 개념을 구분하여, 욕구확인은 지역사회에서 어떤 문제나 욕구를 가지고 있는가를 파악하는 것이며, 욕구사정은 이러한 욕구 중에서 상대적인 중요성 즉, 욕구의 우선순위를 결정하는 데 목적이 있다고 하였다. 이러한 개념 구분이 유용하지만, 욕구사정의 개념에는 욕구확인이 선행되어야 가능하므로 여기서는 욕구사정이라는 용어를 사용한다.

한편, 임상사회사업에서는 사회복지사가 독자적으로 클라이언트의 문제와 욕구를 확인하면서 상담을 수행하지만, 지역사회복지실천에서는 욕구사정이 더욱 복잡하다. 사회복지사는 욕구사정 과정에서 지역사회 주민과 구성 집단, 지역사회 지도자 등을 참여시키기 위해 조사기법과 상호관계의 다양성을 활용해야 한다. 또한, 사회복지사는 질적 혹은 양적 조사방법을 사용하여 지역사회 주민과 지역사회집단의 문제와 관점, 문화 따위를 이해하기 위해 노력하여야 한다.

일반적으로 욕구사정은 지역사회 주민에게 어떤 서비스가 필요한지를 결정하기 위해 수행된다. 지역사회복지실천 과정에서도 욕구사정은 중요한 의미를 지닌다. 왜냐하면, 지역사회복지실천가가 사업을 수행하기 전에 대상 집단 혹은 지역사회 주민이 어떤 서비스를 원하고 필요로 하는가를 파악해야 하며, 이의 해결을 위해 필요한 사업 내용을 결정하거나 프로그램을 개발하는 경우가 많기 때문이다.

지역사회복지실천에서 욕구사정은 지역사회의 다양한 이슈와 문제를 포괄해야 하며, 다양하고 다른 자료수집 방법으로 이루어지기 때문에 욕구사정에 대한 방법론에 대해 정확히 이해하여야 한다. 욕구사정은 특정 지역사회집단을 목표로 할 수 있고, 지역사회 주민, 서비스 전문가, 기업가, 성직자, 지도자 따위를 광범위하게 포함하므로 그들의 관점과 특성, 문화 따위를 이해하여야 한다. 따라서 욕구사정이란 지역사회복지실천 활동을 수행하기 위한 예비적인 안내 역할로서 의미를 지니고, 조사방법론과 지역사회 특성, 지역사회구성원의 특성을 파악하는 것이다. 욕구사정의 목적과 초점을 살펴보면 다음과 같다(Hardina, 2002).

- 지역사회 주민, 서비스 전문가, 다른 핵심 인사의 인식 즉, 어떤 서비스가 필요한가에 초점을 두고 있으며, 지역사회에 영향을 미치는 사회문제를 확인하고 문제 해결의 우선순위를 결정하는 데 주안점을 둔다.
- 욕구사정의 초점은 서비스의 이용 가능성, 서비스체계의 조정, 서비스의 차이, 서비스의 접근 가능성 등이다. 특히 서비스의 차이에 대한 분석이 요구되며, 접근 가능성에 대한 사정은 지역사회 주민이 서비스를 쉽게 찾을 수 있고

접근할 수 있는가를 조사하는 데 있다. 접근 가능성은 위치, 대중교통수단의 이용 가능성, 주차시설, 운영시간, 서비스 비용, 서비스에 대한 대기시간, 신청의 용이성과 처리기간 따위에 의해 제약을 받을 수 있다.

### 2) 욕구사정에서 고려해야 할 사항

오정수와 류진석(2012)은 욕구사정에서 고려해야 할 사항을 다음과 같이 제시하고 있다.

- 정보와 이용 가능한 자원에 대한 파악이다. 어떤 자료에 기초하여 지역사회 문제나 주민의 욕구를 확인·추산할 것인가를 결정하여야 하며, 원하는 자료를 손쉽게 수집하는 방법은 무엇이며, 자료의 정확성과 유용성 등 지역사회에 대한 정보 문제에 대해 고려하여야 한다. 그리고 자원의 이용가능성, 자료수집의 비용, 바람직한 정보를 수집하는 데 자원의 이바지 정도 따위를 포함하여야 한다.
- 현재 이용 가능한 서비스가 지역사회 문제 혹은 욕구를 포괄하고 있는가 판단해야 하며, 자료수집 방법과 욕구사정의 내용 관련 지역사회가 어느 수준에서 허용할 수 있는지도 고려하여야 한다.
- 욕구사정은 자료수집과 분석을 통해 공식적이고 체계적인 접근을 해야 한다. 공식적인 욕구사정은 인터뷰, 설문조사, 통계자료 따위를 통한 자료 분석을 사용하며, 문제분석을 위해 다양한 관점에 입각한 접근과 방법론을 적용하여야 한다. 다양한 자료원에서 수집된 자료는 욕구사정의 신뢰도를 높일 수 있고, 지역사회 문제를 더욱 정확하게 확인할 수 있다. 욕구사정이 수렴적 분석으로 불리듯이, 다양한 자료수집 방법으로 얻은 정보를 종합하고 통합하여 최종 분석이나 결정이 이루어져야 한다.

- 욕구사정 방법을 선택하는 데 있어서 조사방법과 조사 수행시간, 실제 수행하는 데 필요한 자원, 지역사회구성원의 포함 여부에 대한 실천가의 정향 따위를 고려하여야 한다.

### 3) 욕구사정에서 사용되는 질문 유형

욕구사정에 사용되는 질문은 크게 지역사회 주민의 욕구와 제공되는 서비스를 중심으로 이루어진다. 여기에서는 ① 지역사회에 대한 관점, ② 서비스 욕구에 대한 관점, ③ 지역사회 욕구에 대한 서비스 제공자와 핵심 정보 제공자의 관점, 그리고 ④ 지역사회 자산에 대한 관점 따위로 분류하고, 각 관점에서 사용되는 질문의 예는 다음과 같다(Hardina, 2002).

#### (1) 지역사회에 대한 질문

- 개인과 집단이 어떤 사회문제를 경험하고 있는가?
- 사회문제가 어떻게 처리되고 있는가?
- 사회문제를 해결하기 위해 지역사회구성원은 어떤 행동을 취하고 있는가?
- 사회문제를 해결하기 위해 정부는 어떤 행동을 취하고 있는가?
- 사회문제를 해결하기 위해 지역 기관은 어떤 행동을 취하고 있는가?

#### (2) 서비스 욕구에 대한 질문

- 사회문제를 해결하기 위해 제공되는 서비스가 있는가?
- 지역사회구성원이 확인된 문제를 해결하기 위해 서비스의 필요성을 느끼고 있는가?
- 사회문제를 해결하기 위해 지역사회구성원이 이용할 수 있는 서비스가 있는가?
- 이러한 서비스가 지역사회구성원에게 접근 가능한가?

- 이러한 서비스를 받지 못하는 지역사회구성원이 있는가?
- 어떤 서비스가 부가적으로 제공되어야 하는가?

### (3) 지역사회 욕구에 대한 서비스 제공자와 핵심 정보 제공자의 관점

- 지역사회구성원에게 필요한 서비스의 형태는 무엇인가?
- 현재 지역사회조직을 통해 제공되는 서비스는 무엇인가?
- 비교할 수 있는 서비스가 한 개 이상의 조직에서 제공되고 있는가?
- 이러한 조직의 일부에서 전문화되고 특화된 서비스가 제공되고 있는가?
- 이러한 서비스가 지역사회구성원의 욕구를 충족할 만큼 적절한가?
- 이러한 서비스가 지역사회구성원에게 접근 가능한가?
- 이러한 서비스를 받지 못하는 지역사회구성원이 있는가?
- 어떤 서비스가 부가적으로 제공되어야 하는가?
- 어떻게 서비스가 조직 간 조정되고 있는가(예컨대 자원의 공유, 의뢰, 사례관리, 공동 위치 등에서)?
- 서비스체계를 전체로 볼 때, 제공되지 않는 서비스는 무엇인가?

### (4) 지역사회 자산에 대한 관점

- 지역사회구성원의 기술과 자원은 무엇인가?
- 어떤 조직과 기관이 지역사회에 있는가? 어떤 자산이 이러한 조직과 관계가 있는가?
- 지역조직 간 연계되고 있는 것은 무엇인가? 연계 내용이 조직화 과정에서 어떻게 활용되고 있는가?
- 조직화 과정을 증진하는 데 이용할 수 있는 지역사회 외부의 자원은 무엇인가?

## 2. 옹호/대변 기술

옹호/대변 기술은 지역사회의 클라이언트가 정당한 처우나 서비스를 받지 못하는 경우에 활용되며, 표적집단에 대하여 강력한 영향력이나 압력을 행사하는 것을 포함한다. 옹호자는 클라이언트의 이익을 위해 전문적인 대변인이나 대리인으로서 활동한다. 따라서 옹호기술은 기대하는 변화를 달성하기 위하여 표적집단과의 갈등이나 대결을 결의하기도 한다.

지역사회복지실천 분야의 실천가는 옹호/대변 기술의 이러한 성격 때문에 옹호/대변 기술의 사용을 기피하기도 한다. 그러나 갈등이나 대결을 결의하는 옹호/대변 기술의 적극적인 활용 과정에서는 미시적 실천과정에서와 마찬가지로 지역사회복지실천가의 사려 깊고 훈련된 자아를 사용하는 것이 필요하다. 옹호기술의 실제 과정은 옹호활동의 계획, 문제의 정의, 목표의 설정, 표적 정하기, 옹호를 위한 재가의 획득, 개입 수준 결정, 개입전략 실행, 결과 평가 등 일련의 과정으로 이루어진다(Rothman & Sager, 1998).

## 3. 연계 기술

연계 기술은 지역사회 내 구성원 간 관계를 강화함으로써 연계망이라 일컫는 사회적 자산을 형성하는 것이다(Rubin & Rubin, 2001). 사회연계망은 개인 간 접촉 통로 혹은 연결망으로서 교회, 부모-교사회, 헬스클럽, 동료, 이웃 등 다양한 조직과 관련되어 있다. 더 중요한 사실은 사회복지사의 지역사회복지 활동을 지원하는 연계망은 조직화 기술의 결과로서 나타난다는 점이다.

조직화의 중요한 과제는 기존에 존재하는 사회연계망을 발견하고, 그것에 추가하여 사회적 지지를 위한 공동체를 만들어 가는 것이다. 그렇게 함으로써 사람들은 서로를 원조할 수 있는 이웃이 함께하고 있음을 발견하게 되며, 이것이 지역사회와 사회적 변화 활동에의 참여를 촉진한다.

## 4. 조직화 기술

조직화 기술은 지역사회복지실천에서 가장 기본적인 기술로서 지역사회 전체 혹은 일부 집단을 하나의 역동적인 실체로 만들어 나가는 과정에서 활용된다. 지역사회 내에는 무력감이나 구성원 간의 인간적인 갈등과 긴장이 존재하기도 한다. 조직화에서 가장 어려운 과제 중의 하나는 구성원과 리더 사이에 내적 갈등이 있을 때 이들의 관계를 조율하는 작업이다.

조직화에서는 대인관계 기술이 중요하며, 다른 사람이 말하는 것을 이해하고 중요한 쟁점을 파악하는 능력을 가져야 한다. 조직가는 지역사회구성원의 생각을 이해하기 위하여 그들을 방문하고 그들의 불평과 제안을 듣기도 하며, 모임을 주선하여 생각과 관심을 나누기도 한다. 또한, 조직가는 사람들이 정직하고 개방적인 태도로 이야기할 수 있도록 격려하고 대화 내용을 이해하고, 그 의미를 파악할 수 있어야 한다.

이러한 대화의 경청기술은 다문화의 상황이나 성(gender)과 관련된 쟁점을 다룰 때 특히 중요한데, 서로 다른 문화적 배경을 가진 사람들 혹은 남녀는 서로 다른 방식으로 정보를 교환하기 때문이다. 어떤 집단의 사람들은 간접적인 방식으로 대화하기를 좋아하지만, 다른 어떤 집단의 사람들은 직접적이고 단도직입적으로 이야기하기를 좋아한다. 또한, 여성은 남성보다 간접적으로 의사소통하는 것을 선호한다(오정수·류진석, 2012).

일반적으로 조직가는 위와 같은 기술을 수행하면서 다음의 네 가지 보조적인 기술을 사용한다(Rubin & Rubin, 2001).

- 조직가는 사람들이 어떤 문제에 대하여 행동을 취하도록 촉매자로서의 임무를 수행한다.
- 조직가는 지역사회의 사람들이 그들의 문제를 해결할 수 있는 능력을 개발하도록 도움을 제공하는 교사의 임무를 수행한다.
- 조직가는 촉진자로서 정보를 제공하고 조직의 중요한 과업을 다루어 나간다.
- 조직가는 연결자로서 지역사회와 외부 세계의 연결고리를 구축하여 외부 지지자에게서 정보와 지식을 얻어 낸다.

## 5. 자원개발/동원 기술

자원개발/동원 기술은 지역사회 내의 문제를 해결하는 데 현존하는 자원만으로는 불충분하여 자원개발/동원이 필요한 외부의 극적인 사건이 발생한 상황에서 활용된다. 다양한 자원개발/동원기술은 ① 기존의 집단이나 조직체를 활용하는 방법, ② 다수의 개인으로 하여금 직접 참여를 촉진하는 방법, 그리고 ③ 개인으로 구성된 사회 네트워크를 활용하는 방법 등이 있다(Rubin & Rubin, 2001).

### 1) 기존의 집단이나 조직체를 활용하는 방법

자원개발/동원을 위한 가장 신속한 방법으로서, 지역사회 내의 교회 같은 종교기관, 노조, 청소년집단 등 조직체를 대상으로, 그 조직체의 지도자로 하여금 구성원이 특정한 사회적 쟁점을 위한 활동에 참여하도록 요청하는 것이다. 그러나 지역사회 내에 경쟁적인 소수집단이나 종교집단이 있는 경우에는 어떤 집단이나 조직을 자원개발/동원의 기반으로 할 것인가를 선택하는 데서 어려움이 있을 수 있다. 또한, 일부 집단의 리더와 다른 집단의 리더 간에 경쟁적인 상황이 발생하기도 한다. 조직가는 자원개발/동원을 위한 연합활동에서 이러한 상황이 발생하지 않도록 적절한 기술을 사용하여야 하며, 지역사회 내 집단 간의 장기적인 연합이 어려운 경우에는 사례에 따라 일시적인 연합의 기술을 활용할 수도 있다.

### 2) 다수의 개인으로 하여금 직접 참여를 촉진하는 방법

개인의 직접 참여를 통한 자원개발/동원 기술은 개인과의 직접적인 접촉을 통하여 이루어진다. 이러한 활동은 우편물의 발송, 지역사회 내에서의 가정방문, 공공장소에서의 대화 등을 포함한다. 이러한 개발/동원 기술의 핵심은 개인으로 하여금 필요한 활동에 참여하도록 설득하는 것이다.

### 3) 개인으로 구성된 사회 네트워크를 활용하는 방법

네트워크를 통한 자원개발/동원은 직장, 혈연, 기타 사회활동 등을 통하여 이미 서로 알고 있는 사람들의 연대를 활용하는 방법이다. 사람들은 이미 자신이 속해 있는 네트워크의 구성원이 관여하거나 관심을 두고 있는 문제에 대하여 행동을 취할 가능성이 높다. 조직가는 네트워크의 오피니언 리더(여론 주도자)를 통하여 지역사회 활동에의 참여를 촉진하는 메시지를 전달하고 구성원 내의 상호 간의 영향력을 통하여 자원개발/동원이 이루어지도록 한다.

## 6. 계획과 프로그램 기술

계획과 프로그램 기술은 사회서비스를 생산하는 지역사회복지조직이 지역사회에 필요한 재화와 서비스를 제공하는 활동과 관련되어 있다. 지역사회복지기관이 제공하는 사회서비스에는 아동, 노인, 장애인 등을 위한 사회복지서비스, 지역사회 주민을 위한 보건, 교육, 주택 서비스 등이 포함된다. 지역사회 계획과 프로그램 기술은 지역사회 문제와 주민 욕구에 대한 분석 기술, 문제 해결과 욕구충족을 위한 다양한 대안의 모색, 선택된 대안으로서의 프로젝트와 프로그램의 단계별 실행 기술, 프로젝트와 프로그램 관리와 평가를 위한 기술로 구성된다. 또한, 프로젝트와 프로그램의 재정조달을 위한 준비로서 프로포절 작성 기술이 필요하다.

## 7. 임파워먼트 기술

임파워먼트 기술은 두 가지 차원에서 활용된다. 그 하나는 현상을 타파할 수 있는 능력에 관한 개인의 신념을 향상하는 것이며, 다른 하나는 지역사회의 집합적인 목표를 달성하기 위하여 지역사회 집단의 능력을 향상하는 것이다(Rubin & Rubin, 2001).

개인적 임파워먼트를 형성하는 과정에서 첫 번째 과업은 의식의 향상이다. 의식의 향상은 그들이 공유하고 있는 지역사회 문제의 희생자라는 인식에서 출발하여 대화와 억압적 경험의 나눔을 통하여 이루어지며, 나아가 그들이 경험하는 문제가 개인적인 차원이 아닌 사회적인 차원이며, 그들 자신이 문제의 원인이 아님을 인식하면서 이루어진다. 이러한 의식의 향상은 개인적 무력감을 분쇄하며, 집합적인 행동으로 나아가는 출발점이다.

임파워먼트의 다음 단계는 자기주장이다. 사람들은 공적인 형태로 자기주장을 행하며, 조직가는 그들의 자기주장을 격려하고 그들의 목소리를 발견하도록 도와준다. 그 다음 단계는 그들의 쟁점이 공공의 어젠다가 되게 하는 것으로, 공공의 데모나 캠페인을 통하여 개개인은 그들의 목소리를 획득하고 더욱 강화된 권한을 행사할 수 있게 된다. 이러한 권한의 향상은 참여의 확대, 법적인 조치, 힘의 행사 등으로 나타난다.

개인적 임파워먼트는 개인의 능력에 관한 신념의 향상을 중요시하며, 집합적인 임파워먼트는 구성원 상호 간의 책임을 인식한다. 또 그렇게 함으로써 미래의 행동을 위한 자원으로써 사회자본을 만들어 나가는 과정을 중요시한다. 사람들은 집합적 행동을 통하여 그들이 지역사회 전체와 구성원 상호 간에 책임을 진 존재라는 것을 이해하게 된다. 이렇게 하여 강화된 연대는 지역사회 자산의 일부가 된다. 다수의 참여를 통한 집합적인 활동과 과업의 수행으로 구성원은 그들의 능력에 대한 자신감을 느끼게 되며, 새로운 기술을 발전시키고 자신들과 지역사회의 능력에 대한 확신을 얻는다. 지역사회의 공동 활동은 지역사회의 사회자산을 확대하고, 이는 미래의 지역사회 프로젝트 수행과 향상을 가능하게 한다(오정수·류진석, 2012).

## 8. 지역사회 교육 기술

지역사회 교육 기술은 지역사회와 주민에게 정보를 제공하며, 기술을 가르치는 일이다. 이를 효과적으로 수행하기 위해서는 무엇보다 많이 알아야 하며, 정보를 명확히 전달하고 이해시키기 위해 의사소통을 잘하는 것이 중요하다. 지역사회 교육 기술은 지역주민의 상담 기능을 수행한다. 지역주민의 관심사에 관련된 다양한 행사를 계획하고 시행한다. 또한, 지역사회 교육 기술은 지역사회 실정에 맞는 교육과정으로 지역사회 개발에 선도적 역할을 담당하고, 다양한 교육 프로그램으로 지역주민의 능력을 개발한다. 그리고 지역사회 문제 해결에 신념을 갖도록 하며, 지역주민 상호 간에 대화를 촉진하고, 지역 연대감을 향상한다.

• CHAPTER 09 •

# 지방자치와 지역사회

학/습/목/표

- 지방자치제의 개념과 본질을 이해한다.
- 지방자치제의 가치와 사회복지적 성격을 이해한다.
- 지역사회복지에서의 주민참여 의의와 형태를 이해한다.
- 지역사회복지 전달체계의 문제점을 파악하고, 개선방안을 제시할 수 있다.

## 1. 지방자치와 지역사회복지

### 1) 지방자치제의 본질과 가치

지방자치란 일정한 지역을 기초로 하는 지방자치단체나 일정한 지역의 주민이 중앙정부로부터 상대적인 자율성을 가지고, 그 지방의 행정 사무를 자치 기관을 통하여 자율적으로 처리하는 활동을 말한다. 다르게 표현하면, 지방자치는 민주주의와 지방 분권을 기반으로 하는 행정 형태로, 일정한 지역을 기초로 하는 단체나 일정한 지역의 주민 자신이 선출한 기관을 통하서 그 지방의 행정을 처리하는 제도를 말한다.

그러므로 지방자치제가 성립되려면, ① 중앙정부로부터 독립된 자치권이 있는 지방자치단체가 있어야 하고, ② 지방자치단체의 행정 사무가 지역주민의 참여를 통해 이루어져야 한다는 두 요소가 필요하다(김형배, 1988). 이는 권력의 수직적 분권으로 권력이 필요 이상 강해지는 것을 방지하는 지방분권사상(조창현,

1988)과 "나라의 주인은 국민이며, 그 국가와 권력은 국민한테서 나온다"라는 민주주의 사상(민주쟁취국민운동 서울특별시본부, 1988)에 그 이론적 기초를 두고 있다.

### (1) 지방자치제의 본질

지방자치제는 "지역의 문제를 지역주민이 스스로 처리하고 다스린다"라는 자기 통치의 원리를 담고 있다(민주쟁취국민운동 서울특별시본부, 1988). 따라서 지방자치제의 원시적 형태는 국가 성립 전의 단계에서 그 원형을 찾아볼 수 있으나 근대적 의미의 지방자치는 통일국가의 출현과 함께 성립한다. 즉, 근·현대적인 통일국가 안에서 중앙정부 단독으로는 국정 전반을 모두 처리할 수는 없으므로 일정한 지역의 주민이 자치적인 단체를 조직하고, 일정한 사항에 대해 국가의 권력 지배로부터 상대적으로 독립하여 자치권을 행사하도록 국가가 자치단체와 자치권을 인정할 때 지방자치제는 그 의미가 있게 된다(김형배, 1988).

이러한 지방자치제에 대한 견해는, ① 지방정부와 주민과의 관계라는 측면에서 지방행정에서의 주민참여를 중요시하고, 자치권을 주민이 인정한 것으로 간주하는 민주주의의 원리에 입각한 주민자치의 시각과, ② 주민이 조직한 지방자치단체와 국가와의 관계라는 측면에서 자치단체로서의 자치권을 중요시하고 자치권을 인정한 주체를 중앙정부로 간주하는 지방분권의 권리에 입각한 단체자치라는 시각이 결합되어 있다(최창호, 1988).

주민자치와 단체자치는 개념상 강조점의 차이는 있으나 대립되는 관계가 아니라 서로 의존적이고 보완적인 관계에 있다. 즉, 단체자치라는 수단을 통하여 지방자치제의 본질적 요소인 주민자치를 실현하는 것이다. 이를 그림으로 그려 보면 [그림 9-1]과 같다.

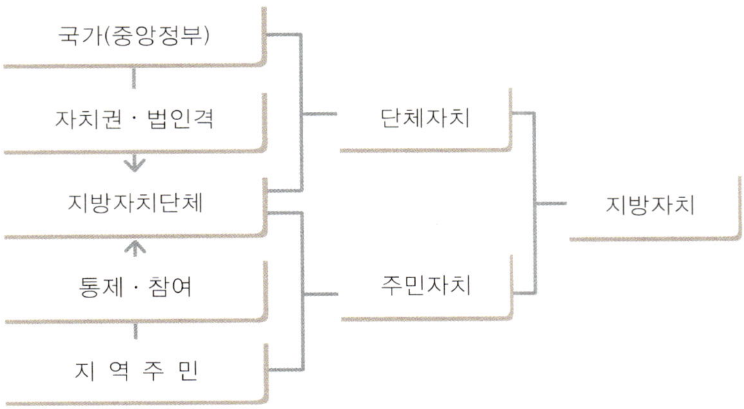


[그림 9-1] 지방자치의 두 가지 측면

자료: 김형배(1988), 지방자치론, p. 43을 재구성.

### (2) 지방자치제의 가치

지방자치제의 가치를 전통적 가치와 현실적 가치로 나누어 살펴보면 다음과 같다(김형배, 1988).

#### ① 지방자치제의 전통적 가치

지방자치제의 전통적 가치는 정치적 측면과 행정적 측면의 두 가지로 구분될 수 있다. 정치적 측면에서의 가치는, 첫째로 지역주민의 주체적 활동을 토대로 하기에 지방행정의 민주화를 보장하고 민주정치의 기초가 되며, 둘째로 국민이 자치능력과 민주주의적 양식을 배우고 훈련하는 민주주의 학교의 역할을 하며, 셋째로 국가 권력의 비대화·전제화를 통제하며, 넷째로 중앙정부의 정권 교체와 기타 정국의 급격한 변동에 따른 행정상의 혼란이 지방에 급격히 미치는 것을 방지하는 역할을 한다.

행정적 측면에서의 가치는, 첫째로 지역적 특수성에 알맞은 행정 집행을 가능하게 하여서 지역주민의 감정을 만족하게 해 주는 동시에 선의의 경쟁을 통한 지역 발전에 이바지하며, 둘째로 지역을 단위로 시행되는 정치·행정이기 때문에 지역적 창의성이 발휘될 수 있고, 결과적으로 지역적 실험 효과가 있으며, 셋째로 중앙과 지방이 행정 기능을 적절히 분담함으로써 행정의 효율성 향상을 가져오며, 주민과의 밀접한 관계 속에서 행정을 수행하므로 담당자들은 최선을 다하게 되어 인력과 경비의 절감을 기할 수 있다.

#### ② 지방자치제의 현실적 가치

지방자치제의 현실적 가치는 민주와 자율의 바탕 위에서 모든 사람의 책임과 역할 분담이 강조되는 지방자치행정을 통해서 지방시대의 다양하고 고급화된 욕구를 수용할 수 있는 가장 효과적인 정치라는 점이다. 결국, 지방자치는 국가통치기구의 하나로서 중앙정부와 더불어 복지사회의 구현이라고 하는 공통의 목적을 촉구한다고 하겠다. 이렇게 볼 때 지방자치단체는 전체로서의 국가 행정에 대하여 중앙정부와 더불어 분담과 협동의 관계에 있으며, 관료 행정의 결점을 보완하면서 지역 실정에 알맞은 행정을 전개하여 지역주민의 복지증진에 이바지한다.

### 2) 지방자치제 시행과 지역사회복지

지방자치제 시행은 정치적·행정적 변화뿐만 아니라 지방의 경제·보건·복지·교육·사회관계 전반에 걸친 변화를 필연적으로 수반하게 된다(최일섭, 1988). 따라서 여기에서는 지방자치제 시행이 지역사회복지에 미칠 영향에 대한 학자들의 견해를 살펴보고자 한다.

최일섭(1988)은 지방자치제 시행으로 지방정부와 지역사회 주민은 자기가 거주하는 지방의 복지에 대한 책임의식을 갖게 되고, 주체적으로 참여할 기회를 갖게 되기 때문에 지역사회복지를 활성화하는 좋은 계기가 된다고 전망하고 있다. 원석조(1987)는 지방자치제가 시행되면, 지역주민의 참여가 제도화되고 지방의회를 통한 지역주민의 발언권이 강화됨에 따라 지방정부는 지역복지에 관심을 두지 않을 수 없게 되어, 지역복지의 수준이 향상될 것이라고 전망하고 있다. 결국, 이러한 논의를 종합해 보면, 지방자치제를 시행하면 관심의 초점이 중앙에서 지방으로 이양되고 지역주민의 참여의식이 높아지ㄸ, 자치권이 인정되기 때문에 지역복지는 활성화되고 향상될 것이다.

### 3) 지방자치제의 사회복지 성격

#### (1) 지방정부의 지역사회복지 방향

앞에서도 말하였지만, 지방자치는 일정한 지역공동체의 주민이 자치단체에 참여하여 지역의 공동사무를 자기 책임하에 스스로 혹은 대표자를 통하여 처리하는 정치적 분권화 제도를 말한다. 따라서 지방자치는 개인의 권리와 자유의 신장, 주민 복지의 증진, 자원의 효율적 배분 등의 긍정적 기능을 수행하게 된다. 지방자치는 공공활동 부문에 대한 주민의 직·간접적인 참여를 늘어나게 하고, 중앙과 지방정부 간의 관계 변화를 가져오게 하며, 주민복지의 내용과 강조점 변화, 공공서비스 공급체계의 변화, 지역 갈등 해소에 도움이 될 수 있다(임성일, 1994; 이재완, 2004).

그러나 지방자치는 자원분배를 둘러싼 갈등, 사회적 형평성의 문제, 지역이기주의(NIMBY)[41] 등의 부정적 양상을 나타내기도 한다(송정부, 1997; 이재완, 2004).

41) 자신의 지역에 이로운 것은 기를 쓰고 찬성하면서, 공익에 부합하는데 자신의 지역에 이롭지 못한 것은 반대하는 현상을 말한다. 전자를 핌피(PIMFY)라고 하고, 후자는 님비(NIMBY)라고 한다. 지역주의가 심한 나라라면 어디서든 찾아볼 수 있지만, 정부에 대한 불신이 강해지면 그 강도가 더욱 심해져 협상 자체를 거부하려는 상황에까지 이르기도 한다. 이러한 현상은 시설이 가지는 악영향에 따른 주민의 생존권, 환경권 침해(화장장 등 영향이 크든 작든 사실관계는 그다지 중요하지 않다)나 소유재산(땅, 집, 상가)의 가치하락 등에 있다. 근래에 와서는 이러한 가치하락에 더욱 민감한 듯하다. 반대로 이득이 되는 경우는 정반대의 현상이 벌어진다. 아이러니하게도 시대가 지날수록 이러한 님비, 핌피 대상에 변화가 생긴다. 과거 핌피에 해당하였던 역이나 버스 터미널은 시설의 규모, 고급화 정도, 교통의 발달과 자동차의 보급 등으로 님비목록에 들어가기도 한다. 대표적인 사례로, 10여 년 전까지 핌피였던 도시철도 시설이 최근 님비에 들어가는 고가시설물(미관훼손, 일조권침해, 상권 악영향 등)로 말미암아 지하선로인 도시철도는 핌피에, 고가선로인 도시철도는 님비에 들어가는 것이다.

또한, 지방자치제를 시행하게 되면 지방정부의 사회복지 성격과 방향을 국가복지의 기본들과 지역복지 환경을 반영한 지역복지와 어떻게 상호 융합시킬 것인가 중요한 문제가 제기된다. 즉, 사회복지서비스는 지역 수준에 적합한 서비스를 공급해야 하며, 최저한의 생활 영위에 필요한 수준의 서비스를 제공해야 하는 성격을 갖고 있기 때문이다(이재완, 2004).

이재완(2004)은 "지역복지의 충실을 기하기 위해서는 중앙정부에서가 아닌 기초지방자치단체의 역할이 증대되어야 하나, 지방자치의 현실은 복지에 대한 중앙정부의 책임을 단순히 지방정부로 위임하는 정도로 나타나고 있다. 이는 국가복지의 문제를 지방정부 수준으로 확산하는 것에 불과하다. 따라서 지방분권적 복지정책의 틀이 마련되어야 한다"라고 문제 제기하고 있다.

그동안 중앙정부 차원에서 국민에게 문화적인 최저한의 생활을 영위하고 기본적 인권을 보장하는 것을 내셔널 미니멈(national minimum)이란 기준으로 설정하여 왔다. 또 일본의 학자들은 일반시민의 최저한의 생활을 영위하도록 하는 개념으로 시빌 미니멈(civil minimum)이란 용어를, 일부 학자는 소규모 지역 내에서 최저한의 생활을 영위하는 개념으로 리저널 미니멈(regional minimum)이란 용어를 사용하여 왔다. 그러나 앞으로 우리나라의 지역사회복지 수준을 개선해 나가기 위해서는 지방정부 차원에서 기본적으로 인권을 보장하고 문화적인 최저한의 생활을 영위하는 지역(community) 미니멈이라는 새로운 미니멈 개념 설정도 필요하다. 여기서 말하는 지역 미니멈은 한국적인 지역사회복지를 실천하는 과정에서, 지방정부 차원에서 지역주민의 문화적인 최저한의 생활 영위와 기본적 인권을 보장하는 것을 뜻한다(김범수·신원우, 2006, 2013).

### (2) 지방분권의 긍정적 측면

사실 진정한 의미의 지방분권화는 중앙집권화에서 나타나는 획일주의적인 사고방식과 경직적인 대응에서 필요한 폐해를 극복하는 방향으로 개선이 이루어져야 한다. 사회복지 측면에서 지방분권화가 중앙집권화의 폐해를 예방하고 효율성을 높일 수 있는 근거는 다음과 같다.

- 조직의 효율성을 높이고 지역주민이 지역사회 문제에 적극적으로 참여할 수 있다.
- 지역주민과 사회복지 대상자에 대한 접근성을 보장하고 관련 직원의 창조성을 증진한다.
- 지역주민과 정치가에게 주어졌던 책임이 전문직종의 직원에게 주어져 전문성을 향상할 수 있다.
- 서비스 공급에서 다양한 비정부 기관(민간기관, 자원봉사단체 등)의 활용을 최대화할 수 있다.

과거의 복지국가론은 개인과 지방을 부정하는 것에서 성립되었다고 할 수 있다. 반면, 현대의 복지국가론은 개인과 지방을 국가정책 아래에서 어떻게 규정할 것인가의 문제의식에 따라, 복지국가도 성립하는 것으로 보고 있다. 따라서 앞으로는 지방분권화에 관한 재인식이 필요하다. 또한, 지방분권화는 단지 중앙에 대한 지방으로, 혹은 중앙에 집중된 권한 및 자원을 지방에 하향 분산시키는 것으로만 인식해서는 안 될 것이다.

## 2. 지방자치와 주민참여

지역사회 복지에서 주민참여는 하나의 목표이고 과제이며, 주민협력을 얻어 내는 핵심적인 수단이다. 주민의 다양한 욕구에 대처하기 위해서는 정부의 획일적인 서비스만으로는 한계가 있다. 지역의 자원, 주민의 욕구, 해결해야 할 문제의 근원에 대한 이해와 관심이 없다면 지역사회복지의 발전은 불가능할 뿐만 아니라, 주민 공동체 의식의 연대나 자발적 참여 역시 기대하기 어렵다.

따라서 여기서는 지역사회복지를 증진하는 데 있어서 절대적인 영향력을 미치는 주민참여의 의의를 살펴보고, 지역사회복지에서 주민참여가 가장 중요한 요소로 드러나기 시작한 배경과 그 기능에 대해 알아본다.

### 1) 지역사회복지에서의 주민참여 의의

지역사회복지가 궁극적으로 추구하는 것은 '이상적인 지역사회(ideal community)'를 건설하는 것이다. 이는 지역사회의 주요 제도가 맡은 바 사회적 기능을 완전히 수행할 수 있도록 하는 노력으로서, 그 노력은 어느 특수 전문분야나 관계 당국에만 국한되는 것은 아니고 전문가와 민간단체, 주민의 광범위한 참여가 있어야 한다(박종삼, 1995). 지역사회복지에서 주민참여는 주민이 더욱 높은 수준의 사회복지서비스를 받고자 하는 적극적인 노력이며, 주민의 선호나 열망에 바탕을 두고 정책을 입안·결정함으로써 주민의 지지기반을 공인하게 되는 것이다(최일섭·류진석, 1996).

지역사회복지를 위한 주민참여의 의의를 살펴보면 다음과 같다.

- 지역주민이 주체가 되어 지역 문제를 해결함으로써 지역사회와 주민의 생활상 욕구에 즉각적으로 대응할 수 있다. 특히 환경이나 교통문제와 같이 주민의 일상생활에 밀접한 영향을 미치는 사항과 관련하여 주민의 이해관계나 의견의 상충과 대립을 조정할 수 있다.
- 지역사회 문제와 욕구를 해결하는 과정에 주민이 직접 참여함으로써 공동체 의식을 고취할 수 있고, 주민에게 자신감과 책임감을 불러일으킬 수 있다.
- 주민참여는 주민의 다양한 의견과 욕구, 민간자원을 파악할 기회를 제공한다. 따라서 지역과 주민에 관한 정보수집으로 지역 특성에 적합한 사업을 계획하고 수립하기가 쉽다.

- 정부나 지방자치단체 혹은 민간단체에서 시행하는 사회복지사업이나 프로그램에 관한 자료나 정보를 주민에게 직접 알리고 홍보함으로써, 주민에게 수혜를 받을 기회를 더 많이 제공할 수 있다.
- 지역사회복지와 관련한 새로운 정책의 계획, 입안이나 폐기과정에 주민이 참여하여 동의·승인함으로써 정책 결정에 대한 주민의 협조와 지지를 확보할 수 있다.
- 주민참여는 주민 자신뿐만 아니라 다른 사람과의 상호작용을 통하여 삶의 터전이 유지되므로 주민 상호 간 신뢰감을 확보할 수 있다.
- 나아가 사회복지와 관련된 제반 문제나 지역주민의 생활상의 문제가 대부분 지역사회에서 나타나므로, 지역주민의 주체적인 역할과 적극적인 참여는 지역사회의 문제 해결과 동시에 지역주민의 욕구를 충족시켜 줌으로써 궁극적으로 지역사회복지의 질적 도약을 가져올 수 있다.

### 2) 주민참여의 배경

지역사회복지실천에서 주민참여가 주목받는 주요 배경을 살펴보면, 6·29선언 이후 활발해진 시민운동과 시민단체의 증가, 주민의 의식 고양에 따른 복지 욕구의 증대, 지역사회복지관과 민간기관의 증설, 자원봉사활동 등을 들 수 있다. 이에 대하여 좀 더 구체적으로 살펴보면 다음과 같다(박태영, 2003, 2008).

#### (1) 시민운동과 시민·사회단체의 증가

시민운동은 처음에 노동운동과 같이 저항적이고 투쟁적인 성격을 띠기 시작하여 점차 참여적 운동으로 발전하고 있다. 우리나라의 시민운동은 1987년 6월 10일 민주항쟁을 계기로 주민의 폭발적인 정치참여가 이루어졌다. 그 후 1989년 경제정의실천시민연합(경실련)·공해추방운동연합(공추련) 등이 창립되면서 단체활동이 본격화되어 1990년대에 활기를 띠기 시작한 환경운동, 주거운동 등은 주민의 권리 찾기 의식이 점차 확산해 가고 있음을 보여준다.

1990년에는 무수한 시민·사회단체가 설립되면서 운동의 영역도 다양화되고 참여계층도 확대되는 등 외형적으로 급성장하였다. 시민·사회단체는 자발적·독립된 단체로 그 활동의 목적이 공익에 봉사하는 조직이다. 김대중 정권 및 IMF의 등장과 함께 우리 사회에서 폭발적으로 확대되고 있는 시민·사회단체는 단지 양적으로만 증가하는 것이 아니라, 경제 살리기 범국민운동, 생명의 숲 가꾸기 운동, 도덕성 회복 국민운동, 국민기초생활보장 시민연대 등 다양한 형태의 시민·사회운동으로 복지서비스의 민·관 협력관계를 주도하고 있다. 시민·사회단체는 개별 주민의 열악한 상황과 여러 장애요인을 극복하고 주민생활의 개선 요구를 매개로 정책 결정 과정에 개입하려는 시민참여의 새로운 주체로서 주민의 참여를 활성화하는 데 있어서 큰 영향력을 발휘하고 있다.

### (2) 의식고양에 따른 복지 욕구 증대

사회가 점차 발전·변화하여 새로운 사회문제가 발생함에 따라 사회복지는 일반적으로 도움이 필요한 사람을 보호(caring)하는 입장보다 '공동참여에 의한 공동의 복지'라는 입장으로 바라보게 되었다(김영모, 1995). 또한, 주민의 복지 욕구는 그들의 모든 일상생활과 관련된 것으로 경제적으로는 풍요로운 생활, 사회적으로는 문화적이고 인간다운 생활, 환경적으로는 편리하고 쾌적한 생활의 영위를 추구하고 있다. 특히 지자제시행 이후 지역사회를 중심으로 하는 사회적 욕구의 증대, 지역의 특색 있는 문화·교육적 욕구의 증대, 일상생활과 관련된 생활환경을 개선코자 하는 환경적 욕구의 증대 등으로 말미암아 주민은 지역사회복지에 관심을 가지고 직·간접적으로 참여하기 시작하였다(이정호, 1993).

지역사회복지서비스에 대한 주민의 의식고양은 시설병(hospitalism)의 예방과 탈시설화를 받아들이게 되었고, 장애인복지 분야에서의 정상화와 사회통합 이념이 제시되었다(정창남·구종회, 1993). 이에 따라 사회복지서비스도 시설입소형 서비스로부터 지역사회를 중심으로 한 서비스나 재가복지서비스로 변화되고 있다. 따라서 지역사회복지사업도 노인과 장애인을 위한 재가복지사업, 자원봉사활동, 입양, 결연사업 등으로 확대되면서 주민의 복합적이고 다양한 욕구를 충족시키기 위해 교통, 환경, 스포츠, 청소년, 예술 등 이차적 복지 욕구까지 고려하게 되었다.

### (3) 사회복지관과 민간기관 증설

정부는 1980년대 후반 이후 주민의 복지를 증진하기 위해 저소득층 밀집지역을 중심으로 사회복지관의 설치를 권장하였고, 사회복지관은 지역사회 내의 복지대상자를 포함하여 일반주민의 욕구를 바탕으로 그 지역의 특성에 맞는 다양하고 포괄적인 서비스를 제공하고 있다. 사회복지관이 지역주민의 욕구에 적합한 프로그램과 서비스를 제공함으로써, 주민은 단순히 서비스를 받기 위해 사회복지관을 이용하는 것이 아니라, 지역사회의 자원으로서 사회복지관의 운영과정, 자원봉사활동 등에 참여함으로써, 수혜자이자 공급자로서 해야 할 역할을 하게 되었다.

민간단체의 경우 정부에 등록된 4천여 개를 넘어 미등록 단체까지 합할 경우 그 수는 훨씬 많다. 이들 민간단체는 1980년대에 21.0%, 1990년대에 56.5%가 설립되는 등 전체의 77.5%가 1980년대 이후에 새로 생긴 것으로, 10년간 민간단체가 많이 늘어났다. 이처럼 사회복지법인, 사단법인, 재단법인, 사회단체 등 수많은 민간단체가 조직되면서 민간기관도 증가하고 있으며, 이러한 민간기관은 민주주의에 입각한 주민의 참여를 강조하는 경향이 있고(최일섭·류진석, 1996), 지역주민의 욕구에 따른 새로운 접근방법이나 전달체계를 개발하여 전문적인 서비스를 제공하고 있어서 그 역할이 중요시되고 있다.

### (4) 자원봉사활동의 확대

자원봉사활동은 주민의 사회·심리적인 욕구를 효과적으로 충족시킬 수 있으며, 보람 있는 여가활동, 주민의 잠재능력 개발을 통하여 자신을 성숙하게 하고, 나아가 공동체의 바람직한 구성원으로 변화시킬 수 있다. 주민 상호 간에 서로 돕고 협력하는 것은 공공 서비스의 한계를 보충할 뿐만 아니라 지역사회의 공동체 의식의 형성을 통하여 주인의식을 갖게 하는 데 의의가 있다(전재일 외, 2000).

그동안 자원봉사활동이 무보수의 자선적인 측면으로만 이해됐지만, 지역사회복지 측면에서는 자원봉사활동이 단순히 남을 돕는 개인적인 동기에 의한 행위라기보다는 복지공동체를 이루려는 한 형태로 받아들일 수 있다. 우리나라의 자원봉사활동은 불과 몇 년 사이에 자원봉사자의 수적 증대와 참여계층의 확대 및 활동 영역의 확대 등으로 학생, 직장인, 주부, 노인 등 많은 계층에서 이루어지고 있으며, 자원봉사활동의 필요성과 자원봉사 참여요구가 일반주민에게도 급격히 확대되고 있다.

과거의 자원봉사활동 영역은 시설에서의 서비스가 주류였지만, 최근에는 지역사회 활동, 재가서비스 활동에 이르기까지 확대되고 있으며, 활동내용도 장애인·노인·아동·문화·환경·교육 등의 영역까지 확대되어 전반적으로 다양화되고 있다. 그뿐만 아니라 최근 자원봉사활동은 시설보호에서 지역사회보호로 전이되는 지역사회 지향성, 동참 지향성, 대인서비스 지향성을 갖고 있다. 따라서 자원봉사활동은 주민으로 하여금 자신의 욕구와 동기를 표현하고 실현함으로써, 자발적인 참여능력을 향상하고, 주민이 지역사회의 문제 해결과 공동의 복지증진을 위하여 공동체 의식을 고양하는 기반이 되고 있다(박태영, 2003, 2008).

### 3) 주민참여의 기능

주민참여는 순기능을 가지고 이루어지지만, 참여과정 가운데서 역기능적인 측면의 발생도 간과할 수 없다. 여기서는 주민참여의 기능을 순기능과 역기능으로 구분하여 살펴본다.

### (1) 주민참여의 순기능

주민참여의 순기능으로는 ① 정보교환기능, ② 의견수렴의 기능, ③ 합리적 의사결정 기능, ④ 문제 해결 기능, ⑤ 공동체 의식 강화 기능, 그리고 ⑥ 지역사회복지정책의 비판·평가·감시 기능 등이 있다.

#### ① 지역복지에 대한 정보교환 기능

주민의 관점에서는 PC 열린 마당과 인터넷 홈페이지 개설, 업무추진비 사용명세의 시민 공개, 정책실명제, 시민감사청구제, 행정모니터제 등을 통해 지역복지에 관한 정보를 전달받을 수 있고, 지방자치단체나 민간단체에서는 서비스나 프로그램에 관한 정보와 자료를 제공할 수 있을 뿐만 아니라 지역사회복지에 대한 주민의 반응과 만족도에 대한 정보를 수집할 수 있다.

#### ② 의견수렴의 기능

주민의 복지 욕구를 바탕으로 한 의견수렴은 공공정책에 대한 시민의 선호와 요구를 정책결정자에게 알려 줌으로써, 정책 계획이나 결정 때 주민의 욕구를 충분히 반영하게 되고, 이는 주민의 협력을 이끌어 낼 수 있는 계기가 될 수 있다.

#### ③ 합리적 의사결정 기능

의사결정과정에서 지역사회의 각종 문제와 관심을 둘러싼 다양한 쟁점을 토론의 장으로 끌어내 주민의 의사에 좀 더 적합한 서비스를 제공할 수 있다.

#### ④ 문제 해결 기능

지역사회의 문제발생 때 즉각적인 대응을 할 수 있으며, 지역의 특성에 적합한 해결방식으로 서비스를 제공할 수 있다. 민주적인 생활방식이 발전을 통하여 지역사회의 특성, 지역주민의 요구에 합리적이고 융통성 있게 대처할 수 있다.

⑤ 공동체 의식 강화 기능

주민참여를 통한 개인의 권리와 자유의 신장은 지역주민의 공동체 의식을 자극해 사회문제 발생이 다른 사람의 문제가 아니라, 바로 자신과 가까운 주변의 문제라는 인식을 하게 된다. 그리하여 지역주민 개개인의 성숙과 자연스러운 분위기 속에서 사회제도의 변화를 가져오게 된다.

⑥ 지역사회복지정책의 비판·평가·감시 기능

주민의 활발한 의견 개진과 비판, 평가를 통한 감시활동은 지역사회복지 전반에 긍정적인 변화를 가져온다.

### (2) 주민참여의 역기능

주민참여의 역기능은 ① 집단이기주의화, ② 참여주민의 대표성 문제, ③ 전문성 결여, ④ 관료제의 저항, 그리고 ⑤ 비용의 증가 등이 있다.

① 집단이기주의화

주민참여는 자칫 지역·집단이기주의로 점철될 위험성이 있다. 다른 지역이야 어떻게 되든 '우리 지역만 잘 되면 그만'이라는 지역이기주의가 심화할 수 있고, 주민은 시각이 편협하고 국지적일 경우가 많아 자신들이 사는 지역의 이해와 지역사회 전체의 이해 간에 충돌이 일어날 수도 있다(심재호, 1999). 이러한 지역이기주의는 공익을 표류하게 하며, 지역 전체적인 차원에서의 사업 진행을 어렵게 만들게 된다.

② 참여주민의 대표성 문제

참여자들의 대표성 문제가 제기될 수 있다. 적극적으로 참여하게 되는 능동적인 사람들의 숫자나 선호가 해당 지역 전체 주민의 의사를 반영할 여지가 있어 문제시될 수 있다. 따라서 주민참여가 특정 집단의 이익을 대표할 경우 다양한 주민의 이익을 포괄적으로 대변할 수 없어 공정성의 상실이 우려된다.

#### ③ 전문성 결여

전문성의 문제가 나타날 수 있다. 다수의 주민참여에서 수렴된 의견이라고 하더라도 전문성을 갖춘 상태에서의 대안이 아닐 수 있고, 지역사회의 자원을 효과적으로 조직화하는 과정이 아닐 경우 비현실적인 결정을 내릴 수도 있다.

#### ④ 관료제의 저항

정부와 주민 간의 기존관계 변화와 정부나 지역사회복지기관의 편의성을 고려하지 않은 주민참여에 대해서는 관료제의 저항이 예견된다. 이런 점에서 공공부문의 참여영역을 설정하는 데 있어 기존 행정관료들의 태도는 주민참여의 활성화를 제약하는 요소로 작용할 수 있으며(윤주명, 1998), 문제를 적극적으로 해결하려고 하지 않고 그 책임을 지역주민에게 전가해 버릴 수도 있다.

#### ⑤ 비용의 증가

주민참여를 위한 정보의 제공이나 공청회의 개최 혹은 위원회 구성 등에 추가적인 비용이 소요될 수 있다(심재호, 1999). 아울러 사회 전체 이익보다 자기 뜻만을 고집하여 집단적 반발이 일어난다면 계획된 사업은 추진되지 않은 채 장기적으로 연기되고 그에 따른 비용이 증가할 수 있다.

### 4) 주민참여의 형태

주민참여의 형태는 학자마다 각기 다른 관점으로 분류하고 있다. 몇 가지의 분류 형태를 소개하면 다음과 같다.

참여의 주도성에 따라 행정동원적 주민참여, 공동협력적 주민참여, 자생조직적 주민참여로 분류하고(유재원, 1995), 자치의식에 따라 전통적 무관심, 지식형 무관심에 따른 비참여, 소극적 참여, 적극적 참여로 분류하고 있다(강형기, 1984).

또한, 참여 성격에 따라 개별적 참여와 집단적 참여, 제도적 참여와 비제도적 참여로 구분하고 있다(정세욱, 1997). 한편, 박태영(1998)은 주민참여가 공·사의 협력 관계 속에서 지역사회 민간자원을 체계적으로 조직화하여 활용하는 입체적 형태가 되어야 한다고 강조하면서 협의체 형태를 제시하고 있다.

주민은 사회복지의 수혜자인 동시에 공급자이며, 자원동원자임과 동시에 활용자로서 해야 할 역할을 동시에 수행한다. 그러므로 주민참여는 정책이나 계획의 결정 및 변경뿐만 아니라, 주민의 복지증진을 위한 서비스를 이용하고 제공하는 과정에 직접 참여하는 것까지 포함된다.

여기서는 지역사회복지를 위한 활동의 주체가 누구인가에 따라 세 가지 형태 즉, ① 관 주도적 주민참여, ② 공동협력적 주민참여, ③ 자발적 주민·민간단체참여로 분류하여 살펴보고, 이를 요약하면 〈표 9-1〉과 같다.

### (1) 관 주도적 주민참여

관 주도적 주민참여는 정부나 지방자치단체가 법적·제도적 정책 수립 때 주민에게 공개적인 접근이 가능한 환경을 제공하고, 주민의 요구나 쟁점에 대한 생각이나 서비스에 대한 평가와 관련된 정보를 수집하기 위하여 주민의 참여를 유도하는 형태이다. 이 형태는 관에서 주민참여를 주도하고 주민은 따라가는 경우이므로 주민과 자치단체 간에 갈등이 표면화되지 않고, 행정의 전문성을 잘 반영하고 있으므로 전문성 결여 측면은 상대적으로 유리할 것으로 평가된다. 그러나 결정된 정책을 정당화하거나 실행과정에서 나타날 수 있는 갈등과 반발을 무마하기 위한 수단으로 이용될 수 있으므로 적극적인 주민참여를 유도하기에는 효과가 가장 낮은 것으로 평가되고 있다(유재원, 1995).

또한, 주민의 관에 대한 거리감이나 불신감과 주민참여에 대한 공무원들의 소극적·부정적 태도로 말미암아 적극적인 참여를 기대하기가 어렵고, 투입된 의견이 공무원들의 의견 또는 이익과 일치하지 않을 경우 주민들의 의사가 반영되기 어렵다. 따라서 주민은 지방행정에 무관심하게 되고, 참여를 꺼리게 되는 결과를 낳기 쉽다.

이러한 형태의 주민참여는 새로 입법화된 정책내용을 주민에게 알리거나, 정책을 수혜대상자들에게 이용할 수 있도록 구체적인 정보를 제공해 줄 때 가장 효과적일 수 있다. 그러나 주민의 관심과 참여가 저조하여 주민의 의견이 충분히 드러나지 않거나, 특정 이해집단의 참여에 그칠 가능성이 많고, 주민이 지역복지와 관련하여 가치 있는 의견을 제시하더라도 이의 타당성 여부를 공무원들이 평가하고 반영하기 때문에 입안자의 생각을 정당화하거나 약간 수정하는 선에 그칠 수 있으므로 관의 태도변화의 노력이 요구된다.

관 주도적 주민참여는 수직적인 민과 관의 관계를 개선하고, 주민과 지방정부 간에 상호 신뢰를 바탕으로 한 협조적·동반자적 관계가 형성될 때, 진정한 주민참여가 이루어질 것이다. 관이 주도하는 주민참여의 형태에는 아동복지위원회, 생활보장위원회, 의료보호심의위원회, 모자복지위원회, 지방청소년위원회, 공청회, 반상회 등이 포함된다.

### (2) 공동협력적 주민참여

공동협력적 주민참여는 관과 주민·민간단체가 상호 평등한 입장에서 협력하는 형태를 말하며, 어느 한 측면에서 재원을 부담하더라도 주도권이 일방에 있는 것은 아니다. 관이 참여의 안건과 기본적인 틀을 정해 주민의 참여를 유도하고 의사결정 때 주민의 영향력을 인정하는 형태이거나 주민·민간단체가 주민참여를 추진하면서 관의 참여를 유도하여 상호 협력하는 형태이다.

따라서 관과 주민 간 갈등의 소지가 적고, 상호 전문성의 부족을 보완·협력하여 지역사회에 비전을 제공함으로써, 지역주민의 통합과 참여를 통한 주민의 시각과 능력을 배양할 수 있는 이상적인 의사교류 형태이다. 그러나 관 주도적 참여에서처럼 자칫 자치단체가 사업 수행에 따른 비판과 위험을 회피하거나 책임을 전가할 목적으로 주민과 민간단체를 이용할 위험이 있고, 사업에 반대하는 주민을 흡수할 목적으로 이용할 수도 있다는 한계를 가지고 있다(유재원, 1995). 또한, 주민·민간단체가 추진하는 사업에 관의 참여를 유도하는 데는 한계가 있으며, 가시적인 실적이 도출되지 않으면 공동협력적인 참여형태로 발전하는 데 어려움이 있다. 공동협력적 주민참여의 사례로, 서울 중랑구의 쓰레기소각장 건설부지선정위원회나 쓰레기 분리수거, 방범순찰, 담장 허물기, 벽화 그리기 등이 있다.

### (3) 자발적 주민·민간단체참여

자발적 주민·민간단체참여는 지역주민의 필요에 의해 주민 스스로 조직하거나 지역주민에 의해 자생적으로 조직되어 운영되고 있는 민간단체들이 주체가 되는 형태이다. 그러므로 지역주민과 지역사회기관이 연합해서 공동으로 지역사회 전체의 이익 즉, 공익을 대변하고, 현안 문제를 해결하기 위해 노력하는 형태로 대다수 시민에게 개방되어 있다.

이러한 형태는 민간단체가 주민의 이익추구를 위해 지방행정기관과 비정기적으로 접촉하기도 하고, 주민이 직접 겪고 있는 환경, 교통, 교육, 문화, 인권, 복지 문제 등에 대해 문제를 제기하고 의견을 제시함으로써 지역의 공감대를 형성할 수 있을 것이다. 따라서 민간단체와 협조하여 전문성을 확보하고, 감시효과가 가장 우수하여 관료조직이 갖는 역기능을 감소시킬 수 있다.

그러나 주민·민간단체참여는 조직적이거나 지속적인 활동을 전개하기보다는 지역의 당면한 문제에 일시적으로 관심을 가지는 형태가 되기 쉽다. 또한, 전문성과 대안을 갖추고 활동하는 것만은 아니므로 주민의 판단에 대한 갈등과 혼란이 야기될 수 있고, 다른 주민이 제시하는 가치와 일방적으로 특정 주민의 욕구를 관철하기 위해 협상에서 우위를 점하려는 사고가 전제되어 갈등의 소지가 있다.

〈표 9-1〉 주민참여 형태

| 구분 | 관 주도적 주민참여 | 공동협력적 주민참여 | 자발적 주민·민간단체 참여 |
|---|---|---|---|
| 목적 | • 관의 행정에 대한 홍보와 정책결정 시 반영하여 지역문제를 해결 | • 공동의 책임하에서 상호 협력하여 지역문제를 해결 | • 주민·민간단체가 지역사회 문제에 직접 개입·해결 |
| 특징 | • 행정홍보 위주<br>• 주민이 수혜자로서 참여<br>• 낮은 자율성 | • 이상적인 의사교류 (수형평)<br>• 지역주민 통합·참여 통해 주민 시각과 능력 배양<br>• 문제 해결 중심 | • 주민의 높은 참여<br>• 정책결정에 주민의견은 제도화, 지역사회의 계획·자원할당에 적극적 개입 |
| 주도 | • 정부·지방자치단체 | • 정부·지방자치단체와 주민·민간단체 공동 | • 주민·민간단체 |
| 내용 | • 공람, 투표, 위원회, 공청회, 반상회, 행정절차제도, 서베이, 고충처리센터 | • 지역과 지방환경, 경제개발, 의료 서비스 보급, 사회정의 연대(일시적 연맹) | • 이익집단, 시민단체, 근린조직, 시위, 공동모금, 주민단체 |
| 사례 | • 아동복지위원회<br>• 생활보장위원회<br>• 모자복지위원회<br>• 지방청소년위원회<br>• 동정자문위원회<br>• 주민숙원사업추진위원회<br>• 주민 직접 투표제<br>• 반상회 | • 서울 중랑구의 쓰레기소각장 건설부지선정위원회<br>• 낙동강 물관리 종합대책<br>• 장묘문화개선을 위한 서울시민 토론회<br>• 주차문화 시범지구<br>• 담장 허물기, 벽화 그리기<br>• 쓰레기 분리수거, 방범순찰 | • 올바른 지방자치 실현을 위한 대전시민모임, 도봉사랑시민모임, 부천시의 의정지기단<br>• YMCA 아름다운 마을 만들기<br>• 걷고 싶은 도시 만들기, 쓰레기 소각장 시민대책위원회 |
| 효과 | • 제도적 안정성이 높고 전문성을 최대한 활용<br>• 정책의 공개 | • 민주성, 공동협력, 공동체의식<br>• 지역문제의 적극적 해결 | • 주민의 욕구와 의견수렴<br>• 주민의 공감대 형성 |

자발적 주민·민간단체참여의 대표적인 사례로는 열린문화교실, 동호회, 단지별 마을명 지정, 아파트 공동체 운동, 공동육아, 자치신문, 올바른 지방자치 실현을 위한 대전시민모임, 부천시의 의정지기단, YMCA 아름다운 마을 만들기 시민

운동, 도봉사랑 시민모임 등이 있다.

## 3. 지방자치와 지역사회복지 전달체계

### 1) 전달체계의 문제점

최근 지역사회복지 전달체계의 환경에 중요한 변화 중 대표적인 변화는 사회복지사업법의 개정과 지방분권의 본격화이다. 2003년 6월 사회복지사업의 개정을 시작으로 2004년 복지업무의 지방 이양을 비롯하여 지방분권에 대한 논의가 본격화·구체화하고 비로소 2005년에는 논의된 지방분권이 현실화되기에 이른다. 지방분권은 지역 단위의 복지기반으로 지방의 실정에 맞는 복지를 구현할 수 있는 자율성의 확대를 의미하나 재정압박과 함께 역할 변화를 가져왔다(김광희, 2011).

복지예산 지방 이양과 관련하여 거시적인 문제점과 미시적인 문제점으로 나누어 생각해 볼 수 있는데, 거시적인 문제점은 지방정부 사회복지예산 축소 현상, 지역 간 사회복지재정 불균형 심화, 민간사회복지시설, 기관 운영의 악화 등으로 나타났다.

미시적(현장에서 체감하는)인 문제점으로는 첫째, 사회복지시설에 대한 운영비 보조가 동결 수준이거나 전반적으로 불안정한 구조를 나타내고 있다는 것이다. 실례로 A 자치단체는 2004년부터 2007년도까지 사회복지관의 운영보조금이 전혀 증액되지 않았으며, 지방 이양 첫해인 2005년에는 부산, 대구, 광주, 강원, 충남, 전북, 전남, 경북 등의 일부 시·군·구에서 운영비가 동결되거나 지원기준보다 삭감되어 난방비, 급식비, 인건비 등에 심각한 문제를 초래하기도 하였다.

둘째, 복지예산 지방 이양에서 오는 또 하나의 문제는 사회복지사업의 특성상 인력 집약적 사업인 것을 고려하면, 양질의 사회복지시설 종사자를 확보하여 교육하고 관리하는 것이 매우 중요한 요소다. 그런데 복지예산 지방 이양 후 운영비

보조금과 가장 민감하게 반응하는 종사자 처우가 오히려 악화하고 있다는 데에 문제의 심각성이 있다.

셋째, 복지예산 지방 이양이 지역 간 상호 배타적 복지서비스 양상을 굳어지게 한다는 점이다. 예를 들어 특정 지역 장애인에 대한 서비스 시설이 없을 때 다른 지역의 시설을 통하여 복지서비스가 제공되어야 하지만, 다른 지역의 클라이언트에 대한 서비스 제공이 제한되고 있다. 또 상당수 기초자치단체에서 시설정원 대비 입소인원이 매우 부족하지만, 조례에 따라 해당 지방자치단체 거주자에 한하여 입소를 허락하고 있기 때문에 다른 지역 대상자는 입소할 수 없는 실정이다.

넷째, 복지예산의 지방 이양이 지방정부의 자치권을 강화한다는 취지의 역기능으로서 정치적인 메커니즘에 의하여 악용되는 소지가 농후하다고 볼 수 있다. 지방자치단체 단체장을 소위 '소통령'이라 칭하는 이유는 정치적 이해관계에 따라 복지서비스의 방향이나 수준이 결정되고, 이를 통제·조정하는 제도적 장치가 없어 사실상 단체장의 복지마인드에 따라 좌지우지되는 현상을 나타낸 말이라 할 수 있다.

1995년 사회보장기본법 제정으로, '사회보장 전달체계' 구축의 원칙을 명시하면서 1995년부터 1999년까지 4년간 5개 지역에서 '보건복지사무소' 시범사업을 실시하였다. 그러나 전달체계 개편에서 성과를 얻지 못한 채, 2004년 '사회복지사무소'를 9개 지역(서울, 부산, 광주, 울산, 강원, 충북, 충남, 경북 등)에 시범운영하였으나 확산되지 못하고 종료되었다. 이에 정부는 취약계층에 제공되는 복지·보건서비스 이외에 주민생활의 질 향상을 위해 제공되는 고용·주거·평생교육·생활체육·문화·관광서비스를 포괄할 수 있는 주민생활지원통합서비스 체계(주민생활지원국)를 구축하고자 2006년 7월부터 행정조직의 혁신을 도모했다.

정책의 목표를 하부조직까지 잘 전달하기 위해서는 일선 관리자의 역할과 전달체계가 무엇보다도 중요하다. 50조 원이 넘는 예산을 쏟아 부어도 체감도가 제자리인 것에 대한 전달체계의 핵심부문을 체계적으로 촘촘하게 검토해야 할 것이다. 주민생활통합지원서비스 전달체계 개편에서 야기되고 있는 문제점은 〈표

9-2〉와 같다(김광희, 2011).

〈표 9-2〉 현행 공공복지(주민생활지원통합서비스) 수행체계의 주요 문제점

| 구분 | 문제점 | 실태 |
|---|---|---|
| 기능 | • 기초보장 사후관리 취약 | • 읍·면·동 복지직이 가구방문 등 관리업무 수행 곤란 |
| | • 확대되는 서비스 수요에 대한 공적 대응 취약<br>• 서비스 기획, 수요자 욕구사정, 민간과의 협력을 통한 맞춤형 서비스 제공 여건 취약 | • 기초보장(현금급여/자산조사) 중심의 업무가 우선되고, 서비스 관련 욕구파악, 서비스 연계 미흡 |
| | • 복지서비스 간 연계제공 미진 | • 대상자별, 서비스 간, 공공 민간기관 간 협력기반으로서의 전산시스템 미비 |
| | • 복지급여 통합처리 어려움 | • 행정전산시스템 고도화 과정에서 통합적 업무수행 지원기반이 미비 |
| | • '8대 서비스'의 실질적 제공 미흡 | • '8대 서비스'에 대한 인식은 넓혔으나, 실제 서비스 프로그램이 담보되지 않음 |
| | • 민간서비스 기관에 대한 모니터링 기제 부재 | • 복지 '시설'에 대한 감독 중심, '사업, 서비스'에 대한 모니터링은 증가 |
| | • 확대된 서비스 사업에 대한 기획력, 수행체계 부재 | • 시·군·구 단위사업 기획의 필요성은 높아 가나, 재정력·기획 경험의 부재로 중앙정부 정책변화에 조응하기 어려움 |
| 구조 | • 주민생활지원국 내의 과 간, 팀 간 업무협력 어려움 | • 기능별(통합조사, 서비스 연계), 대상별(노인, 장애인) 팀 간 업무 연계가 유기적이지 않음(대상별 사업팀의 대상자 관리기능 취약) |
| | • '주민생활지원과'와 '사회복지과'의 역할 왜곡 | • 복지업무가 기타 서비스 영역과 분리되는 현상 |
| | • 읍·면·동 주민생활담당(6급)의 역할 취약 | • 복지업무에 대한 행정직의 commit, 업무이해가 미흡하여, 복지직 1인과 동일 역할 어려움(교육 절실) |
| | • 유관 공공기관, 민간기관과의 '협력업무' 취약 | • 지역사회복지협의체가 운영되고 있으나, 고용지원기관, 보건소, 민간복지기관 등과의 구속력을 가진(재정이 결합되거나 규제가 따르는) 업무협력의 어려움 |

### 2) 전달체계의 개선방안

#### (1) 통합서비스 조직체계의 실효성

연관성이 낮은 8대 분야의 서비스를 주민생활지원국에 통합하는 것으로는 서비스 효율성과 효과성을 도모하기에는 한계가 있다. 8대 서비스 분야를 통합한다지만, 민·관협력 네트워크가 생산·공급하는 서비스의 50% 이상이 보건·복지 분야이고, 지역주민의 욕구도 복지서비스에 집중되어 있기 때문에 통합으로 말미암아 오히려 복지서비스 전달이 소홀히 될 가능성이 높다.

따라서 현재와 같이 서비스 내용이 절대적으로 부실한 상황에서 하나의 부서로 통합하는 것만으로 서비스 효율성을 제고시킬 수 없다. 그러므로 통합서비스 영역과 대상자 관련 부처 간의 유사한 기능, 법·제도 및 기구의 연계·조정·통합 및 슬림화 작업이 함께 이루어지지 않는다면 형식적인 전달체계 개편으로 전락할 수 있을 것이다.

#### (2) 시·군·구 본청과 읍·면·동 기능분담

주민생활지원서비스 전달체계 개편의 핵심은 8대 영역에 대하여 시·군·구의 기획 및 연계, 통합기능을 살리고 읍·면·동의 현장방문 기능 및 원스톱 기능을 강화하는 데 있다. 이를 위하여 시·군·구와 읍·면·동 간에 사무 재조정이 있었음에도 불구하고, 읍·면·동의 주민센터 업무는 오히려 증가하여 실질적인 서비스 체감도를 높이지 못하고 있다.

이에 현재의 8대 서비스 영역을 포괄하는 주민생활지원국을 복지·보건·고용 등 사회복지 서비스 중심으로 재편하여 서비스 제공의 효율성과 효과성을 도모할 필요가 있다. 주민생활지원국의 기능과 역할은 프로그램 기획과 조직 간의 서비스 조정 및 연계체계 구축에 집중토록 하고, 동사무소의 '주민생활지원담당' 업무는 주민통합서비스 일선 창구 역할로 한정하고, 기존의 사회복지기관과 중복하여 제공하고 있는 주민생활 관련 서비스는 과감하게 사회복지 관련 기관에 이양해야 한다(김광희, 2011).

### (3) 인력부족 및 행정직과 사회복지직 간의 조화

주민생활지원서비스 전달체계 개편이 새로운 인력충원 없이 기존의 업무에 대한 조정과 인력재배치를 통해 개편이 단행됨으로써 인력이 절대적으로 부족할 뿐만 아니라 행정직과 사회복지직 간의 역할관계가 모호하다.

전달체계 개편 1단계 지역의 경우, 시·군·구 본청에 사회복지직이 10.5명에서 16.3명으로 5.8명이 증가함으로써 기획력과 서비스 조정력 기능은 향상되었으나, 읍·면·동사무소의 경우 사회복지 전문인력이 일반 행정에 흡수되어 현장방문 및 원스톱 기능이 오히려 약화하고 있다. 또 읍·면·동사무소의 주민생활지원팀장을 6급 무보직 행정직으로 우선 배치하게 함으로써, 상급자에 의한 슈퍼비전 체계나 업무지도 등을 기대할 수 없는 실정이다. 이에 사회복지 수요향상을 고려하여 사회복지직 공무원을 수요에 비례하여 우선으로 충원할 필요가 있는 등 지속적인 사회복지직의 일선 배치가 요구된다.

### (4) 전문성 확보

주민생활지원서비스 전달체계 개편에서 가장 시급히 보완되어야 할 사항은 최종소비자인 지역주민에게 정부의 복지 관련 정책이나 서비스가 체계적으로 전달될 수 있는 사회복지 전문성의 확보이다. 따라서 자치단체 차원에서 사회복지직 공무원의 전문성 확보를 위한 방안으로 사회복지사 자격증을 소지한 기능직 등을 기초자치단체 차원에서 특별 채용하는 것을 지양하고, 광역자치단체 차원에서 공개경쟁시험을 통하여 우수한 사회복지직 공무원을 채용할 필요가 있다.

### (5) 기존 서비스 전달기관과 공공부문 간의 역할분담

이미 민간부문에서 많은 서비스가 이루어지고 있다는 사실을 고려할 때, 주민생활지원서비스 전달체계 개편을 통해 이러한 기능과 업무를 담당한다는 것은 업무의 중복과 혼란을 가중시킬 수 있다. 그러므로 모든 서비스 영역에서 같은 수준으로 연계를 시도하기보다는 단계적으로 접근할 필요가 있다. 보건과 복지의 연계체계를 먼저 구축한 후, 이의 평가를 통하여 다른 영역으로 범위를 확대해 나가는 것이 필요하다.

### (6) 민·관 협력 네트워크체계와 기존 사회복지협의체와의 관계설정

민·관 협력 네트워크 체계와 기존 사회복지협의체와의 합리적인 관계설정을 통해 부처 간 갈등, 공무원 간 갈등, 지역 인적 자원 간의 갈등을 조장하고 있는 현재 상황을 해소해야 할 것이다. 그뿐만 아니라 성공적인 민·관 협력체계구축을 위해서는 파트너들 간에 공유된 비전에 대한 명백한 진술이 전제되고 재정·인력·신뢰와 같은 자원 확보 방안이 마련되어야 하며, 참가하는 파트너의 적법성과 대표성을 보장해 줄 수 있는 자율성과 권한을 부여하여야 할 것이다.

### (7) 민·관 협력체계에의 지역주민 참여

민·관 협력 네트워크체계 구축은 지역사회의 책임을 강조하는 것으로 지방정부의 자율성, 지역사회 주민의 책임성, 성숙한 시민의식을 전제로 하고 있으며 참여적 환경을 조성하는 것이 무엇보다 중요하다. 그러나 현재 민·관 협력 네트워크 참여위원들의 참여과정은 대체로 공무원이 시·군·구청의 지명 형태로 이루어지고 있어 독립성과 자율성을 확보하기 어렵다. 이에 민·관 협력 네트워크 구축의 주체를 공공에서 민간으로 전환하는 한편, 민간과 공공 참여자가 같은 위치에서 의사결정에 참여할 수 있도록 보장할 필요가 있다.

CHAPTER 10

# 지역사회복지계획과 지역사회복지협의체

학/습/목/표

- 지역사회복지계획의 의의, 방법과 절차를 이하한다.
- 지역사회복지협의체의 개념과 운영목적을 이허한다.
- 지역사회복지협의체의 기능과 구조를 이해한다.
- 지역사회복지협의체의 실태를 이해하고, 과제를 제시할 수 있다.

## 1. 지역사회복지계획의 의의

지방자치제도의 시행에 따른 사회복지 영역의 영향은 양면성을 갖고 있다. 지역주민의 복지 욕구를 충족하기 위한 사업을 마련하여 시행할 수 있는 장점이 있지만, 주민의 복지 의식이 성숙하지 않아 지역 이기적인 사업을 추진하거나 필요한 사업에 대한 주민과 지방자치단체의 잘못된 인식으로 추진이 어려운 단점도 있다. 또한, 재정 자립의 한계성으로 말미암아 주민의 복지 욕구충족을 위한 사업 수행의 어려움도 많다.

지역사회복지 발전을 위한 여러 가지 방안 가운데 지방자치제의 장점을 살리고 단점을 보완할 수 있는 것이 지역사회복지계획을 수립하여 실천하는 것이다. 지역사회복지계획은 복지 비전을 제시하고, 사회복지서비스 총량을 확대하며, 민·관의 파트너십을 형성할 수 있으므로 그 수립의 필요성이 높아지고 있다. 특히 2000년 10월부터 시행된 국민기초생활보장제도로 말미암아 기초생활이 보장되므로, 이를 바탕으로 지역 단위의 복지 계획을 수립하여 각 지역의 상황에 맞는 사회적 서비스를 제공할 수 있다. 또한, 활발한 주민 참가와 지역 내의 다양한 사회복지시설·기관의 설치·운영도 지역사회복지 계획과 실행의 가능성을 높이는 요소이다.

보건복지부에서는 2000년 후반부터 「사회복지사업법」 개정안에 기초자치단체에 지역복지협의체를 구성하여 여기에서 지역의 복지와 보건 계획을 통합하여 수립과 실행을 주관하도록 제안하였다. 지역사회복지협의체를 새롭게 구성하는 것은 기존의 사회복지협의회 기능과 중복되고, 지역사회복지계획에 대한 연구나 경험이 극히 미미한 시점이어서 당시에는 보류되었다. 그러다가 2003년 7월 30일에 개정된 사회복지사업법에 신설·추가되었으며, 2004년 7월 31일부터 시행되었다.[42)]

이상적인 지역사회는 일정한 지리적 영역을 갖고 그 영역 안에 생활환경 기반이 갖추어져 있어야 한다. 또한, 주민은 그 지역에 대한 귀속 의식을 갖고 있어야 하며, 주민 상호 간 밀접한 교류가 이루어지고 있어야 한다. 이러한 이상적인 지역사회를 만들기 위해 지역사회복지가 필요하다. 지역사회복지는 일정한 지역사회 내에서 주민의 생활문제를 사회복지사와 주민이 함께 공식적·비공식적 자원을

---

42) 제15조의 3(지역사회복지계획의 수립)

① 시장·군수·구청장은 지역주민 등 이해관계인의 의견을 들은 후 지역사회복지협의체의 심의를 거쳐 해당 시·군·구의 지역사회복지계획을 수립하고 이를 시·도지사에게 제출하여야 한다. 이 경우 「지역보건법」 제3조 제1항에 따른 지역보건의료계획 및 「사회보장기본법」 제20조에 따른 사회보장 증진을 위한 장기발전방향과 연계되도록 하여야 한다.

② 시·도지사는 제1항에 따라 받은 시·군·구의 지역사회복지계획을 종합·조정하여 제7조에 따른 사회복지위원회의 심의를 거쳐 시·도의 지역사회복지계획을 수립하고 이를 보건복지부장관에게 제출하여야 한다. 이 경우 「지역보건법」 제3조 제2항에 따른 지역보건의료계획 및 「사회보장기본법」 제20조에 따른 사회보장 증진을 위한 장기발전방향과 연계되도록 하여야 한다.

③ 시·도지사 또는 시장·군수·구청장은 제1항 또는 제2항에 따른 지역사회복지계획(이하 "지역복지계획"이라 한다)을 수립할 때 필요하다고 인정하면 사회복지 관련 기관·단체 등에 자료 제공 및 협력을 요청할 수 있다.

④ 보건복지부장관이나 시·도지사는 지역복지계획의 내용에 관하여 필요하다고 인정하면 시·도지사 또는 시장·군수·구청장에게 보건복지부령으로 정하는 바에 따라 그 조정을 권고할 수 있다.

⑤ 지역복지계획의 수립방법 및 수립시기 등에 관하여 필요한 사항은 대통령령으로 정한다.

활용·개발하여 해결하거나 예방하는 다양한 노력을 의미한다.

지역사회복지를 실천하기 위한 방법은 여러 가지가 있다. 예를 들면, 사례관리, 소지역 네트워크, 정보제공, 의식개발, 복지교육, 자원개발, 사회행동, 서비스 조정·연계·협력, 조직관리, 지역사회복지계획 등이 있다. 지역사회복지계획은 그 지역주민의 복지 욕구를 파악하고, 그 욕구를 효과적으로 해결하기 위하여 구체적인 공·사의 실천과정을 수립하고, 이를 시행·평가하는 종합적인 계획이다. 지역사회복지계획의 수립·실천에서 주민의 참여는 필요 불가결한 요소다.

최일섭과 이창호(1993)는 사회계획을 세우는 일반적인 이유를 다음과 같이 제시하였다.

- 계획은 미래에 대한 불확실성을 감소시켜 준다.
- 계획은 문제 해결과 정책 결정을 위한 제반 활동에 합리적인 기술을 제공해 준다.
- 계획은 사회복지기관이 시행하는 사업에 대한 책임성을 높여 준다.
- 계획은 정책 결정에서의 참여를 증진하며, 최소한 광범한 참여의 가능성을 증가시킨다.

## 2. 지역사회복지계획의 방법과 절차

### 1) 지역사회복지계획의 수립방법 및 제출시기

사회복지사업법 시행령 제7조의 2에 제시된 지역사회복지계획의 수립방법 및 제출시기는 다음과 같다.

① 시장(「제주특별자치도 설치 및 국제자유도시 조성을 위한 특별법」 제17조 제2항에 따른 행정시장을 포함한다. 이하 같다)·군수·구청장(자치구의 구

청장을 말한다. 이하 같다)은 법 제15조의 3 제1항에 따른 시(「제주특별자치도 설치 및 국제자유도시 조성을 위한 특별법」 제15조 제2항에 따른 행정시를 포함한다. 이하 같다)·군·구(자치구를 말한다. 이하 같다)의 지역사회복지계획(이하 "시·군·구복지계획"이라 한다)을 수립하기 전에 지역주민의 복지 욕구 및 지역 내 복지 자원 등에 대한 자료를 수집하고 이에 필요한 조사를 실시하여야 한다.

② 시장·군수·구청장은 제1항에 따른 복지 욕구 및 복지 자원의 실태조사결과에 따라 해당 지역에 필요한 사업내용을 종합적으로 고려하여 시·군·구복지계획을 수립하여야 한다.

③ 시장·군수·구청장은 제2항의 규정에 따라 수립한 시·군·구복지계획의 주요내용을 20일 이상 공고하여 지역주민의 의견을 수렴하여야 한다.

④ 시장·군수·구청장은 법 제7조의 2 제1항에 따른 지역사회복지협의체(이하 "지역사회복지협의체"라 한다)의 심의를 거쳐 확정된 시·군·구복지계획은 그 시행연도의 전년도 6월 30일까지, 그 연차별 시행계획은 시행연도의 전년도 11월 30일까지 각각 시·도지사에게 제출(전자문서에 의한 제출을 포함한다)하여야 한다.

⑤ 시·도지사는 제4항의 규정에 따라 제출받은 시·군·구복지계획을 종합·조정하여 법 제15조의 3 제2항의 규정에 의한 시·도의 지역사회복지계획(이하 "시·도복지계획"이라 한다)을 작성한 후 이를 20일 이상 공고하여 지역주민의 의견을 수렴하여야 한다.

⑥ 시·도지사는 법 제7조 제1항에 따른 사회복지위원회(이하 "사회복지위원"라 한다)의 심의를 거쳐 확정된 시·도복지계획은 시행연도의 전년도 11월 30일까지, 그 연차별 시행계획은 시행연도의 1월 31일까지 각각 보건복지부장관에게 제출(전자문서에 의한 제출을 포함한다)하여야 한다.

### 2) 지역복지계획의 수립시기 및 변경

사회복지사업 시행령 제7조의3에 제시된 지역복지계획의 수립시기 및 변경은 다음과 같다.

① 시·도지사 또는 시장·군수·구청장은 4년마다 시·도복지계획 또는 시·군·구 복지계획(이하 "지역복지계획"이라 한다)을 수립하여야 하되, 그 수립연도는 지역보건법 제3조 제1항에 따른 지역보건의료계획의 수립시기와 일치하도록 하여야 한다.

② 시·도지사 또는 시장·군수·구청장은 지역 내 인구의 급격한 변화 등 예측하지 못한 복지환경의 변화에 따라 지역복지계획을 변경하고자 하는 경우에는 지역주민, 사회복지 및 보건의료 관련 기관·단체, 전문가의 의견을 들은 후 사회복지위원회 또는 지역사회복지협의체의 심의를 거쳐 이를 변경할 수 있다.

③ 제2항의 규정에 따라 지역복지계획을 변경한 때에는 시·도지사는 보건복지부장관에게, 시장·군수·구청장은 시·도지사에게 각각 그 변경내용을 제출(전자문서에 의한 제출을 포함한다)하여야 한다.

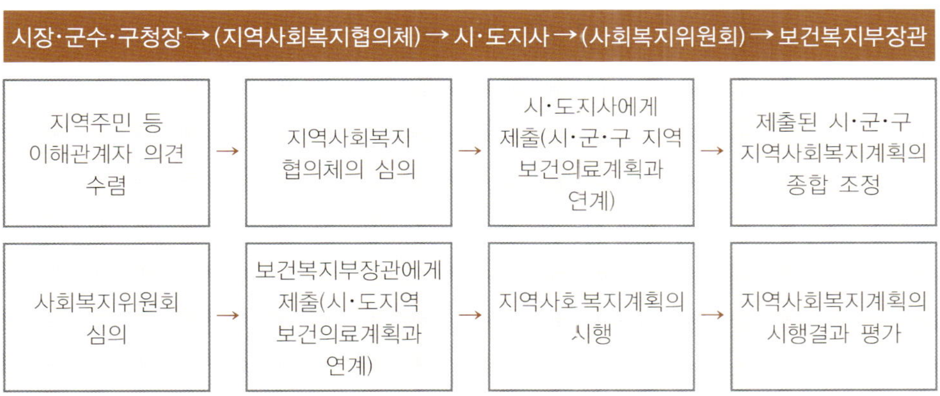


[그림 10-1] 지역사회복지계획의 수립·시행 흐름도

### 3) 지역복지계획 시행결과의 평가

사회복지사업법 시행령 제7조의 4에 제시된 지역복지계획 시행결과의 평가는 다음과 같다.

① 보건복지부장관 또는 시·도지사는 법 제15조의 6의 규정에 따라 지역복지계획의 시행결과를 평가하고자 하는 경우에는 지역복지계획 내용의 충실성, 시행과정의 적정성, 시행결과의 목표달성도, 지역주민의 참여도와 만족도 등을 고려하여 보건복지부장관이 정하는 평가기준에 따라 평가하여야 한다.
② 제1항의 규정에 따라 지역복지계획의 시행결과를 평가하기 위하여 시장·군수·구청장은 시·군·구복지계획의 시행결과와 연차별 시행계획의 시행결과를 시행연도 다음 해 2월 말까지 시·도지사에게, 시·도지사는 시·도복지계획의 시행결과와 연차별 시행계획의 시행결과를 시행연도 다음 해 3월 말까지 보건복지부장관에게 각각 제출(전자문서에 의한 제출을 포함한다)하여야 한다.
③ 보건복지부장관 및 시·도지사는 제1항의 규정에 따라 지역복지계획의 시행결과를 평가한 때에는 그 결과를 공표할 수 있다.

## 3. 지역사회복지계획의 구성

어떤 계획이든 계획은 기본적으로 계획 책정(plan)–시행(do)–평가(see)–계획 재책정(cycle)의 내용으로 구성된다. 당초의 구상을 계획으로 책정하고, 책정된 계획의 시행과 일정기간 시행한 결과 당초 계획에의 달성 정도를 평가하는 3단계를 거친다. 그 평가결과에 따라서 피드백 시스템을 통한 계획의 수정 혹은 재구성으로 새로운 사업이 구체화되는 순환체계를 가진다. 지역사회복지계획의 구성도 이에 준해 그려 보면 [그림 10-2]와 같다.

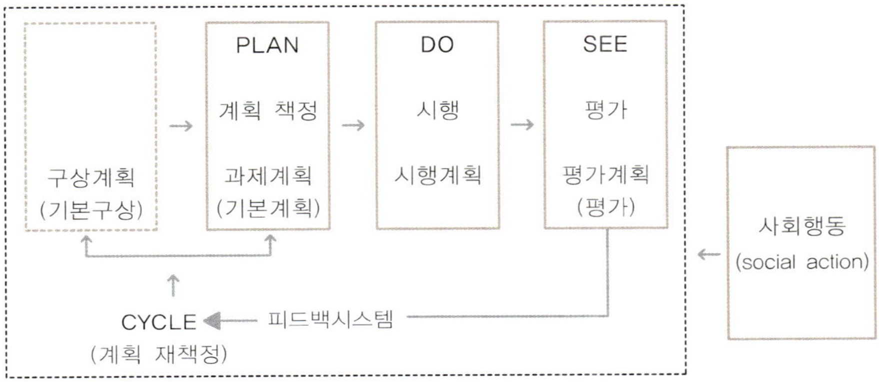


[그림 10-2] 지역사회복지계획의 구성도

## 4. 지역사회복지계획에서의 역할

### 1) 지역사회복지협의회의 역할

지역사회에 존재하는 복지전달체계로는 지방정부의 사회복지부서나 주민생활지원부서로 구성되는 지역사회복지 행정기관이 공공 부문을 맡고 있다면, 지역사회복지협의회, 지방사회복지공동모금회, 사회복지시설협의회 등은 민간 비영리단체로서 민간 부문을 담당한다. 이 중에서 지역사회복지협의회는 일본의 경우, 중앙의 전사협, 도·도·부·현의 사협, 시·정·촌(市·町·村)의 사협에 이르기까지 완전하게 구축되어 지역복지의 추진을 위한 중추 조직으로서 행정의 위탁이나 단독적인 재가복지서비스를 추진하고 있다.

우리나라는 2004년 7월부터 시·군·구의 사회복지협의회도 사회복지법인이 될 수 있는 길이 열렸지만 활성화되지는 않았다. 특히 지방사회복지공동모금회가 지역사회복지협의회와는 별도의 역할을 하고 있어 일본과 비교할 때 그 역할의 범위가 미약하다. 즉, 기초 단위의 사회복지협의회가 구축되고 제 역할을 하기에는 기간적으로 한계를 가지고 있으며, 그 와중에 사회복지사업법 개정으로 지역사회복지협의체가 성립됨으로써, 지역사회복지계획에서 지역사회복지협의회의 역할이 제한되는 결과를 가져왔다.

일본은 1983년 기초자치단체인 시·정·촌의 지역사회복지협의회가 사회복지사업법상 법정화되었고, 주민 참가에 의해 복지 커뮤니티를 축으로 지역복지를 추진하였기 때문에 지역사회복지계획의 실제적인 기능을 담당한다. 이외에도 일본의 지역복지계획은 시대적인 계보를 가지고 있는데, 우선 제2차 세계대전 이후의 지역사회조직의 방법으로서 실천된 계보가 있다. 그리고 1960년대의 지역사회개발로서 도시개발, 경제개발, 사회개발과 관련된 계보에 이어서 1970년대 이후부터 1990년의 사회복지관계법 개정으로 법정화가 된 노인보건복지계획(재가복지 중심)과 관련된 계보가 그것이며, 2000년 6월에 지역복지계획이 법정화되어 2003년부터 시행되었다(고수현, 2013).

### 2) 지역사회복지협의체의 역할

지역사회복지계획의 수립과 실천에서 실질적인 역할이 바로 시·군·구 단위의 지역사회복지협의체에 주어져 있다. 아울러 지역사회복지협의체는 실무협의체를 둘 수 있도록 하고 있기 때문에 실체로는 지역사회복지실무협의체가 주체적 역할을 하게 된다. 그리고 분야별로 실무분과를 둘 수 있으며, 이들 역할을 효과적으로 수행하기 위해 상근 유급직원까지 둘 수 있다. 그러므로 기초 단위 사회복지협의회는 실질적으로 지역사회복지계획의 수립과 실천에서 많은 역할을 수행하기는 어렵다.

일본의 사례를 적용하면, 지역사회복지협의회가 중추적인 역할을 맡게 되지만, 우리나라는 법적으로 차이가 있다. 사회복지사업법 제7조의 2에 의하면, 지역사회복지협의체가 지역사회복지계획의 주요역할을 맡도록 규정되어 있기 때문이다. 즉, 지역사회복지협의체는 관할지역 안의 사회복지사업에 관한 중요사항과 지역사회복지계획을 심의 혹은 건의하고, 사회복지·보건의료 관련 기관·단체가 제공하는 사회복지서비스와 보건의료서비스의 연계·협력을 강화하는 것으로 되어 있다.

### 3) 지역사회복지조직 간의 역할 정립

지역사회복지계획 수립에서 실제로 중요하고 반드시 유념해야 할 것은 지역사회복지기관이나 시설을 운영하거나 종사하는 지역사회복지관계자의 지역사회복지계획에 대한 인식 문제이다. 복지기관이나 시설은 같은 법인 내에서만 전직이 가능하고, 일부에서는 같은 법인이라도 생활시설과 이용시설 간의 직원이동도 제한하고 있어, 자신이 속한 기관이나 시설의 이익만을 생각하는 경향이 많다. 이는 지역사회 전체의 복지 향상을 위한 지역사회복지계획의 수립과 수행에는 역기능으로 작용하게 되기 때문에 인식 전환이 절실하다.

기존의 지역사회복지협의회가 활성화되고 있지 못하는 이유도 지역사회 내의 시설·기관 간의 연계성이 부족한 것에 원인이 있다. 아울러 궁극적으로 지역사회복지협의체가 그 운영의 투명성을 확보하기 위해서 지역사회복지관계자뿐만 아니라 지역사회복지전문가, NGO 등의 주민대표를 포함한 포괄적인 협의체가 중심이 되어야 한다. 그렇다면 더욱 더 기관이나 시설 간의 갈등요인은 없어져야 할 것이다. 즉, 지역사회 주민이 복지 향상을 위해 공급자인 기관이나 시설 중심의 서비스체계가 아닌 지역사회 주민과 수혜자 중심으로 거듭나야 한다. 이를 위해서는 지역사회복지협의체에 지역사회복지협의회의 관계자들이 포함되어야 하며, 개별위원은 전체성의 관점에서 자기 기관이나 시설의 긍정적인 역할을 모색할 수 있는 자세가 요구된다(고수현, 2013).

## 5. 지역사회복지협의체의 운영목적

### 1) 지역사회복지협의체의 개념

지역사회복지협의체는 사회복지사업법 제7조의 2(지역사회복지협의체)[43]의 규정에 의해 시·군·구에 설치하는 민간협력기구로서, 관할 지역 내의 사회복지사업에 관한 중요사항과 지역사회복지계획을 심의 혹은 건의하는 기능을 하고, 사회복지·보건의료 관련 기관·단체가 제공하는 사회복지서비스와 보건의료서비스의 연계·협력을 강화하기 위한 시·군·구 단위의 지역사회복지 추진체계의 하나이다.[44]

43) 제7조의 2(지역사회복지협의체).

① 관할지역의 사회복지사업에 관한 중요 사항과 제15조의 3 제1항에 따른 지역사회복지계획을 심의하거나 건의하고, 사회복지·보건의료 관련 기관·단체가 제공하는 사회복지서비스 및 보건의료서비스의 연계·협력을 강화하기 위하여 특별자치도 또는 시(「제주특별자치도 설치 및 국제자유도시 조성을 위한 특별법」 제15조 제2항에 따른 행정시를 포함한다. 이하 같다)·군·구(자치구를 말한다. 이하 같다)에 지역사회복지협의체를 둔다.

② 지역사회복지협의체의 위원은 다음 각 호의 어느 하나에 해당하는 사람 중에서 특별자치도지사 또는 시장·군수·구청장이 임명하거나 위촉한다.

1. 사회복지 또는 보건의료에 관한 학식과 경험이 풍부한 사람
2. 사회복지사업을 하는 기관·단체의 대표자
3. 보건의료사업을 하는 기관·단체의 대표자
4. 공익단체에서 추천한 사람
5. 사회복지업무 또는 보건의료업무를 담당하는 공무원

③ 지역사회복지협의체의 업무를 효율적으로 수행하기 위하여 지역사회복지협의체에 실무협의체를 둔다.

④ 지역사회복지협의체 및 실무협의체의 조직·운영에 필요한 사항은 보건복지부령으로 정하는 바에 따라 시·군·구의 조례(「제주특별자치도 설치 및 국제자유도시 조성을 위한 특별법」 제15조 제2항에 따른 행정시의 경우에는 특별자치도의 조례를 말한다. 이하 같다)로 정한다.

⑤ 지역사회복지협의체의 위원에 대하여는 제7조 제3항을 준용한다. 이 경우 "사회복지위원회"는 "지역사회복지협의체"로 본다.

44) 광역자치단체인 시·도 단위의 민간협력기구는 "사회복지위원회"이며, 시·군·구 단위의 지역사회복지협의체와 비슷한 기능을 한다.

### 2) 지역사회복지협의체의 구성 배경

지역사회복지협의체가 구성된 배경은 시·군·구 단위로 민·관이 협력하여 사회복지서비스 제공의 효율성과 효과성을 제고하여야 한다는 필요성에서 찾을 수 있다. 즉, 지역사회복지 문제를 스스로 해결하기 위해서 지역사회복지계획의 수립, 서비스 연계와 조정, 자원 동원과 욕구조사, 지역사회복지 네트워킹을 통해 사회적 연대를 도모할 수 있는 기구를 만들어야 한다는 논의가 사회복지계를 중심으로 지속되어 온 것이 사실이다.

### 3) 지역사회복지협의체의 구성 목적

2001년 10월~2002년 11월까지 15개 시·군·구에서 지역사회복지협의체 시범사업을 거쳐 2006년 3월에 전국 234개 시·군·구에 구성이 완료되었으며, 지역사회복지협의체의 구성 목적은 대략 다음과 같이 요약할 수 있다(고수현, 2013).

- 지역사회 내 복지문제를 해결하기 위한 민주적 의사소통 구조를 확립한다.
- 지역사회 내 보건·복지서비스 연계로 주요자 중심의 통합 서비스를 제공한다.
- 지역사회 내 잠재적 복지 자원 발굴과 확충을 통하여 지역사회복지 자원의 효율적 활용체계를 구축한다.
- 기타 복지와 보건 등의 서비스를 종합적으로 지원하여 주민 만족도 향상에 이바지한다.

## 6. 지역사회복지협의체와 실무협의체의 기능

### 1) 지역사회복지협의체의 위원 구성

사회복지사업법 제7조의 2에 시장·군수·구청장이 다음에 해당하는 자를 위원[45]으로 임명 또는 위촉하도록 되어 있다.

- 사회복지 또는 보건의료에 관한 학식과 경험이 풍부한 사람
- 사회복지사업을 하는 기관·단체의 대표자
- 보건의료사업을 하는 기관·단체의 대표자
- 공익단체에서 추천한 사람
- 사회복지업무 또는 보건의료업무를 담당하는 공무원

그리고 같은 법 시행규칙 제1조의 4(지역사회복지협의체의 구성 및 운영)와 제1조의 5(실무협의체의 구성과 운영)에서는 각각 위원장을 포함한 10인 이상 30인 이하의 위원으로 구성하도록 되어 있으며[46], 대표협의체 위원의 임기는 실무협의체 위원과 같이 2년이다(단, 공무원인 위원은 재임기간). 위원장은 위원 중에서 호선하되, 임명직 위원(공무원)과 위촉직(민간인) 위원 각 1명을 공동으로 선임 가능하다.

### 2) 지역사회복지협의체의 기능

지역사회복지협의체는 업무를 효율적으로 수행하기 위해 대표협의체와 실무

---

45) 지역사회복지협의체는 대표협의체와 실무협의체로 구분하는데, 여기서는 대표협의체 위원에 관한 내용이다.

46) 시·도 단위에 설치되는 사회복지위원회는 위원장 1명을 포함한 15인 이상 30인 이하의 위원으로 구성한다.

협의체를 둘 수 있으며(같은 법 제7조의 2), 대표협의체의 주요기능과 역할은 다음과 같다.

- 지역사회복지계획의 수립, 시행과정 및 시행결과의 평가에 관한 사항
- 사회복지서비스 및 보건의료서비스의 연계·협력에 필요한 사항
- 지역주민의 복지 욕구조사. 지역 내 복지 자원 조사 및 개발에 관한 사항
- 시장·군수·구청장이 지역사회복지 시책 추진을 위해 필요하다고 인정하는 사항
- 그 밖에 위원장이 부의하는 사항

### 3) 지역사회복지실무협의체의 위원 구성

지역사회복지실무협의체의 위원장은 위원 중에서 호선하고, 위원은 지역사회복지협의체 위원장이 임명 또는 위촉(지역사회복지협의체 위원장이 2명의 공동위원장인 경우에는 공동으로 임명 또는 위촉)한다. 실무협의체 위원장 1인을 포함한 10인 이상 30인 이하의 위원으로 구성하도록 하고, 실무위원은 다음에 해당하는 자 중에서 임명 또는 위촉한다.

- 사회복지 또는 보건의료에 관한 실무지식과 경험이 풍부한 자
- 사회복지사업을 행하는 기관·단체의 실무자
- 보건의료사업을 행하는 기관·단체의 실무자
- 공익단체에서 추천한 실무자
- 사회복지업무 또는 보건의료업무를 담당하는 공무원

### 4) 지역사회복지실무협의체의 기능

지역사회복지실무협의체의 주요기능과 역할은 다음과 같다.

- 지역사회 내 사회복지서비스와 보건의료서비스의 연계·협력에 관한 실무협의
- 지역사회복지협의체에서 심의·건의할 분야별 안건의 검토
- 지역사회복지 증진을 위한 세부사업 실무협의
- 분야별 실무분과 간 연계·조정
- 기타 지역사회복지협의체로부터 지시받은 업무

• CHAPTER 11 •

# 지역사회복지 추진체계

학/습/목/표

- 사회복지관과 사회복지협의회의 개념과 기능을 이해한다.
- 사회복지공동모금회와 자원봉사센터의 개념과 기능을 이해한다.
- 지역아동센터와 정신보건센터의 개념과 기능을 이해한다.
- 지역자활센터와 지역사회운동단체의 개념과 기능을 이해한다.

## 1. 사회복지관

### 1) 사회복지관의 기능과 역할

사회복지관은 1880년대 영국과 미국의 이른바 인보관 활동에서 그 기원을 찾을 수 있다. 즉, 사회복지관은 산업화와 도시화에 따른 도시지역의 각종 복지와 관련된 문제를 해결하기 위해 나타난 것이다. 이러한 광범한 목적을 갖고 설립된 사회복지관의 기능과 목표, 역할은 그 기관이 존재하는 지역의 성격과 문제에 따라 독특하고 다양하기 때문에 일률적으로 그 성격을 규정하기는 어렵다. 따라서 여기에서는 사회복지관의 기능과 목표, 역할에 대해서 대표적인 학자의 견해를 살펴보기로 한다.

먼저, 딜릭(Dillick, 1959)은 사회복지관의 주요기능을 다음과 같이 제시하였다.

- 근린지역의 다양한 욕구를 충족시키기 위해 통합된 서비스를 제공한다.

- 서비스의 중복과 누락을 방지하기 위해 서비스 간의 조정을 꾀한다.
- 지역주민이 문제 해결을 위해 공동의 노력을 할 수 있도록 집단을 구성하게 한다.
- 주민집단으로 하여금 사회적 목표를 수정하고 새로운 목표를 만들어 낼 수 있도록 한다.

딜릭(1959)은 이러한 기능을 수행하는 데 있어서 가장 중요한 것은 지역 활동에 주민을 참여시키는 것이라고 하였다. 우리가 딜릭의 견해에서 주목할 수 있는 것은 지역사회복지관이 주민이 필요로 하는 서비스를 제공하는 소극적인 기능만을 수행하는 것이 아니고, 주민을 참여시켜 그들이 처해 있는 환경을 변화할 수 있도록 돕는 더욱 근본적인 기능을 수행한다는 사실이다. 다시 말하면, 지역사회복지관은 케이스워크나 그룹워크를 활용한 직접적인 서비스 제공에 그치지 않고, 지역주민을 조직화하고 지역 내의 서비스를 조정하는 지역사회조직의 과정을 적극적으로 활용해야 한다는 것이다. 그런데 우리나라 사회복지관은 직접적인 서비스를 제공하는 기능에만 치중하고, 지역 내의 서비스를 조정한다거나 다른 기관과의 계획수립을 위한 협의와 건의의 기능은 거의 수행하지 못하는 실정이다.

1970년에 UN에서 발간한 『홍콩의 커뮤니티센터』라는 책자에 기술된 근대적인 사회복지관의 목표는 다음과 같다(안창수·한혜동, 1977 재인용).

- 지역의 중앙에 위치한 센터 내에서 집단과 지역사회 활동에의 참여를 통하여 이질적으로 얽혀진 주민 간의 사회적 연대의식을 고취하고 사회적인 상호관계를 증진한다.
- 지역사회 활동과 사업에 관한 계획 및 결정 과정에 주민참여를 촉진하여 주민으로 하여금 그들의 공동관심사와 문제를 확인하고, 이를 해결하기 위한 대책 수립에 이바지하게 촉구한다.
- 지역사회의 감정을 발전시켜서 주민으로 하여금 점차 더 나은 지역개발을 위

해서 집단과 지역생활 내에서 더욱 활동적이며 책임 있는 역할을 인지하고 감당할 수 있도록 한다.

- 주민에게 사회적 서비스를 제공하여 그들의 기본적인 욕구를 다소나마 충족시켜 주고, 그러한 서비스를 효과적으로 조정한다.
- 절대다수를 차지하는 청소년 인구로 하여금 각종 사회적·문화적·오락적인 활동에 참여하도록 격려하여 그들의 개인적인 성장과 발전을 이룩하고, 상호협동 정신을 고취하고, 그들의 이웃에 영향을 끼치는 제반 문제에 대한 시민적 책임의식을 고취한다.
- 지역 내 각종 형태의 흥미 집단과 행동위원회와의 활동과 이의 조성을 통하여 각 계층의 지도자를 양성함으로써 자원 지도력의 개발을 촉구한다.
- 주민의 퇴폐적인 태도와 가치관을 적절하게 변화시킴으로써 그들로 하여금 더욱 건설적이며, 창조적인 사회적 책임을 수행할 수 있도록 도와준다.

이상과 같은 사회복지관의 기능과 목표를 바탕으로, 김만두(1981)는 사회복지관의 역할을 다음과 같이 제시하였다.

- 지역사회 문제 파악의 역할
- 서비스센터의 역할
- 대변자의 역할
- 사회행동센터로서의 역할
- 사회교육센터의 역할
- 공동이용센터의 역할
- 레크리에이션센터의 역할
- 직업안정센터의 역할
- 자원 동원의 역할

### 2) 사회복지관의 자원 동원

우리나라는 급격한 산업화 과정과 사회변동에서 야기된 부정적 요소 즉, 가족복지 기능의 해체, 지역공동체 의식의 약화, 개인 이기주의와 물질만능주의의 만연 등으로 말미암아 노인부양 문제, 청소년 문제, 아동양육 문제 등의 사회문제가 심각하게 드러나는 양상을 보이고 있다. 이러한 부정적인 측면을 없애기 위한 하나의 방법으로 정부는 1980년대부터 저소득층 밀집지역을 중심으로 사회복지관의 설립을 본격적으로 추진하기 시작하였다.

그리고 사회복지관의 기능과 역할이 증대할 것으로 기대했지만, 사회복지관의 인적자원 및 재정부족 문제로 말미암아 자체적인 대외홍보 부족, 일반 지역사회 주민의 사회복지관에 대한 이해부족과 함께 지역사회 주민과의 적극적인 협조관계를 형성하지 못하고 있다. 이러한 측면이 사회복지관 본연의 임무와 역할수행에서 중요한 장애요인이 되고 있다는 사실을 쉽게 예상할 수 있다. 예컨대 정부는 사회복지관에 사업비, 운영비, 인건비, 관리비 등을 지원하고 있는데, 이 중 국고 및 지방비에서 80%를 부담하고 자체부담으로 20%를 충당토록 되어 있다.

사회복지관 대부분은 정부의 높은 의존성 때문에 지역사회 주민의 욕구와 문제에 근거해서 서비스를 설정하거나 프로그램을 개발하기보다는 어떻게 하면 정부지원을 더 많이, 쉽게 끌어낼 수 있느냐에 기준을 두고 있다. 특히 사회복지관의 운영비가 정부지원금에 주로 의존하고 있다는 사실과 지역사회의 재원조달 능력이 지역별·기관별로 큰 차이를 보이고 있다는 사실을 고려하면 앞으로 지역사회복지관의 발전에서 재정 부족 문제는 어떤 형태로든 극복하여야 할 주요과제이다.

일반적으로 지역사회의 자원은 크게 인적 자원과 물적 자원으로 나눌 수 있다. 인적 자원은 다시 전문봉사 인적 자원과 단순봉사 인적 자원으로 세분화할 수 있다. 전문봉사 인적 자원은 의사, 종교인, 법조인, 교육자, 간호사, 공무원 등이 포함될 수 있으며, 단순봉사 인적 자원은 주부, 학생, 일반인 등 사회적 봉사활동에 가치를 부여하는 인적 자원이라 할 수 있다. 물적 자원은 지역사회 내에 존재하는 편의시설, 기관, 관청, 토지, 건물 등 유형의 자원을 포함한 자원을 의미한다. 인적 자원과 물적 자원의 동원 필요성은 사회복지관이 직면하고 있는 재원 마련과 인적 자원의 부족이라는 당면 과제를 극복하고자 하는 목적도 갖지만, 다음 세 가지 측면에서 찾을 수 있다.

- 서비스 프로그램의 효과성과 효율성을 높이기 위해서 지역사회의 자원 동원은 필요하다.
- 사회복지관의 서비스 프로그램에 대한 접근성을 증진하기 위해서 지역사회의 자원 동원은 필요하다.
- 지역사회의 자원 동원을 통해 지역사회 주민의 상호연대의식을 증진할 수 있다.

## 2. 한국사회복지협의회

### 1) 사회복지협의회의 연혁과 목적

사회복지협의회는 6·25 동란 직후인 1952년 2월에 당시 주로 구호활동을 전개하고 있던 민간사회사업기관들의 모임인 한국사회사업연합회로 시작되었다. 이어 1954년 2월에 사단법인으로 허가되고, 1961년 6월에 16개 사회복지단체를 병합하여 한국사회복지사업연합회로 그 명칭이 바뀌었다. 1970년 5월에 현재의 명칭인 사회복지법인 한국사회복지협의회가 되었으며, 1983년 5월에 개정된 사회복지사업법은 협의회를 법정 단체화함으로써, 사회복지 분야에서의 협의회 위치와 성격에 괄목할 만한 변화를 가져왔다.

사회복지협의회는 사회복지사업법 제33조에 의해 설립된 사회복지 공익법인으로서, 한국사회복지협의회의 목적은 사회복지에 관한 조사·연구와 각종 복지사업을 조성하고, 각종 사회복지사업과 활동을 조직적으로 협의·조정하며, 사회복지에 대한 국민의 참여를 촉진함으로써 우리나라의 사회복지증진과 발전에 이바지함을 목적으로 한다(한국사회복지협의회 정관 제2장 총칙 제1조).

## 2) 사회복지협의회의 주요 업무와 원칙

### (1) 사회복지협의회의 주요 업무

사회복지사업법 시행령 제12조에 따른 사회복지협의회의 주요 업무는 〈표 11-1〉과 같다.

〈표 11-1〉 사회복지협의회의 주요 업무

| 구분 | 업무 내용 |
|---|---|
| 중앙협의회 | • 사회복지에 관한 조사연구와 정책 건의<br>• 사회복지에 관한 교육훈련<br>• 사회복지에 관한 자료수집과 간행물 발간<br>• 사회복지에 관한 계몽과 홍보<br>• 자원봉사활동의 진흥<br>• 사회복지사업에 종사하는 자의 교육훈련과 복지증진<br>• 사회복지에 관한 학술도입과 국제사회복지단체와의 교류<br>• 보건복지부장관이 위탁하는 사회복지에 관한 업무<br>• 그 밖에 중앙협의회의 목적달성에 필요하여 정관으로 정하는 사항 |
| 시·도협의회 | • 시·도지사 또는 중앙협의회가 위탁하는 사항<br>• 그 밖에 시·도협의회의 목적달성에 필요하여 정관으로 정하는 사항 |
| 시·군·구 협의회 | • 시·도지사, 시·군·구청장, 중앙협의회 또는 시·도협의회가 위탁하는 사항<br>• 그 밖에 시·군·구협의회의 목적달성에 필요하여 정관으로 정하는 사항 |

### (2) 사회복지협의회의 원칙

사회복지협의회는 지역사회의 민간 사회복지 관련 조직이나 개인이 더욱 효과적으로 사업을 수행할 수 있도록 조정·협의하는 기관으로, 다음과 같은 원칙에 따라 운영되어야 한다(박태영, 2003, 2008).

- 주민 욕구 중시의 원칙이다. 사회복지협의회는 지역주민의 생활실태와 사회복지 욕구를 파악하고, 그 욕구를 충족시키기 위한 활동을 수행하여야 한다.
- 주민 참가의 원칙이다. 사회복지협의회는 주민이 사회복지 활동에 많은 관심을 가지고 주체적으로 참여할 수 있도록 개방된 조직구조와 민주적인 과정을 통하여 합의를 도출해 나가야 한다.
- 전문성의 원칙이다. 사회복지협의회는 지역사회복지 활동을 추진해 나가는데 지역사회복지 활동의 계획·시행, 점검·평가, 조직화, 조사, 교육, 홍보 등의 분야에서 전문성을 발휘하는 활동을 수행하여야 한다.
- 민간성의 원칙이다. 사회복지협의회는 공공적 성격을 지닌 민간단체로서의 특성을 충분히 발휘하여 주민의 복지 욕구, 지역사회의 복지 과제에 대응하는 개척성이나 적응성·유연성을 발휘하여야 한다.
- 민관협력의 원칙이다. 사회복지협의회는 민관의 사회복지조직이나 보건·의료, 교육, 노동, 환경 등의 각종 관련 조직뿐만 아니라 지역주민과의 협력과 역할분담으로 지역사회복지사업을 계획적·종합적으로 수행하여야 한다.
- 지역 특성 존중의 원칙이다. 지방 단위의 사회복지협의회 조직과 구조는 지역사정에 따라 결정되어야 하며, 지역적 특성에 적절한 사업 내용과 방법을 사용하여야 한다.

### 3) 사회복지협의회의 주요 기능과 사업

#### (1) 사회복지협의회의 주요 기능

- 민간사회복지기관 중 유일한 기타공공기관으로서, 보건복지부의 주요 복지정책에 대한 시행위탁기관으로 정부의 사회복지사업을 뒷받침하는 조사연구, 교육훈련, 사회복지 조성 등의 고유목적사업 등 공공사회복지 증진 업무

를 효과적으로 수행하며, 정부정책과 민간사업의 연계협력을 조성하는 전달자와 중재자 역할을 수행 즉, 민관 가교 구실을 수행한다(공공기관운영에 관한 법률 제6조).

- 민간사회복지기관으로서의 특성을 살려 사회복지시설, 기관, 단체 상호 간의 이슈와 여론, 사회복지 동향 및 흐름에 대한 사회복지계의 견해를 대변하고, 여론을 일원화하여 협의조정 창구로서의 임무를 수행하며, 사회복지 조성을 위한 각종 민간자원 활용과 연계, 사회서비스사업을 효과적으로 수행 즉, 민·민 허브 기능을 수행한다.

### (2) 사회복지협의회의 주요 사업

- 사회복지에 관한 조사·연구 및 정책 건의
- 사회복지 관련 기관·단체 간의 연계·협력·조정
- 사회복지 소외계층 발굴 및 민간사회복지 자원과의 연계·협력
- 사회복지 종사자에 대한 교육훈련, 복지증진
- 사회복지에 관한 자료수집, 각종 간행물 발간 및 홍보
- 시·도 및 시·군·구사회복지협의회 업무지원 및 협력증진
- 국제사회복지단체와의 교류협력
- 자원봉사활동의 진흥
- 사회복지 자원개발 및 정보화사업의 진흥
- 식품자원 기부촉진 기반조성
- 사랑나눔실천 '1인 1 나눔계좌 갖기운동' 전개
- 소아암·백혈병 및 희귀난치성 질환 환아 진료비지원 사업
- 사회공헌 문화주도 및 종합정보 제공
- 보건복지부장관이 위탁하는 사회복지에 관한 업무 등

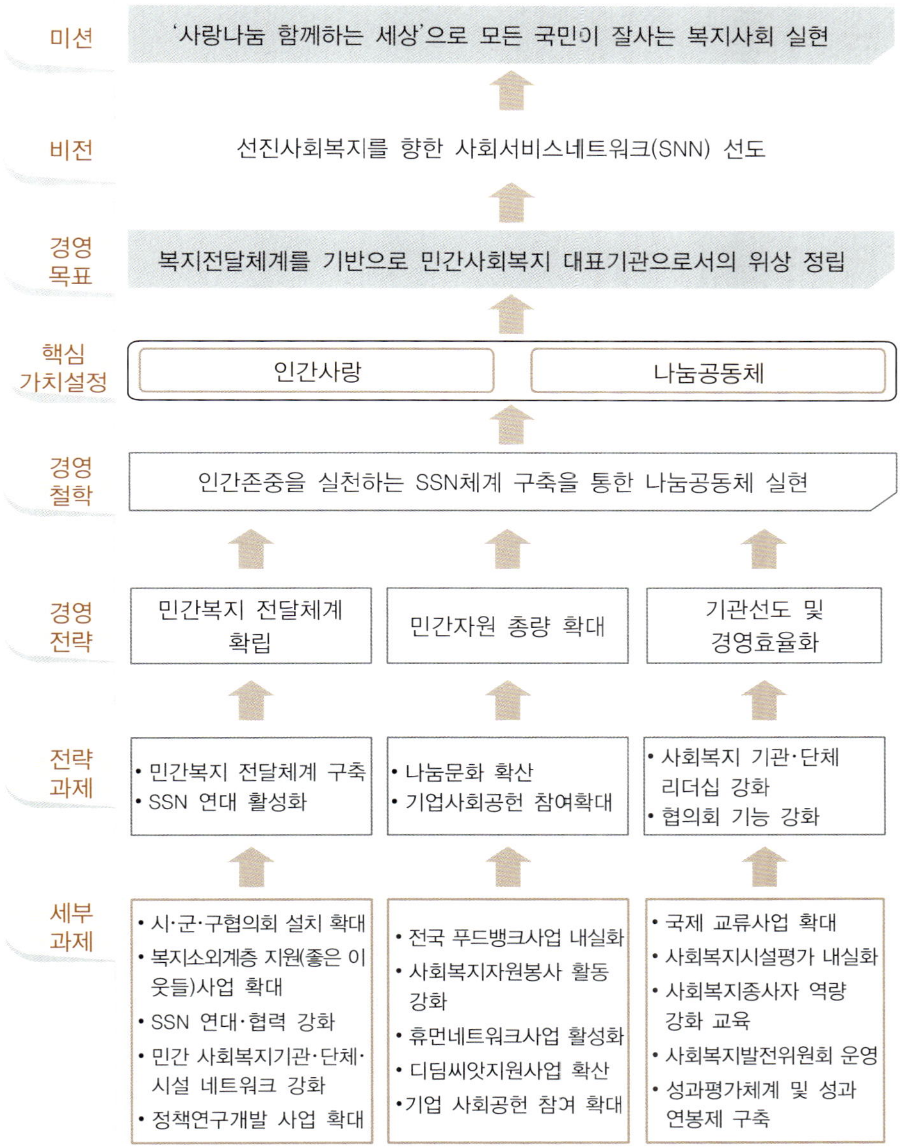


[그림 11-1] 한국사회복지협의회의 업무추진도

자료: 한국사회복지협의회 홈페이지(http://kncsw.bokji.net).

## 3. 사회복지공동모금회

### 1) 공동모금제도의 목적

민간사회복지기관에 대한 주민의 조직적·지속적인 참여를 구조화시키는 방안은 없을까? 방안의 하나로 제시되고 있는 것이 바로 지역공동모금제도이다. 공동모금제도는 정부의 복지정책을 보완하는 대표적 민간 지원체계이다. 과학적이고 전략적 모금활동을 전개하여 개인의 삶의 질 향상과 변화, 사회문화에 효과적으로 대응하는 사회시스템이다. 또한, 급변하는 사회환경 속에서 각종 사회문제를 세계적 기준과 관점을 가지고 접근하고 대응하기 위해 미국, 일본, 영국 등 세계 46개국이 함께 참여하여 상호교류와 협력을 통해 성장하는 글로벌 모금제도이다.[47] 공동모금의 주요 목적은 지역사회 주민의 욕구를 충족시키기 위해 가장 효과적인 기부금을 통한 민간사회복지의 재원 조성에 있다. 그리고 기부금을 통해 민간사회복지기관의 재정 운용에 안정성을 부여하여 사회복지서비스 프로그램의 전문화를 촉진하고, 질적 수준을 높일 수 있다는 것과 지역사회 주민의 지역사회복지 증진에 참여할 기회를 제공하는 것이라 할 수 있다.

특히 우리나라 민간사회복지기관에서 가장 중요하게 제기되는 문제는 재정적인 어려움이며, 이러한 현실의 재정 대부분을 정부보조금에 의존하고 있다. 이로 말미암아 정부 예속성을 탈피할 수 없고, 사회복지기관의 자율성을 살릴 수 없는 결과를 일으키고 있다. 또한, 민간복지 분야에서 재원 조달과 활용상의 문제점으로 지적되고 있는 국가의 사회복지 재정 지원의 불충분성, 각종 사회복지 관련 기

47) 유나이티드 웨이 월드와이드(United Way Worldwide: UWW)는 1887년 미국 덴버에서 설립되어 미국 전역에 약 1,300개의 지역조직으로 구성되어 있는 미국 중앙모금회인 유나이티드 웨이 아메리카(United Way America: UWA)와 약 40개국의 공공모금회 조직으로 구성되어 있는 유나이티드 웨이 인터내셔널이 2009년 병합하여 탄생했다. UWW의 본부는 미국 알렉산드리아에 있다. 이 본부는 각 지역의 성공 사례 공유와 분석을 통해 모금, 배분, 홍보 전략을 연구하고, 이를 체계적인 교육과정으로 개발시켜 제공해 주는 등 UWW 회원 단체의 원활하고 효율적인 자선활동을 하도록 지원해 준다.

금의 모금방법과 배분의 비효율성, 자발적인 참여 부족, 모금활동의 전문성 부족 등은 새로운 민간복지의 재원 조달방식 즉, 공동모금제도를 요구해 왔다.

이러한 현실적인 절실함과 함께 공동모금제의 시행이 필요한 이유는 다음과 같다(이웃돕기운동추진협의회, 1994).

첫째, 무분별한 자선사업의 난립을 막고, 지역주민이 신뢰할 수 있는 민간모금 단체를 등장시킬 수 있다. 순수한 사회복지 정신이 상업주의에 악용당하는 사례가 많으며, 이의 영향으로 국민은 사회복지에 부정적인 시각을 갖기도 한다. 바로 이러한 폐단을 시정하고, 사회복지사업이 국민에게 신뢰를 받을 수 있도록 하기 위해서도 공동모금제도의 시행은 필요하다.

둘째, 지역주민의 참여 기회를 제공함으로써 지역주민의 자원봉사 정신을 함양시킬 수 있다. 즉, 지역사회별로 공동모금기구가 결성되면 그 지역주민이 이사회 등 각종 위원회 구성원으로 참여함으로써 자신들이 가장 잘 알고 있을 지역 욕구에 맞춰 자금을 배분할 수 있게 된다. 결과적으로 지역주민은 자신들의 지역사회 문제에 더 많은 관심을 가지고 되고, 문제 해결에 스스로 참여하는 자원봉사 정신, 더 나아가 지방자치 민주주의 정신을 함양시키는 큰 효과를 기대할 수 있다.

셋째, 사회복지서비스 프로그램의 전문성을 높이는 데 이바지할 수 있다. 19세기 말 미국에서 공동모금이 처음 등장하던 때, 이를 '과학적 자선(scientific charity)'이라고 불렀듯이 공동모금은 서비스의 전문성, 더 나아가 사회복지사업의 과학화에 이바지할 수 있기 때문에 필요하다. 기부금의 배분은 단지 나누는 것에 그치지 말고, 전문사회사업가에 의해서 사회복지서비스와 함께 이루어져야 한다. 이를 위해서는 먼저 프로그램의 개발과 평가가 선행되어야 한다. 예를 들어 미국의 공동모금조직(UWA[48]))이 표방하는 주요 가치와 지원 프로그램을 살펴보면 〈표 11-2〉와 같다.

48) United Way of America.

〈표 11-2〉 미국 공동모금조직의 핵심 가치와 지원 프로그램 내용

| 구분 | 내용 |
|---|---|
| 핵심 가치 | • 지역사회 문제 해결 촉진<br>• 포괄성<br>• 단일 전국모금캠페인<br>• 연중 커뮤니케이션<br>• 지역사회 기금배분 |
| 지원 프로그램 | • 전문가 개발 프로그램<br>• 자원봉사자 개발 프로그램<br>• 관리지원 프로그램<br>• 정보와 의뢰 프로그램<br>• 정부관계(공공정책에 영향)<br>• 기관관계와 유치 프로그램<br>• 전략적인 계획과 관리 프로그램<br>• 조사와 정보 과정 프로그램 |

자료: United Way America (1988), United Way: Standards of Excellence, p. 6.

## 2) 우리나라의 사회복지공동모금회

### (1) 연혁과 목적

우리나라는 1970년 1월 공포된 사회복지사업법 제24조에 '사회복지공동모금회'가 규정되고, 이에 따라 1971년 11월에 사회복지법인으로 보건사회부장관으로부터 설립허가를 받아, 1972년 11월 1일부터 12월 31일까지 제1회 공동모금을 시행하였다. 그러나 한국사회복지공동모금회의 지도력 부족, 조직 미흡, 선전 부족, 기타 정치·경제적 이유로 말미암아 전혀 활동을 하지 못하다가 마침내는 1983년 5월 사회복지사업법이 전면 개정될 때, 공동모금회에 관한 조항이 삭제되기에 이르렀다.

1980년 12월 31일 사회복지사업기금법이 제정되어 1981년부터 불우이웃돕기운동을 전개하여 1992년까지 총 360억 원의 기금이 조성된 바 있다. 당시 보건사회

부는 매년 기금 이자와 전년도 캠페인 기금 일부 등 약 40억 원으로 사회복지시설 지원, 결식노인에게 점심 제공, 재가노인 봉사 등의 사업을 펼쳤다. 1992년 12월 정부 주도의 불우이웃돕기운동을 민간으로 이양한다는 방침 아래 한국사회복지협의회와 전국경제인연합회 등 경제 5단체를 비롯하여 한국신문협회, 한국방송협회, 대한적십자사 등 20개의 주요 경제·사회단체가 장차 민간상설기구의 조직을 앞두고 연말 캠페인을 주(主)사업으로 하여 한시적인 모금연합체인 '이웃돕기운동추진협의회'를 결성하여, 언론사의 도움을 받아 연말이웃돕기운동을 전개하였다.

이처럼 매스컴에서 모금된 국민성금은 정부로 보내져 보건복지부가 「사회복지기금관리법」에 따라 사회복지기금으로 별도 관리하며, 지방은 각 시·도가 구청, 동사무소 등에 이웃돕기성금 창구를 개설하고, 성금을 직접 받고 배분하였다. 다행히 1997년 3월 사회복지공동모금회법이 공포되고, 1998년 7월부터 이 법이 발효되기 시작하였다. 이로써 1998년 사회복지법인 전국공동모금회가 설립되었으며, 1999년 3월에는 사회복지공동모금회법으로 법률이 개정되고, 중앙 및 16개 지회체제가 확립되었다.

사회복지공동모금회법은 사회복지공동모금회의 공동모금을 통하여 국민이 사회복지를 이해하고 참여하도록 함과 아울러 국민의 자발적인 성금으로 조성된 재원(財源)을 효율적이고 공정하게 관리·운용함으로써 사회복지증진에 이바지함을 목적으로 한다(같은 법 제1조). 즉, 사회복지공동모금회는 민간복지기관의 자원 지원뿐만 아니라 국민의 복지에 대한 이해와 참여 기회를 증진시키는 것도 목적으로 한다.

### (2) 모금과 배분

사회복지공동모금회는 사회복지사업 기타 사회복지 활동의 지원을 위해 연중 기부금품을 모집·접수할 수 있다. 또한, 사회복지공동모금회는 효율적인 모금을 위해 일정한 기간을 정하여 집중모금을 할 수 있다. 단, 집단모금을 하고자 할 때에는 그 모집일로부터 15일 전에 그 내용을 보건복지부장관에게 보고해야 하며, 그 모집을 종료한 때에는 모집종료일로부터 1월 이내에 그 결과를 보건복지부장관에게 보고하여야 한다(사회복지공동모금회법 제18조).

근거법인 사회복지공동모금회법이 2001년 개정된 이후 사회복지공동모금회는 재원의 조성을 위해 복권을 발행할 수 있게 되었다. 단, 복권을 발행하고자 할 때에는 그 종류와 조건, 금액 및 방법 등에 관해 미리 보건복지부장관의 승인을 받아야 한다(같은 법 제18조의 2). 이에 근거하여 2002년부터 국내 최초 인터넷 복지복권인 '엔젤복권'의 발매를 시작하였다.

사회복지공동모금회는 매년 8월 31일까지 다음 회계연도의 공동모금재원의 배분기준을 정하여 공고해야 한다. 배분기준에는 배분대상, 배분한도액, 배분신청기간 및 배분신청서 제출장소, 배분심사기준, 배분재원의 과부족 시 조정방법, 배분신청 시 제출할 서류, 그 밖에 공동모금재원의 배분에 필요한 사항이 포함되어야 한다.

배분은 프로그램 단위로, 혹은 기관 단위로 모두 가능하므로 혼합형에 해당한다. 사회복지공동모금회의 배분을 통해 다양한 민간의 프로그램이 신설 혹은 강화되는 기회를 얻고 있다. 배분신청을 하고자 하는 자는 배분신청서를 제출하여야 하고(같은 법 제21조), 사회복지공동모금회는 접수한 배분신청서를 심의하여 심의결과에 기초하여 배분계획을 수립하게 된다(같은 법 제22조). 사회복지공동모금회는 각 회계연도 공동모금재원의 배분을 종료한 날부터 1월 이내에 전국적으로 배포되는 하나 이상의 일간신문에 그 배분결과를 공고하여야 한다(같은 법 제24조).

## 사랑모으기

함께 사는 세상을 위해 모아 주신 사랑으로 우리의 이웃과 지역사회가 변화합니다. 여러분의 참여로 힘을 얻은 사람들이 다시 하나, 둘 나눔에 참여할 때 나눔의 순환 고리는 점점 커져 갑니다.

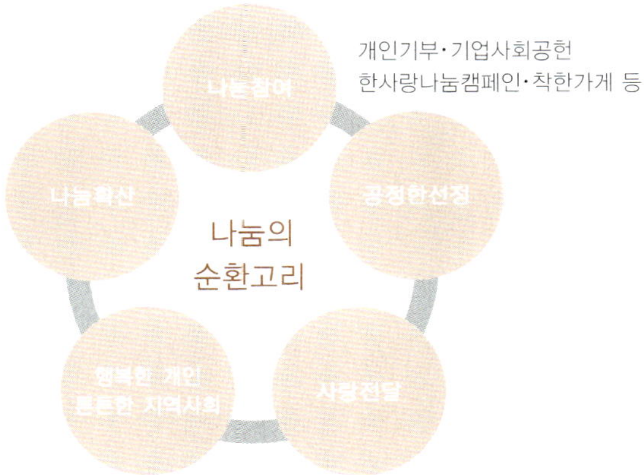


## 사랑나누기

사회복지공동모금회는 기부자 여러분의 사랑을 도움이 필요한 분들과 그들을 돕는 사회복지기관에 투명하고 공정하게 전달하기 위하여 노력하고 있습니다.

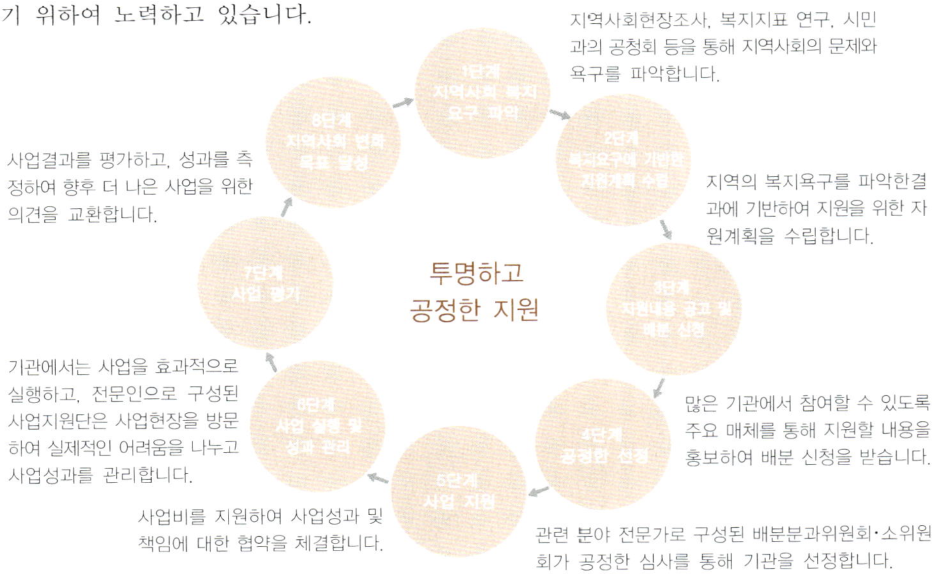


[그림 11-2] 사회복지공동모금회의 사랑모으기와 나누기

자료: 사회복지공동모금회 홈페이지(http://www.chest.or.kr).

## 4. 자원봉사센터

### 1) 기능과 역할

자원봉사활동을 활성화하고 자원봉사활동의 수요와 공급을 조정하기 위하여 다양한 종류의 자원봉사센터가 설치·운영되고 있다. 「자원봉사활동 기본법」 제3조를 따르면, 자원봉사센터란 자원봉사활동의 개발·장려·연계·협력 등의 사업을 수행하기 위하여 법령과 조례 등에 따라 설치된 기관·법인·단체 등을 말한다.[49] 자원봉사센터는 자원봉사활동이 원활하게 이루어질 수 있도록 지원하기 위하여 자원봉사자의 수요와 공급을 조정하고, 자원봉사활동을 기록·등록하고, 자원봉사활동을 지원하고, 자원봉사자 양성과 연수, 홍보, 계발, 네트워크화, 조사·연구 등의 기능을 가지며, 그에 따르는 역할과 업무를 수행한다.

### 2) 자원봉사센터의 종류

현행법에 근거한 대표적인 자원봉사센터로는 안전행정부 산하의 시·도 및 시·군·자치구 자원봉사센터, 보건복지부 산하의 사회복지정보센터(사회복지 자원봉사센터), 여성가족부 산하의 여성자원봉사센터와 청소년활동진흥센터이다. 이러한 자원봉사센터의 근거 법령과 주요 업무는 〈표 11-3〉과 같다.

〈표 11-3〉 자원봉사센터의 종류와 주요 업무

| 관련 부처 | 센터명 | 근거 법령 | 주요 업무 |
|---|---|---|---|
| 안전행정부 | 자원봉사센터 | 자원봉사활동 기본법 제19조,<br>지방자치단체 조례 | 지역자원봉사 활성화 |

49) 자원봉사활동이란 개인 또는 단체가 지역사회·국가 및 인류사회를 위하여 대가 없이 자발적으로 시간과 노력을 제공하는 행위를 말한다. 또 자원봉사단체란 자원봉사활동을 주된 사업으로 하거나 이를 지원하기 위하여 설립된 비영리 법인 또는 단체를 말한다.

| 관련 부처 | 센터명 | 근거 법령 | 주요 업무 |
|---|---|---|---|
| 보건복지부 | 사회복지정보센터 | 사회복지사업법 제9조 | 사회복지 봉사활동 지원 |
| 여성가족부 | 여성자원활동센터 | 여성발전기본법 시행령 제28조의 2 | 여성 봉사활동 지원 |
| | 청소년활동진흥센터 | 청소년 기본법 제47조, 청소년활동진흥법 제65조 | 청소년 활동 진흥 |

자료: 찾기 쉬운 생활법령정보 홈페이지(http://oneclick.law.go.kr).

### (1) 자원봉사센터

자원봉사활동을 활성화하기 위해 각 지방자치단체에 한 군데 설치를 목표로 추진되어, 1966년부터 설치되기 시작하였다. 특별시·광역시·도 단위의 16개소와 시·군·구 단위의 232개소를 합쳐 전국에 248개소의 자원봉사센터가 설치·운영되고 있다. 자원봉사활동 기본법 시행령 제15조에 의한 자원봉사센터의 역할은 다음과 같다.

#### ① 중앙자원봉사센터의 역할

- 특별시·광역시·도 및 시·군·자치구 자원봉사센터에 대한 지원
- 특별시·광역시·도와 시·군·자치구의 자원봉사센터 관리자에 대한 교육훈련
- 지역 자원봉사와 관련한 프로그램의 개발·보급 및 조사·연구
- 지역 자원봉사센터 및 자원봉사단체 등과 협력 및 정보교류
- 자원봉사 정책 지원 및 협조
- 1365 자원봉사포털 홈페이지(http://www.1365.go.kr) 운영
- 그 밖에 국가의 자원봉사 진흥에 이바지할 수 있는 사업

#### ② 광역자원봉사센터의 역할(특별시·광역시·도)

- 특별시·광역시·도 지역의 기관·단체들과의 상시협력체계 구축

- 자원봉사 관리자 및 지도자의 교육훈련
- 자원봉사 프로그램의 개발 및 보급
- 자원봉사 조사 및 연구
- 자원봉사 정보자료실 운영
- 시·군·자치구 자원봉사센터 간의 정보 및 사업의 협력·조정·지원
- 그 밖에 특별시·광역시·도 지역의 자원봉사 진흥에 이바지할 수 있는 사업

③ 기초자원봉사센터의 역할(시·군·자치구)

- 시·군·자치구 지역의 기관·단체들과의 상시협력체계 구축
- 자원봉사자의 모집 및 교육·홍보
- 자원봉사 수요기관 및 단체에 자원봉사자 배치
- 자원봉사 프로그램의 개발·보급 및 시범운영
- 자원봉사 관련 정보의 수집 및 제공
- 그 밖에 시·군·자치구 지역의 자원봉사 진흥에 이바지할 수 있는 사업

### (2) 사회복지정보센터(사회복지 자원봉사센터)

사회복지정보센터는 자원봉사자 양성·파견·배치를 위해 1978년 9월 설치된 사회봉사안내소라는 명칭으로 시작되었다. 1983년 4월부터 시·도 사회복지협의회를 통해 전국 단위 자원봉사자를 양성·파견·배치하였고, 1991년 4월에 시·도 사회복지협의회 내 지역복지봉사센터를 설치·운영하였다. 1994년 11월에는 사회복지 자원봉사 정보안내센터라는 명칭으로 변경되었으며, 2001년 사회복지정보센터라는 명칭으로 다시 변경되었다.

사회복지정보센터는 다음과 같은 배경 속에서 추진되었다.

- 다양한 사회복지 욕구를 충족시키기 위해서는 국가의 제도적 개선 노력뿐만 아니라, 민간부문의 참여와 자원 동원을 통한 복지서비스의 양적·질적 수준

을 확대할 필요성이 증대되었다.

- 사회복지 분야에서 자원봉사 참여자 수 확대를 통한 소외 취약계층의 지속적인 복지서비스 제공 등 지속적 보호체계 강화의 필요성이 제기되었다.
- 자원봉사자의 중도탈락을 예방하고 사회복지 봉사활동에 지속해서 참여할 수 있는 동기를 부여할 필요가 있었다.

### (3) 여성자원활동센터

여성자원봉사센터는 분산된 여성자원봉사활동 창구의 지역 단위 통합·운영을 통하여 자원봉사를 희망하는 여성의 이용 편의를 도모하고, 공공서비스 분야에의 자발적인 참여와 봉사의 기회를 제공함으로써, 자원봉사활동의 사회적 확산 기반을 다지는 것을 목적으로 한다. 이러한 목적을 위하여 1991년 4월 국무총리 지시 제7호 '지역별 여성자원활동센터 설치·운영에 관한 지침'에 의거하여 설치되었다.

여성자원봉사센터는 전국 및 지방자치단체에서 여성자원봉사활동을 지원하기 위해 전국 여성자원활동센터를 설치·운영할 수 있다는 여성발전기본법 제28조의 2 및 같은 법 시행령 제28조의 2에 근거한다. 여성자원봉사센터의 주요 기능은 다양한 여성자원봉사활동의 전문 영역을 개발하여 유휴여성인력의 참여 확대를 유도하고, 여성자원봉사자의 발굴, 모집, 교육을 통하여 원활한 자원봉사 수요·공급을 극대화한다. 또한, 자원봉사활동을 기록·관리하고 수요처를 개발하며, 자원활동기관 간의 정보를 교환하고 주민에게 홍보하는 것 등이다.

### (4) 청소년활동진흥센터

1995년 '5·31 교육개혁'이 인성 중심의 체험활동을 강조하고, 특히 초·중·고생들의 봉사활동을 의무화함에 따라, 이를 사회적으로 뒷받침하고자 정부는 문화관광부 산하에 청소년자원봉사센터를 설치하여 청소년봉사활동을 장려·지원하기 시작하였다. 그 후 2004년 2월에 공포된 이른바 청소년 관련 3법(청소년 기본법,

청소년활동 진흥법, 청소년복지 지원법)을 기반으로 청소년수련활동 인증제의 시행, 청소년활동과 복지, 보호에 관한 종합적인 정보 안내 및 서비스 제공, 청소년복지 지원을 위한 사업과 서비스 영역 개발과 보급 등의 기능을 수행하기 위해 문화관광부 산하에 2005년 3월 한국청소년진흥센터를 개소하였고, 2006년 3월에 한국청소년자원봉사센터를 통합하였다.

지난 1995년 5월 31일 이석희 교육개혁위원회 위원장(왼쪽)이 교육개혁안을 발표하고 있다. 가운데는 이명현 전 교육부장관(당시 교육개혁위원회 상임위원)

한국청소년진흥센터는 청소년 기본법에 의해, 지방청소년활동진흥센터는 청소년활동 진흥법에 의해 청소년자원봉사활동의 활성화 사업을 수행하고 있다. 청소년활동 진흥법 제65조를 따르면, 국가 및 지방자치단체는 청소년자원봉사활동을 활성화할 수 있는 기반을 조성하여야 한다.

## 5. 지역아동센터

### 1) 법적 근거와 목적

지역아동센터는 아동복지법[50] 제52조 제1항 제8호에 의거, 방과 후 돌봄이 필요한 지역사회 아동의 건전육성을 위하여 보호교육, 건전한 놀이와 오락의 제공, 보호자와 지역사회의 연계 등 종합적인 복지서비스를 제공한다.

---

50) 아동복지법은 아동이 건강하게 출생하여 행복하고 안전하게 자랄 수 있도록 아동의 복지를 보장하는 것을 목적으로 한다.

## 2) 지원 대상과 내용

### (1) 지원 대상

지역아동센터는 만 18세 미만 아동을 대상으로 지원한다. 다만, 국민기초생활보장 수급권자가정아동, 차상위계층가정아동, 보호대상 한부모가정아동, 조손가정아동, 다문화가정아동, 장애가정아동(아동 본인 또는 장애가정 내 아동 포함), 기타 승인 아동으로 보호가 필요한 아동에 대한 우선 보호를 위해 지역아동센터 신고정원의 60% 이상을 우선보호아동 비율로 유지한다.

### (2) 지원 내용

#### ① 지역사회 아동보호 실현

지역사회 안에서 아동 권리보장과 안전한 보호, 급식 등을 지원한다.

#### ② 교육적 기능

아동의 학습능력 제고, 학교 부적응 해소, 일상생활 지도, 학교생활 유지와 적응력을 강화한다.

#### ③ 정서적 지원

아동의 심리 정서적 안정 및 건강한 신체발달 기능을 강화한다.

#### ④ 문화서비스 제공

문화체험 및 다양한 문화경험의 장을 제공한다.

#### ⑤ 지역사회 연계

지역사회자원 발굴과 지원 강화, 지역사회 내 아동문제에 대한 사전 예방적 기능 및 사후 연계를 수행한다.

〈표 11-4〉 지역아동센터 연도별 지원 현황

| 구분 | 2004 | 2005 | 2006 | 2007 | 2008 | 2009 | 2010 | 2011 | 2012 | 2013 | 2014 |
|---|---|---|---|---|---|---|---|---|---|---|---|
| 지원 개소 | 500 | 800 | 902 | 1,800 | 2,088 | 2,789 | 2,946 | 3,260 | 3,500 | 3,742 | 3,989 |
| 지원 단가 (만 원/월, 개소) | 67 | 200 | 200 | 200 | 220 | 540 | 320 | 370 | 395 | 420 | 433 |
| 예산(억 원) | 12 | 73 | 98 | 206 | 282 | 457 | 543 | 695 | 787 | 905 | 979 |
| 신고·운영 개소 | 895 | 1,709 | 2,029 | 2,618 | 3,013 | 3,474 | 3,690 | 3,985 | 4,036 | 4,036 | 미정 |

자료: 보건복지부(2014a). 2014년도 지역아동센터 운영매뉴얼. p. 5.

### 3) 정부의 추진방향

보건복지부(2014a)의 2014년도 지역아동센터 운영매뉴얼에 따른 추진방향은 다음과 같다.

- 방과 후 돌봄서비스 추진기관 간 연계체계 운영을 통해, 수요자 중심의 효율적인 돌봄서비스 제공과 지역사회 내 통합적 아동 지원체계를 구축한다.
- 사회복지시설정보시스템 이용 본격화를 통해 재무회계, 후원금 관리 등 투명성을 강화하고, 효율적인 지원 관리체계를 운영한다.
- 표준 프로그램, 서비스 최저기준 마련 등으로 지역사회에서 방과 후 돌봄의 공적 기능이 발휘될 수 있도록 운영 수준을 제고한다.

## 6. 정신보건센터

### 1) 법적 근거와 목적

정신보건센터는 정신보건법[51] 제13조와 제13조의 2에 의거, 국가 및 지방자치단체는 지역사회정신보건사업의 시행을 위하여 시·군·구 단위로 정신질환자의 발견·상담·진료·사회복귀훈련 및 이에 관한 사례관리 등을 시행하기 위한 정신보건센터를 설치하여야 한다.

### 2) 설치 기준

각 시·군·구별 1개소 설치를 원칙으로 하되, 지역주민의 접근성(인구 40만 명 이상으로 공공 교통수단 이용 시 1시간 이상 소요) 등 지역 여건을 고려하여 2개소 이상 설치가 가능하다. 한편, 정신보건센터의 설치를 위한 재원은 국가와 지방자치단체가 부담한다(정신보건법 제13조의 2 제2항).

### 3) 이용대상

정신보건센터 이용대상은 지역사회 내의 정신질환자와 그 가족 및 지역주민 전체가 해당한다. 한정된 정신보건 관련 자원을 감안, 사업 대상에 우선순위를 두고 사업을 추진하되, 입원환자의 약 70%가 조현병(정신분열병)[52] 및 조울병 등 만성 정신병 환자인 우리나라 정신보건서비스 체계의 현황을 고려하여야 한다. 다시 말하면, 표적인구(만성 중증 정신질환자와 그 가족)를 우선으로 하면서 위험인구(정신건강 위험요인 보유 주민)와 일반인구(일반주민)를 위한 정신보건사업을 적절히 배치하여야 한다.

---

51) 정신보건법은 정신질환의 예방과 정신질환자의 의료 및 사회복귀에 관하여 필요한 사항을 규정함으로써 국민의 정신건강증진에 이바지함을 목적으로 한다.

52) 조현병은 과거 정신분열병이란 명칭 때문에 환자들에게 사회적 낙인과 편견을 주었고, 치료를 피하는 원인으로 작용하였다. 이에 대한신경정신의학회와 대한정신분열병학회는 2007년부터 병명 개정 작업을 추진했고, 2011년 말 국회를 통과했다. 병명이 조현병으로 바뀌면서 대한정신분열병학회의 명칭도 대한조현병학회로 바뀌었다. 조현(調絃)은 '현악기의 줄을 고르다'라는 뜻으로, 병으로 말미암은 정신적 부조화를 치료해 조화롭게 하면 현악기가 좋은 소리를 내듯 정상적인 생활을 할 수 있다는 의미를 담고 있다. 또한, 조현병이 뇌신경망 이상에서 발병한다는 것과 관련, 뇌신경망을 적절하게 조율해야 한다는 뜻도 담겨 있다. 영문 병명은 기존 'Schizophrenia'에서 'Attunement disorder'로 바꿔 쓴다(최덕경 외, 2014).

그리고 국민기초생활보장 수급권자와 차상위계층 등 취약계층은 우선 이용대상이며, 지역적으로는 저소득층 밀집거주지역 등 관내의 주민을 우선하되, 인근 지역주민에게도 서비스 제공이 가능하다. 연령적으로는 청소년기 후기부터 장년기 초기까지의 경제활동연령을 우선하되, 지역 특성에 따라 아동·청소년 혹은 노년기 주민도 포함할 수 있다.

### 4) 정신보건센터의 종류

정신보건센터는 기본형과 모델형으로 나눈다. 기본형은 보건소중심형 운영체계로서, 기초자치단체가 사업의 주체로 보건소 기본 인력을 활용하며, 보건소 내 정신보건사회사업팀을 배치하고 있다. 모델형은 민간위탁형 운영체계로서, 광역자치단체에서 병원 등 민간협력기관에 위탁하는 형태로 기초자치단체와 협력하여 운영하는 형태이다.

## 7. 지역자활센터

### 1) 자활사업의 개요

자활사업은 국민기초생활보장법상 근로능력이 있는 저소득층이 스스로 자활할 수 있도록 자활능력 배양, 기능 습득 지원, 근로 기회 제공 등을 통하여 기초수급자와 차상위계층의 자활을 촉진하는 사업이다. 이런 조건부 생계급여제도는 자활사업 참여를 조건으로 생계비를 지급받도록 하여 절대빈곤층의 기초생활을 보장한다. 그러나 국가의 보호에 안주하는 도덕적 해이를 방지하고, 생산적 복지를 구현하고자 하는 제도적 장치로서, 근로연계복지제도의 대표적인 사례가 바로 자활사업이다.

### 2) 추진체계

자활사업에는 중앙자활센터, 광역자활센터, 지역자활센터를 중심으로, 보건복지부, 시·도와 시·군·구 및 읍·면·동사무소, 고용노동부, 고용센터가 관여한다. 자활사업 추진체계는 [그림 11-3]과 같다.

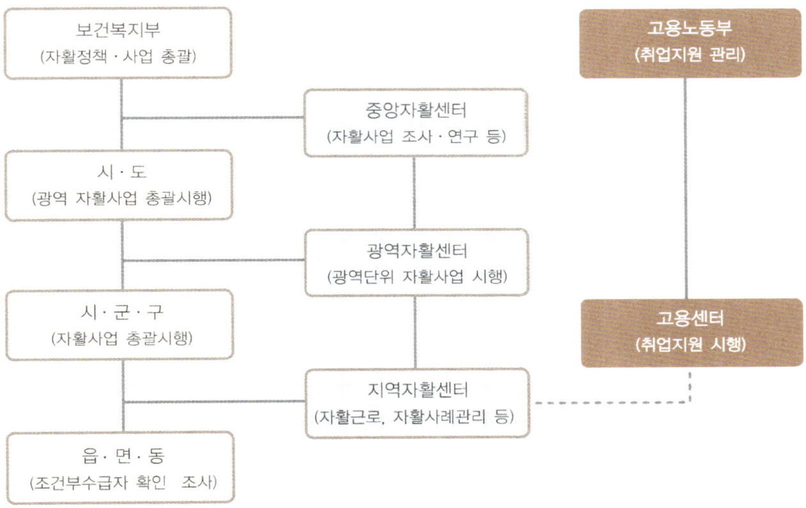


[그림 11-3] 자활사업 추진체계도

자료: 보건복지부(2014b). 2014 자활사업 안내. p. 3.

### 3) 추진 주체별 역할

[그림 11-3]에 나타나 있는 추진 주체별 역할은 〈표 11-5〉와 같다.

〈표 11-5〉 추진 주체별 역할

| 추진 주체 | 역할 | 비고 |
|---|---|---|
| 보건복지부 | • 국민기초생활보장제도 총괄<br>• 종합자활지원계획 수립(매년 12월) | 자활정책·사업 총괄관리 |

| 추진 주체 | 역할 | 비고 |
|---|---|---|
| | • 자활프로그램 개발·추진<br>• 지역자활센터 지정·관리 | |
| 시·도,<br>시·군·구 | • 지역자활지원계획 수립(매년 1, 2월)<br>• 자활기금의 설치·운영<br>• 급여 시행 여부와 내용 점검, 지급<br>• 자활기관협의체 운영<br>• 조건부 수급자 책정과 생계급여 중지 여부 결정<br>• 참여자 자활지원계획 수립·관리 | 자활사업<br>총괄시행 |
| 읍·면·동 | • 조건부 수급자 확인조사(자산조사 제외) | 조건부<br>수급자 관리 |
| 중앙자활센터 | • 자활지원을 위한 조사·연구·교육과 홍보사업<br>• 자활지원을 위한 사업의 개발과 평가 등 | 자활사업 수행 |
| 광역자활센터 | • 광역 단위의 저소득층에 대한 취·창업지원<br>• 지역특화형 자활프로그램 개발·보급 등 | |
| 지역자활센터 | • 자활 의욕 고취를 위한 교육, 참여자 사례관리<br>• 자활을 위한 정보제공·상담·직업교육과 취업알선<br>• 기타 자활을 위한 각종 사업 등 | |
| 고용노동부 | • 종합취업지원계획 수립(매년 12월)<br>• 취업지원프로그램 개발·추진 | 취업지원관리 |
| 고용센터 | • 개인별 취업지원계획 수립·관리<br>• 취업알선 등 취업지원프로그램 시행<br>• 취업대상자의 조건이행 여부 확인 | 취업지원시행 |

자료: 보건복지부(2014b), 2014 자활사업 안내, p. 4를 참고하여 재구성.

### 4) 자활사업대상자 선정과 관리 절차

국민기초생활보장법에 따라 수급권자를 자활사업에 참여하기 위한 사전조치로서 근로능력의 유·무를 판정한다. 근로능력이 있는 수급자에 대하여 조건부과 및 유예를 결정하고, 확인조사 등 자활사업 대상자의 선정과 관리에 필요한 조치를 안내한다. 자활사업대상자 선정과 관리 절차는 [그림 11-4]와 같다.

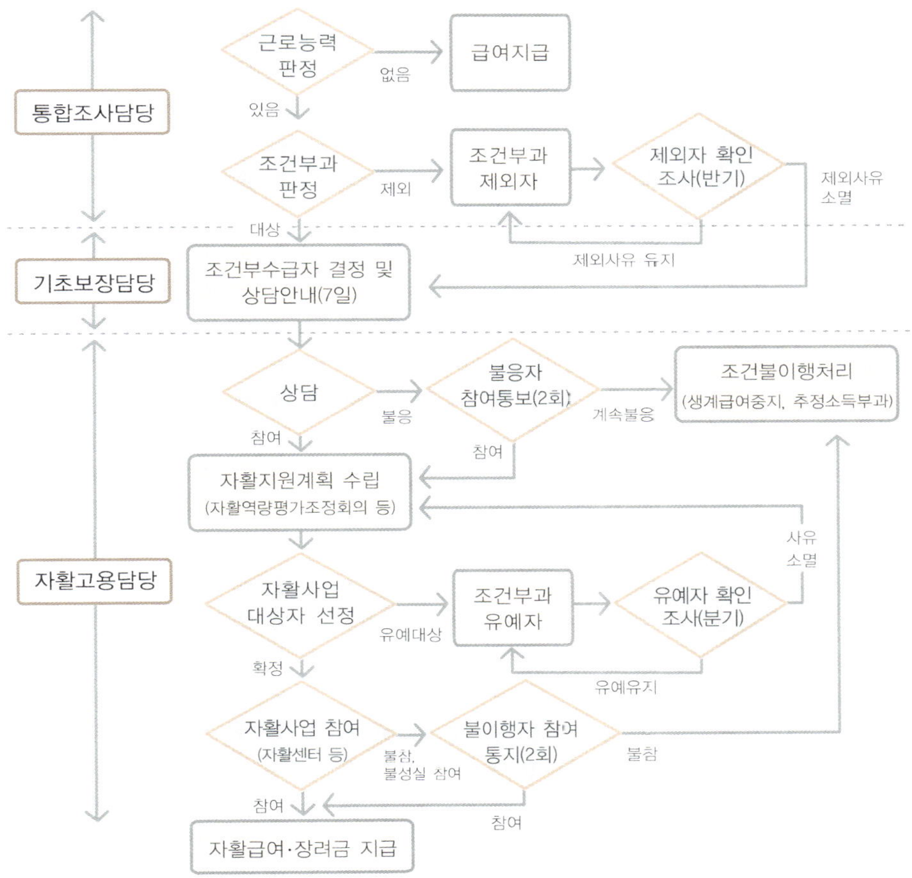


[그림 11-4] 자활사업대상자 선정과 관리 절차

자료: 보건복지부(2014b). 2014 자활사업 안내. p. 11.

## 8. 지역사회운동단체

지역사회복지운동은 노동운동이나 민중운동과는 달리 뚜렷한 계층적 기반을 가지고 있지 않다. 그러나 전체 지역주민이 참여할 수 있는 포괄적 운동이라고 할 수 있다. 하지만 지역사회복지운동은 지역사회에 내재해 있는 사회적 소외집단이나 사회적 약자 등의 복지 욕구에 초점을 두고 있다. 따라서 사회적 소수집단이나 사회적 약자가 우선순위 집단이라고 할 수 있다. 또한, 지역사회복지운동은 지역사회 내의 특정 문제 해결을 위해 지역사회 공론화를 통한 표출적 행위로 나타나거나 자조적인 문제 해결과정을 도모한다는 특징이 있다. 지역사회복지운동은 더욱 거시적인 측면에서 보면 사회정의를 실현하는 가장 실천적인 지역 단위의 실천운동이라 할 수 있다. 지역사회복지운동에 대한 구체적인 내용은 이 책의 제12장에서 다루고 있으며, 지역사회복지운동을 주도하는 단체는 〈표 11-6〉과 같다.

〈표 11-6〉 지역사회복지운동단체 현황

| 지역 | 명칭 | 설립일 |
|---|---|---|
| 서울 | 관악사회복지 | 1995. 12. |
| | 광진주민연대 | 2001. 3. |
| | 구로건강복지센터 | 1997. 6. |
| | 서울복지시민연대 | 2007. 11. |
| | 참여연대 | 1994. 9. |
| 수도권 | 경기복지시민연대 | 1999. 3. |
| | 인천사회복지보건연대 | 2005. 1. |
| | 인천희망을만드는마을사람들 | 2007. 6. |
| 충청권 | 대전참여자치시민연대복지포럼 | 1998. 3 |
| | 천안복지세상을열어가는시민모임 | 1998. 6 |
| | 충북행동하는복지연합 | 2005. 6. |
| 호남권 | 참여자치군산시민연대 | 1998. 9 |
| | 참여자치21(광주) | 1998. 4. |
| | 한국교육복지원 | 2001. 1. |
| 영남권 | 부산사회복지연대 | 2006. 12. |
| | 부산장애우권익문제연구소 | 1999. 7. |
| | 우리복지시민연합 | 1994. 7. |
| | 울산시민연대 | 2007. 4. |
| 제주 | 제주참여환경연대 | 2000. 8. |

**참고자료 평택복지시민연대 창립 준비**

평택에 시민이 중심이 되어 복지사각지대를 없애기 위해 고민하면서 공부하는 모임이 활발하게 진행되고 있다. 평택복지시민연대준비위원회(위원장 김순구, 가나안지역아동센터장)는 경기복지시민연대, 고앤두아카데미와 함께 지난 9일부터 평택시립도서관 3층 강좌실에서 매주 수요일 저녁 7시 30분부터 2시간씩 다른 지역의 복지활동가들을 차례로 초청, '우리가 만드는 지역 복지이야기'를 듣고 있다. 지난 23일 저녁에는 세 번째로 홍선(서울 관악사회복지) 활동가가 '풀뿌리 복지운동과 주민참여'를 주제로 특강을 했다. 홍 씨는 시민이 주도하는 복지운동이 뿌리를 내리기 위해서는 관심, 관계, 경험이 중요하다고 강조하면서 운영은 관의 지원을 일체 배제한 채 후원회원들의 회비와 자체 사업을 통해 조달하고 있다고 말했다. 평택복지시민연대 준비위원으로 참여하고 있는 김기홍 노동당 평택안성당협위원장은 5월에 준비모임을 갖고 사회복지현장에 대한 문제와 필요한 사항을 확인한 뒤 연내에 창립할 예정이라고 말했다.

자료: 평택시민신문(2014. 5. 1), 허성수 기자.

• CHAPTER 12 •

# 지역사회복지운동의 이해

학/습/목/표

- 사회운동과 사회복지운동의 의미와 성격을 이해한다.
- 지역사회복지운동의 개념을 이해하고, 의의를 설명할 수 있다.
- 우리나라 지역사회복지운동의 흐름을 파악하여 설명할 수 있다.
- 지역사회복지운동의 유형을 설명할 수 있다.

## 1. 지역사회복지운동의 의의

### 1) 사회운동의 의미와 성격

우리는 여기서 세 가지 상호 연관된 개념 사이에 의미상의 위계관계를 상정한다. 그 세 개념은 바로 '사회운동–사회복지운동–지역사회복지운동'이다. 즉, 사회복지운동은 사회운동의 한 부문 운동이며, 지역사회복지운동은 사회복지운동의 추진단위를 지역사회로 특정화한 개념으로 파악한다는 것이다. 따라서 우리의 주된 관심사인 지역사회복지운동에 대해 말하기 위해서는 우선 이 개념 위계 구조의 최상위에 속하는 사회운동의 의미부터 살펴보는 것이 바른 순서라 하겠다.

사회운동은 사회나 어떤 집단의 변화를 가져오거나 혹은 변화에 저항하기 위해 상당한 지속성을 갖고 비교적 조직적·체계적으로 이루어지는 다중에 의한 운동이다(조돈문, 1995). 사회운동이라는 개념과 용어가 처음 등장한 것은 19세기 유럽대륙에서다. 이 무렵 사회운동은 대체로 산업혁명 이후에 나타난 노동자계급의 이념적이고 반체제적인 저항운동을 가리키는 개념이었다.

그러므로 사회운동의 고전적 개념은 기존 사회질서와 구조에 대한 근본적이고 포괄적 변화를 추구하는 대중적·집단적 움직임을 뜻하는 혁명과 같은 개념으로 이해할 수 있다. 서구사회에서는 대체로 1920~1930년대를 전후하여 사회운동이 차츰 지역화·이익집단화·소규모화하는 경향을 보인다. 이 시기 이후 각국에서 참정권이 보편화함과 동시에 중앙정부가 본격적으로 사회복지의 생산과 전달자의 역할을 담당하게 되었다. 그리하여 사회운동은 사회 전체적 구조개혁보다는 국가적 혜택의 몫을 찾으려는 움직임으로 변하였다.

따라서 사회운동은 점차 사회개혁(social reform)적 성격을 띠게 되었다. 국가가 사회복지의 생산과 전달에 점점 더 넓고 깊이 관여하면 할수록 그 제도와 기구, 절차는 점점 더 중앙집권화되고 전문화·관료화된다. 이런 경향에 대응해 오늘날의 사회운동은 반관료적이고 대중적이며, 소수집단의 이익을 대변하는 성격을 가진 운동으로 변화하고 있고, 이런 사회운동의 경향을 신사회운동 혹은 새로운 사회운동으로 부르고 있다.

구사회운동이 기존의 민중운동, 노동운동, 계급운동, 지역사회운동, 재야운동 등의 개념을 포괄하는 개념으로 사용된다면, 신사회운동은 시민운동[53], 이슈중심운동, 지역시민운동 등을 포괄하는 개념으로 사용된다(최병두, 1994). 기본적으로 구사회운동의 구조적 배경이 생산영역에서 발생하는 자본주의의 모순을 변혁하고자 한 것이라면, 신사회운동은 소비의 영역에서 발생하는 생활상의 문제를 반영하는 데서 출발하고 있다. 이러한 소비의 영역에서의 대립과 신사회운동의 발전은 과거 노동자의 생활과는 달리 현재 노동자의 생활은 '자본과 대립하는 노동'이라는 측면과 아울러, 동시에 '생산과 소비를 동시에 수행하고 있는 자'의 생활

53) 서구사회의 신사회운동이 우리나라에서의 시민운동을 포괄하는 개념으로 볼 수 있는가에 대해서는 의견이 일치하지 않는다. 송호근(1997)은 우리나라의 시민운동을 신사회운동으로 규정하면서 상호 대체될 수 있는 개념으로 보았지만, 조희연(1999)은 우리나라의 시민운동은 신구사회운동의 혼합물로 파악되기 때문에 신사회운동의 개념으로 시민운동을 포괄하기는 어렵다고 본다.

로 변모했기 때문이다. 구사회운동과 신사회운동은 〈표 12-1〉에서 보듯이 운동의 성격, 내용, 영역, 주체, 문제의 해결방식 등에서 차이점을 보인다.

〈표 12-1〉 구사회운동과 신사회운동의 비교

| 구사회운동 | 구분 | 신사회운동 |
|---|---|---|
| 구조적 문제분석에서 출발 | 성격 | 생활의 문제에서 출발 |
| 경제, 사회, 국가, 군사적 안정 | 기조 | 생활의 질, 평등, 개인적 자아실현, 참여, 인간적 권리에 기초 |
| 경제적 불평등과 정치적 억압을 벗어나기 위한 구조개혁과 좀 더 근본적인 사회 전체적 민주화를 추구, 이를 위해 민중의 정치세력화를 시도 | 활동내용 | 정치적 목표보다는 시민사회 내적 목표 즉, 부정부패추방, 촌지 없애기, 의식개혁, 생활공동체 운동을 지향, 점진적 제도개선 |
| 생산영역(생산현장) | 영역 | 소비영역(생활현장) |
| 계급운동 | 계급성 | 범(탈)계급적 운동 |
| 노동운동, 농민운동 | 부문 | 환경, 반핵, 인권, 소비자 여성운동, 전문직업인 운동, 지역주민, 청년운동 |
| 노동자, 농민, 빈민 등 경제적 이해관계와 관련된 직접적 피해 당사자 중심 | 주체 | 지식인, 화이트칼라, 자영업자 등의 중간층이나 학생, 주부, 노인 등의 노동시장, 주변층, 청년세대 중심 |
| 파업, 시위, 농성<br>(급진적 운동방식) | 문제 해결 방식 | 캠페인, 국민홍보, 강연회<br>(온전하고 합법적 운동방식) |

자료: 대구사회연구소(1995). 대구·경북사회의 이해. p. 289를 재구성.

그러나 근원적으로 사회운동의 출발점은 생산의 영역에서의 자본주의의 구조적 모순이라고 볼 수 있는데, 신사회운동에서 관심을 두는 소비영역의 문제 역시 생산현장에서의 모순을 그대로 반영하고 있는 것으로 이해할 수 있다. 한국의 경우 국가의 시민사회 분리, 신사회운동의 출현이 갖는 의미 등에 대하여 다른 관점이 제시되고 있다. 계급성을 강조하는 입장은 시민사회운동의 성장을 생산영역의 노동운동을 배제한 채 중간층을 자기조직의 근거로 삼는 개량주의 운동으로 전락할 위험이 있는 것으로 파악한다.

이러한 견해는 지역운동이든 환경운동이든, 혹은 전문적 사회운동이든 간에 한국적 자본주의 체제의 생산영역에서 일어나는 문제를 도외시하고, 소비의 영역에서 발생하는 문제만을 선택적으로 다룸으로써 불완전하고 일시적이며, 부분적인 개선밖에 이루어낼 수 없다는 점을 강조하고 있다. 그러나 자본과 임노동(賃勞動)[54]의 관계에서 나오는 모순을 혁명적으로 지양해 가는 계급혁명이 가능하지 않은 현재 상황에서 이 같이 불완전한 시민사회운동이라 하더라도(그것이 민중의 구조적 고충을 어느 정도 덜어 줄 수 있다면) 이 운동을 단순한 '이데올로기적 편협성'으로 파악하는 것은 피해야 할 태도라며, 현실 적합성의 차원에서 신사회운동을 받아들이는 입장도 있다(유팔무·김호기, 1995).

### 2) 사회복지운동의 의미와 성격

우리나라에서 사회복지운동이 사회운동의 한 부문 운동에 속한다면, 그것은 어떤 성격을 가진 사회운동이겠는가? 단순화시켜서 말하면, 사회복지운동은 사회운동의 관심사 혹은 목표가 사회복지와 직·간접적으로 연관될 때 이런 운동을 일컫는 개념으로 볼 수 있겠다. 그래서 앞서 살핀 바와 같이 사회운동에 구사회운동과 신사회운동으로 구분하는 시각을 적용한다면, 사회복지운동 역시 신사회운동적 및 구사회운동적 성격의 운동으로 구분해서 이해하는 것이 가능하다(백종규, 1996).

사회복지운동을 위와 같이 운동주체와 운동의 기본 성격에 따라서 신사회운동의 성격을 가지는 사회복지운동과 구사회운동의 성격을 가지는 사회복지운동으로 구분하는 것은 이념형(ideal type)에 따른 분류로서, 우리나라에서 사회복지운

54) 임노동이란 자기의 노동력을 자본가에게 제공하고 그 대가로서 임금을 받는 노동 형태를 말한다. 임노동(wage labour)은 노동자와 사용자 사이에 만들어지는 사회경제학적 관계이다. 노동자는 형식적 또는 비형식적 고용 계약에 따라 자신들의 노동을 판다. 이 거래가 이루어지는 곳이 노동시장이며, 노동시장에서 임금이 결정된다. 임금을 지급한 대가로, 노동의 결과 만들어진 생산물이 사용자의 재산이 된다.

동을 경험적으로 분류하고 그 성격을 이해하기 위한 하나의 도구로서 활용가치가 있다. 이와 관련하여 우리 사회의 사회복지운동 성격을 이해하고 규명하면서 던져 볼 만한, 던져 볼 필요가 있는 질문으로 다음과 같은 것을 생각해 볼 수 있을 것이다.

- 한국의 사회복지운동은 구사회운동(계급운동)의 성격을 가진(혹은 가져야만 하는) 것인가?
- 한국의 사회복지운동은 신사회운동(초계급운동)의 성격을 가진(혹은 가져야만 하는) 것인가?
- 한국에서 시민운동은 신사회운동과 어떤 관계에 있으며, 시민운동으로서 사회복지운동은 신사회운동에 속하는 것으로 이해할 수 있는가?
- 한국에서 사회복지운동의 주체는 누구인가(혹은 누구여야 하는가)?

이상의 질문 모두에 본격적으로 답을 시도하는 연구라고 보기는 어렵지만, 최근 '비판과 대안을 위한 사회복지학회'가 주관하여 발간한 두 번째 한국사회복지학 쟁점 총서인 『한국의 사회복지운동』(이영환 편, 2005)은 이런 질문에 부분적으로 답하고 있다. 여기서는 이 책에서 다룬 내용을 중심으로 한국사회복지운동의 행태와 의의에 대해서 알아보기로 한다.

사회복지운동은 사회복지의 발전을 목표로 하는 일종의 사회운동으로서 그 영역과 범주에 따라서 다양한 형태로 존재한다. 주체를 중심으로 보면 시민운동, 노동운동, 주민운동, 도시빈민운동뿐만 아니라, 사회복지종사자운동이나 복지당사자(장애인, 노인, 아동, 여성 등)운동을 포괄한다. 비록 1980년대 이후 사회복지운동의 활성화가 주로 시민운동조직에 의해서 주도되긴 하였지만, 그렇다고 하여 사회복지운동을 시민운동의 전유물로 볼 것은 아니다.

사회복지의 발전은 시민운동만이 아니라 노동운동(한국노총, 민주노총)이나 농민운동(전농), 여성운동(여성단체연합), 빈민운동(전민련, 주거연합 등)과 같은 민중운동에 의해서도 발전되고 강화되어 왔다(이영환, 2005). 사실상 서구사회에서 사회복지 변천의 역사는 자본주의의 역사화 맥락을 같이하고 있으며, 사회복지의 발전은 상당부분 자본주의체제에서 계급관계의 힘과 정치에 의해서 결정되었다(이인재, 2004).

〈표 12-2〉 사회복지운동의 분류

| 구분 | | 운동주체 | 운동영역 | 사회복지 관련 부문 |
|---|---|---|---|---|
| 사회복지운동 | 신사회운동 | 중산층 동의,<br>탈계급적 시민<br>(주부, 학생,<br>노인, 전문가 등) | 환경운동<br>반핵운동<br>인권운동<br>소비자운동<br>청년운동<br>생활공동체운동<br>지역공동체운동<br>의식개혁운동 등 | • 행정남용 방지<br>• 시민참여구조확대<br>• 의정 감시활동<br>• 청소년 교육<br>• 지역사회조직<br>• 사회복지시설 내 인권유린 감시<br>• 시설운영에 대한 참여구조 확대, 시설사회화 촉진<br>• 여성/노인/아동 복지서비스 증진<br>• 시민상대 복지교육 |
| | 구사회운동 | 계급성에 근거한<br>세력<br>(노동자, 농민,<br>빈민, 지식인 집단) | 노동조합운동<br>농민운동<br>빈민운동 | • 노동조합운동<br>• 저소득층의 생활보장운동<br>• 사회복지노동자 운동, 노동조합건설<br>• 산재피해자 조직건설 및 지원<br>• 노동자 기금조성 |

우리나라의 경우에는 1980년대 말까지만 해도 노동계급이 사회복지의 발전에서 주도적 임무를 수행하지 못했지만(감정기, 1994), 1990년대 초반 이후에 노동운동이 사회복지문제에 관심을 가지기 시작했고, 이와 같은 노동운동은 IMF 이후 노사정위원회를 거치면서 사회복지운동이 노동운동의 중요한 영역으로 성장하게 되었다(류만회, 2005). 이처럼 다양한 주체에 의한 사회복지운동은 국가의 복지활동을 촉구하는 역할, 빈자와 시민 대중을 위한 대변자의 역할, 정책과 행정에 대한 참여자·감시자의 역할, 민간의 복지활동 영역을 확장하는 임무를 수행함으로써,

궁극적으로 사회복지 증진에 이바지한다는 점에서 의의를 가진다.

한국사회의 사회복지운동은 구사회운동(민중운동, 노동운동)의 성격을 가지는 운동부터 신사회운동(혹은 시민사회운동)의 형태를 띤 것에 이르기까지 다양한 성격과 폭넓은 스펙트럼을 지닌 운동으로 존재한다. 우리나라에서 사회복지운동이 갖는 특성(성격)을 다음과 같이 정리할 수 있다(이영환, 2005).

첫째, 우리나라의 사회복지운동은 1980년대 후반 정치적 민주화와 함께 본격적으로 발전하기 시작하였으며, 1990년대의 지구화 진전 및 그로 말미암은 제반 사회적 모순(비정규직과 신빈곤 등의 증가)과 더불어 성장하였다. 그중에서도 1997년 말 외환위기 발발은 복지운동의 증폭에도 중요한 계기로 작용하였다.

둘째, 사회복지운동의 주체가 다양하게 발전하였다는 점이다. 먼저, 농민운동은 1980년대 후반 의료보험시정운동을 통해 사회복지운동을 촉발하는 데 이바지하였고, 민주노총을 중심으로 하는 노동운동은 1990년대를 지나면서 시민운동으로 드러났다. 시민운동은 1990년대 중반 이후 중요한 역할을 담당하게 되었다. 참여연대와 같은 전국적 차원의 시민운동은 공공부조나 국민연금, 의료보험 등 전국적 차원의 제도개혁 이슈를 다루는 데 있어 중심적 역할을 하였고, 지역운동 차원의 복지운동도 활발하게 전개되고 있다. 1990년대 중반 이후 본격화된 시민운동과 노동운동의 결합은 사회복지 전문성과 대중적 운동역량의 결합을 통해 복지운동의 핵심 동력을 형성한 것으로 평가할 수 있다.

장애인운동, 빈민운동, 여성운동 등의 당사자운동은 자신들의 고유 과제를 중심으로 하면서 관련된 복지 이슈에 적극적으로 대응하는 양상을 보여주었다. 이들은 노동운동이나 시민운동에 훨씬 앞서 여러 가지 조직적 발전을 이루었고, 사회복지와 관련된 운동의 디딤돌이 되었다. 사회복지 당사자운동 중에서 상대적으로 노인, 청소년, 아동복지 분야의 운동적 흐름이 약하게 나타나는데, 이는 곧 운동 주체의 형성이 지연되고 있기 때문으로 볼 수 있다.

열악한 상황에서 일하는 사회복지종사자와 전문가운동도 점진적으로 발전하였다. 1980년대 후반 사회복지 전담공무원들이 먼저 조직화하여 권익옹호와 사회복지전달체계 개선 등의 활동을 전개하여 많은 성과를 거두면서 잠재력을 보여주었다. 사회복지사들의 노동조합운동은 1980년대 후반 한차례 좌절을 겪으면서도 맥을 이어 갔고, 2000년대 초반에는 산별노조 건설에 매진하고 있다. 협회, 학회 등의 전문가들은 제도개선운동에 참여하거나 혹은 사회복지사들을 위한 전문직 확립을 위해 노력하였다.

셋째, 사회복지 분야별로 전개된 운동은 명확히 구분되는 것은 아니지만, 사회보험과 같은 전국적 차원의 제도는 시민운동이나 노동운동이 주로 담당하였고, 사회복지서비스는 지역운동이나 여성운동, 장애인운동 등이 많은 관심을 기울였다. 노인이나 아동, 청소년 분야는 운동 흐름이 약했던 반면, 기초생활보장법 제정운동과 같은 공공부조 분야는 빈민운동 등 각 부문 운동이 다 같이 관심을 기울인 영역으로 볼 수 있다.

넷째, 운동의 전략과 전술 역시 다양하게 전개되고 있다. 제도개선을 위한 청원과 로비, 그리고 집회·시위·서명 등 다양한 사회행동전술이 활용되고 있다. 특이할 만한 것은 공익소송과 같은 사법적 영역에서의 입법 옹호활동이 전개되기 시작했다는 점이다. 운동 전략과 관련된 또 다른 발전으로, 선거 국면을 활용하는 방식이 보편화되었다는 점을 들 수 있을 것이다. 2000년 총선시민연대의 낙천·낙선운동 성공 이후 사회복지영역에서도 각 지역과 분야별로 총선과 대선, 지방선거 등의 기회에 후보자 초청토론회, 공약 발굴과 채택운동 등이 조직적으로 전개되고 있다.

다섯째, 사회복지운동단체들이 정부와의 관계를 형성하는 방식도 다양하게 전개되고 있다. 노동운동과 일부 시민운동은 대결과 견제, 협상 전략을 견지하고 있다. 정부의 각종 위원회에 참여하는 등 협력관계를 유지하고 있지만, 좀 더 대등한 협상력을 개발한 필요가 있다. 한편, 많은 단체는 정부의 지원을 받거나 기관위탁에 참여하는 등 의존성이 강한 관계를 형성하고 있다.

여섯째, 운동단체들이 힘을 결집하기 위해 연대운동을 전개하는 것이 일반화되어 있다. 연대운동을 통해 사회적 공신력이 배가되는 등 여러 가지 효과를 기대할 수 있지만, 실제 수많은 단체를 연결하고 효과적으로 동원하는 일은 쉬운 일이 아니어서 형식적 연대운동으로 전락하는 경우도 많다.

일곱째, 그동안 복지운동의 주류를 형성한 것은 사회복지제도 도입과 도입된 제도의 개혁을 위한 운동이다. 이는 실용적 성격이 강한 사회복지분야 운동에서 불가피한 현상이지만, 그 반대급부로 이념 지향적 운동이 빈곤하였다는 점을 지적하지 않을 수 없다. 즉, 사회복지운동이 어떠한 사회체제, 어떠한 복지모형을 추구해야 하는지를 고민하기보다는 당면한 제도적 문제의 해결에 급급해 왔다(감정기 외, 2005, 2009).

### 3) 지역사회복지운동의 개념과 의의

#### (1) 지역사회복지운동의 개념

지역사회복지운동이 최근 들어 크게 성장하고 있다. 시민사회의 확장으로 1990년대 이후 지역사회복지운동은 새롭게 조명을 받고 있으며, 다양한 활동을 전개하고 있다. 즉, 민주화의 진전과 지방자치제의 정착으로 지역사회의 중요성이 대두하고, 지역사회의 생활 영역문제가 중심 이슈로 주목받았다. 또한, 지역사회에서 사회적 약자에 대한 관심과 권리보장문제가 지역 현안으로 대두하면서 이에 대한 조직적이고 목적 지향적인 대응으로서 지역사회복지운동이 활성화되고 있다. 1990년대 이후에 나타난 지역사회복지운동은 다음과 같은 두 가지 형태로 전개되어 왔다(김성기, 2002).

첫째는 1997년 말 외환위기를 계기로 본격적으로 재활운동과 실업극복운동을 전개하기 시작한 지역사회 주민운동의 활성화이다. 자활운동의 시초는 도시빈민운동 차원에서 실업이나 불안정 취업, 저임금으르 집약되는 빈민 지역의 특수한 문제와 생존 욕구를 해결하려는 방법인 주민조직화의 탈빈곤사업으로서, 이것이

1995년에 생산공동체운동으로 발전하였다.

당시 생겨난 대표적인 생산공동체는 서울 성북구 하월곡동의 '일꾼 두레', 상계동 나눔의 집이 중심이 된 봉제협동생산공동체인 '실과 바늘', 봉천동 나눔의 집이 일용노동자를 조직화한 '나레건설' 등이다. 이와 같은 도시 빈곤층에 대한 탈빈곤사업으로 전개된 생산공동체운동은 1997년 생활보호법의 개정으로 자활지원센터로 제도화되기 시작하였다. 그 이후 2000년에 국민기초생활보장법이 시행되면서 본격적으로 지역자활센터(자활후견기관)가 확대 설치·운영되어 자활운동은 공적 전달체계에 대부분 편입되었다.

실업극복운동에는 외환위기 이후 전국 각 지역의 풀뿌리 주민운동단체, 노동단체, 여성단체, 종교계 등이 참여하였으며, 저소득·실직자를 대상으로 긴급구호, 일자리 창출, 생계지원사업을 전개하였다. 이러한 사업은 외환위기 초기에는 지역사회 차원에서 후원과 모금을 통하여 진행되었고, 주로 실업극복국민운동위원회의 제안사업 참여를 통해 이루어졌다. 즉, 이미 빈곤계층의 탈빈곤화를 위한 노력을 전개하기 시작했던 지역사회 주민운동은 외환위기 후 자활운동과 실업극복운동에 적극적으로 참여하여 전자는 공식적인 서비스 전달체계로 편입되었으며, 후자는 저소득·실업계층에 대한 직접 서비스 지원사업을 민간차원에서 진행하고 있다.

둘째는 지역사회복지운동단체의 설립과 활동이다. 지역사회복지운동단체는 지역사회 주민운동에 뿌리를 두고 있으며, 정부에 독립성을 갖는 민간의 자주적 조직으로서 저소득층에 대한 직접 서비스 기능뿐만 아니라 지역사회복지정책의 개발, 사회행동 등의 다양한 복지기능을 수행하는 지역사회운동조직이라고 할 수 있다. 1990년대 중반 이후 우리복지시민연합, 관악사회복지, 경기복지시민연대 등과 같이 '복지'를 공식적으로 표방하는 지역사회복지운동단체가 활동하고 있다. 푸드뱅크, 의료지원사업, 사각지대계층 생계비 지원 등 저소득·빈곤계층을 위한 직접 서비스 지원사업뿐만 아니라 지역복지정책개발사업, 국민기초생활보장법제정운동, 지역사회 단위를 중심으로 전개된 각종 복지정책 관련 조례제정운동 등의 사회행동형 사업을 수행하고 있다.

이상과 같이 1990년대 이후 우리나라의 지역사회복지운동은 지역사회복지실천의 중요한 영역으로 발전하고 있는 추세이다. 이러한 지역사회복지운동의 의미에 대해 살펴보면, 지역사회복지라는 용어에 운동을 조합한 것으로 지역사회복지 발전을 목표로 하는 사회운동적 노력이라고 말할 수 있다. 즉, 목표로서의 지역사회복지 발전과 이를 달성하기 위한 수단적 노력으로서의 사회운동의 조합을 의미한다.

실제 지역사회복지라는 용어에 운동이란 말을 덧붙인 이유는 지역사회복지 그 자체가 이미 운동으로서의 속성을 가지고 있기 때문이다. 운동(movement)이란 용어는 현재 또는 미래에 주어질 구체적인 무엇을 지칭하기보다는 미래에 얻고자 하는 그 무엇을 향해 나아가는 과정이다. 또한, 지역사회복지란 지역사회 주민의 조직화란 전략을 통해 문제 해결 능력의 강화라는 목표를 지니고 있으며, 주민의 공동체 형성을 통한 지역사회의 삶의 질을 끊임없이 향상해 나가려는 주체적 노력의 과정이다(이호, 2001).

따라서 지역사회복지운동은 지역사회문제를 해결하려는 지역사회의 변화 또는 역량 강화를 통해 지역사회 주민의 욕구충족과 사회연대의식이다. 즉, 지역사회복지운동은 사회구성원의 삶의 질을 높이기 위한 목적의식적이고 조직적인 집합적 활동이며, 사회복지수요자뿐만 아니라 사회복지실무자나 전문가, 넓게는 지역사회 주민이 주체적인 참여와 행동을 통하여 사회복지의 목표 달성을 위해 의도적으로 추진해 가는 지역사회복지실천이라 할 수 있다.

### (2) 지역사회복지운동의 의의

지역사회복지실천으로서 지역사회복지운동이 가지는 의의는 다음과 같다.

첫째, 지역사회복지운동은 지역사회 주민의 주체성과 역량을 강화하고, 지역사회의 변화를 주도하는 조직운동이다. 지역사회복지운동은 지역사회의 문제 해결 주체로서 지역사회의 역할을 강조하고 지역공동체성을 함양함으로써 지역사회의 역량을 강화하는 데 목적이 있다. 지역사회복지실천은 지역사회 주민의 의식화와 주체적인 참여확대, 그리고 지역사회 주민 간 연대의식을 높이는 지역사회의 민주적 실천과정을 의미한다.

둘째, 지역사회복지운동의 주된 관심사는 지역사회 주민의 삶의 질과 관련된 생활 영역에 있기 때문에 지역사회복지의 확산과 발전을 위한 생활운동으로서 의미를 가진다. 지역사회복지운동은 지역공동체운동으로서의 속성을 지닌 것이기 때문에 단순히 복지적 욕구뿐만 아니라 지역사회 전반의 삶의 질을 높이는 생활운동이자 주민운동이라 할 수 있다.

셋째, 지역사회복지운동은 주민참여의 활성화를 통해 복지권리의식과 시민의식을 배양하는 사회권 확립운동이다. 지역사회복지운동이 추구하는 목표는 지역사회 주민의 복지권리를 확보하고 시민의식을 고취함으로써 지역사회의 통합을 추진하는 데 있으며, 특히 사회적 약자의 생존권 보장에 초점을 두고 있어 사회권의 확립과 밀접히 관련되어 있다.

넷째, 지역사회복지운동은 지역사회의 다양한 자원 활용과 관련 조직 간의 유기적인 협력이 이루어지는 동원운동이다. 지역사회복지운동의 조직화 방식과 활동 내용은 주민참여 이외에 지역사회의 다양한 자원 활용을 통해 문제 해결을 도모한다. 또한, 지역사회복지운동은 지역사회 관련 조직 간에 연대와 협력이 이루어지며, 자치단체에 대항적인 활동으로 구체화되거나 협력관계를 구축하면서 활동이 전개되기도 한다.

## 2. 우리나라 지역사회복지운동의 흐름

지역사회복지 운동단체의 규모와 활동에 대한 전체적 조사연구가 충분하지 못한 상황에서 지역사회복지운동의 현황에 대한 소개는 각 지역에서 두드러지게 활동하고 있는 운동단체를 중심으로 단편적으로 이르어질 수밖에 없다. 여기서는 지역복지운동단체의 활동을 중심으로 지역사회복지운동의 현황을 소개하기로 한다(감정기 외, 2005, 2009).

중앙 단위의 복지운동과 마찬가지로 지역사회를 중심으로 하는 지역사회복지운동도 1990년대 중반 이후에야 활성화되었다. 전국을 단위로 한 운동으로는 참여연대 사회복지위원회, 경실련 사회복지위원회 등의 활동이 있고, 광역 단위 운동은 경기도의 경기복지시민연대를 비롯하여 부산, 대구, 인천, 광주, 울산 등지에서 발견되며, 기초 단위 운동의 예로서는 서울 관악구의 관악사회복지, 그리고 경기 성남, 안산과 충남 천안, 부산, 전북 군산 지역을 중심으로 한 지역별 사회복지운동단체들의 활동을 들 수 있다. 참여연대의 사회복지위원회처럼 포괄적 시민운동을 목적으로 사회복지운동을 전개하는 형태이면서 몇 개의 기초자치단체를 아우르는 독특한 예로, '마창진참여자치시민연대'의 사회복지위원회 활동도 있다.

1990년대 이후 지역복지 운동단체들의 설립배경은 지역주민운동에서 생활 영역의 중요성 인식에 있다. 즉, 지역운동의 문제의식 변화와 지역운동의 영역확장 차원에서 발전했으며, 이는 지방자치제의 발전과 맥을 같이한다. 지역사회복지운동단체의 주요 활동을 칸(Kahn, 1994)이 제시한 4가지 차원 즉, ① 서비스 제공, ② 옹호 활동, ③ 당사자 동원, 그리고 ④ 조직화로 나누어 살펴보면 다음과 같다(이인재, 2004 재인용).

### 1) 서비스 제공

#### (1) 직접서비스 제공과 이벤트사업

지역복지단체 활동의 많은 부분은 서비스 제공에 있다. '관악사회복지'는 1998년부터 푸드뱅크 사업을 시행하고 있으며, 2002년에는 해체가정 결연운동을 전개하였다. '천안복지세상을 열어 가는 시민모임'은 1999년부터 저소득가정 아동대상 방과 후 교실, 독거노인, 아동, 장애인가정 밑반찬 나눔을 지속해서 시행하고 있다.

그리고 여성들을 중심으로 한 지역공동체 운동의 사례들도 주목받고 있다. 사회적 약자의 처지에 있는 주민(문맹여성, 장애인, 저소득층 아동)을 위한 교육프로그램을 운영하면서 지역공동체의 복원과 주민자치를 지향하는 사례다. 서울, 경기지역만 해도 '녹색 삶을 여는 여성들의 모임'(서울 강북지역에서 저소득층 아동들을 위한 숙제방 운영, 이웃상담 프로그램 운영, 어린이 도서관 운영 등), '마을주민회'(서울 노원지역에서 지역문화사업, 교육사업, 결식아동을 위한 급식 프로그램/방과 후 학교 운영 등), 경기도지역의 '안양시민대학'(경기도 안양지역에서 비문해 성인을 위한 문해교육, 청소년 배움터 운영 등) 등이 활발하게 활동하고 있다.

사회복지 이벤트 사업 역시 지역사회 사회복지에 대한 관심을 높일 수 있는 기회를 제공하며, 지역사회의 다양한 단체로 하여금 지역사회 문제를 다룰 수 있는 기회를 제공한다. 사회복지 이벤트 사업의 대표적 실례는 수원의 노인복지주간 사업을 들 수 있다. 1996년 1회 사업이 시행되었으며, 1997년과 1998년 연속 노인복지주간 사업이 시행되었다. 이 사업은 지역사회 내에서 사회복지의 중요성을 부각시키고, 이를 통해 지역주민의 복지 수준을 증진하기 위한 사업이다.

이 노인복지주간 사업을 위해 지역사회 내 대한노인회 등 노인복지 관련 단체, 의사회, 한의사회, 약사회, 변호사회 등 전문가단체, 경실련, YMCA 등 시민단체, 사회복지사 등 복지 관련 단체, 지역 내 사회복지학과 학생회 등으로 공동사업단을 구성하며, 구체적 사업으로는 무료진료사업, 무료법률상담, 무료 이미용, 목욕사업, 노인축제행사 등을 시행하는 것이다. 이러한 공동사업 경험 결과 참여단체들은 1999년 들어서 수원 노인보건복지협의회를 구성하여 활동을 더욱 공식화하고 체계화하였다(이인재, 1998). 수원에서 노인복지주간 사업을 주도했던 '다산인권상담소'는 1996년의 사회복지대학 프로그램을 시행하면서 축적한 경험과 1990년대 후반 들어 터진 에바다농아원 사건의 해결을 모색하는 모임을 통해 1999년 '경기복지시민연대' 탄생의 모태가 되었다(송원찬, 1999).

지역사회 내 다양한 지역운동단체 간의 관계망을 형성할 수 있는 사업으로 '지방의제 21(Local Agenda 21)'이 있다. 지방의제 21은 지구환경의 위기상황에 대처하기 위하여 세계 각국 지방자치단체의 주요 그룹이 동반자 관계를 형성하여 구체적 환경보전활동을 벌이는 범지구적 시민운동이다. 지방의제 21의 핵심은 지속 가능한 개발, 동반자 관계(partnership), 과정(process)의 세 가지로 정리할 수 있다. 지방의제 21사업이 궁극적으로 지역주민의 삶의 질을 다루기 때문에 지역 내 사회복지 과제와 연관성을 가지지 않을 수 없다.

지방의제 21과 관련해서 지역복지단체가 고려할 수 있는 사업은 다음과 같다.

- 지역복지단체와 연계하여 지역 단위 복지 옴부즈맨(ombudsman)[55]제도를 도입·운용하는 것을 들 수 있다. 복지 옴부즈맨은 사회복지 대상자와 사회복지실천가들의 권리침해 사항 등 애로사항 대응 및 개선과 사회복지기관 및 시설의 문제 해결(지역사회 개방 및 민주적 운영) 등의 역할을 기대할 수 있다.
- 시민참여복지 이벤트 구상으로 자원봉사활동 축제, 문화행사, 노인복지 주간사업, 주민 대상 교육훈련 시행 등이 있다.
- 지역복지 활동으로 아동과 청소년, 노인, 장애인, 이주노동자 인권보장, 지역단체(지역사회복지운동단체, 사회복지기관, 종교기관, 전문가 단체 등)와 연계한 다양한 실천 프로그램, 이벤트 사업으로 청소년의 장애인편의시설 탐방, 노인복지 주간사업, 지역사회복지 지도 만들기 등이 있다.

### (2) 사회복지교육 프로그램

지역의 사회복지실천가를 비롯한 지역주민을 대상으로 한 다양한 사회복지교

55) 옴부즈맨이란 공무원의 권력 남용에 대한 시민의 불평을 조사하는 입법부의 위원을 말한다. 일종의 민원조사관인 이 공직은 1809~1810년 스웨덴에서 창설되어 스칸디나비아·뉴질랜드·영국·독일·이스라엘·미국·오스트레일리아 및 캐나다의 일부 주에서 다양한 형태로 모방되었다. 옴부즈맨은 의회에서 임명되지만 전혀 의회의 간섭을 받지 않고, 특정 사건을 다룰 수 있으며, 정부와 개인 사이에서 독립적이고도 공정한 중재자가 되어야 한다.

육이 가장 대표적 실천 활동이라 볼 수 있다. 이러한 형태의 교육은 장애우권익문제연구소의 '장애우대학'을 시작으로 1995년의 참여연대의 사회복지학교까지 최초에는 서울에서 주로 이루어졌다. 지방에서는 1994년 9월 대구에서 '우리사회복지연구회'(현재는'우리복지시민연합'으로 확대 발전하였다) 주최로 사회복지 실무자, 시민단체 실무자 등을 대상으로 '참여사회복지학교'가 개설되었다. 이어서 수원(1996), 전주(1997), 안산(1997), 천안(1998) 등에서 지역주민을 대상으로 사회복지학교가 개설되었다. 사회복지학교에서는 지방화시대의 사회복지 과제, 사회복지 예산, 사회복지법과 조례, 장애인, 노인 등 분야별 현황과 과제, 사회복지운동론 등이 다루어진다(이인재, 1998).

사회복지 교육활동은 2002년 10월~11월의 '경기복지시민연대' 사회복지학교, '울산 참여연대' 사회복지센터의 사회복지학교까지 최근까지도 지역복지실천 활동의 대표적 사업이 되고 있다. 대구의 '우리복지시민연합'은 1999년부터 단편적 사회복지학교 운영을 더욱 체계화하여 사회복지대학, 여성복지대학, 노동복지대학, 자원활동가교실 등 주요 테마별로 강좌를 구성하는 '복지아케데미'로 확대·운영하고 있다(은재식, 1999).

다양한 형태의 사회교육은 수강생들에게는 사회복지에 대한 이해와 관심을 늘릴 기회를 제공하며, 지역사회 전반에 사회복지에 대한 관심을 촉구할 수 있는 계기도 된다. 문제는 사회복지교육 활동에 참여한 지역주민의 지역복지에 대한 관심을 지속·유지하여 조직 활동으로 이끌어 내지 못하는 점이다. 대다수 지역복지조직이 주최한 교육활동은 한 번 내지 두세 번으로 끝내 버리고, 교육생들의 관심과 애정을 조직화하는 데 실패했다. 즉, 지역주민이 없는 지역사회복지운동의 상당한 부분은 지역복지조직 지도자그룹의 비전과 목표의 미흡, 적절한 전략·전술의 부재에 기인한다.

사회복지학교와 같은 사회복지 교육활동은 단순한 일회성 행사로 끝나지 않고 지역사회의 사회복지문제 해결의 출발점이 되어야 한다. 이를 위해서는 지역의 주민운동 지도자그룹은 수강생들로 하여금 교육 수료 이후에도 지역사회복지 문제에 대한 관심을 계속해서 유지하면서, 지역사회복지 수준을 한 단계 발전시키기 위한 다양한 활동을 조직적으로 전개할 수 있도록 해야 한다. 사회복지 교육과 관련해서는 교육훈련 주체, 교육훈련 내용, 교과과정, 교육훈련 방식, 교육 참가자의 주체적 참여방안 모색 등이 주요 이슈가 된다.

서비스 제공 활동은 그 자체로서 중요한 의미를 가지지만, 활동의 성과로 옹호활동과 주민동원, 나아가 주민의 조직화로 발전되지 못하면 그것의 의의는 축소되어 버린다. 지역 문제의 확인과 욕구충족에 머무를 것이 아니라 궁극적 문제 해결을 위한 주민조직화 단계로 발전되어야 하는 과제를 가지고 있다.

## 2) 옹호활동

옹호활동은 서비스 제공과 함께 지역사회복지운동단체가 전개하고 있는 대표적 활동의 한 영역이다. 옹호활동은 지역사회단체와의 연대활동과 지방자치단체·지방의회와의 관계 및 조례 제정·개정 운동으로 나누어 볼 수 있다.

### (1) 지역사회단체와의 연대활동

중앙 차원의 연대활동의 대표적 사례로 '국민기초생활보장법 제정 추진 연대회의' 활동을 들 수 있다. 참여연대 사회복지위원회를 중심으로 1998년 3월 국민기초생활보장법 제정을 위한 활동이 시작되고, 1999년 들어 시민노동사회단체의 공동 대응으로 발전하면서 같은 해 3월에 연대회의 형태로 구성되었다. 연대회의에는 51개의 시민노동사회단체가 참여하고 있는데, 경기도의 경기복지시민연대, 대구의 우리복지시민연합 등 많은 지역사회복지단체가 참여하였다.

지역운동 영역에서 일어난 주민참여를 통한 사회복지운동은 대구지역 사례를 들 수 있다. 우리사회복지회의 주도적 역할에 힘입어 1994년 지하철의 편의시설 설치문제를 둘러싸고 "노인도 장애인도 탈 수 있는 지하철을 만들자"는 시민단체

협의회의 구성과 활동, 1995년 4대 지방선거 참여를 위한 대구지역 사회복지연대회의 구성과 활동 등이 이어졌다. 1997년 들어 대구지역에는 사회복지시설의 비리가 폭로되었으며, 이에 대구지역 시민사회단체는 사회복지개혁을 위한 시민연대(이하 복지연대)를 발족하였다. 앞의 두 운동단체가 지역현안을 사회 문제화했다면, 복지연대는 사회복지시설의 복지문제를 다룸으로써, 지역의 기존 복지계에 일대 파장을 몰고 왔다.

복지연대의 활동에 대응하여 대구지역 기존 사회복지 관련 단체, 대구광역시사회복지협의회, 대구사회복지사협회 등의 조직적 활동과 새로운 단체로 '대구사회복지종사자연합'이 만들어졌다. 대구사회복지종사자연합은 일부 시설의 비리가 전체 사회복지계의 비리로 간주되는 것을 반대하였다. 그리고 복지연대의 주장이 그러한 위험성을 내포하고 있다고 보았다. 사회복지시설의 비리해결 문제를 둘러싸고 사회복지 실무계와 지역시민단체 연대조직이 하나가 되지 못한 것이다(이인재, 1998).

'경기복지시민연대'는 지역시민사회단체들과의 연대활동을 주요 활동 영역으로 집중하고 있다. 설립 이후 청소년 인권문제를 주제로 지역사회 내 인권조직, 사회복지조직과의 지속적 연대활동을 전개하고 있다. 에바다 사건[56] 등 장애인 차별, 공무원 노동조합활동, 인권 활동, 이주 노동자 문제 등 지역사회의 삶의 질과 연관된 다양한 사업 영역에서 활발한 연대활동을 실천하고 있다. 천안의 '복지세상을 열어 가는 시민모임' 역시 실업문제, 사회복지시설 비리문제, 장애문제, 노인문제 등 다양한 영역에서 연대활동을 전개하고 있다(심재호·윤혜란, 2000). 서울시 관악구의 '관악사회복지'는 평상시 연대활동의 경험을 모아 2001년 12월 이후

56) 에바다 사건은 대강 이렇다. 에바다복지회는 청각 장애인들을 위한 사회복지법인으로 지난 1982년 최성창 씨에 의해 창립되었다. 이후 복지원은 에바다 학교, 에바다 농아원(기숙사), 에바다 장애인 복지관으로 나뉘어 운영됐다. 이 과정에서 재단의 보조금 횡령, 원생 인권 유린 등을 고발하는 교사, 학부모, 원생들의 농성(약 여섯 차례)이 있었으며, 1996년 11월 말부터는 비리 재단의 퇴진을 요구하는 장기 농성으로 발전했다. 이들의 목소리가 오랫동안 수그러들지 않은 것은, 에바다복지원의 비리가 상당히 뿌리 깊음에도 불구하고 뚜렷한 문제 해결의 기미가 보이지 않기 때문이다.

관악구 내 시민단체들과 함께 지방자치연대를 만들어 지방선거에 참여하였다. '부산 참여자치시민연대' 사회복지특위 역시 부산지역의 시민단체들과 연대하여 국민건강을 위한 네트워크 활동을 하는 등 다양한 연대활동을 실천하고 있다(정민경, 1999; 한재랑, 2002).

### (2) 지방자치단체·지방의회와의 관계와 조례 제정·개정 운동

지방자치단체 사회복지 정책과 예산 감시는 대다수 지역복지실천단체의 주요 결성요인의 하나이다. 그러나 실제 이 작업을 모범적으로 실천하고 있는 조직을 찾기는 쉽지 않다. 정책과 예산 감시 활동을 지속해서 전개한 대표적 단체로 '부산 참여자치시민연대' 사회복지특별위원회를 들 수 있다. 1996년부터 매년 지속해서 부산시 사회복지 예산과 광주광역시의 사회복지 정책과 예산 감시를 모토(motto)로 하고 있다(이중섭, 2002).

2004년에 들어서서 광주광역시 북구와 울산광역시 동구에서는 주민참여예산제 근거조례가 지방의회를 통과하였고, 백여 명의 예산참여시민위원이 공개모집 또는 추천절차에 의해 선정되어 활동하고 있다(하승창, 2004). 1999년 출범한 '경기복지시민연대'는 주요 사업으로 경기도 사회복지 정책과 예산 감시를 설정 하였으나 실제 그 사업이 원활하게 진행되지 못하고 있었다. 그러나 2002년 하반기부터 실무자와 자원활동가를 중심으로 경기도 의회 모니터링 활동을 시작하여 지방자치단체 감시라는 활동목표 달성을 위해 노력하고 있다. 대구의 '우리복지시민연합'은 지역주민 중심의 복지의정감시단을 만들어 대구시 의회와 구 의회를 모니터링하여 평가하는 사업을 진행하고 있다(은재식, 1999).

지역복지실천단체들은 지역복지 수준 향상을 위한 조례 제정과 개정에 많은 관심을 보이고 있으나 실제 성공 사례는 그렇게 많지는 않다. 대표적 성공 사례는 과천시 보육조례 개정운동이 있다. 공동육아협동조합 조합원들을 중심으로 지역사회 내 시민단체들과 함께 '과천시보육조례개정운동본부'를 만들어 20분의 1 이상의 지역주민 연서로 조례안을 청구하여 정책결정 및 시설운영상의 민주성과 투명성이 보장된 조례 개정안을 만들어 낸 것이다. 대구의 경우 2002년 4월 '아파트생활문화연구소', '대구참여연대', '우리복지시민연합'이 연대하여 영구임대주택 문제를 해결하기 위한 조례제정운동을 모색하였다(김현, 2002; 임재만, 2002).

주민에게 서비스를 제공하는 복지 관련 공공시설이 개혁되려면, 우선 민간위탁을 하는 경우에 위탁과정의 투명성과 공정성이 보장되어야 한다. 현재 공립복지시설 대부분이 민간에 위탁되고 있는데, 그 위탁과정과 관련된 잡음이 많다. 그리고 정작 중요한 시설이용자들(시민)의 의견이 위탁이나 위탁기간 연장과정에서 반영되지 않는 경우가 많아 시민운동에서 이런 문제의 개선을 위해 노력하는 사례가 나오고 있다. 2002년도에는 충남 천안시의 복지 관련 단체들이 '사회복지시설 민간위탁 운영에 관한 조례'(공개모집을 통한 수탁자 선정, 선정심의위원회 구성, 종사자 고용승계 등의 내용을 담고 있음) 제정운동을 하여 조례가 제정된 사례가 있다.

조례 제정·개정운동의 결실을 위해서는 지역정치와의 긴밀한 연대활동이 요구된다. 관악주민연대는 첫 번째 사업으로 관악구의회에 '재개발사업 시 세입자 보호를 위한 주민청원'을 제출하였다. 구 의회에서 청원이 의결되었다는 사실은 단순히 주민의 집단청원을 구의회에서 받아들였다는 것 이상의 의미를 가진다. 그것은 관악주민연대가 지역사회에 실질적 정치세력으로 등장했다는 것이다.

청원의결 이후 관악주민연대는 지역주민을 대상으로 관악구 구청장 후보자 초청토론회를 개최하였으며, 이를 통해 지역주민의 집단적 욕구가 반영될 수 있도록 하였다. 관악주민연대가 궁극적으로 의도하는 것은 지역주민이 자신들의 문제를 스스로 해결하려는 주민자치의 실현을 위한 조직이 되어야 한다는 것이다. 주민청원사업 이후 관악주민연대는 삶의 질의 과제를 지역주민 참여의 핵심적 연결고리로 파악하고, 사회복지 분야에 대한 이론적·전문적 연구 활동을 위해 사단법인 '관악사회복지'를 결정하였다(이인재, 1998).

### 3) 당사자 동원과 주민조직화

서비스 전달 및 옹호활동과 비교할 때 상대적으로 미약한 것이 당사자 동원과 주민조직화 활동이다. '우리복지시민연합'과 '관악사회복지' 등 일부 역사가 있는 지역복지단체는 주민조직화에 성공하였다. 그러나 주민조직 대부분이 자원봉사조직이며, '우리복지시민연합'의 경우 대학생자원모임과 사회복지학과 학생모임을, 관악사회복지의 경우 여성, 청소년, 직장인, 가족 모임을 두고 있다(김성기, 2002). 모임 대다수는 아직 자조모임 수준이며, 지역복지 문제에 대응하는 주민자치운동조직으로 발전하지 못하고 있다.

## 3. 지역사회복지운동의 유형과 사례

현재 우리나라의 지역사회복지운동은 운동의 쟁점 즉, 사회복지문제 혹은 주민의 욕구충족이라는 기준에 근거할 경우 크게 두 가지로 분류할 수 있다. 하나는 지역사회를 중심으로 하는 사회복지운동 즉, 지역사회 주민의 복지와 관련된 주민운동이고, 다른 하나는 직접적인 지역성과는 관련성이 약하더라도 사회적 이슈 중심의 지역사회복지운동이다. 그러나 이러한 구분은 규범적이고, 운동이라는 것은 지속해서 변모해 나가는 것이기 때문에 실제로는 상호 결합한 형태로 나타날 수 있다. 다만, 여기에서는 지역사회복지운동의 유형을 이해하기 위해 두 가지로 구분하여 살펴보기로 한다.

### 1) 주민참여와 지역사회복지운동

일반적으로 주민운동은 지역주민이 자발적으로 행정 기관이나 기업 등에 대하여 자신들의 생활에 직접 관계되는 일을 요구하는 운동을 말한다. 다르게 표현하면, 주민운동은 지역 내에서 생활근거지를 갖는 주민이 주체가 되어 주민으로서 일상생활상의 요구와 이의 궁극적 해결을 위하여 전개하는 대중운동을 의미한다. 이러한 정의에서 몇 가지 중요한 요소를 발견할 수 있다. 첫째, 주민운동은 주민의 생활근거지로서 지역사회를 기반으로 하며, 둘째, 운동주체를 주민으로 설정하며, 셋째, 지역사회문제의 해결을 위해 목적 지향적이며, 넷째, 주민운동은 사회운동의 일환이다.

지역사회복지운동의 형태를 주민조직화라는 관점에서 크게 네 가지로 분류하면, ① 외부 자극을 통한 조직화, ② 프로그램 중심의 일상 활동, ③ 공동체 형성과 마을 만들기, 그리고 ④ 제도 변화를 위한 노력이다. 주민조직화에 따른 지역사회복지실천의 형태에 대한 장단점에 대한 내용은 〈표 12-3〉과 같다(이호, 2001).

〈표 12-3〉 지역사회 주민 조직화에 따른 지역사회복지실천의 형태와 장단점

| 분류 | 형태 | 장점 | 단점 |
|---|---|---|---|
| 외부자극을 통한 조직화 | 사안을 관찰하기 위한 집단 동원 | • 대중적<br>• 대중적 정치력의 형성 | • 일시적<br>• 사안이 끝난 이후에 주민조직의 지속성 유지 어려움 |
| 프로그램 중심의 일상 활동 | 주민대중과 함께할 수 있는 다양한 프로그램의 개발 및 운용 | • 일상 활동유지 쉬움<br>• 다양한 주민교육 가능 | • 지역 현안에 대한 구성원의 대처 미흡<br>• 주민 주체의 세력화 미흡 |
| 공동체 형성과 마을 만들기 | 뜻이 맞는 이들끼리 모임 운영 | • 주민공동체의 대안 제시<br>• 주민참여의 활성화 전제 | • 고립성의 위험<br>• 대중적인 참여의 어려움<br>• 지역세력화 미흡 |
| 제도 변화를 위한 노력 | 제도 개선을 통해 지역사회 변화 추구 | • 효율적인 성과달성<br>• 성과의 지속성 | • 주민의 소외와 전문가 중심의 활동<br>• 주민의 참여와는 무관 |

자료: 이호(2001); 오정수·류진석(2012), 지역사회복지론, p. 345.

### (1) 외부 자극을 통한 조직화

외부 자극을 통한 조직화는 지역사회 주민의 이익을 현저히 침해하는 정책 등에 대해 주민이 자신들의 권리를 주장하는 조직운동이다. 예를 들면, 빈민 지역의 강제철거에 저항하는 철거민의 조직화, 핵폐기장 설치 반대운동이나 쓰레기소각장 등 혐오시설의 입지를 반대하는 주민의 조직화 등이 대표적이다. 이러한 경우는 지역사회 주민이 자발적으로 주체가 되어 활동하며, 정치적인 영향력을 행사하기도 한다. 이러한 유형의 활동에서는 주민의 대중적인 참여가 이루어지고 정치적 영향력이 강하게 발휘되기는 하나, 지역주민의 요구가 과연 공공성을 확보하고 있고, 지속해서 지역사회 발전에 이바지할 수 있느냐는 점은 명확히 하여야 한다.

### (2) 프로그램 중심의 일상 활동

프로그램 중심의 일상 활동은 저소득 지역의 방치된 아동을 대상으로 하는 프로그램, 주민도서실, 주부를 대상으로 하는 시민대학, 복지학교 등 다양하다. 이러한 활동방식은 대체로 주민의 문화적·사회복지적 욕구를 충족해 주는 등의 활동을 주요 내용으로 삼고 있어 주민이 큰 부담 없이 조직의 활동에 참여할 수 있으며, 지속 가능한 프로그램의 운영과 발전을 도모할 수 있다는 장점이 있다. 그러나 이런 방식의 활동은 지역의 각종 이슈에 대해 주민이 주체적으로 대응하기 어렵다는 단점이 있다. 최근에는 이러한 문제점을 극복하기 위해 주민의 주체적인 참여를 이끌어 내려는 노력을 마련하고 있다.

### (3) 제도변화를 위한 노력

주민의 직접 참여하에 지역사회복지정책이나 제도의 변화를 위한 조직화 활동이다. 이러한 유형을 참여형 대안제시운동이라 할 수 있으며, 지역사회 주민이 조례제정운동 등과 같은 제도 변화과정에 참여함으로써 지역사회의 정치행위에 영향력을 미칠 수 있는 제도적 기반을 확립할 수 있다.

(4) 공동체 형성과 마을 만들기

작은 근린지역의 주민이 모여 상호 간의 친목을 도모하고 이를 통해 복지실천을 수행하는 사례가 이에 해당한다. 살기 좋은 아파트 만들기 모임, 마을문고 만들기 모임 등과 같이 일상적인 주민모임을 통해 지역 공동체를 형성해 나가거나, 나눔과 보살핌 운동 등 지역복지실천 활동을 전개한다. 소집단활동을 통해 자신들만의 이해를 추구하기보다는 지역사회 전체에 영향을 미칠 수 있는 프로그램을 의도적으로 계획하고 추구한다.

### 2) 이슈 중심의 지역사회복지운동

문제 혹은 이슈 중심의 사회복지운동은 지역사회를 근거로 하기보다는 특정 사회복지문제나 사회복지와 관련된 이슈를 중심으로 시민운동 차원에서 접근하는 사회복지운동이라 할 수 있다. 이러한 유형의 사회복지운동은 1990년대 이후 다양한 방향에서 발전하기 시작하였다(오정수·류진석, 2012).

이슈 중심의 지역사회복지운동의 특징은 다음과 같다.

- 무엇보다도 운동의 주체와 활동범위가 확대되었다. 예를 들어 장애인, 노인, 노동자 등 부문별 복지 대상자의 주체적인 투쟁이 조직화되고 활동 범위도 넓어졌으며, 경실련이나 참여연대 등과 같은 시민운동단체들이 사회복지운동에 조직적으로 참여하기 시작하였다.
- 운동의 내용이 사회복지 부문별 요구운동에서 나아가 복지예산 확대 등 정책지향의 근본적 개혁을 요구함과 동시에, 사회복지 정책과 관련된 복지입법을 개정하거나 복지입법의 실현을 구체적으로 요구하고 있다는 점이다. 최근 지역 비전을 어떻게 만들어 나갈 것이며, 어떤 가치에 따라야 할 것이냐는 문제

의식하에, 복지예산을 포함하여 지방정부의 예산 수립과 집행에 적극적으로 개입하고 참여하려는 목적으로 전개되는 '예산참여운동'은 새로운 시도라고 할 수 있다. 그리고 시민운동과 사회복지계가 협력 형태를 띠면서 복지 이슈 제기와 대안 마련을 위한 다양한 연대활동을 구체화하고 있다. 또한, 지역 단위를 중심으로 직접적인 복지문제의 제기와 대안 마련, 관련 조례제정운동, 복지 이슈의 선거 어젠다 형성 등 지역사회복지운동단체의 활동 영역이 확장되고 있다.

• CHAPTER 13 •

# 새로운 지역사회복지실천

### 학/습/목/표

- 지역사회의 정체성을 이해한다.
- 새로운 지역사회복지 실천모델로 쿠리치바 시를 살펴본다.
- 새로운 지역사회복지 실천모델로 가마쿠라 시를 살펴본다.
- 지역화폐의 개념과 지역화폐운동을 이해한다.

현대의 지역사회는 산업화·도시화의 급격한 진행으로 대량 생산, 대량 소비의 경제 활동과 무관심, 이기주의적 사고 등의 생활양식이 정착되고 있으며, 개인과 가족의 복지에만 관심을 가지는 일탈한 특성을 형성하고 있다(이승은·홍선기 역, 2002). 이러한 특성으로 말미암아 지역주민 간의 상호 작용을 통하여 공동체를 추구하는 이상적 지역사회보다는 소비를 통해서 만족을 추구하는 대리만족이 보편화하고 있다. 이는 지역주민이 더불어 사는 공동치 의식과 정체성이 상실되어 지역사회 내에서 주체성을 상실하고 있음을 의미한다.

지역사회의 정체성은 '동일성과 개별성'으로 설명될 수 있는데(김일태, 2001), 이러한 동일성과 개별성이 상실되는 현상은 도시 형성 과정에서 경제성과 효율성이 지나치게 강조되어 자연스럽게 개인주의적 생활양식으로 변화되었기 때문이며, 지역사회가 인간이 생활하기에 부적합하게 변화되었다는 것을 의미한다.

인간이 공동체 사회를 유지하고 문화를 창출하는 이유가 건강하고 문화적인 생활을 영위하면서 행복한 생활을 보장받기 위한 것이라면 외부 체계와의 다양한 교류를 형성하는 것은 지극히 당연하다. 다른 사람과의 공생적 관계가 형성되지 않은 지역사회는 일탈한 지역사회이며 장기적으로 지속성을 보장할 수 없다.

지속 가능한 지역사회는 효율성과 기능성을 강조하는 근대주의적 가치를 지양하고 인간성(여유와 관심), 지역성(상징성과 친근함), 창조성(독창성), 그리고 미관성(아름다움)을 추구하여야 한다(김일태, 2001). 동시에 지속 가능한 지역사회는 인간과 자연이 공생하는 친환경적 특성을 가지고 다양성, 자립성, 순환성, 안정성을 유지할 수 있어야 하며, 이를 토대로 주민의 자발적 참여, 연계와 협력, 사회통합이 이루어져야 한다. 이러한 특성을 가지기 위해서는 공동체 의식의 형성, 조직화, 의사소통과 자원의 적절한 소비 등이 강화되어야 한다.

인간활동과 환경이 조화로운 지역사회를 만들어 지속 가능한 사회를 건설하고자 하는 새로운 패러다임이 필요하다. 새로운 패러다임으로 지역주민의 복지를 증진하고 있는 도시로는 브라질의 쿠리치바(Curitiba) 시, 일본의 가마쿠라(鎌倉) 시, 독일의 환경수도 프라이부르크(Freiburg) 등이 있으며, 이들 도시는 국제사회에서 친환경적으로 인정받는 대표적 지역사회이다. 또한, 기능적으로는 지역통화운동이 새로운 패러다임으로 인정받고 있다(김만호, 2009). 이 장에서는 쿠리치바 시, 가마쿠라 시, 그리고 지역통화운동에 관한 내용을 살펴본다.[57]

## 1. 쿠리치바 시의 인간 중심 지역사회

### 1) 쿠리치바 시의 지역사회복지 특징

지역주민의 쾌적한 생활을 위한 생태와 환경에 대한 관심은 선진국과 후진국의 구분 없이 모든 나라의 공통 관심사이다. 이러한 점에서 브라질의 쿠리치바 시는

57) 이 장의 내용은 김만호(2009), 지속 가능한 지역사회를 추구하는 지역사회복지론, pp. 273-301을 주로 인용하였다.

모든 도시로부터 존중과 찬사를 받는 도시 가운데 하나이다. 국제사회에서 쿠리치바 시에 보내는 찬사는 매우 화려하다. '지구에서 환경적으로 가장 올바르게 사는 도시', '세계에서 가장 현명한 도시' 등이 바로 그것이다(주간조선, 2014. 6. 8).

유엔 환경회의는 쿠리치바 시를 1990년에 '우수환경과 재생상(再生賞)'을, 〈Times〉는 1991년에 '지구에서 환경적으로 가장 올바르게 사는 도시'로, 〈LA Times〉는 1996년에 '세계에서 가장 혁신적인 도시'로, 〈U.S News & World Report〉는 1998년에 세계에서 가장 현명한 도시로 선정하였다. 또 『성장의 한계』 공동 저자인 메도우(Meadows)는 쿠리치바 시를 '희망의 도시'라고 하였다(김만호, 2009).

세계적인 저비용·고효율의 창조도시이자 생태·환경도시로 널리 알려져 있는 쿠리치바 시는 우리나라의 이명박 전 대통령과 박원순 서울시장을 비롯해 무수히 많은 단체장, 정치인, 공무원, 학자·전문가, 언론인 등이 벤치마킹하기 위해 찾아가는 가장 유명한 '성지(聖地)' 가운데 하나이다. 쿠리치바 시의 총면적(432㎢)은 우리나라의 대전시보다 작으나 인구(약 180만 명)는 훨씬 많은 대도시이다. 남미의 변방에 위치한 제3세계의 전형적인 도시다(주간조선, 2014. 6. 8).

### (1) 지역사회복지정책의 특성과 목표

#### ① 저비용·고효율 정책

쿠리치바 시의 정책을 가장 단적으로 표현하는 말은 저(低)비용·고(高)효율을 통한 친환경정책이라고 할 수 있다. 이러한 특징은 중심 도시의 물리적 확장을 제한하는 토지이용계획과 교통계획의 통합, 5개의 구조적 교통축을 따라 발전하는 선형도시계획, 인구 통제와 관리, 중심 지역의 탈혼잡과 역사 중심지의 보전, 버스를 땅 위의 지하철로 만든 독창적 통합교통망, 자동차로부터 해방된 보행자 천국, 에너지 절약형 모델 도시, 순환형 폐기물 정책, 시민참여정책 등이다.

쿠리치바 시는 이러한 정책을 지속해서 적극 실천하고 있다. 쿠리치바 시 정부는 짧은 시간에 많은 예산이 요구되는 대규모 사업보다 적은 예산, 단순 검소함을 바탕으로 가난한 시민을 위한 광범위한 복지와 의료행정을 시행함으로써 지역주민의 복지를 증진하는 도시를 만들어 건강하고 지속적인 지역사회의 모범이 되고 있다.

#### ② 민주적 의사 결정

쿠리치바 시의 도시계획에서 시민의 의사를 존중하는 민주적 의사결정 과정은 매우 중요하다. 기업이나 공직 사회, 사회 일반의 의사 결정이 권위주의적 과정을 통해서가 아니라 극히 민주적으로 결정된다. 그리하여 시민이 원하는 정책을 입안하고 실천할 수 있게 되고, 시민이 적극적으로 참여하게 됨으로써 자신의 의사를 적극적으로 표현할 수 있다. '도시의 주인은 주민', '시민을 존경하는 행정'이라는 철학과 신념 아래 시 정부의 계획적이고 적극적인 도시정책을 추진하고 있다.

#### ③ 적극적 행정

쿠리치바 시가 이처럼 모든 도시의 모범이 된 것은 행적적인 면에서 탁월한 능력을 발휘하여 지속 가능한 지역사회를 건설하기 위하여 부단히 노력하였기 때문이다. 자본주의의 일반적 속성인 대량 생산과 대량 소비의 시스템이 아닌 저비용과 고효율의 행정시스템으로 시민의 삶의 질을 높이고 있다. 이러한 행정적 특성은 최근에 많은 국가가 복지에 대한 국가의 개입을 축소하고 민간의 적극적 개입과 자율성을 강조하는 것과는 매우 대조적인 모습이다.

이러한 행정은 통합성, 창조성, 지속성, 저비용, 속도성을 실천 가치로 추구함으로써, 세계가 쿠리치바 시를 '환경적으로 건전하고 지속 가능한 도시의 모델'로 주목하도록 하였다. 쿠리치바 시가 시민의 적극적 지지를 받는 이유 중의 하나는 행정의 속도에 있다. 쿠리치바 시에서 '속도'는 정책에 대한 신뢰를 심어 주는 가장 중요한 기제이다. 행정이 느리고 무사안일하게 일하는 것이 아니라는 것을 증명하고 있는 것이다.

도시정책은 쿠리치바 시가 도시의 사회통합, 접근성, 공공 어메니티(amenity)[58], 도시 투명성, 효율성과 지속 가능성을 효과적으로 이루어 냄으로써(김해창, 2003),

시민이 주인인 쾌적한 도시를 만들고 있다. 이외에도 창조성과 재활용을 통한 순환성, 그리고 가난한 사람과 아동에 대한 적극적 사회복지정책도 빼놓을 수 없는 시 정부의 목표이다. 도시정책의 모든 노력을 통하여 인간과 환경의 공생관계가 조화로운 이상적 도시를 만들었다.

### (2) 녹색정책

#### ① 자연보존

녹색도시는 쿠리치바 시를 생태적으로 가장 특성 있는 도시로 돋보이게 하는 요소이다. 인공적 개발을 최소화하고 자연 그대로의 원형을 보존하고 있다. 자연과 인간이 공생하면서도 시민이 편안하게 생활하고 여유 있게 쉴 수 있는 자연공원의 조성을 통해 생태주의 사상을 적극적으로 실천하고 있는 대표적인 정책이다. 쿠리치바 시는 저예산으로 효과적인 공원을 조성하고 있다. 버려진 채석장 등을 활용하여 자연을 원래 이상의 상태로 복원하였다. 탕구아공원, 오페라 데아라메, 환경개방대학이 쓰레기 더미의 채석장이었고, 식물원은 쓰레기가 넘치던 빈민촌 주위의 농지였다.

#### ② 사회적 교통요금제

쿠리치바 시 교통체계의 가장 큰 특징은 환경적으로 손상이 적은 교통수단과 교통요금의 사회화라고 할 수 있다. 한정된 지역에서만 이용할 수 있는 지하철과 고비용의 자가용을 대신하여 도시 전역을 다닐 수 있는 이중굴절 버스(250명 수용)를 통하여 저비용의 예산으로도 시민은 지하철 이상으로 편리하게 이동하고

58) 어메니티는 환경보전, 종합 쾌적성, 청결, 친근감, 인격성, 좋은 인간관계, 공생 등의 여유(경제성, 문화성 등), 정감(환경성, 쾌적성 등), 평온(안전성, 보건성 등)이라고 하는 다양한 가치 개념에서 접근하여 왔으며, '인간이 살아가는 데 필요한 종합적인 쾌적함'이라고 할 수 있다. 즉, 인간과 환경의 만남에서 일어나는 장소성에서부터 심미성에 이르기까지 매우 다양하고 복합적인 개념을 지니고 있다. 최근에는 가치 지향적 어메니티에 대한 관심이 커지면서 시장접근방식이 논의되고 있고, 공공재적 가치 개념에 따라 직접지불제의 대상으로 확대되고 있다.

있다. 또한, 사회적 요금을 통하여 단 1회 비용으로 시내 전역을 이용할 수 있는 공공 교통제도를 시행하고 있다.

이는 쿠리치바 시의 경제적 혁명이며 사회적 혁명이라고 할 수 있다. 이중굴절버스의 건설 유지비용은 지하철 건설 유지비용의 약 200분의 1 정도에 불과하여 저예산·고효율적인 교통체계를 확립한 것이다. 이뿐만 아니라 장애인이 이용할 수 있는 장애인 전용 버스를 운행하여 누구나 편리하게 교통시설을 이용할 수 있도록 제도화되어 있다.

[그림 13-1] 원통형 버스 정류장

자료: 주간조선(2014. 6. 8), 박용남 지속가능도시연구센터 소장.

### ③ 쓰레기 교환 프로그램

쿠리치바 시에는 녹색교환이라는 매우 특별한 제도가 운영되고 있다. 이 제도는 쓰레기를 잉여 농산물이나 버스 쿠폰으로 교환해 줌으로써 자원을 재활용하도록 권장할 뿐만 아니라, 가난한 지역주민에게 절약하는 정신과 생활의 질을 향상시키는 이중적 효과를 가지고 있다. 이러한 녹색정책은 모든 도시정책에서 주민, 특히 가난한 주민에 대한 적극적 관심과 애정에서 비롯된 것이며, 행정의 주된 관심이 지역주민의 삶의 질을 높이는 데 맞추어져 있기 때문에 가능한 것이다.

### (3) 공동체 의식화 교육

#### ① 통합적 생활 방식

쿠리치바 시는 주민에게 의도적으로 혹은 무의식적으로 환경의 중요성을 교육하여 소비 중심적 의식과 생활 방식을 전환하도록 교육하고 있다. 쓰레기를 음식물과 바꾸어 주는 녹색교환을 통해 주민이 생활 속에서 자연스럽게 쓰레기를 자원으로 인식하도록 하고 있다. 또 공식적 교육을 통하여 아동에게 새로운 생활 방식을 교육하고 있다. 저소득층 지역 초등학교와 맞붙은 '지혜의 등대' 도서관을 통하여 아동에게 전인 교육을 하고 있으며, 사회통합과 환경통합의 가치관을 배양하고 있다.

#### ② 이동식 직업교육

성인을 위한 교육도 의식적이고 계획적으로 이루어지고 있다. 대부분의 저소득층 지역사회에서는 재정이 열악해 직업훈련학교를 건설할 수 없었다. 그리하여 쿠리치바 시는 대중교통수단으로 이용할 수 없는 오래된 버스를 재활용하여, 바퀴 있는 작업장으로 변형시킨 승차학교를 발명했다.

이 사업은 사용 연한이 지난 버스를 재활용하여 이동교실처럼 운영한다. 현재 시 전역에서 목공, 공예, 수예, 전기기술, 미용 페인팅, 인쇄, 배관, 전화 교환, 그리고 최근에는 컴퓨터 교습과 같은 다양한 프로그램이 운영되고 있다. 버스는 날짜별로 매일, 한 저소득층 지역에서 다른 지역으로 이동하고 교사들은 거의 지역사회 내에서 충원된다.

### (4) 인간 중심의 사회통합 강화

#### ① 통합적 정책

쿠리치바 시는 정책의 통합, 환경의 통합, 사고의 통합을 추구하고 있다. 복지·환경·문화·교통·어메니티 등을 포함해서 전체를 포괄하는 정책을 펼치고 있다.

이러한 정책은 도시 전체 즉, 부자·중산층·빈민을 하나로 굳게 결합시키는 의도를 가지고 있다. 그 예로 도시의 노점상이 하나의 결사체를 형성하도록 도움을 주고, 매주 또는 2주에 한 번씩 가로(街路)시장이 열릴 수 있도록 지점을 관리함으로써 노점상의 생존권을 보장하여 거리의 미적 황폐화를 방지하고 있다(박용남, 2000). 이처럼 지역사회복지의 목표인 사회통합이 이 도시에서는 문화적·경제적·물리적으로 결합됨을 의미하는 것이며, 나아가 인간과 자연의 결합을 의미하는 것이다.

#### ② 사람 중심의 정책

쿠리치바 시 도시정책의 핵심은 시민을 위하는 정책이라고 할 수 있다. 비용과 효율 면에서 많이 고려하고 생태·환경 측면을 강조하지만, 그 근저에는 시민을 존경하는 원칙이 살아 움직이고 있다. 즉, 시민의 구체적 욕구를 시(市) 행정의 정책으로 담아내고 있는 것이다. 자가용이 아닌 자전거와 보행자를 중심으로 하는 도로 조성, 환승 터미널을 이용한 민원서비스 제공, 1회의 버스요금으로 전 구역을 갈 수 있는 사회적 교통요금 등은 경쟁과 개발을 강조하는 자본주의적인 물질적 사고를 인간 중심으로 전환한 대표적 사례라고 할 수 있다.

#### ③ 차 없는 거리 조성

인간 중심의 거리는 현대 도시가 편리함의 기능을 강조하여 사람보다는 차량을 중심으로 도시구조를 계획하는 것과는 달리 사람들의 여유와 쾌적함을 강조하여 차 없는 거리를 조성하여 시민의 상호 교류를 권장하고, 시민이 쾌적하게 쉬어 갈 수 있는 문화 공간에 역점을 두고 있다. 물리적 환경의 변화는 시민의 입장에서 실천하는 행정의 적극성과 시민의 성숙한 의식 및 자발적 참여가 적절하게 어우러져 만들어 낸 결과라고 할 수 있다.

#### ④ 저소득층 보호제도

쿠리치바 시의 행정에서 주목할 점은 행정이 시민에게 공공 부문의 서비스를 제공하는 것만이 아니라, 도시화 과정에서 발생하는 사회문제에 대한 본질적 문제의 해결까지도 시도하고 있다는 점이다. 사회적 불평등을 없애기 위한 버스요금제도(한 번의 버스요금으로 여러 차례 환승하여 목적지까지 갈 수 있는 버스요금제도), 저소득층 지역을 위주로 설립·운영되고 있는 환경 '피아(PIAs, 무료 탁아소)'와 청소년을 위한 소형 도서관인 '지혜의 등대', 저소득층 지역에서 시행되고 있는 '녹색교환', 저소득층 주민을 고용하여 운영하고 있는 '재활용센터', 직업의 대노선 정책 등 여러 가지 프로그램을 통해서 빈민과 저소득층 지역주민의 주거 및 교통, 복지, 생활 개선과 일자리 창출을 하고 있다.

쿠리치바 시는 본질적 사회문제의 해결을 위한 정책에 관심을 집중하고 있으며, 제도적 틀과 구조를 만들어 철저하게 시행하고 있다. 통합적 프로그램을 결합하여 공동체 정신 함양, 환경체험교육, 빈곤완화, 재활사업 등으로 여러 가지 목적을 동시에 달성하고 있다.

### (5) 협력적 네트워크 강화

쿠리치바 시 도시정책은 정책의 연계성과 협력을 특징으로 하고 있다. 쿠리치바 시 도시계획의 기본 방침은 도시를 경제적으로 보지 않고 문화와 사회공동체로 보는 것이고, 도시교통시스템의 주안점은 차를 나르는 것이 아니라 인간을 나르는 것이며, 문제점을 장애물로 보지 않고 기회로 인식하는 적극성과 창조성을 강조하는 것이다.

쓰레기 재활용 정책은 회수와 분리, 재활용시스템의 연계를 도모하고 있으며, 쓰레기 재활용 정책이 도시 빈곤층 주민의 복지 프로그램과 연계되고 있다. 더욱이 분리 과정에서 사회적 재활이 필요한 알코올중독자와 정신장애인을 고용하여 직업재활의 기회를 제공하고 소득도 지원하는 복합적 제도를 활용함으로써 사업의 연계성과 효과성을 극대화하고 있다. 그리고 도심 전역에서 녹색 띠를 형성하여 보행자와 자전거 이용자에게 쾌적한 가로 환경을 제공하고 있다. 이러한 정책은 소비 중심의 대량 생산과 대량 소비의 구조를 거부하고, 생태적으로 유익하면서도 인간 중심적 사고로 이루어진 정책 결과라고 할 수 있다.

### 2) 쿠리치바 시의 지역사회복지 함의

쿠리치바 시는 한마디로 시민과 행정의 조화, 인간과 환경의 조화, 녹지와 물리적 환경의 조화, 빈부의 조화, 비용과 효율성의 조화가 두드러진다는 것을 알 수 있다. 무엇보다도 쿠리치바 시에서 돋보인 것은 도시정책의 일관성과 지속적 행정 노력이다. 도시계획연구소의 방안이 시민의 생활을 쾌적하게 하기 위한 창조적 계획으로 마련되면 신속하게, 아름답게 실천된다는 점에서 쿠리치바 시의 적극적 행정은 뛰어나다.

쿠리치바 시로부터 얻을 수 있는 교훈은 다음과 같다.

첫째, 저예산과 저비용으로 국민의 삶의 질을 충분히 향상시킬 수 있다. 쿠리치바 시에서는 대량 생산과 대량 소비의 자본주의적 성장가치보다는 아끼고 다시 쓰는 창조적 지혜를 통하여 더욱 쾌적한 일상생활을 유지하고 있다. 이러한 것은 전적으로 창조적 사고를 통한 인식의 전환과 생활 방식의 전환이 가져온 결과라고 할 수 있다.

둘째, 쿠리치바 시는 기계보다는 인간 중심의 정책을 시행하며, 시민의 참여를 강화하고 있다. 쿠리치바 시는 시민에게 쾌적하고 이용하기 편리한 행정서비스로써 여유와 안정을 제공하고 있다. 무엇보다 시민의 욕구와 참여를 중심으로 정책을 시행하고, 경쟁과 배타성을 최소화하기 위하여 노력하고 있다. 권위주의 대신에 봉사하는 행정, 찾아가는 행정이 이루어지고 있다. 또 녹지공간과 문화공간이 풍부하다. 소비적이고 인공적인 환경정책을 포기하는 대신에 자연적으로 녹지와 공원을 조성하고 있으며, 수명이 다한 오래된 건물을 문화공간으로 전환하여 시민에게 여유를 제공하며 동시에 쾌적한 환경 정책을 시행하여 자연환경을 적극적으로 보호하고 있다.

셋째, 교육을 강조한다. 시민을 위한 정책이 더욱 효과적으로 영향을 미치기 위하여 제도화된 교육과 비제도적 교육이 충분히 연계되고 있으며, 생활 방식의 전환을 위한 사회 교육이나 환경 교육이 중요한 정책으로 시행되고 있다. 특히 아동교육에 대한 과감한 투자가 새로운 삶의 방식으로 전환하고 있는 방법은 매우 고무적이다.

넷째, 통합성과 연계성이 잘 조화되어 있다. 특히 정책과 제도의 연계가 두드러지며, 빈부의 통합, 인간·자연·물리적 환경이 통합되고, 불평등을 제거하기 위하여 사회가 통합되어 운영되고 있다. 사회적 요금, 쓰레기 분리와 녹색교환 등은 통합성의 대표적인 사례이다. 쓰레기 수거와 분리 작업에 대한 철저한 연계가 이루어지며, 특히 분리 작업에는 정신장애인 등의 사회적응훈련을 겸한 작업요법으로 사회통합적 차원에서 시행되고 있다. 재활용을 통한 저비용구조는 도시 전체에서 중요한 가치로 인정되고 있다.

다섯째, 도시정책은 환경적으로 건전하게, 경제적으로 저렴하게, 정신적으로 여유롭게, 육체적으로 건강하게 모든 국민이 공평하게 혜택을 받을 수 있도록 보편적으로 시행하고 있다. 모든 도시정책은 일회적 소모성이나 단기적으로 시행되지 않으며, 거시적 정책을 추구하고 있다. 도시 대지건물비율, 도심의 재건축 통제, 재활용과 녹색교환 등은 지속 가능한 사회건설을 위한 적극적 정책의 한 부분이다.

## 2. 가마쿠라 시의 사람 중심 마을 만들기

### 1) 마을 만들기의 의미

산업화로 말미암은 공동체의 약화는 지역주민으로 하여금 그들의 생활공간과 지역사회에 대한 관심을 가지도록 기대하고 있다. 일본의 '마을 만들기'도 성장 위주의 개발이 행정과 전문가의 일방적 판단과 집행의 효율성을 강조하면서 등장되었지만, 결과적으로 지역 특성의 상실, 주민의 소외, 공동체의 약화 등과 같은 부정적 요소를 적극적으로 개선하기 위한 노력으로 진행되었다.

특히 교육 수준의 향상으로 지역주민의 의식과 문화적 욕구 수준이 강해져 아파트 단지, 상가지역, 주택단지, 공원녹지를 중심으로 쾌적한 공간에 대한 욕구가 강해지고, 주민의 자발적 의지와 노력, 사회단체와 전문가 집단에 의한 개입, 그리고 행정적 계획에 의한 의도적 개발이 이루어지고 있다. 그러나 다양한 주체의 실행 과정에는 지역주민이 항상 중심에 존재하고 있으며, 이들의 적극적 의지와 자발적 노력 없이 생태적으로 건강하고 지속 가능한 마을을 만드는 것은 어려운 일이다.

이러한 차원에서 마을 만들기는 도시 전역을 대상으로 하는 대규모 지역에서 작은 단위 생활공간을 중심으로, 장기적이고 미래 지향적인 접근에서 당면한 문제와 과제를 해결하는 방식으로, 그리고 전문가와 행정적 차원에서 지역주민의 참여와 의지를 중심으로 하는 형태로 전환되어야 한다. 즉, 마을 만들기는 지역주민이 자신들이 살고 있는 지역에 주인의식을 가지고 마을을 만들어 간다는 책임의식을 내재하고 있다. 마을의 규모, 과제, 주체의 변화는 마을 만들기가 의도적이고 거대한 차원에서 이루어지던 개발과 성장 위주의 방식이 적합하지 않다는 것을 의미하며, 지역주민의 관심과 애정으로 공동체를 조성하는 방식이 가장 최선의 방법임을 의미하는 것이다.

일본에서 1970~1980년대에 활기를 띤 마을 만들기는 1960년대에 환경운동과 같은 주민운동에서 시작되어 지역 특성화와 문화적 특수성을 강조하는 형태로 변화되었다. 이러한 변화에는 산업화 과정에서 나타나는 사회적 부작용을 해결하려는 노력이 병행되었으며, 도시의 확대 과정에서 도심의 공동화 현상의 대응으로서 상인이 전개하기도 하고, 지역의 문화를 활성화하기 위한 차원에서 주민이 주체가 되어 실천하기도 하고, 전문가와 행정의 적극적 관여로 실천되기도 하였다.

그러나 전개과정에서 가장 큰 효과를 나타낸 주체는 지역주민으로서, 지역주민의 자발성과 적극적 참여로 조성된 마을 만들기가 장기적으로 가장 큰 효과를 나타내었다(김찬호, 2002).

결국, 건강하고 쾌적한 마을 만들기는 주민의 관심과 애정으로, 주민이 주체적으로 참여하고 기획하면서 조성된다는 것이다. 주민의 적극적 참여는 행정과 전문가의 협조와 참여를 통하여 훨씬 더 강화될 수 있다. 이러한 점은 마을이 특정한 문제의 해결 대상이라기보다 종합적이고 복합적인 기능을 가진 곳으로서 생활 전반에서 일어나는 불편함에 대하여 주민 스스로 자각하고 노력할 때에만 진정한 가치를 지닌다.

### 2) 마을 만들기의 지역사회복지 특성

#### (1) 종합적이고 복합적인 접근

초창기의 마을 만들기는 환경운동과 같이 지엽적이고, 직접적인 지역 문제에 관한 주민운동과 같은 성격을 띠고 있었다. 그러나 인간생활이 포괄적이고 복합적으로 이루어지고 있기 때문에 생활 전반적 환경을 쾌적한 환경으로 조성하지 않으면 지역주민의 삶의 질을 높일 수 없다는 자각이 일어나게 되었다.

따라서 가마쿠라 시의 마을 만들기 형태를 보면 공개공지(open space)의 증대, 공원녹지의 확대, 비오톱(Biotope, 생태환경지도)[59] 조성, 하천 복원, 차 없는 거리 등과 같이 특정한 문제에 집착하지 않고 종합적이고 다양한 측면을 고려한 전체성을 강조하고 있다(유상오, 2001). 즉, 마을 만들기는 생활공간, 생활양식, 인간관계, 그리고 어메니티를 포함하여 전체적으로 구성하는 종합적이고 복합적인 접근 방법이다.

59) 비오톱(ビオトープ)이란 야생의 동식물이 생태계를 보존하며 서식하는 환경, 또는 공원 등에 만들어진 야생의 작은 생물이 생존할 수 있는 환경을 의미한다.

이러한 현상은 특정 문제를 해결하고 난 후에 나타나는 문제의 다양성과 문제를 해결하기 위하여 참여한 주체들이 다양한 시각과 관점에서 접근하고 있다는 점을 보여주고 있다. 또한, 행정적 측면에서도 이러한 문제를 단편적으로 접근하지 않고, 지역주민의 욕구를 중심으로 복합적이고 종합적인 시각으로 해결하려는 노력을 보이고 있다는 점에서 매우 긍정적이다.

### (2) 환경친화적 마을 조성

가마쿠라 시의 마을 만들기 핵심은 환경친화적 마을 조성이라고 할 수 있다. 환경친화적 마을은 기본적으로 자연생태계의 보전과 복원을 중심으로, 자연생태계의 순환성과 지속성을 유지할 수 있는 마을 구조와 이를 유지할 수 있는 사회·경제·문화적 구조를 친환경적으로 변화시킨 쾌적한 마을을 의미한다(이재준, 2001). 이러한 마을은 지역주민이 문화와 사회적 개발을 선호하여 경제지표를 제외한 다른 지표들의 향상을 도모하고 공동체적 마을을 조성하려는 적극적 노력을 동반한다.

따라서 환경친화적 마을을 만들기 위해서는 사회제도가 통합적으로 연계되어 유기적으로 연결되지 않으면 안 된다. 즉, 자연스럽게 사회구조가 상호보완적 시스템을 유지할 수 있으며, 지역주민의 인간적 관계와 적극적 의사소통이 이루어져야 한다.

### (3) 공공 영역의 대두

공동체적 지역사회의 가장 큰 장점은 사회적 연대성을 강조하면서 특정 문제를 개인적 차원이 아니라 공공적 차원에서 해결하려고 실천한다는 점이다. 이러한 관심은 1970년대 이후 지속해서 논의되어 온 '환경과 생태'에 관한 다양한 국제회의의 결과이며, 각 지방자치단체들이 'Agenda 21'을 구체적으로 실천하는 과정에서 공공의 노력이 강조되고 있다. 특히 현대도시나 마을의 공동체가 상실되면서 개인은 자기 자신과 가족 이외에는 관심을 가지지 않게 되고, 모든 문제를 행정적 방법으로 혹은 제도화된 방법으로 해결하는 접근 방법을 선택하게 되면서 대면적 관계를 더욱 상실하고 있다는 점에서 공공의 역할이 강화되고 있다.

이러한 현상은 인간관계의 상실과 더불어 지역사회의 해체를 경험하게 한다. 따라서 마을 만들기는 이러한 측면에서 공동체성을 회복하고 우리 주위에서 일어나는 문제, 특히 생태문제들을 지역주민이라는 사회적이고 공적인 차원에서 해결하려는 접근 방법이며, 지역주민의 적극적이고 자발적인 관심을 강화하고 있다.

### (4) 지역주민의 자발적 참여와 합의

마을 만들기는 종합적이고 복합적인 접근 방법이다. 무엇보다 마을에 대한 관심과 문제를 파악하고 있어야 하며, 생태적인 건강에 대한 것을 알고 있어야 한다. 지역주민의 자체적 노력으로 마을을 분석하며, 전문가와 워크숍이나 토론회 등을 통하여 자체적으로 지도력을 형성하여 주도성을 가질 수 있도록 한다. 이러한 토착적 지도력은 마을 만들기에서 특히 중요하다(김혜창, 2003).

지역사회의 생활 전반에 대한 문제 인식은 모든 지역주민이 공감할 수 있다. 하지만 이것은 어떻게 실천으로 연결시키며, 지역주민에게 동기를 부여할 수 있느냐의 문제는 토착적 지도력과 주도적 역할을 어떻게 확보할 것인가의 문제이다. 이는 마을 만들기의 핵심 영역이다.

### (5) 협력적 관계

가마쿠라 시에서 마을 만들기는 도시문제를 해결하기 위한 다양한 주체의 유기적 관계 속에서 지역의 특성을 충분히 고려하여 특화시키는 성격을 가지고 있다(유상오, 2001). 즉, 마을 만들기는 전문가, 행정가, 상인, 그리고 순수한 지역주민과 같이 다양한 주체가 서로 다른 목적으로 시행하는 특성이 있다. 이러한 과정에서 강조할 것은 가장 핵심적인 역할을 지역주민이 수행할 수 있도록 지원하는 것이며, 기획 단계에서부터 지역주민을 참여시켜 자연스럽게 학습할 수 있도록 하여 그들의 관심을 끌어내고 의지를 강화하는 것이 효과적이다(김찬호, 2002).

이처럼 마을 만들기에 참여하는 다양한 주체의 목적은 다르지만 결과적으로 추구하고자 하는 방향이나 의도는 한 가지라는 점에서 다양한 주체의 협력과 조화는 필수 조건이다. 특히 행정과 지역주민과의 관계에서 협력 관계는 단순하지 않다. 정부 영역, 지역사회단체, 그리고 민간 부문의 파트너십은 UN의 지속 가능한 개발에 관한 세계정상회의(WSSD[60])의 주된 의제 중의 하나지만(이준, 2003), 마을 만들기에 실패한 지역의 대부분은 행정과 민간의 관계가 협력과 조화의 관계로 충분히 성숙되지 않았기 때문이기도 하다. 즉, 전문가 집단이나 행정의 일방적 실행으로 지역주민의 자발적 참여가 배제된 경우에 마을 만들기는 성공하기 어렵다는 것이다.

분명한 것은 마을 만들기에 참여하는 다양한 주체의 궁극적 목적은 생태적으로 건강하고 쾌적한 마을 조성이라는 점에서 다르지 않다는 점에서 파트너십은 오히려 쉽게 형성될 수 있다는 것이다. 또한, 시설과 인간, 인간과 인간의 조화도 필요하다. 시설은 지역주민의 욕구에 부합되어야 하며, 인간관계는 동질성을 회복할 수 있는 기회와 충분한 의사소통이 이루어지는 것이 바람직하다.

### (6) 가마쿠라 시 마을 만들기의 구조

마을 만들기의 대상인 시설, 사람, 생태의 조합이 중요하다. 물리적 측면과 운영적 측면, 정서적 측면이 적절하게 어우러져야 하는 것이다. 이러한 점을 세 가지로 세분하면 다음과 같다(全村明, 1987, 한국도시연구소 역, 1998).

- 물리적 측면에서 시설 만들기, 작업장 만들기, 여가 공간 만들기, 구조 만들기, 규칙 만들기, 사람 만들기, 사업 세우기로 구분된다.
- 기능적이고 운영적인 측면에서 가능 만들기, 개성 만들기, 매력 만들기, 활력

60) The World Summit on Sustainable Development.

만들기, 의식 만들기, 이미지 만들기로 구분된다.

- 효과나 목적적 측면에서 안전성, 보건성, 편리성, 쾌적성으로 구분된다.

마을 만들기는 인간과 생태를 중심으로 '이러한 세 가지의 영역을 어떻게 통합하느냐'라는 점에서 다양한 형태로 전개될 수 있다. 이러한 측면에서 경제성과 효율성은 달리 적용할 수 있는 창조적 가능성을 찾을 수 있다.

### 3) 마을 만들기의 지역사회복지 함의

마을 만들기는 지속 가능한 지역사회를 건설하기 위하여 행정과 민간의 협력적 관계를 중심으로 지역주민의 주체성과 적극성에 의하여 추진되는 상당한 의미가 있다. 이를 구체적으로 살펴보면 다음과 같다.

- 다양한 주체의 협력을 강조하고 있으며, 특히 지역주민의 자발적 참여와 의지가 생태적으로 건강하고 지속 가능한 사회를 만드는 데 중추적 임무를 수행하고 있다는 것이다.
- 부분적이거나 지엽적인 문제가 아니라 근본적이고 통합적인 차원에서 공동체 지향의 마을에 대한 구상과 계획을 마련하고 있으며, 단기간의 효과보다 장기적 차원에서 지속해서 발전할 수 있는 토대를 만드는 것이 중요하다는 점이다.
- 지역주민의 공동체 의식을 강화하는 것이 무엇보다 중요하다는 점이다. 마을 만들기의 의도가 외부적으로 주어진 자극으로 이루어지더라도 정서적으로 해체된 공동체 사회의 동질성을 회복하는 것이 무엇보다 중요하다. 공동체 의식은 결과적으로 주어진다기보다 교육이나 경험을 통해서 자연스럽게 학습되는 효과가 크며, 이런 과정을 통해서 습득될 때 장기적으로 유지될 수 있다.
- 마을 만들기는 친환경적 공생관계를 강조하고 있다. 기본적으로 지역사회복

지는 환경과 교류하지 않을 때 인간의 행복과 지속성에 심각한 문제를 발생시킨다. 마을 만들기는 자연과의 교감을 통한 친환경적인 자연과의 동질성을 강조하고 있다. 이뿐만 아니라 문화적이고 쾌적한 생활을 위하여 자원의 재활용이나 저비용의 순환형 자원의 활용을 강화하고 있다.

## 3. 지역화폐, 공동체 중심의 경제

### 1) 지역화폐의 의미

1980년대 들어 서구 사회에서는 기존의 시장경제나 국가 경제와는 다른 유형의 대안 경제(counter economics)운동이 매우 빠른 속도로 성장하고 있다. 그것은 일반적으로 제3의 부문(the third sector), 협동조합 부문(the cooperative sector), 사회적 경제(the social economy)라 불리는 것이다. 이러한 새로운 경제운동의 발생에는 두 가지의 배경이 있다.

첫 번째 배경은 경제 주체(사기업이든 공기업이든) 내의 의사 결정 과정에서 구성원에 의한 민주적 의사 결정의 요구가 고양되고 있다는 점이다. 자본에 의해 노동자가 지배를 받는 사기업체나 국가 권력에 의해 노동자가 지배를 받는 공기업에 비해, 민간에 의해 운영되는 경제 주체의 형성이 요구되고, 그 결과로서 노동자 자주 관리 기업이 드러나기 시작하였다.

두 번째 배경은 복지국가의 몰락에서 찾아볼 수 있다. 의료, 복지 등 생활의 질 향상 요구는 커지고 있지만, 가족과 같은 일차 집단의 기능은 약화하고 해체일로에 있으며, 국가에 의한 복지시스템은 사회의 여러 요구에 부응하지 못한 채 복지의 질(質)을 보장하지 못하고 있다. 이에 복지정책의 방향이 다양한 시설의 설비에서부터 탈제도화한 상담·격려·지원 등과 같은 새로운 방법을 도입하게 되었다.

이러한 새로운 대안 경제운동 중에서 공동체주의적 가치를 지닌 것이 지역화폐 혹은 지역통화운동(LETS[61])이다. 지역통화운동은 미리 등록한 회원들이 그들 사이에서만 통용되는 지역화폐를 이용하여 재화와 서비스를 서로 거래하는 네트워크조직이다. 한국에서는 1997년 말의 경제위기를 계기로 도입되어 여러 가지 형태로 시도되었으나, 2000년 말에 전국적으로 30여 개에 이르렀던 운영단체 중의 상당수가 2002년 말 활동을 중단하였을 정도로 간신히 명맥만 유지되고 있는 실정이다(이창우, 2002).

지역화폐는 국가나 은행이 발행한 돈(현금)을 사용하지 않고 지역주민끼리 물품과 서비스를 주고받는 것으로, 연대에 기초한 자립적 생활 방식이다. 이것은 일대일의 관계로 교환하는 옛날의 바터(barter)시스템과는 달리, 지역공동체 속에서 가입회원 전체 사이에 교역이 이루어지는 체계이다. 회원들은 가입할 때 자기 앞으로 계좌를 개설하고 교환에 참여하게 되면, 회원 사이의 거래 관계를 일일이 보고받고 기록하는 사무소를 통해 전체 회원 각자가 제공할 수 있는 서비스나 물품에 관한 목록을 받게 되고, 각자의 계좌 현황을 정기적으로 통보받게 된다.

지역통화체계라고 하지만 지역화폐에서는 실제로 돈을 사용하지 않고 다만 물건이나 서비스를 사야 할 필요가 있을 때, 사무소에서 발행한 목록(혹은 신문)을 보고, 그 물품이나 서비스를 제공할 수 있는 사람을 찾아서 정해진 지역화폐 가격으로 거래를 이룬다. 거래가 이루어지면 그 몫만큼 그 물품이나 서비스를 구매한 사람의 계좌에는 마이너스가 기록되고, 공급한 사람의 계좌에는 플러스가 기록된다.

지역화폐는 지역중심주의적이고 분권화된 거래관계망을 형성함으로써 생산-유통-소비-폐기가 지역사회 내부에서 이루어지는 지속 가능한 시스템을 유지하자는 이른바 생체지역주의(bioregionalism)적 견해가 있다(방용남, 2001). 이러한 주장은 지역화폐의 창시자라 할 수 있는 린튼(Linton)의 의도 즉, 외부적 요인에 의해 영향받지 않는 자립적 지역경제의 구축이라는 의도와도 일치한다. 국내외를

61) Local Exchange and Trading System.

막론하고 환경운동에 관심이 있는 개인이나 단체가 지역화폐에 적극적으로 참여하는 예가 많은 것도 이 때문이다. 또한, '지역'의 개념을 좀 더 확장하면, 현재와 같은 신자유주의적 금융 글로벌라이제이션(globalization)대에 국제금융시장의 불안정성으로부터 자립성을 지닌 국민경제의 구축이라는 의미로도 연결될 수 있을 것이다. 이러한 관점에서 보면 지역화폐는 공동체 중심의 소규모 자급자족경제를 강화하여 자원순환형의 지역사회를 만드는 데 목표가 있다는 것을 알 수 있다.

지역화폐에서 이루어지는 거래를 유형별로 분류해 보는 작업도 유의미할 것이다. 분류기준으로는 첫째, 재화의 거래인지 노동력 서비스의 제공인지 하는 것과 둘째, 실제로 시장에서 상품으로 거래되고 있는 것인지(즉, 상품화가 가능한 것인지 또는 상품화의 비용이 낮은 것인지)[62] 아닌지의 두 가지가 중요하다. 이 두 가지 기준을 동시에 적용하면, 〈표 13-1〉과 같이 네 가지 유형의 거래로 구분할 수 있다. 가령 유형 I, II는 실제로 시장에서도 공급되고 있는 재화와 서비스가 동시에 지역화폐 내에서 거래되는 경우이다.

〈표 13-1〉 LETS의 거래유형

| 구분 | 시장거래 | 비시장거래 |
|---|---|---|
| 재화 | 유형 I | 유형 III |
| 서비스 | 유형 II | 유형 IV |

사실 지역화폐를 지역운동으로 파악할 때, 운동의 중요한 목적이 무엇이라 생각하는가에 따라, 위의 네 가지 유형의 거래 중에서 어떤 것이 더욱 증가하는 것이 바람직한가에 대한 규범적 논의를 하는 것도 가능하다. 만약 지역화폐의 중요한

62) 예를 들어 지역화폐의 회원인 주부가 자신의 솜씨를 발휘하여 김치를 담가 다른 회원에게 지역통화를 대가로 받고 제공하였다고 하자. 실제로 김치를 만들어 시장에서 판매하는 경우도 있기는 하지만, 보통의 주부가 김치를 상업적으로 판매하기는 쉽지 않은 일이다. 즉, 삼품화가 전혀 불가능한 것은 아니지만, 상품화의 비용이 너무 크기 때문에 자본주의적 시장관계 속에 편입되기는 사실상 불가능한 것이다.

목적 중의 하나가 지역 외부의 요인으로 말미암은 실업에 대처하는 능력을 키우는 데 있다면[63], 시장에서 상품화에 실패한 회원의 노동력을 활용하는 기제를 확보하는 것이 관건이며, 따라서 유형 IV의 거래가 매우 중요한 의미를 가질 것이다. 만약 자원의 재순환을 통해 환경적 가치를 제고하는 데 중요한 의의를 둔다면, 유형 III의 거래가 늘어나는 것이 바람직하다. 중고물품의 재활용적 성격을 띠는 경우 대부분 III 유형에 속할 것이기 때문이다.

결국, 지역화폐에 대해 적극적 의미를 부여하는 이러한 해석이 타당하기 위해서는 시장에서는 거래되지 않는 재화와 서비스가 지역화폐 내에서 거래되는 유형 III이나 유형 IV가 차지하는 비중이 양적·질적으로 증대하여야 한다. 특히 기업이나 업소의 경우 애초부터 일정한 자격 조건을 갖춘 경우에만 회원 자격을 부여하는 해결 방법이 필요한 것이다.

지역화폐를 설립한 개척자들은 자기들이 사는 지역에서 공동체를 재건하고, 상호 부양의 사회적 네트워크를 발전시키며, 가난한 사람과 일자리가 없는 사람을 돕고 그들에게 기회를 제공한다는 비전을 갖고 있었다. 그들은 또한 이 시스템이 지역 경제를 강화하는 것으로 인식하고 있었다.

### 2) 지역화폐운동의 현황

지역화폐 시스템은 원래 1980년대 초 높은 실업률로 침체되어 있던 캐나다 브리티시 컬럼비아의 코목스라는 곳에서 린튼에 의해 시작된 지역교환체계이다. 지역화폐 시스템은 복지국가의 위기 이후 세계화라는 이름으로 진행되는 다국적 기업의 확장으로, 해당 국가의 주민이 궁핍화와 착취를 강요당하는 풀뿌리 공동체의 자기방어와 희생을 위한 수단으로 세계 곳곳에서(특히 만성적 고실업률로 고통당하고 있는 지역사회에서) 대안으로 등장하고 있는 지역통화운동 가운데

63) 실제로 린튼이 1980년대 초반 캐나다에서 지역화폐를 시작한 가장 중요한 동기가 이것이다.

대표적인 것으로 평가받고 있다. 지역통화운동은 공간시스템으로서 생체지역주의(bioregionalism)를 근간으로 하고 있다.

우리나라에서 1996년부터 『녹색평론』에 소개되기 시작한 지역통화운동은 1998년 3월에 처음으로 신과학운동조직인 '미래를 내다보는 사람들의 모임'이 '미래화폐'란 이름으로 지역화폐의 운영을 시작하였다. 이어서 불교환경교육원, 인천의 인하대학교에 소재한 인천정보센터, 중앙대학교 부설 종합사회복지관이 운영하는 기술도구은행, 관악지역화폐 등에서 지역통화운동을 벌이고 있다. 도서출판 '작은 것이 아름답다'의 작아장터, 교육 관련 출판사인 '민들레'의 민들레 교육통화 등의 지역통화운동도 있다.

서울시 송파구 자원봉사센터의 송파품앗이와 대구 본동종합사회복지관의 늘품, 안양시청 자원봉사센터에서 운영하는 지역화폐 등 지방자치단체 차원에서도 다양한 지역통화운동이 벌어지고 있다. 이 밖에도 부산녹색통화추진본부, 대전 한밭렛츠, 과천 품앗이, 의정부레츠, 광주의 나누리와 청주시청, 안산 외국인노동자센터 등을 포함하면 국내의 지역통화제도는 약 20개 정도이고, 전 세계의 지역통화제도는 약 3천 개로 추산된다.

### 3) 지역통화운동의 지역사회복지 함의

무엇보다 지역화폐 시스템은 돈이 없어도 사람이 생활의 기본 욕구를 충족할 수 있는 뛰어난 기술이다. 지역화폐 시스템 속에서는 현금이 없다고 해서 좌절할 필요가 없다. 자신이 누군가에게 도움을 주는 작은 행동(예: 아기나 환자를 돌본다든지 텃밭 가꾸기를 대신한다든지)을 함으로써(혹은 약속함으로써), 그 대가로 공동체 내에서 다른 사람으로부터 서비스나 물품을 얻을 자격을 갖게 된다.

이러한 교환시스템에 참여해 온 사람들의 증언으로서 가장 주목할 것은 사람은 누구에게나 잠재된 기술과 지혜가 있다는 것을 발견하게 된다는 사실, 그리고 현금 경제 밑에서 궁핍화를 강요당하고 소외됐던 많은 사람이 자신도 쓸모 있는 공동체의 구성원이 됨으로써 자존심을 회복하게 되고, 그럼으로써 공동체가 활기를 띠고 살아난다는 사실이다.

지역통화운동이 지역사회복지에 미치는 함의는 다음과 같다.

### (1) 공동체 의식 함양

지역화폐는 기존의 이익단체와 세대 간의 장벽을 허물도록 함으로써 많은 공동체 의식과 정체성을 고양시킬 수 있다. 지역화폐는 젊은이와 노인, 가진 자와 가지지 못한 자, 직장인과 실업자 모두를 포용할 수 있고, 나이와 계급의 차이를 초월하는 포괄적 시스템이다.

지역화폐가 성공적으로 운영된다면 어느 정도는 다양한 방식으로 서로 도와 가며 살아가는 대가족의 형식을 띠고 움직일 수 있다. 지역화폐는 전반적 분야에 걸쳐 개인뿐 아니라, 공동체 모두에게 이익을 가져다줄 수 있는 잠재력을 지니고 있다. 지역화폐는 많은 사람을 노동시장과 지속적으로 연결될 수 있도록 도왔을 뿐 아니라 유급노동을 구할 수 있는 디딤돌 역할을 하기도 하고, 때로는 자영업을 시작할 수 있는 기회를 제공하기도 한다.

결국, 절대적 수혜자의 지위에 있던 사람들에게 생활에서의 주도성과 주체성을 상실하지 않고 자신감을 불어넣는 효과를 가지고 있으며, 지역주민과 지역사회에 대한 관심을 증가시킬 수 있다.

### (2) 잠재능력의 개발 중시

현대사회의 특징은 정보기술의 발달로 노동집약적이거나 단순노무기술이 경쟁에서 밀려난다는 사실이다. 이렇게 경쟁에서 뒤진 사람은 새로운 기술을 습득하여야만 생존게임에서 살아남을 수 있다. 하지만 이들이 새로운 기술을 배운다고 해도 젊거나 지식이 많은 경쟁자를 극복하기는 쉽지 않다. 특히 가난한 사람은 교육이나 지식수준이 낮기 때문에 더욱 그러하다.

하지만 지역화폐는 그들이 지역사회에서 필요한 서비스를 제공하는 데 아무런 제약이 없다. 오히려 지역주민의 사소한 문제에 대하여 더욱 효과적으로 기술을 제공할 수 있다. 또한, 직업이 아닌 취미 등과 관련된 전문 영역도 효과적으로 지역주민과 교환할 수 있다는 점에서 오히려 개인의 능력과 기술을 강화해 주는 점도 있다.

### (3) 상호 작용적 생활 방식의 변화 강조

자본주의 발달의 과정에서 노동자를 대상으로 한 직접적 저임금의 착취구조는 지양해 나가고 있으나, 자본에 의한 인간 지배, 중앙집권적 관료주의 강화는 공동체적 인간관계의 붕괴, 절대적 빈곤, 빈부의 불평등 심화, 주택·교통문제, 돌봄 서비스 등 새로운 형태의 문제가 삶의 질을 저하시키고 있으며, 이러한 왜곡된 인간-인간, 인간-자연과의 관계는 삶의 질 향상에 걸림돌로 작용하고 있다. 이러한 상황 속에서 지역통화운동은 인간-인간, 인간-자연과의 공생을 통하여 작금의 여러 사회문제를 해결하자고 한다.

지역화폐는 지역주민의 사고와 의식의 변화를 도모할 수 있으며, 대량 생산과 대량 소비를 중심으로 소비 중심적 생활에 의존하고 있는 생활 방식에 변화를 주고 있다. 자신이 가진 아주 조그마한 능력을 지역주민과 개방적으로 교환하면서 공동체의 문화를 증진하고 있다. 결국, 비용 면에서도 효과성 면에서도 지역화폐는 지역주민에게 매우 유익한 방법이며, 그들의 삶의 질을 인간적이고 공동체적으로 생산할 수 있는 기회를 제공한다.

### (4) 지역경제의 활성화 촉진

지역화폐는 지역사회공동체에 많은 경제적 이익을 가져다준다. 지역화폐는 사람들이 지역 상품과 서비스를 이용하도록 조장하고, 공동체 내에서 자원을 사용하고 그것을 유지하기 때문에 지역적 수준에서 경제 부흥을 일으키는 하나의 세력이기도 하다. 많은 시스템에서 보이듯이 지역 기업들이 시스템과 연계하게 될 때 이런 현상은 더욱 뚜렷이 나타난다. 이런 현상이 확산하면 지역의 현금경제에도 큰 도움이 될 수 있다. 왜냐하면, 소매업자들이 지역에서 쓸 수 있는 현금을 더 많이 갖게 되기 때문이다.

지역화폐에서 재화의 거래는 또한 생산자와 소비자를 더욱 가깝게 연결할 수 있으며 사람들이 지역에서 구할 수 있는 다양한 지역 상품을 애용하려는 마음을 고취할 수 있다는 이점을 가지고 있다. 이것이 주류경제에서 이루어지는 비(非)개인적 거래와 다른 점이다. 주류경제에서는 구매한 제품 대부분이 다른 지역에 토대를 두고 있는 대기업으로부터 오고, 쇼핑 역시 대체로 슈퍼마켓이나 대형 상점에 집중하고 있는 비개인적 활동으로 이루어지고 있지만, 지역화폐에서의 거래는 물품 혹은 서비스의 교환과 아울러 상품에 대한 의사소통이 이루어지며, 인간적 공감대가 형성되기도 한다.

### (5) 비공식적 교육과 학습 강조

지역화폐에서는 회원이 제공하는 다양한 기술과 주제별 강습을 통해 학습할 수 있는 기회가 풍부하다. 이들의 교육내용은 지극히 실용적인 것에서부터 다소 철학적인 주제에 이르기까지 다양하며, 평생교육에서 볼 수 있는 것처럼 다채로운 프로그램을 제공하고 있다. 무엇보다도 중요한 것은 현실적 교육을 통해서 그들의 상실된 자존감을 회복할 수 있고, 자연스럽게 공동체의 중요성을 인식하게 되며, 주된 생활양식을 변화시키고 있다는 점이다. 이들에게 지역화폐는 새로운 삶의 방식이며, 생활 속에서 필요한 의식과 기술을 학습하는 교육의 장소라는 점에서 의미가 크다.

### (6) 지속 가능한 사회 추구

지속 가능성에 기반을 두고 있는 지역화폐는 환경적 측면에서도 혜택을 가져다 준다. 예를 들면, 지구의 유한한 자원에 대한 압력을 감소시키는 것을 도울 수 있다. 지역화폐 안에서 재화와 장비 등을 공유하거나 빌려 쓰도록 조장하고, 이렇게 활용되는 재화와 장비에 대한 수리비나 재활용 비용을 훨씬 저렴하게 해 주고 있다. 그렇게 되면 사람들은 희소한 자원과 재생 불가능한 자원으로 만들어진 비싼 소비재를 살 필요가 적어진다.

지역의 생산자와 소매점 등이 참여하는 지역 단위의 거래가 많이 이루어지면 이루어질수록 다른 지방이나 다른 나라의 재화와 상품을 사는 필요성은 점점 줄어들게 된다. 이런 지속 가능한 경제 활동으로 운송비와 연료비를 줄일 수 있으며, 아울러 도로 교통 문제의 해결에도 이바지할 수 있다.

• CHAPTER 14 •

# 지역사회복지실천의 동향과 과제

학/습/목/표

- 지역사회복지에 영향을 미치는 거시적 맥락어서의 상황 변화를 이해한다.
- 지역사회복지에 영향을 미치는 우리나라 사회복지제도 변화를 이해한다.
- 우리나라 지역사회복지의 변화를 구체적으로 살펴본다.
- 우리나라 지역사회복지실천의 과제를 제시할 수 있다.

## 1. 우리나라 지역사회복지의 동향

### 1) 환경의 변화

우리나라 지역사회복지의 성격과 내용을 규정할 만한 환경의 변화를 거시적 맥락에서의 상황 변화와 구체적 사회복지제도 환경의 변화로 구분하여 살펴본다. 지역사회복지의 전개에 영향을 미칠 수 있는 요소로서 전자가 다분히 간접적인 편에 속한다면, 후자는 직접적 형태를 띤다고 볼 수 있다(감정기 외, 2005, 2009).[64]

#### (1) 거시적 맥락의 변화

거시적 맥락의 변화에 대한 사회복지계의 진단은 대체로 일치하는 것 같다. 대략 1980년대까지 우리 사회의 변화를 압축적으로 표현하는 용어로 즐겨 사용되었

64) 이 부분은 이 책 제9장 제3절(지방자치와 지역사회복지 전달체계)에서도 일부 다루었으므로, 약간의 내용이 중복될 수도 있다.

던 것이 '산업화', '도시화' 등이었다면, 1990년대 이후 지금에 이르기까지의 흐름을 나타내는 용어로는 '세계화', '지방화', '정보화' 등이 유행어처럼 회자되고 있다. 지역사회복지 관련 상황분석에서도 예외는 아니다(오정수·류진석, 2004; 한국사회복지관협회, 2004). 우리도 이러한 추세를 따를 수밖에 없겠다. 그래서 우선 이 세 가지 즉, 세계화, 지방화, 정보화가 뜻하는 바를 살펴본다.

첫째, 세계화(globalization)는 ① 지리적 경계의 중요성 약화, ② 정치·경제·사회·문화 등 각 영역 상호 간의 기능적 연계와 통합, ③ 지구적(global)·국가적(national)·국지적(local) 수준의 상황과 삶에 일어나는 질적 변화 등을 포괄하는 다차원적 현상을 일컫는다(감정기 외, 2005). 그런데 이러한 세계화는 그러한 현상 자체로서만 중요한 의미를 지니는 것이 아니다. 그것이 신자유주의적 사조의 영향력 아래에서 진행되어 왔다는 데 더욱 주목할 필요가 있다.

경쟁적 시장의 회복과 국제무역 및 자본시장의 개방, 국가기능의 감축, 그리고 그러한 결과로서의 나라 간·계층 간 불평등과 양극화 현상 등이 신자유주의적 세계화가 낳은 대표적 문제다. 이러한 현상은 농민들에게 즉각적인 피해를 주게 되는 것과 같이 특정 지역이나 계급에 부정적 영향을 주었다. 그뿐만 아니라 이러한 세계화 움직임 속에서 살아남기 위한 나라 간의 블록 구축이나 협정, 강대국 거대자본 위주의 세계화에 저항하는 세계 NGO들의 움직임 등과 같은 새로운 형태의 공동체 활동이 활력을 띠기도 했다.

그런가 하면, 신자유주의적 세계화는 사회복지의 이념과 원리 및 내용에도 영향을 미치고 있다. 보편주의가 후퇴하고, 능력과 이바지에 따른 보상이라는 시장원리가 강화되며, 자발적 민간부문의 참여를 강조하고 있다. '감당 가능한 복지국가(the affordable welfare state)'를 추구하면서 시민에게 수급자일 뿐 아니라 제공자의 역할을 해 주기를 기대하는 것이다. 그래서 이처럼 다양한 세계화의 면모가 지역사회복지를 주목하게 만든 배경으로 작용했다.

둘째, 지방화(localization)란 전연 상반된 양상처럼 받아들여지는 세계화와 맞물려 진행되는 또 하나의 현상이다. 세계화 시대에는 국가가 관세나 무역정책을 통해 보호막 역할을 더는 할 수 없고, 개별기업이나 지방이 세계시장에 직접 노출되기 때문에, 각 지방은 독립적 행위주체로서 지방이 스스로 생존을 위해 경쟁력을 키우고 독자성을 개발해 나가야 한다.

이러한 상황을 반영하고 나아가 이에 대응하기 위한 기제로서 강조되고 있는 것이 지방화이다. 그래서 지방화는 세계화와 동전의 양면과 같은 관계를 갖는 것으로 종종 비유된다. 중앙집권적 정책과 의사결정 구조로부터 지방분권이 확대되는 현상도 이와 같은 맥락의 일부로 볼 수 있다. 우리나라에서 1990년대 초 지방자치제가 부활하게 되어 분권화 움직임이 가속하고 있는 현상은 국내에서 지방화 담론을 더욱 활발하게 한 요소임은 말할 것도 없다. 이러한 지방화가 사회복지 논의의 한 축으로서 지역사회복지의 중요성을 부각한 배경이 되었다.

셋째, 정보화(informatization)는 정보가 우리의 일상적 삶의 모든 영역에서 막대한 영향력을 행사하게 되는 현상을 말한다. 말할 것도 없이 정보화의 주역은 컴퓨터 관련 기술이며, 이를 통해서 이루어지는 정보통신망 체계이다. 이것은 생산·유통·소비의 방식을 포함한 경제생활은 물론 사회·문화·의식 등의 영역에 새로운 적응기제를 요구하고 있다. 전개양상에 따라서 이와 같은 정보화가 기득권층의 지배를 더욱 공고히 하는 방편이 될 수도 있고, 반면에 지배구조를 획기적으로 변환시킬 수 있는 수단이 될 수도 있다.

마찬가지로 개별사회구성원 차원에서도 정보 접근의 가능성과 정보이용 능력의 차이 여하에 따라 정보화가 사회적 지위상승의 기회로 작용할 수도 있고, 반대로 부적응과 소외 혹은 배제를 안겨 주는 장벽이 될 수도 있다. 지역사회복지와 관련해서 정보화가 갖는 또 하나의 의미라면, 지역사회 개념 정의에서 언급한 바와 같이 사이버(cyber) 공동체나 가상(virtual) 공동체 같은 새토운 형태의 지역사회가 사회에서 중요한 기능을 행사하게 되었다는 점이다.

거시적 맥락의 변화로는 이상과 같은 세계화, 지방화, 정보화 외에도 중요한 의미가 있는 것이 적지 않다. 그 가운데 몇 가지만 들어보면, 인구구성의 고령화와 출산율 저하로 말미암은 부양부담 증가, 탈산업화[65]와 포스트모더니즘(탈근대화)[66]에 따른 생산방식과 생활양식의 변화와 욕구의 다양화, 세계 경제의 장기적 침체현상 등을 들 수 있다. 이러한 변화 혹은 시대적 특성도 지역사회복지의 전개에 직간접적 기회 혹은 위협 요인으로 작용할 수 있다. 우리나라에만 독특하게 진행하는 것으로, 점진적·정치적 민주화, 좌파 정당의 정치진출과 같은 정치역학의 변화, 시민의식의 성장 등을 들 수 있다.

### (2) 사회복지제도 환경의 변화

지금까지 서술한 거시적 맥락의 변화에 더하여, 지역사회복지에 좀 더 직접적으로 영향을 미칠 수 있는 구체적 차원의 사회복지환경 변화도 검토할 가치가 있다. 그런데 이 점에 대해서는 앞에서도 다루었으므로, 간략히 말하면 다음과 같다(감정기 외, 2005).

첫째, 사회복지서비스 공급 중심축이 지방으로 이동하고 있다. 이는 거시적 맥락에서 다룬 지방화의 움직임과 무관하지 않다. 사회복지서비스 영역에 대한 지방정부의 역할이 강화되고, 지방자치단체의 지역사회복지계획 수립이 의무화되었으며, 시·군·구 단위에 지역사회복지협의체 설치가 현실화된 점 등이 그 세부적 양상이다.

둘째, 사회복지서비스 사무의 지방 이양과 함께 추진되는 재정분권화 정책이다. 종전에 중앙정부가 보조금 형태로 지원하던 사회복지서비스 관련 재정의 절반 정도를 분권교부세 형태로 전환하여 지원함으로써, 지방의 재량과 재정능력

65) 탈산업화(脫産業化)란 이차 산업 위주의 공업 사회를 벗어나 지식 중심의 삼차 산업이 그 사회를 지배하게 되는 것을 말한다.

66) 포스트모더니즘(탈근대화)이란 20세기 후반에 나타난 서양철학 사조로, 철학사조로서의 포스트모더니즘은 폭넓은 회의주의·주관주의·상대주의적 특징을 보이며, 이성에 대한 총체적 의심이자 정치·경제적 권력을 유지·주장하는 데 필요한 이데올로기의 역할에 대한 날카로운 인식이라고 할 수 있다.

등에 따라 사회복지서비스 부문 예산의 지방 간 격차가 심화할 가능성이 높다.

셋째, 공공 사회복지서비스 전달체계 개편의 제도적 여건이 마련되고 있다. 사회복지사무소 시범사업이 2006년까지 시행되었으며, 정부의 유관부처가 협의하여 사회복지서비스 전달체계 개선방안을 제시하는 등의 움직임이 가시화되고 있다.

### 2) 지역사회복지의 변화

#### (1) 제도 차원

지역사회복지의 제도적 영역에서 최근에 전개되고 있는 변화는 다음과 같다. 그런데 이 내용의 일부는 방금 살펴본 사회복지제도 환경의 변화에 관한 내용과 중복될 수 있다(감정기 외, 2005).

첫째, 재가복지서비스의 발전이다. 사회복지관의 급증, 재가복지봉사센터 사업의 국가 지원, 노인과 장애인 등을 위한 재가복지 시설 확대 등이 그 대종을 이룬다. 이러한 일들이 전부 공공부문의 책임 아래 진행된 것이 아니라, 사회복지법인을 위주로 한 민간부문의 참여 아래 이루어졌다는 점을 주목할 필요가 있다.

둘째, 앞에서 말한 바와 같이 사회복지서비스 업무와 재정이 분권화된 일이다. 지방자치단체의 재량이 지역사회복지서비스의 크기와 질을 좌우하게 될 것이다. 따라서 업무와 재정의 분권화는 긍정적 요소와 부정적 요소를 함께 지니고 있다.

셋째, 민간지역사회복지 부문의 외형적 활성화다. 사회복지법인을 통한 직접적 사회복지서비스 참여 확대, 법인으로서의 법적 지위 확보에 따른 시·군·구 사회복지협의회의 증설, 기부와 봉사활동 참여 확대, 지역사회 단위 혹은 이해관계 중심의 자조적 혹은 사회 행동적 사회복지운동의 확산 등이 이에 해당한다.

넷째, 사회복지서비스 시설의 운영 합리화를 촉진하는 제도적 장치의 정비이다. 각종 시설 평가의 제도화, 생활시설 공통 업무지침의 마련과 시행 등이 그 예다. 이 중에는 서비스의 전문화, 재정공개, 운영위원회의 실질적 운용을 포함한 개방행정, 시설장 등 정년제 채택, 종사자 권익보호와 근무환경 개선, 기부금 처리의 원칙 명문화 등이 포함된다.

다섯째, 지역사회복지서비스 전달체계의 변화와 발전이다. 이에 관해서는 앞에서 제도적 환경의 변화를 다루면서 언급한 바 있다. 사회복지직공무원의 확충 배치를 비롯하여 일선 공공행정을 전문화하고 분화시키려는 시도가 계속됐다.

### (2) 실천 차원

지역사회복지실천 영역에서 접근의 관점에 변화가 일고 있다. 지역사회개발 모형의 중심적 접근방법이라고 할 조력적(enabling) 접근에서 한발 더 나아가 지역사회구성원의 욕구 실현을 위한 역량 혹은 권력을 강화하는 임파워먼트에 주목하는 방향으로 이행됐다고 본다. 이 책의 실천 관련 부문도 이러한 관점을 중심으로 다루고 있다.

그러나 이론적 수준의 이러한 경향과는 달리, 실천현장에서는 이와 같은 경향이 실질적으로 반영되는 것 같지 않다. 어떤 면에서는 지역사회의 각종 사회조직이 자생적으로 전개하고 있는 조직적 움직임에 사회복지사가 '전문적'으로 개입하고 있다고 볼 만한 사례는 그리 많지 않고, 지역주민으로부터 배우고 있다는 표현이 오히려 적절한 실정이다. 전문적 접근의 원리와 기법의 현장적용은 아직도 매우 기초적 수준에 머물러 있다.

반면, 실천가들 스스로 조직화와 사회운동 참여활동을 통해 지역사회복지에 일익을 담당하는 일은 어느 정도 이루어지고 있다. 각종 시민운동 참여, 사회복지사협회 활동 참여, 사회복지직공무원의 조직적 활동, 일부 사회복지사의 노동조합 결성 등이 그 예다. 사회복지실천가는 아니지만, 교수 등의 전문가들이 시민운동이나 사회복지 관련 단체의 활동에 참여하여 지역사회복지의 구체적 내용에 영향을 미치고 있는 예도 이 범주에 포함할 수 있다.

한편, 지역사회복지 실천기관과 실천가들 사이에 선의의 경쟁 분위기가 조성되고 있는 점도 최근의 경향이라 볼 수 있다. 부족한 운영재원으로 감당할 수 없는 다양한 프로그램을 외부 지원기관으로부터 지원받아 운영하기 위해 기획이나 마케팅 역량을 발휘해야 하는 상황이 그 이유다. 그뿐만 아니라 비록 아직 불완전한 측면은 있겠으나 정기적 평가결과 역시 기관과 실천가의 역량을 가늠하는 척도가 되고 있어, 이에 대비한 자기 계발 노력을 게을리할 수 없는 상황도 그 이유가 된다(감정기 외, 2005).

### (3) 교육·연구 차원

대학에서 지역사회복지 혹은 지역사회복지실천 과목은 그 위치를 꾸준히 지켜온 셈이다. 미국식 사회사업의 3대 방법에 속했던 이름대로 '지역사회조직론'으로 과목명이 불리던 시절에도, '지역사회복지론'으로 명칭이 변경된 이후에도 이 과목은 교육과정에서 사실상 필수과목으로 위치를 지켜 왔다. 사회복지사 1급 자격시험에서 일시 선택과목으로 채택된 적이 있었지만, 필수과목의 범위에 포함됨으로써 정상을 회복했다.

2000년대 들어 교과서 형태의 도서가 급증하고, 일부 전문도서도 출판되고 있는데, 용어나 개념의 사용에 난맥상을 보이고 있다는 표현이 적절할 듯하다. 연구물 중에는 추상 수준이 높은 이론개발 차원의 것보다는 현안에 답하는 실용적 성격의 것이 대종을 이룬다. 전반적으로 미시적 실천의 분야와 비교할 때, 다양한 연구 성과가 부족한 실정이다(감정기 외, 2005).

## 2. 우리나라 지역사회복지실천의 과제

### 1) 지역분권정책에 따른 합리적 지역사회복지정책의 확립

21세기 사회에서 지방화는 사회 변화의 큰 흐름이 되고 있으며, 지방화의 추세에 따라 지역분권정책이 추진되고 있다. 2005년부터 지역분권정책의 하나로 분권교부세 제도가 도입되어 과거 국고보조금으로 추진되던 사업이 분권교부세에 기초한 지방정부의 일반재정에 의하여 추진되고 있다. 정부는 국고보조금 정비의 기본방향으로 보충성의 원칙, 포괄적 지원 원칙, 성과 지향적 자기 책임의 원칙을 제시하고, 2005년부터 대대적인 국고보조금 정비와 지방 이양정책을 추진하였다. 이러한 국고보조금 정비와 지방 이양은 주로 사회복지재정에 초점이 맞추어져 있으며, 지역분권재정정책으로 가장 영향을 받은 분야가 사회복지서비스 영역이다. 이러한 정책의 변화는 공공과 민간 분야의 지역사회복지에 막대한 영향을 미치고 있다(오정수·류진석, 2012).

그러나 지역분권 재정정책의 이상(理想)에도 불구하고 지방정부의 정책추진과 민간사회복지시설, 기관의 운영 측면에서는 다음과 같은 심각한 부작용과 문제점이 발생하고 있다.

- 지방정부 사회복지 예산의 축소 현상이 나타나고 있다.
- 지역 간 사회복지재정의 불균형이 심화하고 있다.
- 민간사회복지시설과 기관의 운영이 악화하고 있다.

따라서 지역분권정책은 이러한 문제점을 극복하고 소기의 정책 목적을 달성할 수 있도록 합리적인 대안을 모색하여야 한다. 바람직한 지역분권은 지방정부의 지역사회 복지정책과 민간 사회복지기관과 시설의 운영이 체계적으로 발전할 수 있도록 촉진하여야 한다. 또한, 중앙과 지방, 지방과 지방, 공공과 민간 간에 합리적인 조정자의 임무를 수행할 수 있는 중앙정부의 구조 변화와 혁신이 요청된다.

### 2) 공공지역복지 전달체계의 확립

저출산·고령화의 인구변화, 가족구조의 변화, 그리고 최근 사회 양극화 현상과 함께 증가하고 있는 신빈곤층의 복지수요에 대응해야 하고, 수요자 중심의 복지서비스를 제공할 수 있는 지역사회 중심의 복지 전달체계의 필요성이 증대하고 있다. 그러나 국민기초생활보장제도가 시행된 후 사회복지전담공무원이 대폭 확대 배치되었으나 행정기구의 개편은 이루어지지 못하여 복지행정의 일관성과 전문성이 미흡한 실정이다.

사회복지사무소의 설치는 공공 부문의 사회복지행정과 서비스 전달체계의 확립을 통해 공공부조의 효율적인 집행과 지역사회서비스의 확대와 질적 향상을 도모하는 것으로, 2004년도부터 2006년까지 시범사업이 추진되었다. 사회복지사무소는 사회복지 전문인력을 효율적으로 활용하고 복지행정업무 수행의 체계화·전문화를 가져오며, 수요자 위주의 복지서비스를 제공하는 기대효과를 가진다. 또한, 이것은 지방분권에 따른 지역 단위의 지역사회복지행정체계로서의 성격을 강화하는 의의를 지닌다.

그러나 2006년 7월 이후 시·군·구 단위에 주민생활지원국이 설치되어 사회복지사무소의 기능을 대신함으로써 독립적인 사회복지 전달체계는 아직 마련되지 못하고 있으며, 사회복지사무소의 설치는 지속적인 숙원사업으로 남아 있다. 그리고 공공복지 전달체계는 지역사회복지계획의 수립을 통해 체계적인 복지서비스의 제공 주체로서 역할을 정립하여야 하며, 지역사회복지협의체의 형성을 통해 공공복지기관과 민간기관의 연계협력체계 구축의 중심축이 되어야 한다(오정수·류진석, 2012).

### 3) 지역사회 중심의 통합 복지서비스체계의 발전

인구의 고령화와 복지수요의 증가로 거동이 불편한 만성질환 노인, 장애인, 정신질환자 등 가정과 지역사회에서 생활하면서 다양한 복지서비스가 필요한 인구가 증가하고 있다. 이러한 인구에 대한 포괄적이고 통합적인 서비스를 제공하기 위해서는 지역사회에 존재하는 각종 공공·민간복지와 보건서비스가 협력과 조정을 통하여 연계되어야 한다. 서비스 연계는 전달체계의 개선이라는 거시적인 효율성 차원과 통합적 서비스 제공방식의 개발이라는 미시적인 전문성 차원의 두 가지 목표가 있다(보건복지부·한국보건사회연구원, 2001).

전달체계의 개선은 공공부조, 보건과 의료, 사회복지서비스 분야의 개별조직이 협력과 조정을 통하여 통합적인 서비스를 제공할 수 있도록 조직 간·사업 간·인력 간의 연계체계를 형성하고, 이를 강화하는 것이다. 통합적인 서비스 제공은 수요자 중심의 구체적인 서비스 제공방식을 개발하는 것이다(오정수·류진석, 2012).

통합 복지서비스를 발전시키기 위해서는 다음과 같은 과제가 수행되어야 한다.

- 지역사회복지 연계망이 구축되어야 한다. 공공지역복지 전달체계와 함께 운영되고 있는 지역사회복지협의체는 이러한 지역사회복지 연계망 구축의 하나로 보인다. 이에 따라 시·군·구의 공공기관, 자활후견기관, 고용안정센터, 사회복지관, 보건소, 사회복지시설 등 지역 내 서비스 기관을 포괄하는 연계시스템의 구축이 요청되고 있다.
- 통합적인 지역사회복지서비스의 제공기술과 프로그램을 개발하여야 한다. 서비스 수요자의 욕구를 포괄적으로 진단하고, 서비스를 통합적으로 제공할 수 있는 서비스의 모형개발, 사례관리, 평가체계 등의 기술이 요청된다.

### 4) 지역사회복지계획의 수립과 발전

공공지역복지 전달체계의 핵심 기능 중 하나는 지역사회복지계획의 수립과 시행에 있다. 지역사회복지계획은 지역사회의 고유한 특성을 반영하고, 지역주민의 복지 욕구에 부응하는 정책을 개발하게 하며, 복지대상자의 욕구에 맞는 전문서비스를 가능하게 하는 기초가 된다.

지역사회복지협의체와의 협력을 통하여 지역사회의 욕구를 조사하고 지역의 복지문제를 협의하며, 사회복지 관련 자원과 동원능력을 파악하게 된다.

지역사회복지계획의 수립은 결과로서의 의미뿐 아니라 계획의 수립과정에서 관련 주체의 상황에 대한 인식과 대응방안의 협의, 의사결과과정에의 참여라는 의미를 가진다. 2006년 이후 전국의 지역사회 단위에서는 지역사회복지계획이 활발하게 수립되어 추진되고 있다. 따라서 지역사회 수준의 욕구에 부응하는 지역사회복지계획을 수립하는 과정과 그 결과로서 만들어지는 지역사회복지계획은 지역사회복지실천을 향상하는 데 크게 이바지할 것이다.

### 5) 효과적인 민간복지 자원동원

지역사회복지가 균형 있는 발전을 하기 위해서는 공공복지 전달체계의 발전과 함께 민간복지가 동시에 성장할 수 있는 기반이 마련되어야 한다. 민간복지가 갖는 자율성과 전문성을 강화하기 위해서는 무엇보다도 안정된 민간재원의 확보가 필요하다. 이를 위해서는 지역사회에서 효과적인 자원동원이 이루어져야 한다. 우리나라의 모금에 의한 민간복지 자원은 사회복지 자원 총량의 0.5% 미만 수준으로, 민간자원은 상당한 규모로 확대 개발될 가능성이 높다. 따라서 사회복지공동모금 등을 통한 민간자원의 확보로 민간복지의 성장기반을 확충하는 것이 21세기 지역사회복지가 당면하고 있는 주요한 과제다.

### 6) 민간복지 전달체계의 자율적 발전

우리나라 민간복지 전달체계의 세 축은, 조직 측면에서는 한국사회복지협의회, 재정 측면에서는 사회복지공동모금회, 인력 측면에서는 한국사회복지사협회를 중심으로 형성되었다(오정수·류진석, 2012).[67]

### (1) 한국사회복지협의회

민간사회복지조직의 축으로서 공동체 형성을 강화하기 위한 한국사회복지협의회의 현안 과제는 독립적인 민간사회복지조직의 최상위 협의체로서의 정체성과 위상을 높이는 일이다.[68] 이를 위해서는 우선 재정의 독립성을 확보하여야 한다. 이는 회원기관단체에 대한 리더십 향상과 함께 중앙정부 또는 지방정부조직과 대등한 위치에서 정책 수행을 견제하고 협력할 수 있는 전제조건이다. 그리고 한국사회복지협의회가 민간조직의 협의체로서 위상을 강화하기 위해서는 자율성·전문성·통합성·책임성의 원칙에 기초하여 회원조직, 업무의 기능, 사무국조직을 강화하여야 할 것이다.

시·도 단위의 지방사회복지협의회는 1998년에 개정된 사회복지사업법에 의하여, 독립된 법인이 됨으로써 그 기능이 강화되었다. 지방사회복지협의회의 회원은 사회복지 분야의 개별 비영리법인회원, 사회복지 관련 분야의 개별 비영리법인 단체회원·개인회원으로 구성된다. 회원의 범위는 사회복지 관련 인사 외에 종교계, 언론계, 법조계, 시민단체 등이 참여하여 회원구성을 폭넓게 하였다.

지방사회복지협의회가 독립성과 전문성을 담보하기 위해서는 재정 확보가 주요 관건이다. 이를 위해 기존의 회원 수입, 지방정부보조금 외에 공동모금 배분수입, 사회복지회관의 확보와 임대 등 사업의 수입, 출판사업 수입을 확대하는 방향으로 나아가야 할 것이다. 또한, 회원기관시설에 대한 서비스를 확대하기 위하여 정책기능, 협의조정기능을 강화하여야 한다. 사회복지협의회가 민간사회복지계의 중심축으로서 위상을 확립하기 위해서는 재정의 독립성과 함께 회원 가입비율과 참여를 확대하여야 한다. 이를 위해서는 회원의 시설과 기관에 실질적으로 이

---

67) 한국사회복지협의회와 사회복지공동모금회에 대한 더 자세한 내용은 이 책 제11장 제2절과 3절을 참고하기 바란다.

68) 한국사회복지협의회는 사회복지사업법 제33조에 의거 설립된 사회복지 공익법인으로서, 민간 사회복지 증진을 위한 협의조정, 정책개발, 조사연구, 교육훈련, 자원봉사활동의 진흥, 정보화 사업, 사회적 취약계층을 위한 사업수행을 통해 우리나라의 사회복지증진과 발전에 이바지하고 있다.

바지하는 정책 수립과 건의 활동, 정보제공, 그리고 종사자의 복지 향상 등을 위한 구체적인 성과가 필요하다. 한편, 2003년에 개정된 사회복지사업법에 의하여 지역사회복지협의체가 구성되면서, 시·군·구 단위의 사회복지협의회와의 역할 혼란이 우려된다. 규정에 따라 지역사회복지협의체는 담당 지역의 사회복지에 관한 중요 사항과 시·군·구의 지역사회복지계획을 심의 또는 건의하고, 사회복지가 필요한 사람에 대한 보호계획 수립 시에 복지 욕구의 평가나 사회복지서비스를 제공하는 데 참여할 수 있다.

한편, 사회복지협의회는 시·군·구 조직의 확대를 추진하고 있다. 이러한 조직이 이루어지면서 시·군·구 사회복지협의회가 지역사회복지협의체에 대해 어떠한 리더십과 역할을 수행하느냐가 사회복지협의회의 기능과 역할의 발전에 중요한 관건이 될 것으로 보인다. 특히 광역시와 시·군·구 단위의 지역사회복지계획의 수립에 적극적인 임무를 수행하기 위하여 조정과 정책수립 기능이 대폭 강화되어야 할 것이다. 아울러 2007년 이후에 안전행정부가 주도하는 민관협의체가 조직되었으므로, 기존 지역사회복지협의체의 역할과 기능의 중복은 없는지 살펴보아야 한다.

### (2) 사회복지공동모금회

사회복지공동모금회의 기능은 민간자원의 동원을 통하여 사회복지의 향상에 이바지하는 것이다. 특히 일반시민을 대상으로 한 모금활동에서 기부문화와 공동체 의식의 개발은 모금의 성공에 있어 필수적이다. 특히 사회복지에 대한 참여와 공동체 의식이 취약한 우리나라에서 공동모금회의 역할은 시민의식의 개발을 위하여 매우 중요하다. 한편, 민간사회복지계의 활성화를 위하여 사회복지계 내의 공동체 형성이 필요하며, 사회복지계의 자율적인 참여에 의한 공동모금 활동이 요청된다.

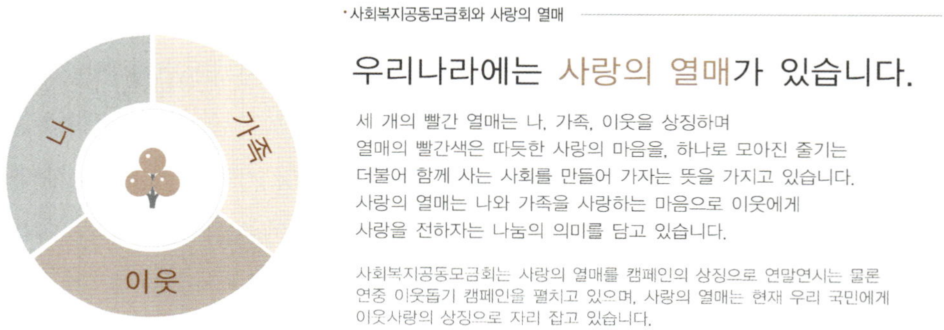


[그림 14-1] 사랑의 열매

자료: 사회복지공동모금회 홈페이지(http://www.chest.or.kr).

### (3) 한국사회복지사협회

사단법인 한국사회복지사협회는 사회복지사업법 제46조에 의한 법정단체가 됨으로써, 그 위상이 높아지고 회원의 가입비율도 증가하였다. 한국사회복지사협회의 설립목적은 사회복지에 관한 전문지식과 기술을 개발·보급하고, 사회복지사의 자질 향상을 위한 교육훈련과 사회복지사의 복리증진을 도모하는 것이다.

[그림 14-2] 한국사회복지사협회의 주요사업

자료: 한국사회복지사협회 홈페이지(http://www.welfare.net).

한국사회복지사협회의 활동을 더욱 활성화하기 위해서는 현재 수행하고 있는 국가위임사무인 사회복지사 자격증의 발급과 함께 사회콕지사의 권익과 사회복지실천의 전문기술 향상을 위한 다양한 사업추진이 요청된다. 사회복지사의 자질 향상을 위한 교육훈련, 사회복지현장실습 인증제도 도입과 이를 수행하기 위한 심사와 평가가 이루어져야 하며, 회원의 자질 향상을 위한 세미나, 정보제공, 회원 권익옹호활동 등의 서비스를 강화해야 한다.

## 참고 문헌

감정기·백종만·김찬우(2005). 지역사회복지론. 파주: 나남출판.

감정기·백종만·김찬우(2009). 지역사회복지론(개정판). 파주: 나남출판.

강철희·정무성(2013). 지역사회복지실천론(개정3판). 파주: 나남출판.

강형기(1984). 지방행정에 있어서 시민참여의 결정요인에 관한 연구. 건국대학교 박사학위논문.

고수현(2013). 지역사회복지론(2판). 파주: 양서원.

구자헌(1970). 한국사회복지사. 서울: 한국사회복지연구소.

권태준·김광웅(1981). 한국의 지역사회개발. 서울: 법문사.

김광희(2011). 지역사회복지론(개정판). 고양: 공동체.

김만두(1981). 지역사회복지 증진을 위한 사회복지관의 역할. 국립사회복지연수원 사회복지관 관리자반 교재, 7-10.

김만호(2009). 지속 가능한 지역사회를 추구하는 지역사회복지론. 파주: 양서원.

김범수·신원우(2006). 지역사회복지론. 고양: 공동체.

김범수·신원우(2013). 지역사회복지론(3판). 고양: 공동체.

김성기(2002). 1990년대 이후 지역복지운동단체의 성격 연구. 성공회대학교 석사학위논문.

김영모 편(1985). 지역사회복지론. 서울: 한국복지정책연구소.

김영모(1995). 지역사회복지에 있어서 주민참여전략. 지역사회복지의 발전과제. 대구대학교 사회과학연구소.

김영오(2000). 엘리트(Elite)理論에 관한 考察. 경북외국어테크노대학 논문집, 6, 275-292.

김영호(1989). 자원복지 이론과 실제. 서울: 홍익재.

김익균·고순철(1997). 한국지역사회복지론. 서울: 대학출판사.

김종일(2012). 지역사회복지론(개정신판). 서울: 청목출판사.

김찬호(2002). 마을 만들기 주민학교-일본 마을 만들기의 전개와 의미. 환경운동연합 홈페이지 (http://www.kfem.or.kr).

김태영(1987). 지방자치와 지역복지사업. 제4회 전국사회복지대회자료집(지방자치와 사회복지).

김해창(2003). 환경수도, 프라이부르크에서 배운다-에너지자립·생태도시로 가는 길. 서울: 이후.

김현(2002). 시민의 힘으로 조례를 바꾸다(과천시). 참여연대 사회복지위원회. 복지동향, 43.

김형배(1988). 지방자치론. 서울: 계명사.

내무부(1987). 새마을운동 연표. 새마을운동. 서울: 내무부.

대구사회연구소(1995). 대구·경북사회의 이해. 서울: 한울아카데미.

류만희(2005). 노동운동과 사회복지. 한국의 사회복지운동. 서울: 인간과복지.

민주쟁취국민운동 서울특별시 편(1988). 지방자치란 무엇인가. 서울: 중원문화.

박동서(1987). 지방자치제실시에 따른 사회복지정책방향. 제4회 전국사회복지대회자료집(지방자치와 사회복지).

박용남(2000). 꿈의 도시 꾸리찌바-재미와 장난이 만든 생태도시 이야기. 서울: 이후.

박용남(2001). 한밭레츠-나눔과 보살핌의 공동체실험. 녹색평론, 9~10월호.

박종삼(1995). 지역사회복지의 활성화와 주민참여. 사회복지, 124.

박주현(2013). 다문화사회와 기독교. 천안: 백석정신아카데미.

박주현·박연옥·김준환·배은숙·박서춘·박서영(2014). 사회복지실천론. 서울: 창지사.

백종규(1996). 한국사회복지운동의 실천적 의미: 미국 진보적 사회사업의 개입전략을 중심으로. 경북대학교 석사학위논문.

박태영(1998). 지역 주민의 복지증진을 위한 주민참여 활성화 방안. 주민복지 향상을 위한 대토론회 자료집.

박태영(2003). 지역사회복지론. 서울: 현학사.

박태영(2008). 지역사회복지론(제2판). 파주: 학현사.

배은숙·문혜숙·김준환·이금옥·박주현(2013). 사회복지실천기술론. 서울: 창지사.

보건복지부(2014a). 2014년도 지역아동센터 운영매뉴얼. 서울: 보건복지부 아동권리과.

보건복지부(2014b). 2014 자활사업 안내. 서울: 보건복지부 자립지원과.

보건복지부·한국보건사회연구원(2001). 지역사회중심의 보건복지 통합서비스체계 모형개발 연구. 서울: 보건복지부·한국보건사회연구원.

송원찬(1999). 경기복지시민연대 깃발 꽂다. 참여연대 사회복지위원회. 복지동향, 5.

송정부(1997). 지방자치와 지역복지의 불평등. 중앙사회복지연구회. 한국사회복지와 불평등. 서울: 일조각.

송호근(1997). 신사회운동의 사회학-개념, 의의, 쟁점. 서울대학교 사회과학연구원. 한국사회과학, 19(2).

심재호(1999). 민간 사회복지 전달체계의 재편. '99 한국사회복지학회 추계학술대회 자료집.

심재호·윤혜란(2000). 충남 천안 복지세상을 열어가는 시민모임. 참여연대 사회복지위원회. 복지동향, 16.

안창수·한혜동(1977). 사회복지관에 관한 연구. 서울: 보건사회부 사회보장심의위원회.

양정남·최선령(2007). 사회복지실천론(2판). 파주: 양서원.

양정하·황인옥·김정희·배의식·박미정·김남숙·강가영(2010). 지역사회복지론(2판). 고양: 공동체.

오정수·류진석(2004). 지역사회복지론. 서울: 학지사.

오정수·류진석(2012). 지역사회복지론(4판). 서울: 학지사.

원석조(1987). 지방자치제하의 지역복지 모델에 관한 연구. 한국복지정책연구소. 사회복지정책연구, 9.

원석조(2008). 사회복지발달사. 고양: 공동체.

유상오(2001). 생태지향적 공간 조성을 통한 지역 문화 형성. 환경정의시민연대 편. 생태도시의 이해. 서울: 다락방.

유재원(1995). 지방자치의 정착을 위한 주민참여의 활성화방안. 서울: 한국행정연구원.

유팔무·김호기 편(1992). 시민사회와 시민운동. 서울: 한울.

윤재식(1999). 우리복지연합을 소개합니다. 참여연대 사회복지위원회. 복지동향, 11.

이강희·양희택·노희선(2006). 사회복지발달사. 파주: 양서원.

이규태(1979). 한국사에 있어서의 복지관. 사회복지의 이념과 방향. 서울: 아산사회복지사업재단.

이영철(2014). 지역사회복지론(개정판). 파주: 양서원.

이영환 편(2005). 한국의 사회복지운동. 서울: 인간과복지.

이웃돕기운동추진협의회(1994). 각국의 공동모금. 서울: 이웃돕기운동추진협의회.

이인재(1998). 지방화시대의 사회복지 주민참여 사례연구. 한국사회복지학연구회. 상황과 복지, 3.

이인재(2002). 지역복지실천의 의미와 주체. 상황과 복지, 11, 205-233.

이인재(2004). 한국지역사회복지실천론. 서울: 나눔의집.

이인재(2005). 지역복지공동체 건설의 현황과 사례 그리고 과제. 미발표논문.

이재완(2004). 지역사회복지참여와 전달체계. 한국지역사회복지학회. 한국의 지역사회복지실천. 서울: 현학사.

이재준(2001). 환경친화적인 주거 단지 조성 사례와 적용 방안 모색. 환경정의시민연대 편. 생태도시의 이해. 서울: 다락방.

이정호(1993). 지방사회복지행정의 방향. 지역사회복지론. 서울: 한국사회복지협의회.

이준(2003). 생태주거단지의 계획기준 도출에 관한 연구-유럽의 생태주거단지를 중심으로. 서울대학교 석사학위논문.

이창우(2002). 우리나라 지역화폐운동의 현황 및 과제. 한밭레츠실험 3년 평가 워크숍 자료집.

이호(2001). 지역복지와 주민참여 활성화 방안. 관악사회복지사하늘사랑복지회. 제2회 지역복지학교자료집.

임성일(1994). 지방자치와 주민 복지의 실현. 사회 발전을 향한 지방자치. 서울: 숭실대학교 기독교사회연구소.

임재만(2002). 최소한의 인간다운 생활이 가능한 영구임대아파트 만들기. 참여연대 사회복지위원회. 복지동향, 12.

전재일·배일섭·정영숙(2000). 사회복지행정론. 서울: 형설출판사.

정민경(1999). 부산 참여자치연대의 사회복지특별위원회를 소개합니다. 참여연대 사회복지위원회. 복지동향, 12.

정세욱(1997). 지방행정학. 서울: 법문사.

정창남·구종회(1993). 지역사회복지와 사회사업통합방법에 관한 소고. 사회복지, 119.

조문돈 편(1995). 노동운동과 신사회운동의 연대 I. 서울: 한국노총중앙연구원.

조창현(1988). 지방자치란 무엇인가. 서울: 동아일보사.

조희연(1999). 한국의 민주주의 이행과 시민운동. 한국 NGO총람편찬위원회 편. 한국NGO총람. 서울: 시민의신문사.

지은구(2003). 지역복지론. 서울: 형설출판사.

지은구·조성숙(2010). 지역사회복지론. 서울: 학지사.

최덕경·박연옥·박주현·전영록·안우상·박서춘·장갑수(2014). 정신건강론. 서울: 창지사.

최병두(1994). 한국지역사회운동의 발달과정과 전망. 한국공간환경연구회. 지역불균형연구. 서울: 한울.

최일섭(1977). 빈곤도측정을 위한 사회과학적 방법론. 사회복지, 5, 127-137.

최일섭(1981). 새마을부녀회의 가족계획사업-도시영세민지역의 시범사업을 중심으로. 서울대 새마을운동종합연구, 1(1).

최일섭(1988). 지방자치와 지역사회복지. 사회복지(봄호), 96.

최일섭·김광억(1982). 한국사회에 있어서 빈곤문제연구의 성과와 과제. 사회과학과 정책연구, 4(2), 293-310.

최일섭·류진석(1996). 지역사회복지론(개정판). 서울대학교출판부.

최일섭·이창호(1993). 복지계획론. 서울: 나남출판.

최일섭·이현주(2006). 지역사회복지론(제2개정판). 서울대학교출판부.

최창호(1988). 지방자치제도론. 서울: 삼영사.

표갑수(2003). 지역사회복지론. 서울: 나남출판.

하상락(1984). 일제시대의 사회보장. *의료보장*. 서울: 의료보험조직연합회.

한국사회복지관협회(2004). *사회복지관백서*. 서울: 한국사회복지관협회.

한장훈(1993). 지역사회복지와 주민참여. *지역사회복지론*. 서울: 한국사회복지협의회.

한재랑(2002). 주민참여와 자치역량의 강화가 지방선거의 화두이다. 참여연대 사회복지위원회. *복지동향*, 43.

홍현미라·김가율·민소영·이은정·심선경·이민영·윤민화(2010). *지역사회복지론*. 서울: 학지사.

뉴시스통신사(2009. 7. 4). 군산대 '지역사회서비스 청년사업단 지원사업' 선정.

서울경제(2014. 6. 6). 미국 남부서 '백인 전용' 식수대 … 흑인사회 '발칵.'

주간조선(2014. 6. 8). 韓 정치인·관료가 가장 많이 찾는 브라질의 '聖地' 쿠리치바.

평택시민신문(2014. 5. 1). 평택복지시민연대 창립준비.

한겨레(2014. 5. 29). "대부업체 대출은 개인 아닌 사회 문제."

Bales, R. F. (1953). *Quarterly Report*. New York: Cameigie Corporation.

Bobo, K., Kendall, J., & Max, S. (1991). *Organizing for social change: A manual for activists in the 1990s*. Cabin John, MD: Seven Locks Press.

Brager, G., & Specht, H. (1973). *Community Organizing*. New York: Columbia University Press.

Brueggemann, W. G. (2002). *The practice of macro social work* (2nd ed.). Belmont, CA: Brooks/Cole.

Bulmer, M. (1987). *The social basis of community care*. London: Unwin Hyman.

Choi, Il-sub (1975). *Elimination of Architectural Barriers of Public Building in the City of Cleveland: A Social Action Case*. Unpublished Mimeograph.

Choi, Il-sub (1977). *Microscopic Vs. Macroscopic Orientations of Korean Social Workers Regarding the Problem of Poverty: A Descriptive Study*. Ph. D. Dissertation, Cleveland, Ohio: Case Western Reserve University.

Cohen, N. E. (Ed.) (1964). *Social Work and Social Problems*. New York: National Association of Social Workers.

Davidoff, P. (1965). "Advocacy and Pluralism in Planning." *Journal of the American Institute of Planners*, *31*(4), November.

Dillick, S. (1959). "The Functions of Neighborhood Organization." Ernest B. Harper and Arthur

Dunham (Eds.), *Community Organization in Action: Basic Literature and Critical Comments*. New York: Association Press.

Dumham, A. (1970). *The New Community Organization*. New York: Thomas Y. Crowell Company.

Dyckman, J. W. (1967). "Societal Goals and Planned Societies." Eldredge, H. Wentworth (Ed.), *Tanning Megapolis. Garden City*. New York: Anchor Books, Coubleday & Co.

Fisher, R. (2005). History, context, and emerging issues for community practice. *In Handbook of community practice*. Thousand Oaks, CA: Sage Publications.

Forester, J. (1989). *Planning in the of power*. Berkeley: University of California Press.

Friedmann, J. (1987). *Planning in the public domain: From knowledge to action*. Princeton: Princeton University Press.

Gamble, D. N., & Weil, M. (2008). Community: Practice Interventions. T. Mizrahi, & , E. D. Lany (Ed.), *Encyclopedia of Social Work* (20th ed.). Oxford University: NASW Press.

Gans, H. J. (1972). "The Positive Functions of Poverty." *American Journal of Sociology*, *78*(2).

Glasby, J. (2005). "The future of adult social care: Lessons from previous reforms." *Research Policy and Planning*, *23*(2), 61-70.

Gross, N., Martin, W. E., & Darley, J. G. (1953). "Studies of Group Bahavior: Leafership Structures in Small Organized Group", *The Journal of Abnormal and Social Psychology*, *48*(3), July.

Grosser, C. F. (1965). Community Development Programs Serving the Urgan Poor. *Social Worker*, *10*(3), July. New York: National Association of Social Workers.

Grossman, L. (1969). Program Action Issues and Action Organizing Tasks, Ralph M. Kramer and Harry Specht (Eds.). *Readings in Community Organization Practice*. Englewood Cliffs, New Jersey: Prentice-Hall.

Hardcastle, D. A., Wenocur, S., & Powers, P. R. (1997). *Community practice: theories and skills for social worker*. New York: Oxford University Press.

Hardina, D. (1994). "Social Action and the Canadian Social Worker: A Study in Political Economy of the Profession." *Journal of Community Practice*, *1*(2), 113-130.

Hardina, D. (1997). Empowering student for community organization practice: Teaching confrontation tactics. *Journal Community Practice*, *4*(2), 51-63.

Hardina, D. (2002). *Analytical skills for community organization practice*. New York: Columbia

University Press.

Hardina, D., & Malott, O. W. (1996). Strategies for the empowerment of low-income consumers on community based planning boards. *Journal of Community Practice, 1*(3), 113-127.

Harper, C. L. (1998). *Exploring social change: America and word*(3rd ed.). New Jersey: Prentice-Hall, Inc.

Harper, E. E., & Dunham, A. (Eds.). (1959). *Community Organization in Action*. New York: Association Press.

Hepworth, D. H., Rooney, R. H., & Larsen, J. A. (1997). *Direct social work practice Theory and skills*(5th ed.). Wadsworth Publishing, a division of thomson learning, Inc.

Hardcastle, D. A., Wenocur, S., & Powers, P. R. (1997). *Community practice: theories and skills for social worker*. New York: Oxford University Press.

Horton, P. B., & Leslie, G. R. (1974). *The Sociology of Social Problems*(5th ed.). Englewood Cliffs, New Jersey: Prentice-Hall.

Jacobson, M., & Heitkamp, T. (1995). Working with communities. In H. W. Johnson, *The social services: An introduction* (4th ed.). Itasca, IL: F. E. Peacock Publishers, Inc.

Janowitz, M. (1952). *The Community Press in an Urban Setting*. New York: Free Press.

Johns, R., & Demarche, D. F. (1951). *Community Organization and Agency Responsibility*. New York: Association Press.

Johnson, H. W. (1995). Basic concept: Social welfare, social work, and social services. In H. W. Johnson(Ed.). *The social services: an introduction*(4th ed.). Itasca, IL: F. E. Peacock Publishers, Inc

Kahn, A. J. (1969). *Theory and Practice Social Planning*. New York: Russel Sage Foundation.

Kahn, M. (1994). "Organizing for Structural Reform: The Case of the New Jersey Tenants Organization." *Journal of Community Practice, 1*(2), 87-111.

Kelly, H. H. (1953). "Communication in Experimentally Created Hierachies", in Dorwin Cartwright and Alvin Zander (Eds.), *Group Dynamics*. New York: Harper & Row.

Kemp, S. P. (1995). Practice with communities. In C. H. Mayor and M. A. Mattaini (Eds.). *The foundations of social work practice*. Washington, DC: NASW Press.

Lauffer (1978). *Social planning at the community level*. Englewood Cliffs, NJ: Prentice- Hall.

Lauffer (1981). The practice of social planning at the community level. In N. Gilbert, & H. Specht (Eds.), *Handbook of the social services*. Englewood Cliffs, NJ: Prentice- Hall.

Lee, B. (1986). *Pragmatics of community organization* Mississauga, Ontario: Commonact Press.

Lindeman, E. C. (1921). *The Community*. New York: Association Press.

Lippitt, R., & others (1958). *The Dynamics of Planned Change: A Comparative Study of Principles and Techniques*. New York: Harcourt, Brace, Jovanovich.

Long, D., Tice, C., & Morrison, J. (2006). *Macro social work practice: A strengths perspective*. Belmont, CA: Thomson.

Malinowski, B. (1939). The group and individual in functional analysis. *American Journal of Sociology, 44*, 938-964.

McClenahan, B. A. (1925). *Organizing the Community*. New York: Century Company.

McNeil, C. F. (1954). "Community Organization for Social Welfare", *in Social Work Year Book 1954*. New York: American Association of Social Workers.

Merton, R. K., & Nisbet, R. (1971). *Contemporary Social Problems*(3th ed.) New York: Harcourt, Brace, Jovonovich.

Mizahi, T., & Morrison, J. D. (Eds.) (1993). *Community organization and social administration Advances, trends and emerging principles*. New York: Haworth Press.

Mondros, J., & Staples, L. (2008). Community organization. In T. Mizrahi, & L. E. Davis. *The encyclopedia of Social Work*(20th ed.). Washington, DC: NASW Press.

Mondros, J., & Wilson, S. (1994). *Organizing for power and empowerment*. New York: Columbia University Press.

Morris, R., & Binstoch, R. (1966). *Feasible Planning for Social Change*. New York: Columbia University Press.

Netting, F. E., Kettner, P. M., & McMurtry, S. L. (1998). *Social work macro practice*. White Plains, New York: Longman.

Netting, F. E., Kettner, P. M., & McMurtry, S. L. (2004). *Social work macro practice*(3rd ed.). London: Oxford University Press.

Orshansky, M. (1968). "Counting the Poor: Another Look at the Poverty Profile," Ferman, Louis A. et al. (Eds.). *Poverty in American*. Ann Arbor, Michigan University of Michigan Press.

Pantoja, A., & Perry, W. (1992). Community development and restoration: a perspective. In Felix Rivera, & John Erlich (Eds.). *Community organizing in a diverse society*. Boston: Allyn & Bacon.

Pearl, A. (1971). "Poverty: Strategiew for Reduction," *Encyclopedia of Social Work*(16th Issue, 2, pp. 921-928), edited by Robert Morris. New York: National Association of Social Workers, Inc.

Perlman, R., & Gurin, A. (1972). *Community Organization and Social Planning*. New York: John Wiley & Sons.

Poplin, D. E. (1979). *Community: A Survey of Theories and Methods of Research*. Macmillan Publishing Co., Inc.

Popple, P. R. (1995). Social work profession: Histiry. In R. L. Edwards (Ed.), *Encyclopedia of social work*(19th ed.). Washington, DC: NASW Press.

Powell, J. L. (2001). The NHS and Community Care Act(1990) in the United Kingdom: A Critical Review. Centre for Social Science, Liverpool John Moores University, UK. Retrieved December 27, 2009, from http://sincronia.cuchs.udg.mx/nhs.htm.

Rein, M. (1968). "Social Planning: Welfare Planning," *International Encyclopedia of the Social Science*. New York: The Macmillan Company and Free Press.

Reiner, T. A. (Ed.) (1967). "The Planner as Valus Technician: Two Classes of Utopian Constructs and Their Impacts on Planning," Eldredge, H. Wentworth. *Taming Megapolis*. Garden Coty, New York: Anchor Books, Doubleday & Co.

Robin, H. J., & Robin, I. S. (2001). *Community organizing and development*(3rd ed.). Boston: Allyn & Bacon.

Robin, H. J., & Robin, I. S. (2007). *Community organizing and development*(4th ed.). Boston: Allyn & Bacon.

Robinson, B., & Hanna, M. G. (1994). "Lesson for Academics from Grassroots Community Organizing: A Case Study-The Industrial Areas Foundation." *Journal of Community Practice, 1*(4), 63-94.

Ross, M. G. (1967). *Community Organization: Theory, Principles, and Practice*(2nd ed.). New York: Harper & Brothers.

Rothman, J. (1979). Three models of community organization practice: Their mixing and phasing. In F. M. Cox, J. L. Erlich, J. Rothman, & J. E. Tropman (Eds.). *Strategies of community organization*(4th ed.). Itasca, IL: F. E. Peacock Publishers, Inc.

Rothman, J. (2000). "Collaborative Self-Helf Community Development: When Is the Strategy Warranted." *Journal of Community Practice*, *7*(2), 89-105.

Rothman, J. (2001). Approaches to community intervention. In J. Rothman, J. L. Erlich, & J. E. Tropman (Eds.), *Strategies of community intervention*(6th ed., pp. 27-64). Itasca, IL: F. E. Peacock Publishers, Inc.

Rothman, J., & Sager, J. (1998). *Case management: Integrating indavidual and community practice*(2nd ed.). Boston: Allyn & Bacon.

Rothman, J., & Tropman, J. (1987). Models of community organization and macro practice perspective: Their mixing and phasing. In J. Cox, J. L. Erlich, J. Rothman, & J. E. Tropman (Eds.), *Strategies of community intervention: Macro practice*(4th ed.). Itasca, IL: F. E. Peacock Publishers, Inc.

Rubin, H. J. (1997). Being a conscience and a carpenter: Interpretations of a community-based development model. *Journal of Community Practice, 4*(1), 57-90.

Rubin, H. J., & Rubin, I. S. (1992). *Community organizing and development*(2nd ed.). Boston: Allyn & Bacon.

Rubin, H. J., & Rubin, I. S. (2001). *Community organizing and development*(3rd ed.). Boston: Allyn & Bacon.

Sanders, I. T. (Eds.) (1969). Professional Roles in Planned, Ralph, M. Kramer and Harry Specht. *Readings in Community Organization Practice*. Englewood Cliffs, New Jersey: Prentice-Hall.

Shalins, M. D. (1965). On the sociology of primitive exchange. In M. Banton (Ed.), *The relevance of models for social anthropology*(pp. 139-236). London: Tavistock.

Siegel, L. M., Attkisson, C. C. (2001). Need identification and program planning in community context. In J. E. Tropman, J. L. Erlich, & J. Rothman (Eds.), *Tactics & techniques of community intervention*(4th ed., pp. 105-129). Itasca, IL: F. E. Peacock Publishers, Inc.

Spergel, I. A. (1969). *Community Problem Solving, The Delinquency Example*. Chicago: The University of Chicago Press.

Spergel, I. A. (1987). Community development. *In Encyclopedia of social work*(18th ed.). Washington, DC: NASW Press.

Staples, L. (1990). Powerful ideas about empowerment. *Administration in Social Work, 14*(2), 29-42.

Steiner, J. F. (1929). *Community Organization*. New York: Century Company.

Taylor, S. H. (1985). Community work and social work: The community liaison approach. In S.

H. Taylor, & R. W. Roberts, *Theory and practice of community social work*. New York: Columbia University Press.

Taylor, S. H., & Roberts, R. W. (1985). The fluidity of practice theory: An overview. In S. H. Taylor, & R. W. Roberts, *Theory and practice of community social work*. New York: Columbia University Press.

Titmuss, R. (1970). *The gift relationship: From human blood to social policy*. London: the New Press.

Townsend, P. (Ed.) (1970). *The Concept of Poverty: Working Papers on Methods of Investigation and Life-Styles of the Poor in Different Countries*. London: Heineman Educational Books.

Twelvetrees, A. (2002). *Community work*(3rd ed.). New York: Palgrave.

United Nations (1995). *Social progress through community development*. New York: United Nations.

United Way America (1988). *United Way: Standards of Excellence*.

Wagner, A. (1995). "Reassessing Welfare Capitalism: Community-Based Approaches to Social Policy in Switzerland and the United States." *Journal of Community Practice*, *2*(3), 45-63.

Warren, M. G. (1978). *Community in America*. Chicago: Rand McNally.

Weil, M. O., & Gamble, D. N. (1995). Community practice models. *In Encyclopedia of social work*(19th ed.). Washington, DC: NASW Press.

Weiss, R. S. (1974). The provisions of social relationship. In Rubin (Ed.), *Doing unto others* (pp. 17-26). Englewood Cliffs, NJ: Prentice-Hall.

Willensky, H. L., & Lebeaux, C. N. (1958). *Industrial Society and Social Welfare*. New York: Russell Sage Foundation.

Wood, J. L., & Jackson, M. (1982). *Social movement: Development, participation, and dynamics*. Belmont, CA: Wardworth.

Zachary, E. (2000). "Grassroots Leadership Training: A Case Study of an Effort to Integrate Theory and Method." *Journal of Community Practice*, *7*(1), 313-328.

都市綠化技術開發機構 편(2000). 이승은·홍선기 역(2002). 도시생태네트워크 계획. 서울: 시그마프레스.

田村明(1987). 한국도시연구소 역(1998). 마을 만들기의 발상. 서울: 소화.

법제처 홈페이지(http://www.moleg.go.kr).
보건복지부 홈페이지(http://www.mw.go.kr).
사회복지공동모금회 홈페이지(http://www.chest.or.kr).
여성가족부 홈페이지(http://www.mogef.go.kr).
찾기 쉬운 생활법령정보 홈페이지(http://oneclick.law.gc.kr).
한국사회복지사협회 홈페이지(http://www.welfare.net).
한국사회복지협의회 홈페이지(http://kncsw.bokji.net).
한국자원봉사센터협회 홈페이지(http://www.kfvc.or.kr).
환경운동연합 홈페이지(http://www.kfem.or.kr).
1365 자원봉사포털 홈페이지(http://www.1365.go.kr).

# 찾아보기

ㅊ



ㅋ

## 저·자·소·개 (가나다순)


### 김태동

김포대학교 교육복지학부 사회복지과 교수

[대표 저서] 사회복지조사론(2013)

### 박주현

백석문화대학교 사회복지학부 교수

[대표 저서] 다문화사회와 기독교(2013)

### 안우상

한국영상대학교 사회복지과 교수

[대표 저서] 사회복지개론(공저, 2013)

### 장갑수

백석문화대학교 사회복지학부 교수

[대표 저서] 정신건강론(공저, 2014)

### 정미현

남예종(남서울예술종합학교) 아동보육과 교수

[대표 저서] 아동복지론(공저, 2014)

### 최덕경

국립한경대학교 아동가족복지학과 교수

[대표 저서] 사회복지 프로그램 개발과 평가(공저, 2013)

### 최연옥

동명대학교 사회복지학과 교수

[대표 저서] 표준사회복지현장실습(공저, 2014)

# 지역사회복지론

초판 1쇄 인쇄 2014년 8월 14일
초판 2쇄 발행 2016년 1월 8일

지 은 이 | 김태동 · 박주현 · 안우상 · 장갑수
정미현 · 최덕경 · 최연옥
펴 낸 이 | 김기섭
책임편집 | 박소정
펴 낸 곳 | 창지사 www.changjisa.com
153-802 서울시 금천구 가산디지털 1로 E3 파트너스타워1차 9층
전화 (02) 719-2211~3
팩스 (02) 701-9386
등 록 | 1977년 4월 28일 · 제1-421호



ISBN 978-89-426-2282-5 (93330)

값 19,000원